COMMENT AIDER LES VICTIMES SOUFFRANT DE STRESS POST-TRAUMATIQUE

Catalogage avant publication de Bibliothèque et Archives Canada

Brillon, Pascale

Comment aider les victimes souffrant de stress post-traumatique

2e édition

(Collection Psychologie)

Paru antérieurement sous le titre : Comment aider les victimes souffrant de stress post-traumatique.

ISBN : 2-7640-0992-5

1. Névroses post-traumatiques. 2. Névroses post-traumatiques – Traitement. 3. Traumatisme psychique – Évaluation. I. Titre. II. Comment aider les victimes souffrant de stress post-traumatique. III. Collection : Collection Psychologie (Éditions Quebecor).

RC552.P67B739 2005 616.85'21 C2005-940352-7

LES ÉDITIONS QUEBECOR
Une division de Éditions Quebecor Média inc.
7, chemin Bates
Outremont (Québec)
H2V 4V7
Tél. : (514) 270-1746
www.quebecoreditions.com

Éditeur : Jacques Simard
Conception de la couverture : Bernard Langlois
Illustration de la couverture : PhotoDisc
Correction d'épreuves : Claire Morasse
Infographie : Composition Monika, Québec

Nous reconnaissons l'aide financière du gouvernement du Canada par l'entremise du Programme d'Aide au Développement de l'Industrie de l'Édition pour nos activités d'édition.

Gouvernement du Québec – Programme de crédit d'impôt pour l'édition de livres – Gestion SODEC.

Imprimé au Canada

Pascale Brillon, Ph. D.

COMMENT AIDER LES VICTIMES SOUFFRANT DE STRESS POST-TRAUMATIQUE

LES ÉDITIONS
Quebecor
QUEBECOR MEDIA

À Brigitte et à Yves

Table des matières

Section III

Comment aider les victimes de traumatisme ?

Section IV

Le traitement du TSPT est-il efficace?

Chers collègues...

Vivre un événement traumatique est malheureusement une expérience trop fréquente dans nos sociétés modernes. Subir un vol à main armée, être témoin d'une agression, être victime d'un viol, être impliqué dans un accident de voiture, subir un désastre naturel ou survivre à une guerre civile sont des expériences potentiellement traumatisantes et qui entraînent souvent des séquelles psychologiques graves : des séquelles post-traumatiques.

Comme cliniciens, nous sommes particulièrement à même de constater les ravages psychologiques de ces événements. Aider les victimes à retrouver leur autonomie, leur qualité de vie, leur confiance dans les autres et dans la vie constitue un énorme défi thérapeutique. D'abord, parce que leur détresse nous interpelle profondément comme thérapeutes. La démarche thérapeutique avec des victimes est souvent très émotive, et leur détresse crue, poignante, nous rejoint et nous touche profondément. La violence qu'elles ont subie nous émeut non seulement comme cliniciens mais aussi comme citoyens de la même société. Le danger qu'elles ont côtoyé met en évidence notre propre mortalité et notre propre fragilité. Leur révolte et leur sentiment d'injustice trouve un écho dans nos émotions. Et puis, ce que les victimes ont vécu influence gravement leur perception de la vie, des gens et d'elles-mêmes. Leur amertume, leurs déceptions teintent leurs capacité de confiance et d'abandon. Elles affectent le contact thérapeutique et peuvent compliquer leur démarche.

Les victimes présentent fréquemment des symptômes post-traumatiques très incapacitants qui affectent gravement leur quotidien. Ces symptômes exigent régulièrement une démarche thérapeutique plus longue et plus ardue qu'avec des clients souffrant d'autres symptômes anxieux. Leurs séquelles sont souvent cristallisées et peuvent les rendre très réfractaires aux stratégies thérapeutiques. La démarche peut alors s'apparenter à une impasse et entraîner beaucoup d'impuissance, tant chez le thérapeute que chez la victime.

Dans notre travail thérapeutique auprès des victimes, nous sommes souvent confrontés à plusieurs défis. Comment (bien) aider une victime de traumatisme ? Comment l'aider à retrouver le goût de vivre, le désir de recommencer à faire confiance à la vie et aux gens ? Comment faciliter son retour vers l'autonomie, l'auto-actualisation et une bonne qualité de vie ? Comment mieux comprendre le développement ou le maintien de symptômes chez certaines victimes ? Comment sortir d'une impasse thérapeutique ?

Mon travail de formatrice et de superviseure m'a rapidement confrontée à ces interrogations thérapeutiques. Le présent guide a été élaboré et peaufiné au fil des ans et des difficultés rencontrées dans mon travail clinique. Sous sa forme actuelle, il suggère des stratégies pouvant aider les victimes qui ont vécu un trauma et dont les séquelles post-traumatiques sont devenues chroniques et affectent toutes les facettes de leur vie. En ce sens, il ne présente pas les stratégies de prévention des séquelles post-traumatiques. Il vise plutôt une clientèle dont les ressources adaptatives, habituellement efficaces pour gérer les aléas du quotidien, ne fonctionnent plus et dont les symptômes post-traumatiques sont extrêmement souffrants. Des individus dont la détresse est à ce point importante qu'un traitement spécialisé est devenu indispensable...

Notre pratique clinique exige que nous puissions recourir à des guides facilement utilisables. Celui-ci se veut le plus « pratico-pratique » possible. Pour ce faire, il présente plusieurs exemples de cas inspirés de clients que j'ai rencontrés afin d'illustrer les diverses notions présentées. De plus, il inclut des instruments d'évaluation et des grilles de travail afin de faciliter le plus possible l'intégration des stratégies présentées dans notre clinique. Vous trouverez aussi des sections intitulées « Difficultés thérapeutiques potentielles » suivies de suggestions qui pourraient éventuellement vous inspirer ou vous aider à sortir d'une impasse thérapeutique potentielle. Enfin, et parce que la recherche se doit d'être au service de notre travail, ce guide présente les résultats de recherche que nous avons jugés les plus intéressants et dont les implications concrètes pourraient bonifier nos pratiques cliniques.

Certains pourraient objecter que ce guide est parfois trop concret, trop « technique », qu'il peut dénaturer la complexité thérapeutique dans sa démarche visant à en préciser les stratégies. Telle n'est pas notre intention. Nous savons qu'être thérapeute est, d'une certaine façon, un art. Et la démarche thérapeutique exige aussi autre chose que des connaissances spécifiques. Dans cette perspective, la technicité est notre pire ennemi. Un trouble de stress post-traumatique représente un trouble grave, incapacitant, souffrant et qui peut devenir chronique. Plusieurs données indiquent qu'« il » ne saurait se prévenir en une seule séance de *Debriefing*. « Il » ne saurait non plus se « guérir » en quelques brèves rencontres. Il semble évident qu'on n'aide pas une victime qui en souffre à l'aide de « techniques », et que des capacités à panser et à reconstruire un bris de confiance dans la vie et dans le contact humain sont indispensables. Notre travail auprès des victimes exige de nous beaucoup d'empathie et de douceur, de compassion et d'humilité. Il exige aussi de nous de bonnes capacités de tolérance à l'horreur, ainsi que toute notre compétence et notre rigueur. Travailler avec des victimes est donc une vocation, un art, mais également une science. Et en ce sens, l'approche clinique a avantage à être opérationnalisée, apprise et pratiquée. Personne ne remet en question le statut d'artiste des grands peintres de la Renaissance. Or, qu'auraient-ils été sans la connaissance approfondie (et la pratique incessante) des techniques de perspective, d'ombres et de composition effectuées en atelier, sous la supervision d'un grand maître ?

Chers collègues, j'espère que vous trouverez quelques bénéfices dans ce guide. Dans les outils, les réflexions, les données que nous pensons être utiles à notre travail avec cette clientèle.

J'espère aussi que ce guide saura vous faire partager mon admiration pour le cheminement personnel des victimes de traumatisme, ces gens que l'on pourrait qualifier «d'ordinaires» mais qui ont vécu des choses «extraordinaires». Ces personnes qui profitent souvent de cette horreur pour grandir, pour comprendre, pour améliorer des choses en eux-mêmes et autour d'eux. Ces victimes qui parviennent fréquemment à transcender ce contact avec la violence, avec la mort, avec le mal et qui reprennent goût à la vie, qui recommencent à faire confiance et qui reconstruisent une vision sereine du bien. Nous savons que le travail auprès des victimes est exigeant... mais, en même temps, tellement fascinant! Fascinant parce que cela nous interpelle vis-à-vis des ressources de l'être humain face à l'adversité, face à l'horreur, face à l'innommable. Fascinant aussi parce que ce contact thérapeutique est chaque fois unique, chaque fois inoubliable. J'espère pouvoir vous faire partager ma passion pour ce travail. Travail thérapeutique que, malgré sa complexité, ses difficultés, ses embûches, je considère souvent comme un véritable privilège.

Pascale Brillon

Remerciements

Mes premiers remerciements reviennent de droit à toutes les victimes que j'ai eu le privilège de rencontrer, soit au cours de leur démarche thérapeutique, soit au cours de projets de recherche. Leur expérience, toujours unique, toujours inoubliable, m'a souvent émue. Leur motivation à traverser cette épreuve et leur courage face à l'adversité m'ont toujours touchée. Leur capacité à grandir au sein de cette expérience terrible reste et sera toujours pour moi une source d'admiration et d'inspiration – d'inspiration en tant que thérapeute, d'inspiration en tant que femme. J'aimerais que ce livre parle de leur expérience avec autant d'authenticité qu'elles en ont démontré dans leur contact généreux avec moi. J'espère que les conseils présentés ici sauront rappeler leur courage dans leur démarche visant à transcender leur épreuve et à retrouver une confiance dans la vie et dans les gens.

Je tiens à remercier chaleureusement tous mes collègues de la Clinique des Troubles Anxieux de l'Hôpital du Sacré-Cœur de Montréal. Je me sens choyée de travailler au sein d'une équipe où la compétence clinique côtoie l'expertise de recherche sans jamais perdre de vue une profonde empathie et un authentique respect pour la souffrance des victimes. Je tiens à remercier en particulier Pierre Savard, qui m'a toujours fortement encouragée à rédiger ce livre, et mes collègues Adrienne Gaudet, Julie Turcotte, Nicole Roberge, Renée Leblanc et Normand Lussier. Je voudrais témoigner ma reconnaissance à mes collègues Louis Chaloult et Michel

Dugas, qui ont toujours eu le don de m'inspirer par leur grande expertise clinique et empirique et qui ont représenté pour moi une source inépuisable d'émulation intellectuelle. Je ne voudrais pas oublier de remercier chaleureusement Richard Fleet et Guy Payant, qui ont pu faire en sorte que je consacre quelques heures par semaine à des activités de recherche et d'enseignement, heures sans lesquelles ce livre n'aurait pu voir le jour.

Je ne saurais passer sous silence l'influence des psychologues que j'ai eus sous supervision dans la rédaction de cet ouvrage. Celui-ci a, en effet, originalement constitué un document de formation à leur intention. Il a par la suite été peaufiné et élaboré au fil des années consécutivement à leurs questions toujours pertinentes et stimulantes. Merci donc à Nina Laugesen, Karine Cloutier, Isabelle Lemay, Stéphanie Léonard et Jean-Pierre Martel, à qui cet ouvrage a d'abord été dédié et qui en ont été les premiers lecteurs.

Je tiens à exprimer toute ma reconnaissance à mon collègue et ami Alain Brunet, qui a lu et approuvé la version sur les instruments d'évaluation. Sa grande expertise en stress post-traumatique et sa rigueur scientifique sont toujours pour moi une source d'admiration et de stimulation. Je voudrais aussi remercier Léon-Maurice Larouche, psychiatre, qui a pris de son temps précieux pour relire et approuver la section sur le traitement pharmacologique du trouble de stress post-traumatique.

Travailler avec des victimes ayant vécu un traumatisme nous fait apprécier combien les gens autour de nous sont importants et combien leur présence dans certaines périodes plus dures de notre vie est si essentielle. Je ne saurais assez exprimer mon amour aux membres de ma famille, qui ont beaucoup contribué à ce que je suis et qui constituent pour moi des sources inépuisables de soutien, de stabilité et d'affection. Je voudrais aussi remercier toute ma belle-famille de sa gentillesse et de la chaleur de son accueil, qui m'ont tellement touchée.

Je tiens aussi à exprimer à mes amis à quel point ils me sont chers et précieux. Merci infiniment à Louise pour ses encouragements incessants et à Natou pour son soutien indéfectible. Merci aussi à Sole, Ju, Doris, Seb et Randolphino pour leur amitié qui perdure au delà des années, des changements de vie et des épreuves.

Enfin, et de façon tellement importante, mes remerciements et mon amour reviennent tout particulièrement à Jean-François et à Pépinette. Je ne pourrais assez leur exprimer combien leur affection, leur joie de vivre et leur goût épicurien pour les bonnes choses de la vie me sont essentiels dans un métier où je suis constamment confrontée à des horreurs, de la douleur et une détresse innommables. Merci pour leur amour, dans lequel je puise tous les jours. Merci, merci, merci.

Présentation de l'auteure

La D[re] Pascale Brillon, Ph.D., est psychologue et chercheure à la Clinique des Troubles Anxieux de l'Hôpital du Sacré-Cœur de Montréal. Elle est aussi codirectrice du Laboratoire d'Étude du Trauma au département de psychologie de l'Université du Québec à Montréal et professeure associée à ce même département. Elle se spécialise dans l'évaluation, le traitement et l'étude des symptômes post-traumatiques. Son travail de psychologue l'amène à travailler auprès de victimes de viol, d'actes de violence, d'accidents de la route et de victimes d'accidents de travail, alors que parallèlement elle mène des travaux de recherche relatifs au stress post-traumatique. Elle est l'auteure de plusieurs articles scientifiques sur l'expérience post-traumatique et a été l'éditrice du numéro spécial sur le trouble de stress post-traumatique de la *Revue Québécoise de Psychologie*. Elle a donné de nombreux séminaires de formation clinique à des psychologues au Québec et a aussi formé des psychologues au Luxembourg, en Belgique et dans les Antilles françaises. Elle est également l'auteure du livre *Se relever d'un traumatisme*, un guide d'accompagnement destiné spécifiquement aux victimes, publié aux Éditions Quebecor.

Section I

Les symptômes post-traumatiques : qu'est-ce que c'est ?

CHAPITRE 1

Le trauma en quelques données

Je n'en reviens pas que cela me soit arrivé à moi ! Moi qui croyais que cela n'arrivait que dans les films ou aux nouvelles... Cela semble irréel. Depuis le vol à main armée, je remarque sans arrêt les nouvelles qui font état de scènes de violence et les statistiques sur la criminalité. Cela me semble si fréquent, maintenant ! C'est si effrayant ! Et pourtant, en même temps, je me sens si seul à vivre ces symptômes-là... Comme si j'étais un extraterrestre, que je ne me reconnaissais plus au sein des autres. Est-ce que c'est courant ?

Les victimes ayant vécu un événement traumatique sont souvent profondément bouleversées par ce qui leur est arrivé et se questionnent sur la prévalence de ces événements. Ont-elles vécu quelque chose d'exceptionnel ? Risquent-elles de le revivre ? Elles remettent aussi en question la « normalité » de leurs symptômes et ont besoin de se positionner face aux réactions courantes ou habituelles à la suite d'un tel événement. Souffrent-elles de troubles pathologiques ? Leurs symptômes sont-ils connus et surtout traitables ? Sont-elles différentes des autres victimes ?

Le clinicien connaît souvent peu les données épidémiologiques ou sociologiques lui permettant de bien saisir l'état de la situation et de répondre à ces interrogations. Les symptômes post-traumatiques découlent de l'expérience d'un événement traumatisant. Ils sont souvent incapacitants, souffrants, douloureux. De plus, le trouble de stress post-traumatique (TSPT) est l'un des seuls troubles anxieux où un déclencheur des symptômes est identifié de façon aussi spécifique et évidente.

Prenons donc d'abord quelques minutes pour mieux connaître les caractéristiques de ces événements traumatiques et pour avoir un meilleur aperçu de l'ampleur des séquelles post-traumatiques au moyen de quelques données épidémiologiques.

1.1 Les événements traumatiques sont-ils fréquents ?

On considère qu'un événement est « traumatique » lorsqu'il implique une menace de mort ou une menace grave à son intégrité physique et qu'il a entraîné une peur intense, de l'impuissance ou de l'horreur chez la victime (DSM-IV ; American Psychiatric Association,1994).

Conséquemment, plusieurs événements peuvent être potentiellement traumatisants. Mentionnons, par exemple, ***les actes de violence interpersonnels***, c'est-à-dire effectués entre deux personnes : les agressions physiques, les agressions sexuelles, les vols à main armée, la guerre, les camps de concentration, la torture, la séquestration, etc. ; ***les accidents causés par la main de l'homme ou l'erreur technique*** : les accidents de voiture, les accidents de train ou d'avion, les naufrages de bateaux, les désastres écologiques ou nucléaires, les explosions, les incendies, la fuite de produits toxiques, les accidents de travail, etc. ; et ***les catastrophes naturelles*** : les ouragans, les feux de forêt, les tremblements de terre, les raz-de-marée, les tempêtes, les inondations, les tornades, etc.

Il est important de mentionner que certains événements, bien que perturbants ou même bouleversants, correspondent peu aux événements qui sont habituellement considérés comme « traumatiques » et qui sont associés à des symptômes post-traumatiques. Par exemple, une perte d'emploi, des difficultés financières, des tensions conjugales, des difficultés dans les relations de travail sont des événements de vie difficiles, pénibles, mais qui sont rarement considérés comme des événements traumatiques proprement dits... Le clinicien avisé considérera plutôt ces événements comme des événements stressants et diagnostiquera les symptômes anxieux qui les accompagnent comme des difficultés adaptatives (on pourra alors diagnostiquer un *trouble d'adaptation* (TA) dans ces cas précis, mais nous verrons cela plus en détail dans le chapitre 6).

Vivre un événement traumatique est-il fréquent ? Les données épidémiologiques montrent que près de 90 % des gens de la population générale vivront au moins un événement traumatisant ou profondémment bouleversant au cours de leur vie (Breslau *et al.*, 1998). *Certains événements sont plus courants que d'autres*. Ainsi, nous savons que l'événement traumatique le plus prévalent est l'annonce de la mort soudaine et imprévisible d'un proche (vécue par 60 % des gens). L'étude la plus récente (et effectuée auprès de 2181 personnes) montre que près de 40 % des gens de la population générale vont vivre une expérience d'agression physique au cours de leur vie, que 29 % des gens assisteront à la mort ou à la blessure grave d'une autre personne, que 28 % des gens vivront un accident de véhicule grave, et que 17 % vivront un désastre naturel (Breslau *et al.*, 1998).

Des différences reliées au sexe des victimes existent puisqu'on sait que *les femmes* sont près de 9 fois plus à risque d'être victimes de violence sexuelle que les hommes. Les données d'une étude effectuée auprès de 4008 femmes américaines montrent que 13 % des femmes adultes ont vécu un viol grave et que 14 % ont vécu un autre type d'agression sexuelle (tentative de viol, molestation sexuelle, contact sexuel non désiré utilisant la force) (Resnick, Kilpatrick, Dansky, Saunders et Best, 1993). Une étude canadienne auprès de 12 300 femmes démontre que 39 % de ces femmes rapportent avoir été victimes d'agression sexuelle depuis l'âge de 16 ans (Statistique Canada, 1993).

D'autre part, les accidents de voiture, les expériences de combat militaire et les assauts physiques sont beaucoup plus fréquents *chez les hommes* (28 %, 19 % et 18 % des hommes respectivement) (Norris, 1992 ; Kessler *et al.*, 1995). Ceux-ci courent donc davantage de risques d'être victimes d'agression physique (être assaillis, poignardés, gravement battus ou menacés par une arme) que les femmes.

Quelques données propres au Québec peuvent nous donner une bonne idée du phénomène. Ainsi, les statistiques de la Société de l'assurance automobile du Québec nous indiquent que le nombre de victimes blessées gravement (c'est-à-dire nécessitant au moins une hospitalisation) tourne autour de 5500 par année au Québec (5599 pour l'année 1995 et 5389 pour l'année 2000). Les victimes de 15 à 34 ans représentent près de 45 % du total des victimes (Société de l'assurance automobile du Québec, Bilan routier, 2000). D'autre part, les statistiques du service de police de la Ville de Montréal rapportent une augmentation des crimes contre la personne, et ce, de façon annuelle depuis 1998. Avec cette hausse, le nombre de crimes contre la personne rapportés se rapproche maintenant des niveaux atteints au début des années 1990. Le service de police enregistre ainsi un total de 49 homicides, 147 tentatives de meurtre, 1500 agressions sexuelles, 17 535 voies de fait et 4648 vols qualifiés pour la seule année 2000 pour la grande région métropolitaine (Bilan annuel, CUM, 2000).

Prévalence des événements traumatiques dans la population générale

Type d'événement	Prévalence (%)
Mort soudaine et imprévue d'un proche	**60 %**
Agressions	**38 %**
Combat militaire	2 %
Viol	6 %
Agression sexuelle	6 %
Menacé d'une arme	25 %
Battu sévèrement	11 %
Voir quelqu'un qui est gravement blessé ou tué	**29 %**
Accident grave de véhicule	**28 %**
Désastre naturel	**17 %**
Diagnostic imprévu de maladie mortelle	**5 %**

Tableau tiré des données de Breslau *et al.* (1998)

1.2 Prévalence du trouble de stress post-traumatique

Toutes les victimes ne souffrent pas de TSPT à la suite de leur expérience. En fait, la prévalence de TSPT *auprès des victimes* s'évalue en général à un taux variant entre 25 % et 35 %. C'est dire qu'environ 1/4 à 1/3 des victimes souffriront de TSPT à la suite de leur expérience traumatique.

Nous savons que *certains événements sont plus dévastateurs que d'autres au point de vue psychologique*, en ce sens qu'ils entraînent, en général, une plus forte proportion de détresse et de séquelles post-traumatiques chez ceux qui les ont vécus. Ainsi, les données montrent que les événements de type «interpersonnel», et ceux causés par la main de l'humain, sont généralement vécus comme plus «traumatisants» par les victimes en comparaison de l'expérience d'un désastre naturel, par exemple. L'aspect *intentionnel*, arbitraire de ces événements bouleverse de façon particulièrement grave la conception du monde et de la nature humaine de la victime (*«Comment une telle méchanceté est-elle possible?», «Dire que cela aurait pu être évité!», «Comment un être humain peut-il faire cela à un autre?»*, etc.). Ainsi, le viol, la torture et la séquestration constituent les événements qui entraînent le plus haut taux de symptômes post-traumatiques (Breslau, Davis et Andreski, 1998; Kessler *et al.*, 1995; Breslau *et al.*, 1991). Les chiffres sont particulièrement impressionnants pour certains événements. Par exemple, les données indiquent que près de 94 % des victimes de viol souffrent de TSPT dans les premières semaines après l'agression. Les deux tiers des victimes vont encore démontrer un TSPT un mois plus tard (65 %) alors que la moitié continue à souffrir de TSPT plus de trois mois plus tard (Brillon et Marchand, 1997; Foa et Riggs, 1995; Rothbaum, Foa, Riggs, Murdock et Walsh, 1992).

L'horreur présente lors de l'événement traumatique ainsi que les aspects *imprévisibles* et *incontrôlables* de l'événement constituent d'autres caractéristiques qui peuvent rendre l'événement encore plus dévastateur et entraîner davantage de séquelles post-traumatiques. Les autres caractéristiques de l'événement qui contribuent au développement du TSPT seront détaillées au chapitre 4.

La *prévalence à vie de TSPT dans la population générale* est actuellement l'objet de recherches. Néanmoins, les données estiment à environ 7 % à 10 % la proportion de personnes de la population générale qui souffrent de TSPT (Kessler *et al.*, 1995: 7,8 %; Breslau *et al.*, 1991: 9,2 %; Breslau *et al.*, 1998: 9,2 %).

Une donnée est constante dans toutes les recherches: les femmes présentent presque le double de risques de développer un

TSPT. Les pourcentages tournent alors autour de 13 % à 18 % (Breslau *et al.*, 1991, 1997, 1998; Resnick *et al.*, 1993). Nous tenterons de comprendre les raisons de cet écart dans le chapitre 4.

Certaines personnes de la population générale sont plus à risque de développer un TSPT à cause du métier qu'elles exercent. Ainsi, les professionnels exposés dans le cadre de leurs fonctions à un fort potentiel de dangerosité (tels que les soldats, les policier(ère)s, les ambulancier(ère)s, les chauffeur(e)s d'autobus, les pompier(ère)s, les infirmier(ère)s, etc...) sont plus à risque de vivre un événement traumatique et donc de développer un TSPT. Assister impuissant à la mort d'un enfant, par exemple, ou être confronté à répétition à des scènes horribles lors d'accidents ou d'incendies, être témoin d'une agression entre conjoints ne sont que quelques-unes des situations vécues par ces professionnels. Cette exposition répétée peut rendre ces professionnels beaucoup plus à risque de développer des séquelles post-traumatiques que les personnes de la population générale.

Les soldats démontrent aussi des pourcentages très élevés de TSPT à la suite de leur service militaire et en raison de leurs fonctions professionnelles. En effet, bien que préparés à l'expérience du combat, il reste que certaines situations militaires sont bien au-dessus de toute résistance humaine : ainsi, assister impuissant (car faisant partie d'une force de maintien de la paix) à des massacres civils, voir un enfant tirer sur un autre à l'aide d'une arme à feu, être témoin de scènes horribles, morbides, sanguinolentes provoque souvent des symptômes post-traumatiques graves. Certaines guerres « modernes » impliquent des actes et des gestes qui vont à l'encontre de nos conceptions fondamentales de la nature humaine, de la justice et de l'ordre moral.

Types d'événements traumatiques vécus chez les clients souffrant de TSPT et se présentant en consultation psychologique

Quels sont les événements traumatiques qui sont à l'origine de la consultation psychologique ? Le tableau ci-dessous nous indique le type d'événement traumatique originel vécu par des personnes souffrant de TSPT et qui ont consulté. Les caractères gras désignent des ***différences*** statistiquement significatives entre les hommes et les femmes.

Ce tableau indique que la grande majorité des victimes femmes qui viennent consulter le font à la suite de violence sexuelle grave alors que les victimes hommes consultent majoritairement à la suite de l'expérience militaire ou de l'observation d'une scène de crime.

Événement à la source du motif de consultation	Hommes (N = 139)	Femmes (N = 320)
Viol	**5 %**	**30 %**
Agression sexuelle	**2 %**	**19 %**
Agression physique	**2 %**	**6 %**
Combat militaire	**29 %**	**–**
Menacé d'une arme	**3 %**	**8 %**
Accident	12 %	5 %
Feu	5 %	4 %
Témoin de mort	**25 %**	**5 %**
Négligence dans l'enfance	3 %	2 %
Abus physique dans l'enfance	7 %	8 %

Tableau tiré des données de Kessler *et al.* (1995)

1.3 Évolution du TSPT non traité

Les données indiquent que près de 60 % des victimes continuent à souffrir de symptômes significatifs plus d'un an après l'événement traumatique (Breslau et Davis, 1992). De plus, nous savons que les victimes souffrant de TSPT qui ne sont pas suivies thérapeutiquement peuvent rester symptomatiques pendant des années à la suite du trauma.

Les données montrent que l'état de la symptomatologie post-traumatique à trois mois est un excellent indicateur de l'état de la symptomatologie post-traumatique à très long terme si la personne n'est pas traitée. En effet, à la suite d'un événement traumatique, les symptômes ont tendance à diminuer graduellement de façon naturelle jusqu'à trois mois, et ce, simplement par le passage du temps. Les ressources adaptatives de la victime s'activent, tentent de faire face à l'événement traumatique, tentent de s'y adapter. Pour plusieurs victimes, ces ressources réussissent à atténuer de façon importante les symptômes et à favoriser un retour à la normale sain. Ces victimes ne développeront pas de TSPT à long terme et ont réussi à «digérer» efficacement l'expérience traumatique.

Pour d'autres, les ressources adaptatives, le contexte traumatique, les facteurs déclencheurs, prétraumatiques et de maintien sont très importants et les symptômes perdurent après trois mois. À partir de ce moment, les symptômes restent stables et, s'ils ne sont pas traités, peuvent rester chroniques de nombreuses années (Shalev, Bonne et Spencer, 1996). Les symptômes présents à trois mois chez une victime sont donc susceptibles de se cristalliser et de rester chroniques de longues années. Des mécanismes de maintien se mettent en place et chronicisent les symptômes (processus de renforcement de l'évitement, distorsions cognitives autoconfirmatoires, épuisement des ressources adaptatives, etc.). L'état de la victime ne s'améliore plus de lui-même et ses symptômes et sa détresse se maintiennent à long terme. Cet état de fait explique pourquoi le DSM considère les symptômes qui durent depuis plus de trois mois comme un TSPT «chronique».

CHAPITRE 2

Le diagnostic de TSPT

Gabrielle[1] *est une jeune professeure de mathématiques brillante. Un soir, alors qu'elle sort tard de son bureau, elle est agressée sexuellement par un homme dans le stationnement de l'université. Depuis, elle présente des symptômes de fatigue, des difficultés de concentration et d'irritabilité. Elle a l'impression de perdre constamment la mémoire. Elle est constamment en état d'alerte et sur ses gardes et évite les lieux publics. Elle se sent actuellement incapable de travailler. Elle craint le cégep et se sent incapable d'être en contact avec des hommes. Elle a des images dérangeantes de l'agression et elle se souvient de sa terreur à ce moment-là. Elle a de la difficulté à vous parler de cet événement et elle semble même quelquefois détachée pendant votre rencontre. Elle ne trouve plus de sens à sa vie, elle remet en question le rôle de Dieu. Elle trouve les hommes dégueulasses et a l'impression qu'ils sont tous des violeurs potentiels. Elle évite toutes les situations où ils sont présents et ne peut plus enseigner.*

Comment comprendre les symptômes de Gabrielle ? Qu'est-ce qui vous permettrait de conclure à un trouble de stress post-traumatique ? Gabrielle souffre-t-elle plutôt d'état de stress aigu ? Ou alors de trouble d'adaptation avec humeur anxieuse ? Quels sont les symptômes qui pourraient se greffer à ses symptômes post-traumatiques ?

1. Les descriptions de cas présentées dans ce livre sont tirées d'expériences réelles. Pour des besoins de confidentialité, des prénoms fictifs sont utilisés et certains détails ont été modifiés.

Nous sommes maintenant beaucoup plus précis dans notre façon de concevoir les symptômes post-traumatiques et de les reconnaître chez des victimes. Or, cette connaissance est étonnamment assez récente...

2.1 Le TSPT : une découverte récente

Les symptômes post-traumatiques sont une découverte du XXe siècle. Ces symptômes ont été officiellement reconnus par l'American Psychiatric Association avec le DSM-IV en 1980 (Diagnostic and Statistical Manual of Mental Disorders-IVth Edition) et depuis peu par l'Organisation mondiale de la santé avec le CIM-10 (Classification Mondiale des Maladies ; OMS, 1992).

Pourtant, les épisodes horribles qui ont jalonné l'histoire tumultueuse de l'humanité ne peuvent que nous porter à croire que de tels symptômes ont été vécus de tout temps par la nature humaine. Que penser des horreurs qu'ont sûrement vécues les guerriers de la guerre de Troie, du choc entraîné par l'éruption du Vésuve et de l'ensevelissement de Pompéi dans la Rome antique ? Et que dire des tortures de l'Inquisition, des massacres des croisades au Moyen-Âge, des horreurs de l'esclavage des Noirs américains, des condamnés de la Révolution française ? La liste des tragédies humaines passées pourrait s'allonger indéfiniment. La guerre, la famine, la violence entre les hommes ou les désastres naturels ont malheureusement existé depuis que le monde est monde... *Là où il y a de l'homme, il y a de l'hommerie.*

Or, malgré ces multiples événements traumatiques et les tragédies antérieures, ce n'est que depuis la fin du XIXe siècle que nous possédons des informations plus rigoureuses sur les réactions humaines possibles, « normales » ou pathologiques, à un traumatisme. Ainsi, en 1889, Oppenheim remarque d'étranges symptômes chez des accidentés de chemins de fer et utilise, le premier, les termes « névrose traumatique ». Les accidentés qu'il examine présentent des perturbations du sommeil avec cauchemars, une grande irritabilité, des souvenirs terrifiants de l'accident. Il considère à ce moment que ces symptômes sont principalement dus à des lésions cérébrales causées par des éclats de métal. Plus tard, les psychiatres et psychanalystes Charcot, Freud et Janet mettent en évidence certains symptômes graves présentés par des femmes victimes d'inceste ou agressées sexuellement. À l'époque, ils désignent ces symptômes sous le nom de « névrose hystérique » (Briole, Lebigot, Lafont, Favre et Vallet, 1994). À la lumière des connaissances actuelles, certains auteurs contemporains affirment que ces symptômes correspondent à des symptômes post-traumatiques (Herman, 1992).

Plus tard, la psychiatrie militaire se pencha sur la « névrose de guerre » (Mott, 1919; Grinker et Spielgel, 1943, 1945), sur le « choc des tranchées » (Southard, 1919; Myers, 1940) et sur la « traumatophobie » (Rado, 1942) pour désigner l'ensemble de symptômes démontrés par des soldats impliqués dans les Première et Deuxième Guerres mondiales. On avait alors remarqué chez eux des symptômes troublants, tels que des cauchemars, des réactions de sursaut exagérées, de l'impulsivité, la terreur du combat, une anxiété très forte rendant impossible le service militaire ou le retour sur le champ de bataille. On considéra d'abord une cause organique à ces symptômes en envisageant des atteintes cérébrales causées par des éclats d'obus. Cependant, le nombre imposant de soldats n'ayant jamais vécu de blessures physiques mais souffrant aussi de ces symptômes contribua à l'abandon de cette explication. La recherche sur les causes de ces manifestations était toutefois lancée... Malheureusement, parce qu'on ne comprend pas encore l'origine de ces symptômes, les soldats de l'époque sont souvent considérés avec mépris par les autorités militaires, qui les considèrent comme des lâches ou, pire... des déserteurs.

Vers la même époque, ces symptômes sont aussi observés chez des civils. Lindemann (1944) décrit en 1944 le syndrome de « deuil aigu » chez des civils impliqués dans l'incendie tragique de Boston. Après la fin de la Deuxième Guerre mondiale, on parle de « syndrome du survivant » ou de « syndrome des camps de concentration » pour désigner l'agitation, les souvenirs horrifiants, la terreur et l'anxiété vécus par d'anciens prisonniers de guerre et des survivants de camps de concentration nazis (Eitinger, 1961 ; Berger, 1977).

Il a fallu la guerre du Vietnam et les séquelles psychologiques graves démontrées par de nombreux vétérans américains pour provoquer une première véritable conscientisation sociale et scientifique. En effet, il n'était plus possible de considérer ces vétérans comme des lâches, des faibles ou des individus anormaux, devant le nombre effarant d'entre eux présentant des symptômes post-traumatiques. Il a bien fallu reconnaître le caractère horrible, inhumain et profondément traumatique de ce qu'ils avaient vécu... et l'impact négatif de ces symptômes sur la psyché humaine. Les mouvements pacifistes américains contribuèrent à faire reconnaître socialement les conséquences dévastatrices des expériences de combat au Vietnam et, par conséquent, de toute expérience horrible sur la santé psychologique humaine. On observa alors une flambée d'intérêt pour l'étude scientifique des symptômes post-traumatiques.

Dans les mêmes années, des études ont mis au jour les séquelles d'un autre type de traumatisme : l'agression sexuelle. On remarqua, chez ces victimes, des symptômes qui comportaient des similitudes troublantes avec ceux des vétérans traumatisés, population pourtant diamétralement différente : crainte, anxiété, évitement de situations liées au traumatisme, *flashs-back* de l'agression qui sont d'abord désignés sous le vocable de « syndrome de viol » (Burgess et Holmstrom, 1974 ; Nadelson *et al.*, 1982 ; Kilpatrick, Resick et Veronen, 1981). Le mouvement féministe contribua alors fortement à faire reconnaître le taux élevé d'agressions sexuelles chez les femmes nord-américaines et la gravité des séquelles vécues par ces victimes. Cette conscientisation contribua à encourager fortement et à faire financer la recherche sur les séquelles post-traumatiques.

L'intérêt social et empirique pour cet ensemble de symptômes a ainsi favorisé sa reconnaissance diagnostique et son intégration nosologique au sein du DSM-III en 1980. En 1987, le DSM-III-R (APA, 1987) proposa quatre critères pour diagnostiquer un TSPT :

A) Avoir vécu un événement hors du commun ;

B) Revivre l'événement en images, cauchemars ou *flashs-back* ;

C) Éviter fortement les éléments associés à l'événement ou se sentir émoussé émotivement ;

D) Présenter des signes d'hyperactivité neurovégétative.

En 1994, le DSM-IV maintient les critères B, C et D presque dans leur forme précédente mais il fait deux modifications importantes :

1) il modifie le critère A: il ne s'agit plus maintenant d'avoir vécu un événement « hors du commun », mais un événement qui a) a mis en danger la vie ou l'intégrité physique de la personne et qui b) a provoqué chez celle-ci une réaction de peur intense, d'impuissance ou d'horreur. Cette modification laisse donc davantage de place à l'évaluation subjective du potentiel traumatisant de l'événement, et ce, par la victime elle-même.

2) il crée un nouveau diagnostic, soit l'*état de stress aigu*, qui désigne un ensemble de symptômes survenant dans le premier mois à la suite de l'événement. Ce diagnostic se distingue du TSPT par sa forte composante dissociative. Le TSPT ne peut plus maintenant être diagnostiqué avant un mois de durée de symptomatologie.

Cette reconnaissance nosologique a permis à la recherche sur le TSPT de prendre son véritable essor. Même si le système DSM comporte plusieurs limites notables (réductionnisme de l'expérience traumatique phénoménologique, rigidité des critères, choix quelque peu arbitraire du nombre de symptômes nécessaire à son diagnostic), il permet cependant une véritable unification de ce que l'on entend par symptômes post-traumatiques et permet conséquemment une standardisation propice à la recherche empirique et à l'opérationnalisation de traitements psychologiques. De nombreuses études scientifiques, de plus en plus rigoureuses et auprès de populations de plus en plus diverses, ont porté depuis sur les manifestations post-traumatiques, sur les facteurs entraînant des séquelles, sur les meilleures façons de les évaluer, et sur l'efficacité réelle des traitements psychologiques offerts. Nous connaissons maintenant beaucoup mieux la réalité post-traumatique et sommes bien mieux outillés pour aider les victimes.

2.2 Les critères diagnostiques du TSPT

Comme nous l'avons vu, les victimes de traumatismes ne souffriront pas toutes de TSPT. Cependant, une très grande majorité va souffrir d'un ou de plusieurs symptômes post-traumatiques à la suite de l'événement. Voici les critères permettant le diagnostic de TSPT tirés du DSM-IV, version française (Masson, 1996).

Critère A. Le sujet a été exposé à un événement traumatique...

...dans lequel *les deux* éléments suivants étaient présents :

A1) Le sujet a vécu, a été témoin ou a été confronté à un ou plusieurs événements durant lesquels des individus ont pu mourir ou être gravement blessés ou ont été menacés de mort ou de grave blessure, ou durant lesquels son intégrité physique ou celle d'autrui a pu être menacée ;

A2) la réaction du sujet à l'événement s'est traduite par une peur intense, un sentiment d'impuissance ou d'horreur.

Note : Cette nouvelle définition d'un événement traumatique accorde beaucoup plus de place à l'impression *subjective* de danger et de menace à la vie *ressentie par* la victime. Ainsi, si une victime de vol à main armée croit que sa vie a été mise en danger, même s'il est par la suite démontré que cela n'était pas objectivement le cas (si l'arme n'était pas chargée, par exemple), l'événement sera tout de même considéré comme traumatique.

Les événements traumatiques « typiques » sont, par exemple :

Agression physique
Agression sexuelle
Séquestration
Torture
Combat militaire
Accident grave
Catastrophe naturelle
Abus dans l'enfance
Être témoin d'un événement traumatique

Critère B. L'événement traumatique est constamment revécu...

...de l'une (ou plusieurs) des façons suivantes :

B1) Souvenirs répétitifs et envahissants de l'événement, provoquant un sentiment de détresse et comprenant des images, des pensées ou des perceptions ;

B2) Rêves répétitifs et pénibles de l'événement, provoquant un sentiment de détresse ;

B3) Impressions soudaines, « comme si » l'événement traumatique allait se reproduire (*flashs-back*) ;

B4) Sentiment intense de détresse psychique lors de l'exposition à des indices internes ou externes évoquant ou ressemblant à un aspect de l'événement traumatique en cause ;

B5) Réactivité physiologique lors de l'exposition à des indices internes ou externes pouvant évoquer ou ressembler à un aspect de l'événement traumatique en cause.

Note : Les symptômes démontrés en B4-B5 peuvent même prendre la forme d'une attaque de panique. En effet, la peur de vivre un autre événement traumatique est quelquefois tellement forte chez certaines victimes, que les symptômes de détresse et d'anxiété peuvent aller jusqu'à une montée intense de panique et ressembler à une attaque proprement dite (avec palpitations, hyperventilation, sueurs froides, peur intense).

Critères	Exemples de manifestation de ces symptômes
B1	– *« Je n'arrête pas d'avoir des images du vol à main armée. »* – *« Je ne peux pas m'empêcher de penser sans arrêt à cet accident. »*
B2	– *« Je me réveille tout en sueur après avoir fait des rêves de violence. »* – *« Je fais des cauchemars dans lesquels je vois des cadavres comme ceux que j'ai vus au Rwanda. »*
B3	– *« À certains moments, j'entends encore la voix de l'agresseur. »* – *« Quand j'ai senti cette odeur de brûlé, j'ai eu une image très forte de l'incendie. »*
B4	– *« Hier dans le métro, j'ai croisé un homme qui ressemblait à l'agresseur et je me suis senti très en détresse. »* – *« Je me suis sentie si vulnérable quand je suis remontée en voiture. »*
B5	– *« Je me sens très anxieux quand je suis en voiture, mes mains sont moites, j'ai des palpitations et des étourdissements. »* – *« Je me sens paniquée dans un endroit public, j'ai peur des autres. »*

Critère C. Évitement persistant des stimuli associés au traumatisme et émoussement de la réactivité générale...

...*d'au moins trois* des manifestations suivantes :

C1) Efforts pour éviter les pensées, les sentiments ou les conversations associés au traumatisme ;

C2) Efforts pour éviter les activités, les endroits ou les gens qui éveillent des souvenirs du traumatisme ;

C3) Incapacité de se rappeler d'un aspect important du traumatisme ;

C4) Réduction nette de l'intérêt pour des activités importantes ou réduction de la participation à ces mêmes activités ;

C5) Sentiment de détachement d'autrui ou de devenir étranger aux autres ;

C6) Restriction des affects ;

C7) Sentiment d'avenir « bouché ».

Note : Il est important de noter que les critères C1, C2 et C3 correspondent aux symptômes d'évitement, alors que les critères C4, C5, C6 et C7 constituent des symptômes d'émoussement. Cette dernière dimension plus dépressive de la sphère post-traumatique peut être plus difficile à distinguer d'un trouble de dépression majeure comorbide distinct, car les critères comportent des similarités importantes. Nous verrons dans le chapitre 6 comment effectuer le diagnostic différentiel à ce sujet.

Il est aussi important de noter que les symptômes d'émoussement sont souvent très importants à la suite d'un traumatisme. Le clinicien doit alors veiller à ne pas confondre ces réactions post-traumatiques communes avec des remises en question véritables des relations conjugales ou interpersonnelles. Ainsi, une victime pourra se sentir complètement désintéressée par son couple ou ses amis, ce qui constitue souvent un symptôme post-traumatique temporaire et non pas un signe qu'une séparation conjugale est indiquée.

Critères	Exemples de manifestation de ces symptômes
C1	– *« Je refuse à tout prix de parler de l'accident. »* – *« Je me force pour ne pas penser à mon agression et je tente de me changer les idées. »*
C2	– *« Je dois trouver plein d'excuses pour ne pas aller dans le centre-ville. »* – *« J'évite de rencontrer des collègues de travail, cela me rappelle trop de mauvais souvenirs. »*
C3	– *« C'est bizarre, je suis incapable de me rappeler son visage. »* – *« Je suis incapable de me souvenir de ce que j'ai fait juste avant l'incendie. »*
C4	– *« Ça ne me tente même plus d'aller faire du sport; ce désintérêt ne me ressemble pas. »* – *« Je me retire dans ma chambre, je n'ai envie de voir personne, mon groupe d'amis m'indiffère. »*
C5	– *« Je me désintéresse complètement des autres; ce qu'ils vivent me laisse froid et je trouve tout futile et superficiel. »* – *« Même avec mon groupe d'amis, je me sens si seul et si différent des autres maintenant. »*
C6	– *« Je suis complètement incapable d'exprimer de l'affection à ma femme depuis le vol. Et je n'ai plus aucun désir pour elle. »* – *« Il faut que je me force pour montrer de l'intérêt et de la tendresse à mes enfants. »*
C7	– *« Je ne crois plus que je pourrais mener une vie normale de nouveau. Ça semble possible pour les autres mais pas pour moi. »* – *« Je me sens dans un cul-de-sac, l'agression a détruit tous mes rêves d'avenir et ma confiance en moi; ça m'a brisé. »*

Critère D. Présence de symptômes d'activation neurovégétative...

...*d'au moins deux* des manifestations suivantes:

D1) Difficulté d'endormissement ou sommeil interrompu;

D2) Irritabilité ou accès de colère;

D3) Difficulté de concentration;

D4) Hypervigilance;

D5) Réaction de sursaut exagérée.

Note: Les critères D1, D2 et D3 comportent des similitudes avec les critères de dépression majeure, ce qui peut porter à confusion. Nous verrons dans le chapitre 6 comment effectuer le diagnostic différentiel à ce sujet.

Critères	Exemples de manifestation de ces symptômes
D1	– *« Je suis incapable de dormir dans le noir. J'attends le lever du jour. Mon sommeil est agité et non récupérateur. »* – *« Je me réveille à 3 heures du matin et je suis incapable de me rendormir. »*
D2	– *« Je n'ai aucune tolérance. Tout le monde me tape sur les nerfs ! »* – *« Je suis devenu soudainement très irritable, ma mèche est vraiment très courte. »*
D3	– *« J'oublie plein de choses, il faut que je me fasse des listes sinon je ne retiens rien. »* – *« C'est bizarre, je suis incapable de lire un livre. Je ne me souviens absolument de rien et je dois relire la même page plusieurs fois. »*
D4	– *« Je me sens tout le temps en état d'alerte, sur mes gardes. »* – *« Je suis toujours sur le bout de ma chaise, incapable de me détendre, toujours stressé. »*
D5	– *« Je sursaute au moindre bruit suspect. »* – *« Je réagis de façon exagérée. »*

Critère E. Durée de plus d'un mois

Les symptômes B, C et D doivent durer depuis plus d'un mois pour diagnostiquer un TSPT.

Critère F. Détresse importante

La perturbation entraîne une souffrance cliniquement significative ou une altération du fonctionnement social, professionnel ou dans d'autres domaine importants.

Spécifier dans le diagnostic s'il s'agit de TSPT :

Aigü : si la durée des symptômes est de moins de 3 mois.

Chronique : si la durée des symptômes est de 3 mois ou plus.

Avec survenue différée : si le début des symptômes survient au moins 6 mois après l'événement traumatique.

Note : Tel que mentionné au point 1.3, généralement les symptômes post-traumatiques diminuent graduellement avec le seul passage du temps dans les premiers mois à la suite du trauma. Si la victime ne reçoit pas de traitement psychologique, ses symptômes à trois mois risquent de rester chroniques de longues années. Le TSPT avec survenue différée désigne, pour sa part, une absence de symptômes apparents. Ces symptômes sont considérés comme en état de latence et réapparaîtront plus tard, souvent à la suite d'un événement déclencheur.

Le TSPT comprend donc trois principales catégories de symptômes...

Critères diagnostiques	Minimum requis
A. Événement traumatique	**A1**. Menace à sa vie, à son intégrité physique **A2**. Présence de peur intense, d'horreur ou d'impuissance
B. Reviviscences	**1** des 5 symptômes possibles
C. Évitement et Émoussement	**3** des 7 symptômes possibles
D. Hyperactivation	**2** des 5 symptômes possibles
E. Durée d'un mois	Durée minimale d'un mois symptomatique
F. Détresse significative	Détresse et séquelles des sphères significatives

Il est important de mentionner que même si la nosologie du DSM a beaucoup contribué à systématiser nos méthodes d'évaluation et a permis de développer un langage commun entre professionnels, il reste qu'elle présente certains inconvénients. Ainsi, elle minimise sinon évacue complètement certaines dimensions émotionnelles et cognitives des victimes qui sont pourtant essentielles et courantes à la suite d'un trauma (bouleversement émotionnel, remise en question du sens de la vie, interrogations face à ses relations, révolte face aux autres ou au monde, dévalorisation importante, découragement, etc.). Il est aussi important de mentionner que ce système nosologique comporte une certaine rigidité : ainsi, la présence de « seulement » deux symptômes pour le critère C (qui en exige trois) peut compromettre le diagnostic de TSPT alors qu'une détresse réelle est présente et que des symptômes peuvent être plus nombreux au sein d'autres critères. Il importe en ce sens que le clinicien peaufine son évaluation de la symptomatologie de la victime en tentant de mettre en évidence toutes les sphères affectées par l'expérience traumatique : la sphère symptomatique évidemment, mais aussi la sphère émotive et cognitive. Nous verrons dans le chapitre 6 comment cela peut être fait.

2.3 L'état de stress aigu

L'État de Stress Aigu (ESA) constitue une opérationnalisation de ce que nous nommions familièrement «l'état de choc» autrefois. Il désigne la réaction immédiate de la personne à la suite d'un événement traumatique. L'ESA comporte plusieurs similitudes avec le trouble de stress post-traumatique. En effet, il faut avoir vécu un événement traumatique qui est défini de la même façon que pour le TSPT. Il faut aussi que la victime souffre d'au moins un symptôme de reviviscences, d'évitement et d'hyperactivation défini de la même façon que pour le TSPT.

Cependant, l'ESA comporte aussi certaines différences avec le TSPT. D'abord, l'ESA comprend plusieurs symptômes dissociatifs (il en faut au moins trois), alors que le TSPT n'en exige pas de façon formelle. Le TSPT pour sa part exige davantage de symptômes d'évitement et d'hyperactivation neurovégétative que l'ESA. De plus, on ne peut pas diagnostiquer l'ESA et le TSPT en même temps. Puisque la perturbation doit durer au moins un mois, le TSPT ne peut être diagnostiqué immédiatement après l'événement traumatique. Les cliniciens vont alors préférer utiliser le diagnostic d'ESA ou de trouble d'adaptation pendant le premier mois pour ensuite diagnostiquer un TSPT après un mois si les symptômes persistent et concordent avec ce diagnostic.

Nous verrons de façon plus approfondie dans le chapitre 6 comment distinguer le TSPT et l'ESA des autres troubles anxieux ou dépressifs comorbides.

Critère A. Le sujet a été exposé à un événement traumatique

Le sujet a été exposé à un événement traumatique dans lequel les deux éléments suivants étaient présents: (mêmes critères A1 et A2 du TSPT).

Critère B. Présence de symptômes dissociatifs

Durant l'événement ou après avoir vécu l'événement perturbant, l'individu a présenté *trois (ou plus)* des symptômes dissociatifs suivants:

1) Un sentiment subjectif de torpeur, de détachement ou une absence de réactivité émotionnelle ;
2) Une réduction de la conscience de son environnement ;
3) Une impression de déréalisation ;
4) Une impression de dépersonnalisation ;
5) Une amnésie dissociative.

Note : Il est quelquefois difficile de distinguer entre la déréalisation et la dépersonnalisation. Mentionnons, pour ce faire, que la déréalisation constitue une perception altérée de la réalité (impression que le temps passe plus vite ou plus lentement ; voir les choses, les sons ou les gens déformés), alors que la dépersonnalisation désigne une perception altérée de sa personne (se voir flotter au-dessus de la scène, percevoir ses membres comme plus grands ou plus petits, etc.).

Critère C. L'événement traumatique est constamment revécu

Par exemple : images, pensées, rêves, illusions, épisodes de *flashsback* récurrents ou sentiment de revivre l'expérience, ou souffrance lors de l'exposition à ce qui peut rappeler l'événement traumatique. (même critère B du TSPT)

Critère D. Évitement des stimuli associés au traumatisme

Par exemple : pensées, sentiments, conversations, activités, endroits, gens. (mêmes critères C1, C2 et C3 du TSPT)

Critère E. Présence de symptômes d'activation neurovégétative

Par exemple : problèmes de sommeil, irritabilité, difficulté de concentration, hypervigilance, réaction de sursaut exagérée, agitation motrice. (même critère D du TSPT)

Critère F. Détresse importante

La perturbation entraîne une souffrance cliniquement significative ou une altération du fonctionnement social, professionnel ou dans d'autres domaines importants.

Critère G. Durée de moins d'un mois

La perturbation dure un minimum de deux jours et un *maximum* de quatre semaines et survient dans les quatre semaines suivant l'événement traumatique.

Critère H. La perturbation n'est pas due aux effets physiologiques directs d'une substance

La perturbation n'est pas due aux effets physiologiques directs d'une substance ou une affection médicale générale, n'est pas mieux expliquée par un trouble psychotique bref, et n'est pas uniquement une exacerbation d'un trouble préexistant de l'Axe I ou de l'Axe II.

2.4 Le TSPT se présente rarement seul

Le TSPT s'accompagne souvent d'autres symptômes psychologiques. Les données montrent en effet que 80 % des victimes souffrent d'un autre trouble psychologique de façon comorbide aux symptômes post-traumatiques (Helzer *et al.*, 1987; Breslau *et al.*, 1991). La réaction post-traumatique ne se limite en effet pas seulement aux symptômes du TSPT comme tels et l'expérience phénoménologique d'une victime est beaucoup plus complexe et riche.

Dépression. Par exemple, certaines victimes peuvent se sentir particulièrement déprimées à la suite de cet événement. En fait, nous savons que près de 50 % des victimes (hommes et femmes) souffriront de dépression majeure de façon comorbide au TSPT à la suite d'un traumatisme (Kessler *et al.*, 1995). Elles peuvent vivre une importante perte d'intérêt pour des activités qui étaient pourtant plaisantes avant l'événement, une grande tristesse, un manque d'énergie, une perte d'appétit ou de poids ou une impression de dévalorisation importante. Avoir été confronté à un tel événement bouleverse les conceptions de la vie et des gens et entraîne souvent des remises en question douloureuses. La vie semble inutile, futile, insensée, et cette perception favorise la tristesse. Les victimes se sentent différentes des autres, hypothéquées, elles se dévalorisent et ne voient pas de fin à leur souffrance. Les symptômes de deuil dans le cas de la mort d'un proche liée à l'événement (membres de la famille morts dans un accident ou un incendie, collègue décédé ou gravement handicapé dans l'explosion de l'usine, confrère tué dans un vol à main armée, etc.) sont aussi facilement compréhensibles et peuvent complexifier l'ajustement post-traumatique.

Tentatives de suicide. Ces symptômes dépressifs sont quelquefois tellement importants que certaines victimes envisagent même de mettre fin à leurs jours. Le risque de se suicider pour une personne souffrant de trouble anxieux est près de 5 à 7 fois supérieur à celui d'une personne de la population générale (Allgulander, 1994; Szadoczky *et al.*, 2000). Comparativement aux autres troubles anxieux, les personnes souffrant de TSPT présentent les taux les plus élevés de risques suicidaires et les plus bas de soutien social (Kotler, Iancu, Efroni et Amir, 2001). Cette même étude constate de plus le rôle important du soutien social, puisque plus celui-ci est présent, moins le risque suicidaire est élevé.

Il semble aussi que l'intensité des séquelles constitue un facteur de risque suicidaire puisque chez les *soldats* souffrant de TSPT, ceux qui ont fait une tentative de suicide rapportent significativement plus de symptômes post-traumatiques, de dépression et d'anxiété que les soldats souffrant de TSPT qui n'ont pas fait de tentative de suicide (Freeman et Moore, 2000). Par contre, le groupe qui a fait une tentative de suicide ne présente pas de différence avec celui qui n'en a pas fait, en termes d'exposition au combat, de douleur, de dissociation ou d'histoire d'abus d'alcool et de substances.

Une étude auprès de 100 vétérans du Vietnam montre que 19 % ont fait une tentative de suicide et que 15 % ont des idéations suicidaires depuis la guerre. Cinq facteurs sont associés aux tentatives de suicide: la culpabilité envers leurs actions militaires, la culpabilité du survivant, la dépression, l'anxiété et le TSPT. La culpabilité face à leurs actions passées (particulièrement envers le meurtre de femmes ou d'enfants pendant la guerre) est fortement associée au suicide (Hendin et Haas, 1992; 1991).

Chez les *femmes*, la présence de TSPT joue le rôle important de médiateur entre l'abus physique de la part du conjoint et le taux de suicide (Thompson *et al.*, 1999). En effet, des données montrent que les femmes qui ont fait une tentative de suicide présentent trois fois plus de risques de souffrir de TSPT, d'abus physique et psychologique de la part de leur conjoint que les femmes n'ayant pas fait de tentatives.

Séquelles physiques. Certaines victimes garderont des séquelles physiques de l'événement, ce qui rendra leur adaptation au traumatisme encore plus difficile. Pensons par exemple aux cicatrices laissées par l'accident ou l'agression, à l'amputation d'une jambe, à la perte de mobilité d'un bras, aux maux de dos ou de tête chroniques, ou à une paralysie d'une partie du corps... Ces séquelles constituent souvent des rappels constants de l'événement traumatique et peuvent contribuer à maintenir les symptômes post-traumatiques: *« Quand je vois ma cicatrice sur ma main, je vois tout de suite la figure de mon agresseur »*, *« Je voudrais tant oublier cet incendie, mais être en fauteuil roulant pour le reste de mes jours me le rappelle constamment »*, *« J'ai toujours mal au dos, je suis révoltée contre cet automobiliste qui a détruit ma qualité de vie. »* De plus, ces séquelles obligent la victime à faire le deuil douloureux d'une condition physique « normale », de certaines activités et/ou d'une certaine vision de soi. Ces deuils importants se juxtaposent au choc traumatique lui-même et peuvent, eux aussi, entraîner certains des symptômes dépressifs décrits précédemment.

Anxiété. À la suite d'un événement traumatique, des symptômes d'anxiété peuvent se généraliser ou s'aggraver: certaines victimes vont souffrir d'attaques de panique parallèlement aux symptômes post-traumatiques, c'est-à-dire de moments de malaise intense incluant des palpitations cardiaques, des bouffées de chaleur, une sensation d'étouffement ou d'étourdissement, des tremblements. Ces attaques vont habituellement avoir lieu quand la victime est en contact avec des éléments ou des situations qui ressemblent à l'événement. Cependant, certaines victimes peuvent observer une généralisation de leur anxiété dans d'autres situations, comme cette femme qui a été agressée dans une banque et qui a maintenant peur d'aller au guichet automatique, puis au centre commercial, et enfin dans tous les lieux publics. D'autres victimes peuvent ressentir beaucoup d'inquiétude face à l'avenir, à leur situation financière ou à la santé de leurs proches. Ces manifestations d'anxiété peuvent constituer une recrudescence de symptômes anxieux présents antérieurement (en l'occurrence ici des symptômes de trouble panique ou de trouble d'anxiété généralisée) ou peuvent s'être développées à un moment où la victime était fragilisée (voir chapitre 6 pour le diagnostic différentiel).

Abus et dépendance à des substances. Parce que les symptômes post-traumatiques et dépressifs sont très souffrants et profondément désagréables, certaines victimes peuvent avoir tendance à consommer de l'alcool ou de la drogue. La prise d'alcool ou de drogue a souvent un effet immédiat apaisant, euphorisant même, à court terme. Elle peut servir à fuir une réalité trop pénible ou des sensations trop douloureuses. Malheureusement, la victime ressent souvent un soulagement immédiat lors de la prise de ces substances, ce qui joue un rôle de renforcement très puissant : la victime a tendance à répéter par la suite ce comportement. Elle se retrouve ainsi piégée dans un cercle vicieux de dépendance, cercle vicieux qui risque de maintenir les symptômes post-traumatiques. Nous savons que près de la moitié des victimes hommes vont démontrer des taux importants d'abus d'alcool et de dépendance à la suite d'un événement traumatique (Kessler *et al.*, 1995). Nous savons aussi qu'en général, 53 % des personnes souffrant d'un trouble d'abus d'alcool souffrent aussi de troubles anxieux (Smail *et al.*, 1984).

Difficultés relationnelles. Ces symptômes post-traumatiques dépressifs ou de dépendance peuvent causer ou aggraver des difficultés relationnelles importantes. En effet, l'irritabilité de la victime, sa faible tolérance au stress, ses difficultés de sommeil, sa détresse, sa tristesse ou sa perte d'intérêt se répercutent souvent sur tout son entourage. Les relations avec le conjoint et les enfants en sont souvent négativement affectées et il peut s'ensuivre des tensions, des disputes ou même des ruptures. Les victimes de trauma interpersonnel (c'est-à-dire impliquant un autre être humain comme dans les cas de viol, d'agression, de torture ou de guerre) présentent souvent beaucoup plus de difficultés dans leur relations interpersonnelles par la suite. Elles ont souvent des difficultés importantes à refaire confiance, à s'abandonner physiquement avec leur conjoint(e), à exprimer des sentiments tendres, à recevoir des marques d'affection ou, au contraire, à tolérer les conflits, pourtant normaux au sein de toute relation interpersonnelle.

La victime montre quelquefois un ***manque important de désir sexuel*** ou de fortes craintes reliées aux relations sexuelles. Cette situation est particulièrement marquée chez les victimes de viol (Becker, Skinner, Abel, Axelrod et Cichon, 1984). Les victimes souffrant de dépression démontrent souvent les mêmes difficultés puisque la perte d'intérêt généralisée ou la tristesse affecte fréquemment les activités sexuelles ou sociales. Ces difficultés sexuelles peuvent être mal perçues, mal interprétées par le/la conjoint(e) et créer une tension supplémentaire.

En fait, l'événement traumatique affecte profondément ***l'interaction*** entre la victime et son entourage : les efforts de celle-ci pour s'adapter à l'événement traumatique (ses symptômes, ses émotions, ses comportements) vont affecter sa relation avec son entourage. En retour, celui-ci va réagir à cette nouvelle attitude et à cette symptomatologie. Va-t-il réagir avec douceur ? Avec exaspération ? Avec patience ? Avec blâme ? Les caractéristiques de la réaction de l'entourage vont affecter la victime en retour et provoquer des réactions : culpabilité, colère, tristesse, retrait social, approche des autres, etc.

Enfin, des ***difficultés professionnelles*** peuvent aussi être présentes parallèlement aux symptômes post-traumatiques. Si l'événement traumatique s'est produit sur les lieux de travail (accident de travail, suicide d'un collègue, agression, etc.), le retour au travail risque de faire remonter des pensées intrusives de l'événement, de l'anxiété ou de la détresse. Même si l'événement traumatique ne s'est pas produit sur les lieux de travail, les symptômes de la victime risquent d'influencer fortement sa relation avec son employeur ou ses collègues, et ils peuvent favoriser une perte d'intérêt pour ses tâches, une diminution de la productivité ou un taux élevé d'absentéisme. Des symptômes post-traumatiques graves empêchent souvent la victime de fonctionner de façon adéquate au travail et exigent souvent un retrait temporaire de ses tâches professionnelles.

Pourcentage de victimes souffrant de troubles comorbides au TSPT

Comorbidité par sexe chez les victimes	Hommes	Femmes
Aucune comorbidité	12 %	21 %
Un trouble comorbide	15 %	17 %
Deux troubles comorbides	14 %	18 %

Données tirées de Kessler *et al.*, 1995

Les principaux troubles comorbides au TSPT sont la ***dépression majeure*** et ***l'abus d'alcool*** (pour ce dernier, surtout chez les hommes). En effet, 52 % des hommes souffrant de TSPT souffrent aussi d'abus d'alcool, voire de dépendance, contre 28 % chez les victimes femmes (voir tableau ci-dessous). Quant à la dépression majeure, c'est dans la moitié des cas que l'on observe une comorbidité avec le TSPT, et ce, tant chez les femmes que chez les hommes.

Troubles présents de façon comorbide au TSPT selon le sexe des victimes

Trouble comorbide	Hommes	Femmes
Dépression majeure	48 %	49 %
Dysthymie	21 %	23 %
Abus d'alcool	52 %	28 %
Abus de drogue	35 %	27 %
TAG	17 %	15 %
Trouble panique	7 %	13 %
Phobie sociale	28 %	28 %
Phobie spécifique	31 %	29 %

Tableau tiré des données de Kessler *et al.* (1995)

Section II

Comprendre les symptômes post-traumatiques

CHAPITRE 3

Bien conceptualiser le TSPT

Pourquoi développe-t-on des symptômes post-traumatiques à la suite d'un événement grave ayant menacé notre intégrité physique ou celle d'autrui ? Quel est le processus sous-jacent au développement de tels symptômes ? Quel est le rôle de l'événement traumatique par rapport à d'autres variables modératrices ? Comment expliquer qu'une telle expérience traumatisante entraîne des reviviscences ou de l'hypervigilance ?

Plusieurs théoriciens ont tenté de se pencher sur ces questions et de mieux comprendre le développement du TSPT à la suite d'un événement traumatique. Plusieurs conceptualisations étiologiques ont émergé de ces réflexions. Nous vous présentons ici quatre modèles qui ont été choisis parce qu'ils sont majeurs dans la littérature et qu'ils conçoivent les symptômes post-traumatiques selon des angles distincts[1]. De plus, ils constituent des modèles qui peuvent être décrits et explicités aux victimes au cours de leur démarche thérapeutique afin de leur permettre de mieux comprendre leurs symptômes. Vous trouverez au chapitre 7 les critères qui vous permettront de choisir le modèle qui conviendra spécifiquement à votre client en fonction de ses symptômes particuliers et de vos objectifs thérapeutiques.

1. La présentation des modèles suivants est inspirée de l'article de Brillon, Marchand et Stephenson (1996).

3.1 Le modèle de conditionnement de Mowrer (1960)

Ce modèle comportemental est fortement inspiré des travaux de Pavlov et de Skinner sur les mécanismes d'apprentissage par conditionnement classique et opérant. Il a été adapté par Keane, Fairbank, Caddell, Zimmering et Bender (1985) pour la problématique du TSPT suivant un traumatisme militaire (voir aussi Keane, Zimmering et Caddell, 1985), ainsi que par Kilpatrick, Veronen et Best (1985) pour le TSPT suivant une agression sexuelle. Selon ce modèle, deux principes d'apprentissage, soit le conditionnement classique (apprentissage des réponses de peur) et le conditionnement opérant (apprentissage des comportements d'évitement) expliquent le développement et le maintien du TSPT.

Les symptômes du TSPT s'expliquent d'abord par un ***conditionnement classique aversif***. Les stimuli neutres (bruits, objets, odeurs, cognitions, sensations physiques) qui sont présents en même temps que le stimulus inconditionnel (l'événement traumatique) acquièrent les propriétés aversives de ce stimulus. Par la suite, leur seule présence provoquera une réponse conditionnée, c'est-à-dire une réponse anxieuse similaire à celle provoquée par l'événement traumatique original, soit des réactions émotives et physiologiques intenses de détresse, de peur et d'inconfort. Les *stimuli neutres deviennent donc des stimuli conditionnels*. Ces stimuli conditionnels acquièrent eux aussi la capacité de conditionner d'autres stimuli présents en même temps ou d'autres stimuli qui leur ressemblent, et ce, par les mécanismes de ***conditionnement « de second ordre » et de « généralisation des stimuli »***. Ainsi, une grande quantité de stimuli neutres (et non seulement ceux directement associés à l'événement traumatique) acquièrent les propriétés aversives de l'événement original, c'est-à-dire la capacité de provoquer de l'anxiété, de la détresse et de la peur.

Parallèlement à cet apprentissage, l'individu apprend par conditionnement opérant à utiliser des comportements d'évitement afin de ne pas être exposé aux stimuli conditionnels perçus comme aversifs : c'est le ***mécanisme de renforcement négatif*** ou de renforcement par soustraction d'un stimulus aversif. Tout comportement d'évitement et d'échappement qui possède le potentiel de diminuer ou d'éliminer les réactions aversives sera renforcé par sa capacité à diminuer l'anxiété associée à l'exposition ou l'anticipation de cette exposition avec le stimulus conditionnel (fuir une situation). De plus, les comportements de détachement émotif, d'agressivité et de consommation abusive de drogue ou d'alcool sont fonctionnellement répétés car ils sont incompatibles avec l'anxiété.

Ce modèle explique-t-il tous les symptômes du TSPT?

En intégrant le conditionnement classique, ce modèle parvient à expliquer les réactions anxieuses de la victime à des stimuli antérieurement et actuellement inoffensifs mais anxiogènes parce que ceux-ci ont été associés directement à l'événement traumatique (B4, B5). Ce modèle permet aussi de mieux comprendre (grâce aux processus de généralisation des stimuli et de conditionnement de second ordre) pourquoi la victime développe des réponses anxieuses à des stimuli qui étaient pourtant absents lors du trauma. En agissant dans le temps, ces principes expliquent le maintien et l'aggravation de la symptomatologie puisque de plus en plus de stimuli provoqueront des réponses conditionnées aversives.

De plus, l'inclusion de la notion de renforcement négatif parvient à expliquer le développement de comportements d'évitement, le retrait social et l'adoption de comportements inhabituels chez la victime : abus de drogues et d'alcool, agressivité, sentiments qui sont incompatibles avec l'anxiété ou la peur (C1, C2). Ces comportements d'évitement, parce qu'efficaces pour diminuer l'anxiété, seront très résistants à l'extinction, ce qui explique la persistance de ces symptômes longtemps après que d'autres ont diminué significativement.

Cependant, ce modèle présente une faille d'importance : il explique peu la présence de certains symptômes importants du TSPT, tels que les symptômes intrusifs (B1, B2, B3), l'hyperactivité neurovégétative (critères D) et l'émoussement de la réactivité générale (C4 à C7), associés au TSPT.

Commentaires relatifs au modèle

Ce modèle offre plusieurs avantages : il explique de façon puissante certains symptômes post-traumatiques, surtout ceux reliés à l'évitement et à la réactivité aux éléments conditionnés. Il est à cet effet tributaire de la théorie comportementale et peut très bien accompagner la psychoéducation sur les stratégies d'exposition.

Malheureusement, il néglige un peu l'expérience phénoménologique des victimes et peut sembler se focaliser uniquement sur les aspects «automatiques» et comportementaux de l'expérience post-traumatique. Il aurait avantage à être jumelé en clinique avec un autre modèle et à inclure d'autres aspects afin de bien rendre compte de toute la diversité des réactions émotionnelles et cognitives post-traumatiques spécifiques à la victime.

Mécanisme de conditionnement classique

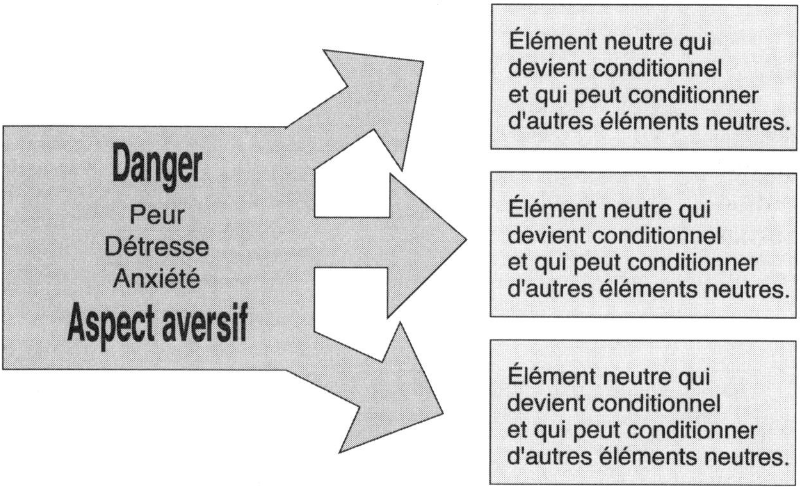

Mécanisme de renforcement négatif

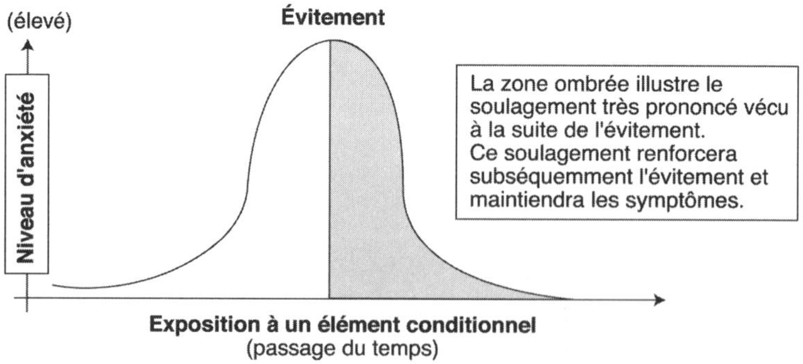

3.2 Le modèle de traitement émotionnel de Foa *et al.* (1989)

Selon ce modèle, c'est l'attribution d'une signification de danger à un lien stimulus-réponse autrefois considéré comme sécuritaire ou neutre dans la structure de peur qui serait à la base du développement du TSPT. Une structure de peur consiste en un réseau complexe d'interconnexions dont l'objectif premier est de préparer l'individu à une réaction de défense ou de fuite face à un danger. Elle s'intègre dans le système neuronal et constitue un réseau stable reliant entre eux a) les stimuli associés à l'événement (objets, lieux, sensations, odeurs) ; b) les interprétations associées à ces éléments ; c) les réponses physiologiques et le comportement.

Selon ces auteurs, la structure de peur des individus présentant un TSPT diffère de celle des phobies selon trois aspects : les réponses sont plus intenses, la structure est plus complexe, étendue et elle est plus facilement accessible. La structure post-traumatique comporte ainsi beaucoup plus de significations de danger et d'incompétence la rendant très généralisée et dévalorisante. L'exposition à des stimuli similaires à ceux enregistrés dans la structure active tout le réseau d'interconnexions, ce qui déclenche des symptômes de reviviscences et les réactions affectives, physiologiques et comportementales associées : la victime vit des *flashs-back* dérangeants de l'événement parce qu'un élément (bruit, image, conversation) est associé à l'événement traumatique et a réactivé toute la structure de peur et donc tous les souvenirs et sensations associés.

Parallèlement à cela, la victime tente d'intégrer l'événement traumatique. Pour ce faire, elle tente de trouver un sens à ce qui s'est passé : elle va reconsidérer les interprétations de la structure de peur. Or, penser à ce qui s'est produit réactive la structure de peur, reprovoquant des réactions désagréables et des reviviscences perturbantes. La victime va alors utiliser l'évitement comportemental ou émotionnel pour se protéger, ce qui va cependant empêcher le processus d'intégration émotionnelle (voir le chapitre 12 pour les implications cliniques de ce modèle).

La victime va ainsi osciller entre des moments de reviviscences et des moments d'évitement. Ce mouvement d'oscillation crée les symptômes d'hyperactivation : un état d'alerte constant et un état d'hypervigilance épuisant.

Ce modèle explique-t-il tous les symptômes du TSPT ?

Les caractéristiques particulières de la structure de peur des individus souffrant d'un TSPT (les réponses sont plus intenses, la structure est plus complexe, étendue et est facilement accessible) expliquent pourquoi ces individus évitent davantage de situations que ceux souffrant d'autres troubles anxieux et plus particulièrement de phobie spécifique.

De plus, ce modèle explique bien les symptômes de reviviscences des victimes puisque la structure est réactivée dès que l'individu est en contact avec une information qui rejoint un des éléments enregistrés dans la structure de peur. Il explique bien aussi les mécanismes d'évitement conçus pour soulager la victime de la détresse propre aux reviviscences. Enfin, il explique les symptômes d'hyperactivation par la résultante de cette oscillation épuisante entre les reviviscences et la tendance naturelle de la victime à reconsidérer la signification de l'événement traumatique.

Commentaires relatifs au modèle

Ce modèle est très intéressant parce qu'il permet d'imager les processus sous-jacents aux symptômes post-traumatiques. Ainsi, il est extrêmement éclairant pour les victimes de concevoir leur structure de peur personnelle : quels sont les éléments qui sont associés à une signification de danger ? Quelles autres significations sont incluses ? Quelles sont les conséquences d'une telle structure au point de vue de la peur ou de la honte ? Cette façon d'illustrer les conditionnements ou les interprétations à la source des symptômes post-traumatiques est souvent très aidant pour les victimes et permet de bien expliquer le rationnel sous-jacent aux stratégies d'exposition.

Parallèlement à cela, ce modèle inclut la notion des interprétations cognitives, ce qui contribue à l'enrichir et à le nuancer. Ainsi, le fait que la victime remette sans cesse en question les significations données semble inspiré de la conception d'Horowitz (1986) que toute « information non digérée revient à la conscience pour y être assimilée ». Cet ajout permet d'expliquer les symptômes de reviviscences et d'hyperactivation chez la victime, ce qu'un modèle purement comportemental ne pouvait faire.

Exemple de structure de peur normale chez une victime de viol

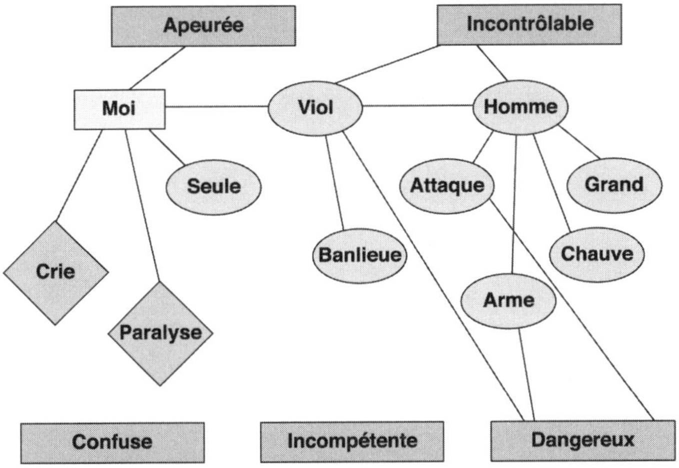

Exemple de structure de peur post-traumatique

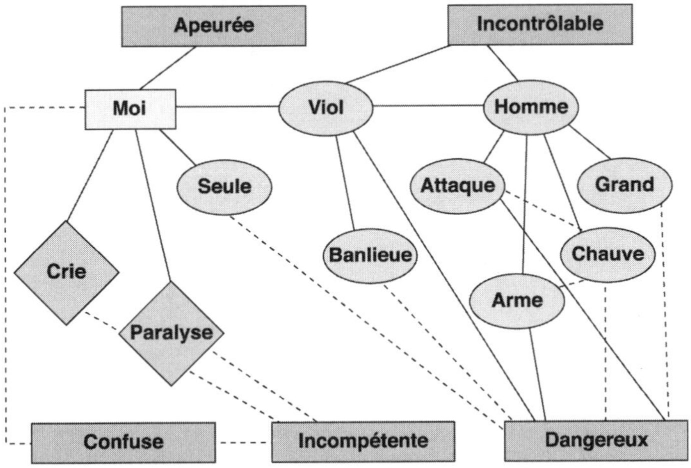

Figures tirées de Foa & Rothbaum (1998)

3.3 Le modèle de Joseph *et al.* (1995)

Le modèle de Joseph *et al.* (1995) considère que c'est l'interprétation (*reappraisal*) des causes, des enjeux et des conséquences de l'expérience traumatique par la victime qui constitue le principal facteur responsable des symptômes post-traumatiques. Cette conceptualisation axée sur l'interprétation attributionnelle des éléments associés au trauma est reprise par plusieurs modèles cognitifs plus récents, dont celui de Ehlers et Clark (2000). La nature de cette interprétation interagit ensuite avec l'état émotionnel, les facteurs cognitifs et les modes de gestion du stress de la victime. Six variables sont identifiées dans ce modèle, et ces variables, en se conjuguant, expliquent le développement des symptômes post-traumatiques.

Selon ces auteurs, l'événement traumatique constitue un ensemble de stimuli qui provoque une activation émotive extrême mais qui ne peut pas être immédiatement analysé par l'individu. Les représentations iconiques de l'événement sont alors stockées dans la mémoire immédiate et constituent les bases des reviviscences et des souvenirs intrusifs.

Ces représentations iconiques de l'événement et leur signification vont ensuite être interprétées, décodées par la victime. Les auteurs identifient un type d'interprétation particulièrement important de cette étape : l'attribution causale de l'événement. De nombreuses données ont démontré que les individus s'interrogent sur la cause des événements qui leur arrivent, tentant de donner un sens à ceux-ci, et ce, particulièrement à la suite d'un événement inattendu et négatif (Weiner, 1985, 1986 ; Wong et Weiner, 1981). Les caractéristiques de cette explication influenceront la perception de contrôle face aux événements et conséquemment le développement et le maintien des symptômes d'impuissance acquise et de dépression. Selon cette théorie, l'individu qui attribue la cause de l'événement à des facteurs *internes* (c'est-à-dire qui considère qu'il en est la cause) plutôt qu'externes, *stables* (attribution de la cause de l'événement à un facteur qui persiste dans le temps) plutôt que temporaires, et *globaux* (l'individu attribue la cause de l'événement à un facteur qui affecte un grand nombre d'enjeux dans sa vie) plutôt que spécifiques, vivra un sous-type de dépression caractérisé par une baisse d'estime de soi et du désespoir *(hopelessness)*. Ainsi, les victimes effectuant des attributions internes, stables et globales (*« Je suis le genre de personne à me mettre constamment dans le pétrin »*) auront une probabilité plus élevée de développer des symptômes dépressifs à la suite d'un événement traumatique que celles effectuant des attributions externes, stables et spécifiques (*« C'était un quartier dangereux, je ne m'y rendrai plus »*).

Des facteurs liés à la personnalité influenceront cette interprétation de l'événement et seront, en retour, influencés par celle-ci. Le modèle de Joseph *et al.*(1995) désigne ici le style attributionnel, le lieu de contrôle, les schémas cognitifs et les croyances fondamentales. Ces facteurs constituent des modes stables de perception et d'interprétation du monde qui ont été développées depuis la tendre enfance et qui influencent la façon dont l'individu interprète l'événement traumatique.

La présence des symptômes intrusifs et ces interprétations de l'événement provoqueront de fortes émotions : peur, deuil, honte, culpabilité, rage et colère. Ces émotions découlent des caractéristiques de l'attribution causale et seront par la suite réinterprétées par l'individu.

Les pensées intrusives, les mécanismes d'interprétation et les états émotifs engendreront de la détresse et conséquemment des tentatives de gérer celle-ci. Les modes de gestion du stress incluront des stratégies actives (recherche de soutien social, stratégies de relaxation...), des stratégies d'évitement (évitement cognitif, affectif ou comportemental), une inhibition du traitement de l'information ou la recherche d'un sens à l'événement.

Enfin, le contexte et le soutien social influenceront aussi l'interprétation de l'événement traumatique ainsi que les modes de gestion du stress choisis par la victime.

Ce modèle explique-t-il tous les symptômes du TSPT ?

En puisant dans les théories cognitives de la dépression, ce modèle explique le développement et le maintien des symptômes à teneur dépressive du TSPT (C4, C5, C6 et C7). L'irritabilité (D2), la rage sont expliquées en faisant appel à la théorie de Weiner

(1985), laquelle suggère une relation entre certains types d'attribution causale et des états émotifs spécifiques (honte, culpabilité, rage).

Cependant, même si les auteurs mentionnent l'apparition des autres symptômes du TSPT (comportements d'évitement et hyperactivité neurovégétative), ils offrent peu d'explication des mécanismes sous-jacents responsables de leur développement et de leur maintien.

Commentaires relatifs au modèle

Ce modèle purement cognitiviste est un excellent outil de psychoéducation des stratégies de restructuration cognitive. Il met ainsi en évidence l'importance des interprétations dans le développement des symptômes post-traumatiques chez les victimes.

Il inclut aussi des éléments très intéressants trop souvent mis de côté par certains théoriciens. Ainsi, le rôle du soutien social est intégré, tout comme les préjugés sociaux. Cet ajout est fascinant lorsque l'on connaît les études ayant mis en évidence l'impact du soutien social dans le développement et le maintien du TSPT (pour une revue de la littérature à ce sujet, consulter Guay *et al.*, 2003). Les facteurs développementaux sont aussi intégrés afin de mieux comprendre le type de croyances fondamentales démontrées par la victime ou son style attributionnel. Ces éléments contribuent à rendre le modèle plus complexe.

Par contre, il faut mentionner la difficulté de ce modèle à expliquer certaines réactions post-traumatiques typiques, telles que la réactivité à des éléments associés au trauma ou l'hyperactivation.

Modèle de Joseph, Williams et Yule (1995)

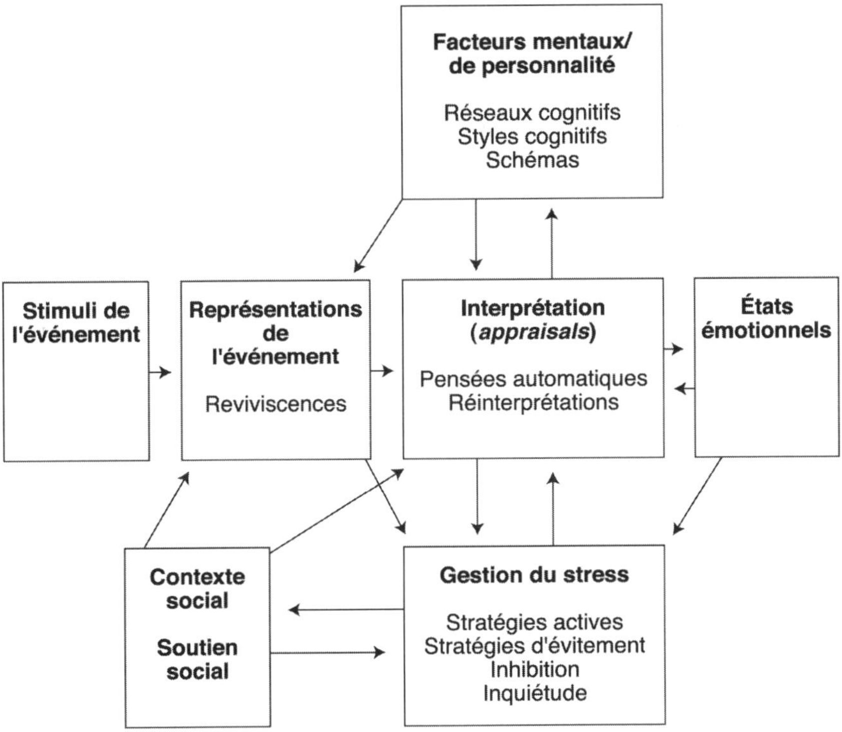

Figure tirée de Joseph Williams et Yule (1995)

3.4 Le modèle de traitement de l'information d'Horowitz (1986)

Ce modèle conçoit les symptômes post-traumatiques comme une réaction au nombre excessif de données que constitue l'expérience traumatique. Le TSPT découlerait de l'incapacité de la victime d'intégrer adéquatement ces nouvelles informations au sein de ses schémas cognitifs antérieurs. La résorption des symptômes dépend donc de l'intégration de l'expérience traumatique, intégration qui ressemble à un processus de deuil.

La première phase identifiée par ce modèle en est une de «*protestation*». Le stress important du traumatisme provoque des réactions intenses normales de peur, de rage, de colère, de confusion, des tentatives d'approche des autres ou au contraire un retrait social plus marqué. Cependant, le traumatisme constitue surtout un apport massif de données qui ne peuvent être assimilées instantanément par l'individu. Cet apport provoque une « surcharge cognitive »: la victime vit des idées, des sentiments, des images qui ne peuvent être intégrés, qui la submergent et qui créent beaucoup de détresse.

Il s'ensuit une deuxième phase, qui est celle de ***l'évitement***. Le déni et le détachement des affects sont employés comme mécanismes de défense afin de protéger l'intégrité et l'équilibre psychologique de la victime. Les réactions d'évitement « pathologiques » ou extrêmes utilisées par la victime dans cette phase sont : l'abus de drogue et d'alcool, les comportements de fugue ou de phobie, la sensation d'irréalité ou la dissociation.

Selon ce modèle, l'individu possède une « tendance intrinsèque au traitement de l'information tant que son intégration ne s'est pas complétée », c'est-à-dire, jusqu'à *assimilation* (modifier le sens de l'événement traumatique pour qu'il puisse s'intégrer aux conceptions préexistantes) ou *accommodation* (modifier les conceptions préexistantes pour qu'elles puissent accepter la nouvelle expérience traumatique) de celle-ci. Les données liées à l'événement traumatique restent donc actives sous forme brute dans l'inconscient et font des retours à la conscience afin d'y être réanalysées, intégrées : c'est alors la phase ***d'intrusion***. Ces reviviscences « normales » dans la conscience prennent la forme de souvenirs, de ruminations ou de cauchemars. Ce matériel cognitif intrusif continuera à se présenter à la conscience jusqu'à ce qu'il soit intégré, métabolisé par la victime. Les éléments plus pathologiques de cette phase consistent en une certaine « submersion » de la personnalité : cauchemars terrorisants, hallucinations incontrôlables, émotions submergeantes, etc.

La victime réagit à ces reviviscences perturbantes en revenant à la phase d'évitement (détachement émotionnel ou évitement comportemental), ce qui a comme fonction de régulariser le traitement cognitif de l'information. En effet, cet évitement permet de rendre tolérable le traitement de l'information traumatique et de préserver l'équilibre psychologique de l'individu, puisqu'il dose la surcharge cognitive et émotive et diminue l'anxiété associée aux informations traumatiques.

Ce mouvement ***d'oscillation*** entre les phases d'évitement et les phases d'intrusion permet une intégration *graduelle* de l'information. Les pensées intrusives diminuent en fréquence et en intensité. L'individu entame un début d'acceptation de la victimisation et de restauration de son équilibre psychologique, montre des progrès dans son mode de pensée et ses capacités de ressentir des émotions, de communiquer et d'interagir avec les autres. En fait, Horowitz décrit cette quatrième phase comme celle d'un passage vers l'intégration complète de l'expérience traumatique.

Enfin, lors de la phase de ***résolution***, la victime ressent que le processus de traitement de l'information a été complété et qu'il y a eu restauration de sa cohésion interne. L'expérience de victimisation est intégrée et fait partie de sa vision d'elle-même et du monde. L'individu est prêt à entreprendre de nouvelles activités et relations et est capable de ressentir des états émotifs nuancés et positifs.

Ce modèle explique-t-il tous les symptômes du TSPT ?

En faisant appel à la notion de traitement de l'information, le modèle d'Horowitz explique bien les symptômes d'évitement cognitif (critères C) et de reviviscences du TSPT (B1, B2, B3). Il permet aussi de bien conceptualiser la tendance à l'évitement de la victime et d'expliquer pourquoi les symptômes de reviviscences perdurent. D'autre part, en précisant les phases « pathologiques », il permet de comprendre pourquoi une victime ne parvient pas à poursuivre son processus jusqu'à la phase de résolution.

Cependant, ce modèle explique peu la réactivité psychologique et physiologique de la victime en présence de stimuli ressemblant à l'expérience traumatique (B4, B5) et permet peu de comprendre la présence des symptômes d'hyperactivité neurovégétative (critères D).

Commentaires relatifs au modèle

Ce modèle est très intéressant cliniquement car il s'inspire d'un processus de deuil et, à l'inverse des autres modèles, il ne présente pas le processus menant au *développement* du TSPT mais celui qui mène à sa *résolution*. De plus, il précise pour chacune des phases des «voies de détournement» qui sont plus «pathologiques». Ces symptômes seraient développés par l'individu lorsqu'il ne peut poursuivre son processus de résolution naturel. Ainsi, Horowitz conçoit des symptômes de panique ou d'épuisement chez la victime qui ne peut pas exercer de mécanismes de protection de déni ou d'évitement de la mémoire trop traumatique de l'événement. De la même façon, il explique les symptômes psychosomatiques présents chez certaines victimes par une difficulté à résoudre l'intégration émotionnelle de l'événement.

Il est intéressant de constater que les symptômes expliqués par ce modèle sont aussi ceux qui sont mesurés par l'instrument développé par Horowitz, soit «l'*Impact of Event Scale* (IES)» (Horowitz, Wilner et Alvarez, 1979). Comme nous le verrons au chapitre 6, cet instrument permet de bien mesurer les symptômes de reviviscences et l'évitement cognitif. Par contre, il permettrait peu de mesurer l'hyperactivité et l'évitement comportemental, ce pourquoi ses successeurs ont développé «l'*IES-Revised*» (Weiss et Marmar, 1997), qui comble ces lacunes.

Modèle d'Horowitz (1986)

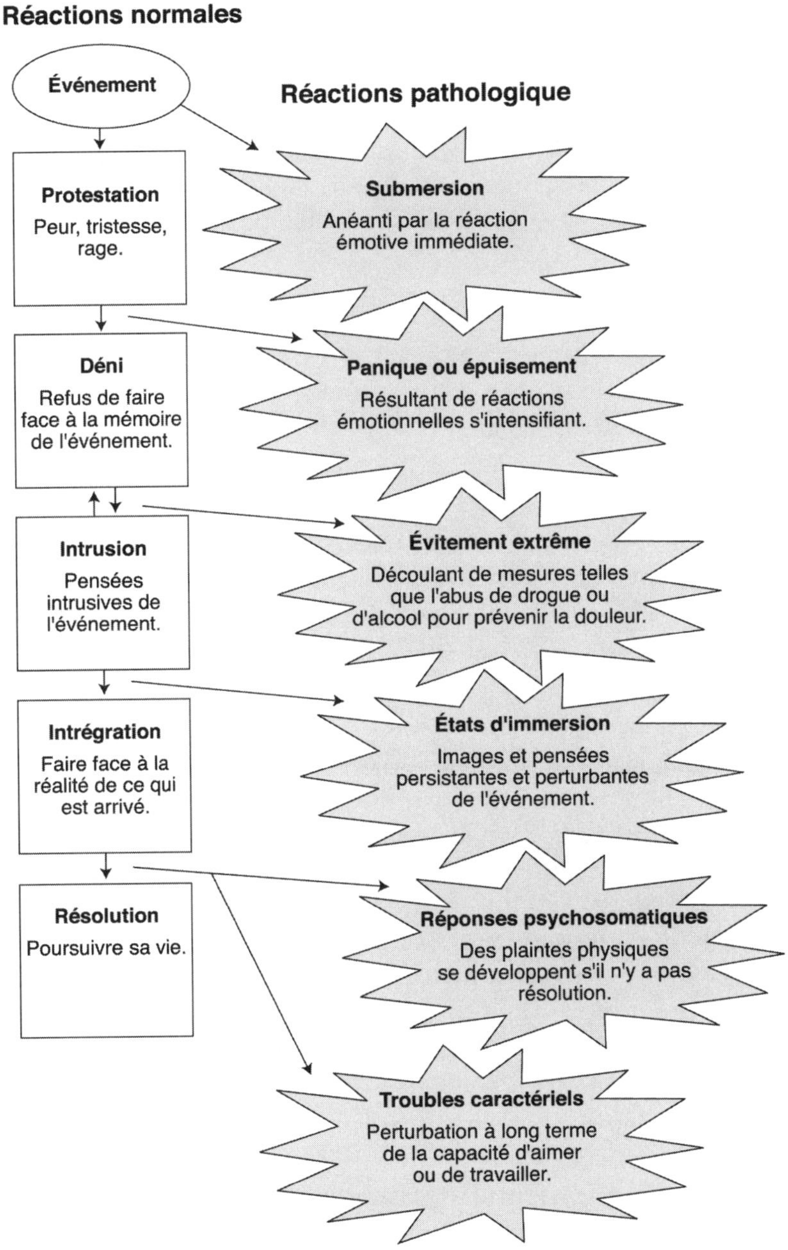

Figure tirée d'Horowitz (1986).

3.5 Peut-on comparer les divers modèles conceptuels ?

Les divers modèles étiologiques offrent des éléments précieux de compréhension des processus de développement et de maintien des symptômes post-traumatiques. Tentons de voir maintenant comment nous pouvons comparer ces divers modèles entre eux, selon quatre perspectives de comparaison : 1) la signification, le rôle attribué par chacun des modèles à l'événement traumatique ; 2) le ou les principaux processus responsables du développement et du maintien du TSPT ; 3) les facteurs qui influencent le développement du TSPT ; 4) les symptômes post-traumatiques qui sont expliqués par chacun des modèles ; et enfin 5) les implications thérapeutiques et cliniques de ces modèles. Vous trouverez dans le tableau de la page 76 une synthèse de la contribution respective des divers modèles[1].

1. La signification, le rôle attribué à l'événement traumatique

Le premier élément permettant de comparer ces modèles est la façon dont ils conçoivent le rôle et l'influence de l'événement traumatique dans la genèse du TSPT.

Deux différentes conceptualisations de l'événement traumatique émergent de ces divers modèles. La première propose que l'événement traumatique constitue une importante source d'information, qui ne peut être assimilée ou accommodée immédiatement par l'individu. C'est la vision de Joseph *et al.* (1995), qui considèrent l'événement traumatique comme un événement significatif négatif produisant une réaction émotive qui ne peut être immédiatement intégrée par la victime, événement qui devra par la suite être interprété pour être « digéré ». C'est aussi la vision d'Horowitz (1986), qui conceptualise l'événement traumatique comme une somme excessive d'information qui confronte les anciens schémas cognitifs de l'individu.

La deuxième conceptualisation propose que l'événement traumatique constitue surtout un stimulus inconditionnel hautement aversif qui engendre une réponse très forte de peur,

1. Ce tableau est inspiré de Brillon, Marchand et Stephenson (1996).

d'anxiété et de détresse chez la victime. C'est la conceptualisation partagée par Mowrer (1960) et Foa *et al.* (1989). Ces derniers auteurs ajoutent la conception des interprétations cognitives de danger, qui contribuent au maintien des associations conditionnées et qui maintiennent les symptômes.

2. Processus mis en branle par l'expérience traumatique

Les modèles identifient deux types de mécanismes responsables du développement et du maintien des symptômes post-traumatiques. Le premier constitue la mise en branle d'un processus cognitif d'accommodation ou d'assimilation de la nouvelle information. Pour Joseph *et al.* (1995), ce processus concerne les mécanismes d'interprétation des causes et des conséquences de l'événement traumatique en interaction avec les états émotionnels et les facteurs de personnalité de l'individu. Pour Horowitz (1986), ce processus est entrecoupé de phases d'intrusion et de déni découlant de la tendance intrinsèque d'une information à émerger à la conscience tant qu'elle n'est pas digérée et des mécanismes de défense de l'individu.

Enfin, selon les modèles, c'est le conditionnement de certains éléments lors de l'événement traumatique qui joue un rôle prépondérant dans l'étiologie du TSPT. Pour Foa *et al.* (1989), c'est la signification de danger attribuée à des éléments du réseau cognitif précédemment considérés comme sécuritaires et la réactivation de cette structure de peur, alors que pour Mowrer (1960), c'est principalement un apprentissage par conditionnement classique et opérant qui est responsable des symptômes post-traumatiques.

Comment les divers modèles théoriques conceptualisent le trauma et ses symptômes

Modèle	L'événement traumatique est vu comme...	La victime souffre de TSPT parce qu'il y a...	Certaines variables influencent le développement du TSPT...	Ce modèle explique bien les symptômes...	Des implications cliniques découlent de ce modèle...
Mowrer (1960)	Un stimulus inconditionnel aversif	Conditionnement classique et opérant et renforcement négatif de l'évitement		B4, B5, C1, C2	Exposition *in vivo* et en imagination
Foa *et al.* (1986)	Un stimulus inconditionnel aversif créant une structure de peur	Attribution de signification de danger à des associations neutres créant une structure de peur élargie	Perception d'incontrôle et d'imprévisibilité, sentiment d'incompétence	B1, B2, B3, B4, B5 C1, C2, D	Exposition *in vivo* et en imagination
Joseph *et al.* (1995)	Un événement qui ne peut pas être intégré cognitivement et émotivement	Interprétation de la cause, des conséquences et des émotions liées à l'événement	Facteurs de personnalité, contexte et soutien social	C4, C5, C6, C7, D2	Restructuration cognitive des interprétations, attributions et croyances fondamentales
Horowitz (1986)	Une énorme source d'information qui ne peut pas être assimilée immédiatement	Évitement, tendance intrinsèque à l'intégration de l'information	Styles cognitifs, mécanismes de défense	B1, B2, B3, C1, C2, C3, C4, C5, C6, C7	Restructuration cognitive et travail au niveau des significations inconscientes

Tableau adapté de Brillon *et al.* (1996)

3. Variables modératrices

Ces différents processus mis en branle à la suite de l'expérience traumatique n'entraînent pas automatiquement les symptômes. En effet, des variables modératrices peuvent influencer le développement et le maintien du TSPT et expliquent son développement spécifique à chaque victime.

Pour Foa, ce sont surtout les interprétations d'incontrôle et d'imprévisibilité, et le sentiment d'incompétence qui influencent la force des associations de la structure de peur. De plus, le type d'interprétation de danger attribué à chaque stimulus influence la généralisation de la structure de peur. Joseph *et al.* (1995), quant à eux, envisagent surtout le type d'attribution effectué par la victime, ses traits de personnalité, son contexte social et son soutien social. Horowitz (1986) considère les conflits inconscients sous-jacents, les styles cognitifs, les traits de personnalité et les mécanismes de défense de la victime comme des variables influençant ou non le développement du TSPT.

4. Symptômes post-traumatiques expliqués par les divers modèles

La plupart des modèles conceptuels expliquent l'apparition et le maintien des symptômes par un processus déclenché à la fois par l'événement traumatique et temporisé ou accentué par certaines variables modératrices. Chaque modèle explique ainsi la présence de plusieurs symptômes post-traumatiques. Nous identifierons ici les symptômes du TSPT expliqués par chacun des modèles, symptômes définis selon les critères diagnostiques du DSM (les codes correspondent spécifiquement aux symptômes identifiés par le DSM-IV).

Une première observation découle de notre analyse : aucun modèle ne rend compte de l'apparition de tous les symptômes du TSPT. En fait, les symptômes les moins bien expliqués par l'ensemble des modèles sont ceux d'hyperactivité neurovégétative (D1, D2, D3, D4, D5). Parallèlement à cela, plusieurs modèles expliquent peu ou pas le développement et le maintien des symptômes de reviviscences (B1, B2, B3) : seuls Foa *et al.* (1989), avec sa conception de structure de peur, et Horowitz (1986), avec sa notion d'information qui émerge à la conscience, parviennent à bien expliquer ce phénomène. Joseph *et al.* (1995) précisent que les représentations iconiques constituent la base de ces symptômes, mais n'identifient pas de mécanisme satisfaisant responsable de leur apparition.

Dans l'ensemble, les symptômes d'évitement (C1, C2, C3) sont bien expliqués : évitement comportemental par le modèle de Mowrer (1960) et Foa *et al.* (1989), et déni cognitif et affectif pour Horowitz (1986). La réactivité physiologique et psychologique en présence de stimuli similaires ou symbolisant l'événement traumatique (B4, B5) est mieux expliquée par les théoriciens comportementaux (Mowrer, 1960 ; Foa *et al.*, 1989), alors que les symptômes à teneur dépressive associés au TSPT (C4, C5, C6, C7) sont bien expliqués par les modèles davantage cognitifs d'Horowitz (1986) et de Joseph *et al.* (1995).

5. Implications thérapeutiques des divers modèles

Conséquemment à ces conceptualisations théoriques, diverses cibles de traitement sont privilégiées. Ainsi, les modèles de Mowrer (1960) et de Foa *et al.* (1989) sont d'excellents soutiens théoriques aux stratégies d'exposition. En fait, pour ces auteurs, les symptômes post-traumatiques se résorberont à la suite d'un travail au niveau des associations conditionnées: pour ce faire, il est important que la structure de peur de la victime soit réactivée par l'exposition et que celle-ci mène à de nouvelles associations entraînant plus de confiance et de sécurité. Il s'agit ainsi de faire ressentir à la victime que s'exposer de nouveau à des éléments associés au trauma ne provoque pas une nouvelle traumatisation. Il importe donc de favoriser une spécificité de la structure de peur, de diminuer le renforcement de l'évitement et d'améliorer son sentiment de contrôle et de confiance. Pour ce faire, les stratégies d'exposition *in vivo* et en imagination sont privilégiées par ces auteurs. En fait, pour Foa, les modifications cognitives découlent souvent d'un travail d'exposition (*«Si je m'habitue à un élément anxiogène, je vais nécessairement reconsidérer les attributions de danger que je lui associais»*), alors que pour d'autres auteurs, il s'agit de l'inverse (*«Si je reconsidère mes interprétations de danger, je vais nécessairement avoir moins peur de m'exposer à des éléments associés au trauma»*). Il est aussi à noter que le modèle de la structure de peur qui peut être adapté de façon spécifique à chaque victime constitue un outil de psychoéducation et de préparation à l'exposition très utile thérapeutiquement.

Pour les modèles de Joseph *et al.* (1995) et d'Horowitz (1986), il s'agit beaucoup plus de favoriser une digestion cognitive de l'expérience traumatique. Pour ce faire, ils privilégient plutôt un travail sur le plan des interprétations cognitives de la victime, et de ses croyances fondamentales. Pour ces auteurs, le travail au plan de ces modes cognitifs va favoriser une remise en question de la signification de l'événement traumatique, diminuer la honte liée à ses réactions lors du trauma, et diminuer l'évitement et les symptômes dépressifs. Parce que cette nouvelle information est traitée cognitivement, elle n'aura donc plus besoin de revenir à la conscience sous forme de reviviscences, ce qui permettra ainsi une diminution des symptômes post-traumatiques. Ces modèles consituent donc d'excellents préalables aux stratégies de restructuration cognitive.

CHAPITRE 4

Comprendre les facteurs associés aux symptômes

Vivre un événement traumatique est une expérience douloureuse, horrible, difficile pour tout être humain. Cependant, nous savons que les victimes ne réagissent pas toutes de la même façon à cet événement : certaines démontrent beaucoup plus de symptômes et de détresse que d'autres. Pourquoi certaines personnes souffrent-elles de TSPT alors que d'autres, pourtant exposées au même événements, n'en développent pas ?

Les chercheurs et les cliniciens ont tenté de comprendre les raisons de cette variabilité quant au nombre, à la fréquence et à l'intensité des symptômes post-traumatiques. Le niveau de violence impliqué dans l'événement traumatique a d'abord été considéré comme le seul responsable du TSPT. Or, les données de recherche montrent que les caractéristiques et l'intensité du trauma n'expliquent qu'une partie de la variabilité des symptômes post-traumatiques (Kilpatrick *et al.*, 1989 ; Pitman, Altman et Macklin, 1989 ; Ruch et Chandler, 1983). Nous savons que l'événement traumatique possède en lui-même le potentiel d'ébranler fortement l'équilibre psychologique de tout individu. Cependant, nous savons aussi que les réactions post-traumatiques découlent, en fait, d'une *conjugaison* de trois types de facteurs. C'est cette conjugaison, personnelle à chacune des victimes, qui va influencer le nombre, la sévérité et la durée de leurs symptômes post-traumatiques.

Le premier élément qui va influencer les réactions de la victime est l'événement lui-même. Il s'agit des facteurs *déclencheurs*, c'est-à-dire de tout ce qui est présent *pendant* le traumatisme. On désigne ici les caractéristiques spécifiques de l'événement et les réactions de la victime lors de cet événement. Des éléments existant *avant* l'événement vont contribuer à rendre ces facteurs déclencheurs encore plus dévastateurs : ce sont les facteurs *prétraumatiques*. Par la suite, les facteurs *de maintien* (c'est-à-dire les éléments présents *après* le trauma) risquent de modifier le maintien ou la résolution des symptômes.

Le clinicien trouvera avantageux d'identifier les facteurs qui semblent avoir joué dans le développement et le maintien des symptômes de TSPT de ses clients. Cette identification va peaufiner sa compréhension et son évaluation des symptômes de la victime. Elle va aussi l'aider à préciser des objectifs thérapeutiques réalistes pour une victime en particulier et à déterminer les difficultés potentielles du traitement. Par la suite, cette identification va personnaliser les procédures de psychoéducation du TSPT auprès de la victime en mettant en évidence les éléments qui ont contribué au développement de ses symptômes spécifiques.

Facteurs qui peuvent aggraver la réaction post-traumatique

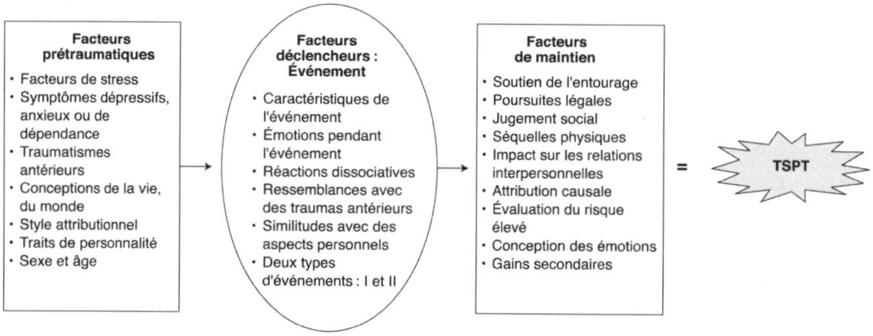

4.1 Les facteurs déclencheurs

Le TSPT découle de l'expérience d'un événement traumatique : c'est lui qui déclenche et provoque les symptômes post-traumatiques. Nous verrons ici comment les caractéristiques de l'événement, les émotions et les réactions dissociatives lors de l'événement, les similitudes avec des traumas antérieurs ou la vie de la victime peuvent influencer la sévérité et la durée des symptômes post-traumatiques.

Aucun événement n'est identique et certaines ***caractéristiques spécifiques de l'événement traumatique*** sont plus dévastatrices que d'autres et aggravent la sévérité et la chronicité des séquelles post-traumatiques. On désigne ici la violence de l'événement, la perception de menace à la vie, les aspects interpersonnel, intrusif, déshumanisant, imprévisible et incontrôlable de l'événement et l'implication d'enfants.

La violence de l'événement, la gravité, la durée et le nombre d'actes de violence commis a été l'une des premières variables identifiée par la littérature comme particulièrement néfaste pour la santé mentale de la victime. Certains ont d'abord postulé que seule la violence de l'événement pouvait expliquer la variabilité observée dans la symptomatologie entre les différentes victimes. Or, des études récentes tendent à démontrer que cette seule variable contribue peu à la variabilité des symptômes et que d'autres facteurs doivent être aussi pris en considération (Kilpatrick *et al.*, 1989; Pitman, Altman, et Macklin, 1989; Ruch et Chandler, 1983; Hanson, 1990; Weaver et Clum, 1995).

La *menace à sa vie* ressentie par la victime peut aussi influencer le développement de symptômes post-traumatiques. Ressentir intimement que l'on risque de mourir ou que l'on pourrait être grièvement blessé est une expérience terrifiante qui contribue fortement aux séquelles post-traumatiques. Cette évaluation du risque de danger vécu est très subjective et propre à chacun, et *c'est cette évaluation subjective et non* le potentiel «objectif» en soi qui est lié au TSPT. Prenons l'exemple d'une cliente qui a vécu un vol à main armée :

Caroline est gérante de magasin et un soir, alors qu'elle ferme sa caisse, un homme coiffé d'une cagoule entre dans le magasin. Il lui hurle de donner l'argent, il la bouscule violemment et pointe un fusil vers elle à travers son blouson. Caroline ouvre sa caisse, elle se met de côté pendant que le voleur prend l'argent et part. En regardant la bande vidéo du vol, les policiers déduisent plus tard que le voleur ne lui a jamais montré son fusil, que ce n'était probablement qu'un objet pointu, et que sa vie n'a jamais été véritablement en danger. Cependant, pour Caroline, le sentiment d'avoir failli mourir ce soir-là reste extrêmement fort et entraîne des symptômes post-traumatiques : crainte lorsqu'elle est seule dans le magasin, reviviscences de l'événement, état d'alerte lorsqu'elle va travailler, remise en question de ses valeurs de vie.

Pour le système légal ou juridique, la *tentative* d'agression et l'agression proprement dite sont jugées différemment. Pourtant, pour la victime, *l'intention* de l'agresseur, ce qui aurait pu arriver, est souvent aussi traumatisant que les actes commis.

Julie est médecin dans un pénitencier. *« Je raccompagnais un détenu dans sa cellule. Arrivé dans le couloir, il s'est mis à courir, puis il est entré à toute vitesse dans sa cellule. Moi, je me suis approchée pour fermer la porte. C'est là qu'il m'a pris le poignet. Dans son autre main, il avait un couteau. Il a essayé de me tirer à l'intérieur en me disant que si je n'entrais pas, il me planterait le couteau dans le ventre. Je ne sais pas comment j'ai fait pour me défaire de son emprise. Je me suis dégagée et des agents correctionnels ont réussi à le maîtriser. On n'arrête pas de me dire qu'il ne s'est rien passé, que je suis chanceuse de m'en être si bien tirée... Moi, la seule chose à laquelle je pense, c'est : "Qu'est-ce qui serait arrivé s'il avait réussi à me faire entrer dans sa cellule ?"... J'ai senti qu'il était prêt à tout. Toutes les histoires de prise d'otage, de collègue agressé, de viol me reviennent... De penser à ces éventualités-là, ça me terrifie. »*

Parallèlement à cela, les données indiquent que les *traumas interpersonnels*, c'est-à-dire les actes intentionnels causés par la main d'un autre être humain (agression, séquestration, torture, etc.) sont davantage néfastes pour la santé psychologique de la victime que les désastres naturels ou les *acts of God*. Lors d'un traumatisme interpersonnel, la victime ressent cruellement le fait d'être totalement à la merci du pouvoir d'un autre être humain. Elle réalise aussi que cet événement *aurait pu être évité*, ce qui contribue à créer des réactions intenses d'amertume et de révolte. Sa conception de la nature humaine, du bien et du mal, sont totalement bouleversées, ce qui contribue au développement du TSPT. De plus, lors d'un traumatisme interpersonnel, la victime réalise que cette personne qui l'agresse ne lui ressemble pas : elle transgresse des normes établies socialement, des tabous sociaux face à la violence. Elle sent que les valeurs habituelles régissant les contacts entre les gens ne s'appliquent plus et que tout peut donc arriver. L'agresseur est incompréhensible et imprévisible. La victime n'est plus en contrôle de sa vie. Ses frontières, son espace vital ont été profanés. Cela provoque un sentiment incroyable de vulnérabilité chez elle, qui l'ébranle profondément.

Les événements qui sont très *intrusifs* sont aussi particulièrement dévastateurs. Dans les cas d'agression physique, les frontières personnelles sont profanées : il y a eu contact de l'agresseur avec les vêtements ou, pire, avec le corps. Dans les cas d'agression sexuelle, la victime est attaquée dans ce qu'elle a de plus sacré, de plus intime. L'outrage narcissique est très grave. D'autres victimes peuvent aussi ressentir cette impression similaire d'intrusion dans d'autres circonstances : un homme qui a été battu grièvement, un enfant qui se fait arracher ses vêtements, des parents qui entrent dans leur maison vandalisée peuvent ressentir cette impression de profanation, d'intrusion dans ce qu'ils avaient de plus personnel.

L'aspect *déshumanisant* de l'expérience traumatique contribue aussi fortement au développement de symptômes post-traumatiques graves. Cet aspect est souvent observé chez les victimes de séquestration, de torture ou d'agression sexuelle et consiste en une négation totale de la part de l'agresseur de la dimension humaine de la victime. Des comptes rendus de rescapés de camps de concentration nazis, de victimes de torture en Amérique du Sud, d'esclaves noirs ou de victimes de viol collectif témoignent de leur souffrance face à cet aspect spécifique de l'événement traumatique. En effet, les victimes souffrent énormément de cet aspect de l'agression où elles ne sont pas considérées comme des êtres humains mais traitées comme des animaux ou des objets, avec un mépris et une indifférence monstrueuse. Cet aspect de l'agression est utilisé par les agresseurs pour annihiler psychologiquement la victime, l'humilier profondément, ou pour se couper de leurs propres émotions qui pourraient les empêcher de mener à bien leur besogne... La victime ressent comme une dernière violation l'exercice de ce pouvoir sur ce qu'elle a de plus personnel, c'est-à-dire son intégrité, son identité psychologique, son droit à être vue et reconnue comme un être humain.

« Je n'étais plus un homme, il a eu tout pouvoir sur moi à ce moment », « Ils ne me voyaient pas, je ne pouvais créer aucun contact avec eux », « Il m'a obligé à lui crier que je l'aimais pendant qu'il me violait ! », « Il a tenu le fusil sur mon front pendant tout le vol, il se foutait de ce que je vivais, de ce que je ressentais », « J'ai vu les terroristes tuer un homme et le lancer hors de l'avion comme si c'était une botte de foin, une chose négligeable et méprisable ».

Un événement traumatique est par le fait même *imprévisible* et *incontrôlable* et les données indiquent que ces caractéristiques risquent d'entraîner plus de séquelles post-traumatiques (Foa, Zinbarg et Olasov-Rothbaum, 1992). Cette perception qu'un événement traumatique est incontrôlable et imprévisible ébranle fortement la perception de sécurité de la victime : *« Si un événement tel que celui-ci est arrivé une fois, il peut donc se reproduire et je ne serai plus jamais en sécurité », « Je n'ai pas pu contrôler ce qui m'est arrivé, comment vais-je empêcher que cela se produise de nouveau ? »*. De plus, la victime doute maintenant de ses capacités à distinguer une situation, un endroit, un individu sécuritaires d'une situation dangereuse (*« Comment n'ai-je pas pu le prévoir ? le sentir ? », « Comment cela se fait-il que je n'aie pas eu de prémonition ou une intuition que cela allait arriver ? », « Donc, je ne peux pas me fier à mon impression de sécurité et de confiance et je suis vulnérable »*). Cette remise en question de ses capacités de jugement et cette perception qu'elle ne peut pas prévenir un autre événement traumatique contribuent souvent au développement des symptômes post-traumatiques.

On sait aussi que les événements impliquant de la *violence touchant des enfants* affectent plus sévèrement les témoins de ces événements. Un enfant représente l'innocence, la candeur, la vulnérabilité, et les violences qu'ils ont subies émeuvent souvent énormément. Un pompier qui n'arrive pas à sauver un enfant de l'incendie sera souvent davantage ébranlé que dans d'autres circonstances. Une policière qui arrive sur les lieux d'un accident où la conductrice en panique constate la mort de son enfant passager sera probablement plus touchée et émue par cette scène. Les gens sont davantage bouleversés quand ils apprennent des accidents impliquant des enfants ou quand ils sont témoins d'actes de violence à leur égard. Qui ne se souvient pas de l'attentat d'Atlanta où une explosion terroriste avait blessé des enfants de la garderie de l'immeuble ? Ces images avaient bouleversé l'opinion publique...

Parallèlement aux caractéristiques de l'événement traumatique comme telles, les ***émotions de la victime pendant l'événement*** semblent aussi avoir un impact sur l'intensité de sa réaction post-traumatique ultérieure. De plus en plus d'études semblent démontrer que plus la victime a ressenti de la peur, de l'impuissance ou de l'horreur pendant l'événement et plus ses symptômes post-traumatiques seront intenses par la suite (Resnick, 1997 ; Tucker *et al.*, 1997). Un niveau intense de honte ou de culpabilité pendant l'événement est signe aussi de séquelles post-traumatiques à plus long terme.

Dans le même sens, on sait maintenant que les ***réactions dissociatives pendant l'événement*** sont corrélées à des symptômes post-traumatiques plus sévères par la suite. Les réactions dissociatives sont utilisées de façon automatique par la victime afin de se protéger émotivement. Cette réaction l'aide à prendre une certaine distance émotionnelle à l'égard de l'événement. Or, les données montrent que les victimes qui ont vécu des réactions dissociatives lors du trauma présentent souvent des symptômes post-traumatiques beaucoup plus graves par la suite (Bernat *et al.*, 1998 ; Jaycox, Marshall et Orlando, 2003 ; Marmar *et al.*, 1999 ; Resnick, Churchill et Falsetti, 1990). Une méta-analyse toute récente démontre même que la présence de dissociation lors de l'événement est un facteur prédictif très puissant du TSPT futur (Ozer, Best, Lipsey et Weiss, 2003) et il semble que cela soit le cas plus particulièrement chez les femmes (Bryant et Harvey, 2003).

Certaines ***ressemblances entre des caractéristiques de l'événement traumatique et des traumatismes antérieurs*** peuvent influencer grandement le développement de symptômes post-traumatiques. Par exemple, être impliqué dans une bagarre violente peut être particulièrement traumatisant pour un homme qui a été battu plus jeune. Cet homme présente davantage de risques de réagir plus fortement à ce dernier événement qu'un autre homme n'ayant pas vécu d'événements violents auparavant. Ainsi, un événement d'apparence « anodine » de l'extérieur peut *jouer un rôle déclencheur majeur* s'il est associé à des traumatismes antérieurs. Le dernier événement joue alors le rôle d'étincelle qui fait exploser les « barils de poudre » entreposés pendant des années. Nous préciserons davantage cet aspect dans la description des facteurs prétraumatiques.

Jean-Jacques est maintenant à la retraite. Il a acheté un bateau et adore se promener sur les lacs l'été. Un jour où il déjeune en compagnie d'amis sur son bateau alors qu'il est au large, il voit un autre bateau arriver à toute vitesse dans sa direction. D'abord calme, il devient inquiet puis complètement paniqué lorsqu'il réalise que le conducteur de l'autre bateau ne le voit pas. Il se lève et tente de faire de grands gestes de la main à partir du bastingage en criant. Le bateau le frappe de plein fouet. Le choc est énorme et Jean-Jacques est projeté par-dessus bord. Il est blessé au torse, il est étourdi, il panique, il avale de l'eau et perd presque conscience. Il a peine à rejoindre la surface et ses amis doivent accourir à son secours. Dans les jours qui suivent, Jean-Jacques est hanté par des souvenirs qu'il croyait avoir complètement oubliés. Il revoit des scènes de torture qu'il a vécues alors qu'il faisait partie de la résistance française lors de la Deuxième Guerre mondiale et qu'il avait été interrogé par l'occupant nazi. Il se souvient qu'il avait été battu au torse, qu'il avait eu beaucoup de difficulté à respirer, qu'il s'était senti étourdi, et surtout très oppressé. Il revoit des images de sa panique d'alors, de sa peur de mourir et il réalise qu'elles sont liées à son accident de bateau. Il recommence à se sentir aussi vulnérable qu'alors et il réalise qu'il a perdu toute sa confiance en la nature humaine, confiance qu'il avait mis tellement de temps à regagner après la guerre.

Dans la même veine, les ***similitudes entre certaines caractéristiques de l'événement traumatique et des aspects personnels de la vie actuelle de la victime*** constituent aussi des facteurs déclencheurs. Par exemple, le fait d'avoir des enfants du même âge peut toucher particulièrement une mère de famille qui est témoin d'un accident de voiture dans lequel des enfants sont tués. Un témoin ayant aperçu la même scène mais s'identifiant beaucoup moins à la victime aura peut-être moins de probabilité de souffrir de TSPT par la suite. Durant les événements du World Trade Center, les téléspectateurs qui travaillaient aussi dans de hauts immeubles à bureaux pouvaient se sentir particulièrement vulnérables et hypervigilants les jours suivants par rapport à ceux dont les caractéristiques ne ressemblaient pas autant à celles des victimes.

Enfin, certains auteurs ont distingué ***deux types d'événements traumatiques***. Les *événements de type I*, c'est-à-dire un événement isolé, imprévisible, soudain et court dans le temps. On désigne ici des événements tels que les désastres naturels, les accidents de voiture ou les agressions physiques. Ces événements vont davantage entraîner des symptômes post-traumatiques « typiques », soit les symptômes de reviviscences, d'évitement et d'hyperactivation. Les *événements de type II* sont plus chroniques, répétitifs et sont davantage causés de façon intentionnelle par un autre être humain. La violence conjugale chronique, l'inceste répétitif, le service militaire prolongé, l'expérience de camps de concentration, l'expérience de coopération internationale dans des pays en guerre sont des exemples de ce type de traumatismes. À la différence des événements de type I, ces expériences répétitives sont vécues sur une longue période de temps. Elles impliquent souvent le fait d'être à la merci de quelqu'un d'autre, dans une situation de danger potentiel constant et prolongé. Ces événements provoquent souvent davantage de souvenirs « troués » parce que la victime utilise des mécanismes de dissociation pour se protéger émotivement de la souffrance pendant ces événements. Ces événements risquent aussi d'entraîner de plus forts sentiments de honte ou de culpabilité, une faible estime de soi, ainsi que des difficultés relationnelles plus importantes.

Nous venons de voir les divers facteurs déclencheurs. Deux autres types de facteurs influencent aussi la réaction post-traumatique de la victime : il s'agit des facteurs *prétraumatiques*, c'est-à-dire des éléments présents avant l'événement. Les facteurs déclencheurs que nous venons de voir vont avoir plus ou moins d'impact, selon ces facteurs prétraumatiques. Cette conjonction va influencer la sévérité des symptômes post-traumatiques. Un dernier type de facteurs va aussi contribuer à ce risque ; il s'agit des *facteurs de maintien*, que nous verrons dans la dernière section.

4.2 Les facteurs prétraumatiques

Les facteurs prédisposants désignent les éléments existant *avant* l'événement. Ils *ne peuvent pas provoquer de TSPT*, mais ils constituent des facteurs de risque ou de vulnérabilité au TSPT. Un événement traumatique n'arrive pas sur un terrain vierge : la victime va le percevoir et y réagir en fonction de toutes ses caractéristiques personnelles, de ses expériences passées, de ses traits de personnalité et de ses capacités d'adaptation spécifiques.

Les ***facteurs de stress présents avant l'événement traumatique*** constituent le premier type de facteurs pouvant fragiliser une victime. Une rupture ou des tensions conjugales, un stress financier, une condition physique défaillante, une perte d'emploi ou un deuil, un épuisement professionnel, un milieu de travail empreint de stress ou de tensions constituent des facteurs qui ébranlent psychologiquement. Ces facteurs de stress contribuent à affaiblir les résistances ou les mécanismes d'adaptation de la victime : lorsque l'événement traumatique se produit, elle est encore moins en mesure d'y faire face. L'individu qui a vécu un ou plusieurs facteurs de stress avant un événement traumatique est déjà fragilisé : l'impact de l'événement n'en est que plus dur.

Envisageons, par exemple, l'expérience de Brigitte, une infirmière-chef qui est en charge d'une équipe en traumatologie : elle doit superviser les tâches de ses nombreux employés sous sa charge, négocier les vacances et les congés de maladie de ses employés épuisés, coordonner les équipes, faire face aux coupures budgétaires. Les heures sont de plus en plus longues, les semaines interminables. Brigitte est fatiguée et se sent en état de survie. Si elle vit une agression sévère à ce moment, elle court davantage de risques de réagir plus fortement qu'une collègue qui travaille dans un milieu plus sain et beaucoup plus calme. Le stress au travail a diminué les capacités d'adaptation de Brigitte : l'impact de l'agression n'en sera que plus grand. Paradoxalement, les mesures économiques mises en place par l'hôpital peuvent non seulement contribuer à fragiliser ses employés si une agression se produit, mais elles peuvent aussi contribuer à augmenter le nombre d'agressions potentielles : le nombre d'employés diminue, les heures d'attente s'allongent, la promiscuité est intolérable, les patients sont plus irritables, plus exaspérés et souffrants, l'entourage est stressé, l'atmosphère est tendue. Cette situation est propice à l'agressivité et à des baisses de tolérance, de patience et de civisme... et souvent propice aux agressions potentielles. Les ressources adaptatives de Brigitte sont déjà épuisées, et subir un événement traumatique ne peut que constituer un facteur dévastateur qui aura un impact plus intense que dans un autre contexte où elle serait plus en forme, plus calme et plus capable de faire face à des situations de stress.

Dans la même veine, ***des symptômes dépressifs, anxieux ou d'abus de drogue ou d'alcool présents avant le traumatisme*** peuvent aussi constituer des facteurs prédisposants. Subir un événement traumatique constitue déjà une expérience traumatisante alors que l'individu est en forme; l'impact de l'événement sera d'autant plus important si la condition psychologique de la victime est ébranlée au départ. Une personne souffrant préalablement d'épuisement, de dépression ou de trouble anxieux sera plus fragile lors d'un événement traumatique.

Les ***traumatismes antérieurs*** (violence familiale, inceste, agression sexuelle, accidents de voiture, expériences de combat militaire, etc.) peuvent aussi constituer des facteurs prédisposants aux symptômes post-traumatiques, surtout si ceux-ci étaient graves et se sont produits en bas âge (Green, 1994). Dans ce cas, le dernier événement traumatique fait souvent remonter des symptômes (souvenirs récurrents, rêves, comportements d'évitement, anxiété) et des émotions (détresse, sentiment de vulnérabilité, terreur) qui sont reliés au traumatisme antérieur et qui n'ont jamais été intégrés psychologiquement auparavant. Cette conjonction aggrave souvent la réaction post-traumatique actuelle.

Alphonse est professeur dans une polyvalente. Un soir, alors qu'il rentre chez lui, il est agressé par-derrière par deux adolescents qui le bousculent, le tapent derrière la tête et prennent sa mallette et son portefeuille. Depuis, il présente de graves symptômes post-traumatiques fortement teintés de colère, de révolte et d'amertume. En entrevue, alors que nous parlons de cet incident, des images de bagarres avec son beau-père lui reviennent en mémoire. Il revoit son beau-père le frapper dans le dos à coups de « strappe » alors qu'il était très jeune. Il se souvient de la peur qu'il avait de lui à ce moment-là et de son sentiment intense d'impuissance. Cette dernière agression, qui comportait des similitudes avec ce qu'il avait vécu auparavant, a fait remonter la peur, l'impuissance et la tristesse associées à ces moments passés, ainsi que beaucoup de rage et de révolte.

Les ***conceptions antérieures de la victime de la vie et du monde*** peuvent aussi influencer la sévérité de la réaction à un événement traumatique. Les données indiquent que les gens qui croyaient fortement en un monde juste (un monde qui récompense les bons et punit les gens malhonnêtes) sont particulièrement ébranlés par un événement traumatique, qui est toujours profondément injuste (Perloff, 1983). De la même façon, les gens qui avaient tendance à faire confiance facilement, qui considéraient la nature humaine comme foncièrement bonne avant l'événement traumatique, souffrent davantage de symptômes post-traumatiques que les autres par la suite (Janoff-Bulman, 1992). L'événement traumatique confronte donc de plein fouet les croyances fondamentales envers la vie et le monde des victimes et tout particulièrement celles qui possédaient une vision très positive du monde. La vision du monde comme un endroit sécuritaire, la vision de la vie comme empreinte de justice sont totalement remises en question par cet événement qui se caractérise le plus souvent par son aspect profondément injuste, malveillant, néfaste et complètement insensé. L'écart entre les conceptions avant l'événement et la signification de celui-ci va influencer énormément la sévérité des symptômes post-traumatiques.

Yves est coopérant international. Il a choisi ce métier par vocation : il considérait la richesse des pays développés injuste face à la pauvreté criante des pays du tiers-monde. Il a toujours voulu aider les plus démunis et espérait soulager un peu leur douleur et leur détresse. Il était attiré vers cette culture millénaire et motivé à leur donner les outils pour s'autoactualiser et atteindre une meilleure qualité de vie. Ces premières expériences en Afrique ont été un choc : il a été révolté de constater que certains Africains exploitaient sans pitié leurs propres compatriotes afin de s'enrichir honteusement. Il s'est senti impuissant face à la mauvaise volonté de certains dirigeants africains mais aussi face à l'attitude coloniale de certains Blancs installés là-bas. Voir des enfants souffrir de la faim parce que des luttes de pouvoir intestines ridicules empêchaient l'arrivée de convois humanitaires l'a profondément troublé. Il a été bouleversé par des scènes horribles de carnage lors d'un génocide ethnique et a alors développé de graves symptômes post-traumatiques qui ont forcé son retour au Québec. Il reste horrifié et révolté que de tels actes puissent encore être possibles en l'an 2000. Il est profondément déçu et même dégoûté de la nature humaine. Il se sent extrêmement amer et découragé face aux possibilités de changer la société. Cette expérience en Afrique a fortement ébranlé sa conception du monde, ce qui contribue à maintenir, sinon à aggraver ses symptômes post-traumatiques.

À l'opposé, les victimes qui portaient sur le monde un regard cynique et amer avant l'événement sont confortés dans leur conception que le monde est profondément mauvais, que la vie est injuste et que les autres sont méchants, hostiles ou profiteurs... ce qui peut aussi constituer un facteur de risque pour les symptômes post-traumatiques et dépressifs. En fait, il semble que toute *conception rigide, absolue, extrême* peut être associée à davantage de symptômes post-traumatiques à la suite d'un événement (Perloff, 1983 ; Janoff-Bulman et Frieze, 1983 ; Weinstein, 1980).

Le ***style attributionnel*** peut aussi influencer la réaction de la victime à l'événement (Abramson *et al.*, 1978). Le style attributionnel désigne cette façon habituelle que nous avons d'attribuer une responsabilité, une explication à ce qui nous arrive, de lui donner un sens. Un style attributionnel *externe* désigne une tendance générale à considérer que des facteurs extérieurs (les autres, les choses, le destin, le hasard, la société) sont responsables de ce qui se produit dans notre vie. Un style *interne* désigne une tendance à considérer que nous sommes responsables des événements qui nous arrivent (que nos comportements ou nos traits de personnalité sont responsables de ce qui s'est passé).

Envisageons le cas de quelqu'un qui reçoit une note très basse à un examen. Si cette personne a un style attributionnel externe, elle risque d'attribuer la cause de son échec à des facteurs extérieurs : « L'examen était beaucoup trop difficile » ou « De toute façon, le professeur a mal enseigné sa matière », par exemple. Par contre, si cette même personne a un style attributionnel interne, elle risque de considérer que son échec est plutôt dû à des facteurs propres à elle, comme ses comportements (« Je n'ai vraiment pas assez étudié ») ou ses habiletés (« Je ne suis pas très bon en maths »).

Les recherches montrent que les gens qui ont tendance à s'attribuer la responsabilité des événements *négatifs* (donc à faire de l'attribution interne à des événements négatifs, comme dans *« C'est de ma faute, ce qui s'est passé »*), mais à attribuer la cause des événements *positifs* à des facteurs externes (*« J'ai réussi mais je n'y suis pour rien, c'est l'examen qui était trop facile »*) présentent davantage de symptômes post-traumatiques que d'autres ayant pourtant vécu le même événement mais l'attribuant différemment (Mikulincer et Solomon, 1988 ; 1989). Ces victimes vont davantage se blâmer pour ce qui s'est passé, ce qui aggrave les symptômes post-traumatiques et favorise le développement de symptômes dépressifs. Nous préciserons aussi l'impact du type d'attribution causale dans la description des facteurs de maintien.

Vivre un événement traumatique est plus difficile pour certaines victimes que pour d'autres. Certains ***traits de personnalité présents précédemment*** jouent probablement un rôle dans cette façon «d'encaisser» l'événement et de s'y adapter. De plus en plus de recherches s'efforcent de mesurer l'impact de tels traits comme facteur de vulnérabilité au TSPT. Parallèlement à cela, il n'est pas rare qu'en clinique on observe des difficultés post-traumatiques plus grandes chez les victimes qui présentaient précédemment une certaine «rigidité» de personnalité: vision dichotomisée du monde entre «gagnants» et «perdants», «bons» et «méchants», tendance à vouloir tout contrôler, traits narcissiques importants ou faibles capacités d'adaptation aux changements.

Un exemple que j'utilise souvent est celui du chêne et du roseau. Vous connaissez sûrement cette fable qui les compare. Le chêne est droit, solide, massif. Il ne plie pas, il est ferme, dur. Il est aussi très fier de sa majesté et se dresse fièrement. Le roseau est complètement différent: il est beaucoup moins impressionnant, plus léger, agile, souple. Sous la pluie, sous le vent, il plie parce qu'il est flexible. Face à une forte tempête, le chêne n'est pas aussi souple: si les vents sont trop violents, il ne peut que rester droit, ou alors... se casser. Certaines personnes s'efforcent d'être des «chênes» toute leur vie: elles se donnent le devoir d'être solides. Certaines ont dû très jeunes adopter un rôle et des responsabilités d'adulte et devenir le pilier de leur entourage. Elles ont souvent l'impression de ne pas avoir le droit d'être «faibles», tristes ou malades, de ne pas avoir le droit de se laisser aller. Chez certaines victimes ce rôle est devenu une seconde nature: dans le quotidien, elles s'efforcent de garder le contrôle, de rester «fortes», «parfaites», et elles se sentent valorisées par cette image de solidité ou de performance. L'opinion des autres est souvent très importante pour elles.

Le traumatisme a souvent le même impact pour ce type de victime que la tempête pour le chêne: leur vision du monde ou leur capacité à s'adapter aux changements est trop stéréotypée, absolue, rigide: elles se sentent profondément brisées et incapables de s'adapter à cet événement. **Évidemment, plus l'événement traumatique est sévère, grave, moins les traits personnels modèrent les symptômes post-traumatiques**. Certains événements troubleraient profondément n'importe qui, peu importe sa façon de concevoir la vie ou le monde, peu importe ses traits de personnalité, peu importe les facteurs prétraumatiques. En fait, nous savons que certains types de trauma entraînent des symptômes post-traumatiques graves chez un énorme pourcentage de victimes; nous pensons ici au viol, à la torture, à certaines expériences militaires et à la séquestration. Cependant, pour d'autres types d'événements, les variables personnelles influencent plus profondément le développement de la détresse post-traumatique et affectent la durée, la sévérité et la chronicité du TSPT.

Enfin, le ***sexe et l'âge*** de la victime sont des facteurs prétraumatiques qui peuvent aussi influencer la sévérité des symptômes post-traumatiques. Comme nous l'avons vu plus tôt, les femmes courent approximativement deux fois plus de risques que les hommes de développer un TSPT à la suite d'un événement traumatisant. Certaines caractéristiques génétiques et physiologiques propres aux femmes pourraient expliquer cette différence qui se retrouve aussi pour la dépression et les autres troubles anxieux. Des traits sociaux pourraient également expliquer cette différence puisque les femmes ont davantage tendance à aller consulter des professionnels lorsqu'elles sont en détresse, ce qui peut biaiser les résultats observés, alors que les hommes utilisent davantage de stratégies d'évitement (alcoolisme, retrait social). Néanmoins, on note généralement chez les femmes une plus grande tendance à s'attribuer la responsabilité ou à se blâmer *de la cause* de l'événement traumatique. Les hommes, pour leur part, se blâment davantage de ne pas avoir «bien» réagi lors de l'événement (Krause, 2001; Roth et Newman, 1992). Parallèlement, certaines données montrent que les victimes plus jeunes risquent davantage de souffrir de TSPT que les victimes plus âgées, et ce, indépendamment du type de traumatisme vécu (Garbarino, 1993).

4.3 Les facteurs de maintien

Certains éléments présents *après* l'événement peuvent aggraver ou maintenir les séquelles post-traumatiques.

Le ***soutien de l'entourage*** est souvent crucial dans la convalescence post-traumatique. La victime est fragile et se sent souvent démunie et confuse. Le soutien de l'entourage prend donc une grande place dans sa convalescence. Ce soutien peut être émotionnel (écouter, essayer de comprendre, donner de l'affection, de la tendresse, etc.) ou plus «technique» (donner des conseils, prêter de l'argent, rendre des services, etc.). Un manque de soutien ou des comportements carrément négatifs (comme les critiques, le blâme, un manque de compréhension et d'empathie, ou des comportements hostiles, contrôlants, intrusifs ou stressants) aggravent les symptômes. À ce sujet, les études montrent que les symptômes des victimes ne recevant pas de soutien positif et subissant un soutien négatif sont significativement plus élevés et durent plus longtemps que chez les autres victimes ayant pourtant vécu le même événement traumatique (Flannery, 1990; Solomon, Mikulincer et Avitzur, 1988). Une méta-analyse montre même que le manque de soutien social est un des prédicteurs les plus importants de symptômes post-traumatiques plus sévères (Brewin, Andrews et Valentine, 2000).

Dans la même veine, des études semblent démontrer que les victimes demeurant dans de petites communautés présentent des caractéristiques spécifiques (prévalence plus élevée de problèmes de santé physique et psychologique, faible disponibilité des services sociaux, réticence à demander l'aide de professionnels, isolement, etc.) qui peuvent aussi contribuer à augmenter la prévalence et la sévérité de leurs symptômes post-traumatiques (Farberow, 1985).

Indépendamment du soutien comme tel, la ***reconnaissance du traumatisme*** par le milieu de travail est aussi très importante. Le monde du travail est actuellement très compétitif et axé sur l'excellence et la performance. Les arrêts de travail sont donc souvent considérés par l'employeur comme une baisse de productivité ou un manque de volonté plutôt que comme un signe de détresse humaine majeure. Dans certains cas, les victimes sont presque blâmées par leur employeur alors que, paradoxalement, celui-ci se responsabilise peu et ne prend pas les moyens nécessaires pour diminuer le nombre d'agressions ou d'accidents au travail.

Nathalie est intervenante communautaire et a vécu récemment sa troisième agression sur les lieux de son travail. Son employeur sous-estime le nombre des agressions et minimise leur impact. Il lui mentionne que « ça fait partie de sa job », « que des usagers peuvent être agressifs mais qu'il faut qu'elle s'y fasse ». Selon cet employeur, le poste de Nathalie implique nécessairement un contact avec une clientèle impatiente et irritable, et qui peut être démunie financièrement. Pendant son arrêt de travail, l'employeur de Nathalie multiplie les formulaires à remplir, exige une contre-expertise, conteste l'accident de travail à la CSST et réclame le remboursement des sommes encourues. Déjà aux prises avec des symptômes post-traumatiques majeurs, Nathalie est amèrement déçue de l'attitude de son employeur. Elle ressent beaucoup de révolte envers la compagnie, qui n'assure pas la sécurité de ses employés et minimise la gravité des gestes commis à son endroit. Elle est révoltée de constater que les recommandations qu'elle a proposées afin d'améliorer sa sécurité dans le passé n'ont pas été et ne seront toujours pas considérées. Elle qui prenait à cœur son travail et qui entretenait un sentiment d'appartenance face à la compagnie, se sent maintenant trahie et amère. Son goût pour son travail a diminué de façon importante, ses symptômes post-traumatiques sont exacerbés.

La façon dont la ***société juge le traumatisme*** affecte aussi la convalescence des victimes. Plusieurs vont souffrir de sentir des préjugés à leur endroit. Il est intéressant de constater que les deux types de victimes ayant été le plus étudiés dans la littérature post-traumatique sont les victimes de viol et les vétérans du Vietnam : deux populations profondément marquées par de forts préjugés sociaux. Les victimes de viol souffrent souvent des préjugés très négatifs envers ce type d'agression et ce jugement social entraîne beaucoup de honte et de culpabilité, ce qui aggrave leur symptomatologie et maintient le TSPT. Quant aux vétérans du Vietnam, ils ont vécu, lors de leur retour aux États-Unis, dans les années 1970, un contexte social extrêmement critique à leur endroit. Loin d'être accueillis en héros, ils ont été considérés par plusieurs mouvements sociaux comme des « assassins » et une honte pour leur pays. Ces deux types de population ont été extrêmement étudiés par les chercheurs dans le domaine et on sait qu'ils souffrent de taux de prévalence énormes de TSPT. La question est intéressante : les taux de TSPT auraient-ils été aussi élevés chez les vétérans s'ils étaient revenus acclamés en vainqueurs et couverts de gloire ?

Aurait-on trouvé un nombre plus élevé de TSPT chez les pompiers du 11 septembre à New York si on les avait blâmés de leurs actes, du délai d'action et qu'on ne les avait pas autant considérés comme des héros ?

À l'inverse, lorsque certains traumatismes sont vécus collectivement et entraînent une augmentation de la cohésion et de l'entraide sociales, les victimes peuvent se sentir davantage comprises, soutenues et présenter moins de séquelles que les mêmes victimes dans un contexte social différent. Prenons par exemple le cas des bombardements de Londres pendant la Deuxième Guerre mondiale, les événements du 11 septembre à New York et les inondations au Saguenay–Lac-Saint-Jean où malgré une détresse et des pertes humaines et matérielles importantes, la cohésion sociale fut très forte. Dans ces cas, la solidarité nationale a pu constituer un baume pour les victimes et leur donner le sentiment d'être comprises, légitimées, entendues dans leur douleur. Ce qui n'est pas toujours le cas pour tous les types de victimes.

Les ***poursuite légales ou criminelles*** constituent souvent une épreuve douloureuse supplémentaire pour la victime. Le fait de comparaître devant un juge, de répondre aux questions souvent intrusives, indiscrètes et confrontantes d'un avocat, d'avoir à raconter son expérience douloureuse, humiliante devant le ou les présumés responsables, de devoir décrire l'événement dans tous ses détails en public, fait remonter plusieurs souvenirs pénibles et exacerbe souvent les symptômes. Les procédures peuvent être éprouvantes pour la victime et celle-ci peut ressentir beaucoup de frustration : c'est à elle et non à l'agresseur que le système demande de se justifier. La victime doit accumuler les preuves de ses séquelles, se soumettre à des examens médicaux, psychologiques, psychiatriques, recueillir des attestations pour la cour, justifier ses absences à son employeur, etc. Sans compter que la victime entretient souvent beaucoup d'espoir : l'espoir d'obtenir enfin justice, l'espoir de faire reconnaître le traumatisme publiquement, l'espoir de voir l'agresseur puni, l'espoir que cette procédure puisse aider d'autres victimes ou prévenir de futures tragédies... Malheureusement, le système judiciaire actuel et les sentences obtenues par les responsables sont perçus, dans certains cas, comme injustes, dérisoires ou méprisants. Ce sentiment d'injustice ou de révolte peut aggraver les symptômes post-traumatiques. Pour toutes ces raisons, plusieurs victimes décident de ne pas intenter de poursuites légales. Les taux sont extrêmement bas pour les victimes de viol, par exemple, où seulement une victime sur dix dénonce ce qu'elle a vécu et porte plainte (Brickman et Brière, 1984). Pourtant, cette attitude (bien compréhensible) a plusieurs conséquences sociales négatives : d'abord, elle empêche que la société, les chercheurs et les cliniciens connaissent plus exactement les véritables taux d'actes de violence, les amenant ainsi à sous-estimer les besoins en prévention, en soins et en recherche. Ensuite, cette « loi du silence » a aussi une conséquence directe sur la victime puisque ce silence entretient le tabou face à certains actes de violence déjà marqués par les préjugés, ce qui entretient sa honte et sa culpabilité... Mais, comme nous l'avons déjà dit, dénoncer, témoigner est une expérience très éprouvante et nous ne pouvons que comprendre les victimes qui ne se sentent pas capables de rajouter ce stress à leur détresse déjà existante.

Les ***séquelles physiques*** constituent un autre élément qui peut aggraver ou maintenir les symptômes post-traumatiques. Parce que les séquelles physiques sont visibles, l'événement et ses conséquences négatives sont constamment ramenés à la conscience de la victime. Perdre l'usage d'un membre, souffrir de brûlures, être paralysé, souffrir de séquelles d'un traumatisme crânien, endurer la douleur d'un mal de dos chronique constituent un défi adaptatif supplémentaire et peuvent rendre la convalescence psychologique encore plus pénible. De plus, remarquer tous les jours les limitations que ces séquelles entraînent maintient les reviviscences et la révolte face à l'événement traumatique. Elles constituent un élément pouvant maintenir la honte de son corps et la stigmatisation sociale dans le cas de perte d'un membre ou de cicatrices apparentes et permanentes. Ces séquelles constituent un deuil d'une capacité physique ou d'une apparence antérieure perdue à jamais, et ce deuil est souvent extrêmement difficile à faire.

Doris est adolescente quand elle monte dans la voiture de son père avec son frère. Personne n'a jamais vu la voiture qui venait à toute vitesse et le choc a été épouvantable. Dans cet accident, Doris a eu de multiples hémorragies internes. Elle est restée dans le coma près d'un mois et pendant ce temps elle a dû subir plusieurs opérations chirurgicales majeures. Quand elle reprend conscience, elle est frappée par la douleur à sa jambe. Elle doit pendant plusieurs mois subir des traitements de physiothérapie et apprend que malgré les opérations, les médecins ne pourront sauver les muscles de sa jambe et qu'il va falloir la lui amputer. C'est un choc terrible pour elle. Quand elle arrive en consultation, elle fait montre de beaucoup de courage : elle a appris à utiliser une prothèse, tente de trouver un meilleure ajustement pour son mognon, s'efforce de faire tous ses exercices quotidiens afin de maximiser sa convalescence. Malgré tout, elle est très amère face à la vie. « Comment est-ce que je pourrai jamais oublier ce qui m'est arrivé ? Chaque matin en me réveillant je repense à cet accident. Chaque fois que je dois réajuster ma prothèse sur mon mognon, je sui ramenée à la dure réalité. Pourquoi moi ? Comment vais-je pouvoir avoir une relation amoureuse ? Qui veut dormir avec une fille qui n'a pas de jambe ? Qui peut avoir du désir pour ça ? Moi qui adorais l'été et qui aimais me baigner, je sens que je ne me mettrai jamais plus en maillot de bain tellement j'ai honte de mon corps et tellement je trouve ce mognon dégoûtant. Je me sens condamnée à une vie morne et déprimante. »

Les symptômes post-traumatiques sont douloureux pour la victime et peuvent rendre ses relations avec son entourage très difficiles. L'***impact négatif du trauma sur les relations*** familiales, conjugales ou sociales (divorce, rupture amoureuse, conflits familiaux, dislocation du réseau d'amis) sont des facteurs de stress qui se rajoutent au stress déjà présent à la suite de l'événement. De la même façon, les ***conséquences professionnelles négatives*** des symptômes post-traumatiques, par exemple, la perte d'emploi entraînée par les difficultés de concentration, l'échec d'une transaction importante à cause de l'irritabilité post-traumatique, la perte de revenus, la baisse de productivité ou l'absentéisme élevé constituent des facteurs de stress qui peuvent aggraver ou maintenir les symptômes.

Un dernier élément qui peut contribuer à l'intensité des symptômes post-traumatiques est ***l'attribution faite par la victime*** de la cause du traumatisme, des actions faites lors du trauma, ou des conséquences de ses gestes. Cette attribution va influencer la présence de honte et de culpabilité, sentiments qui sont très liés au maintien des symptômes post-traumatiques.

Ainsi, les études montrent que la présence de honte ou de culpabilité intenses à la suite de l'événement traumatisant est associée à des symptômes post-traumatiques plus graves et à une comorbidité dépressive importante (Andrews, 1995 ; Brillon, 2001 ; Brillon, 1998 ; Glover, 1984 ; Henning et Frueh, 1997 ; Joseph *et al.*, 1995 ; Kubany et Manke, 1995). En général, les victimes qui se blâment ou qui s'attribuent la responsabilité de l'agression sexuelle ou physique vécue (attribution interne) (*« Je n'aurais jamais dû sortir à cette heure-là », « Pourquoi n'ai-je pas fait plus attention ? », « Je dois avoir fait quelque chose pour mériter ça »*) courent davantage le risque de souffrir de graves symptômes post-traumatiques que les victimes qui ont vécu le même événement traumatique mais qui considèrent que des facteurs externes (l'agresseur, le hasard, le destin) en sont responsables. Enfin, le type d'attribution causale effectué par la victime va influencer son contact avec les autres (repli sur soi, évitement social) et conséquemment le soutien social qu'elle va en recevoir, facteur d'aggravation ou d'amélioration du TSPT (Brewin, MacCarthy et Furnham, 1989).

L'évaluation du risque que le trauma se reproduise découle souvent de l'attribution causale de l'événement. En fonction de cette attribution, la victime va avoir l'impression qu'elle a un certain degré de contrôle sur le risque qu'un tel événement puisse se reproduire. En général, plus la victime a l'impression que le risque est élevé ou qu'elle ne peut pas éviter que l'événement se reproduise, plus les symptômes post-traumatiques seront graves.

Alors que Sébastien rentre chez lui un soir, sa voiture glisse sur la chaussée et percute un arbre en bordure de la route. Quand on lui demande pourquoi il a eu cet accident, il attribue la cause de l'accident à sa mauvaise conduite et considère que c'est de sa faute. Il a l'impression que s'il corrige sa façon de conduire, s'il est plus vigilant, un tel accident ne pourra pas se reproduire. Il considère que la cause de l'accident était donc contrôlable (s'il n'avait pas effectué une mauvaise manœuvre, cet accident ne se serait pas produit, selon lui) et qu'une fois celle-ci corrigée, la probabilité qu'un tel accident se répète est très faible. Sébastien se sent donc de nouveau en contrôle sur la route, ses symptômes post-traumatiques diminuent rapidement en intensité et en fréquence. Il sent qu'il retrouve un sentiment de sécurité face à l'avenir et il se sent de nouveau confiant sur la route.

Cependant, que serait-il arrivé si Sébastien avait considéré que ce sont des causes beaucoup moins «contrôlables» qui sont à l'origine de son accident? Par exemple, on sait que les victimes d'accidents de la route qui considèrent que ce sont les conditions météorologiques, la conduite des autres conducteurs ou l'état de la voiture qui sont responsables de l'accident présentent beaucoup plus de symptômes post-traumatiques que les autres (Janoff-Bulman, 1977). Pourquoi? Parce que la cause est alors incontrôlable et que ces victimes évaluent la probabilité qu'un autre accident se produise comme beaucoup plus grande.

Ainsi, imaginons que Sébastien attribue son accident à la conduite dangereuse d'un autre conducteur. Depuis l'accident, pour Sébastien, tous les conducteurs sont des personnes négligentes qui constituent des dangers potentiels... Il n'a aucun pouvoir ou contrôle sur eux et se sent très vulnérable. Il est très anxieux au volant car il est attentif à la moindre défaillance perçue dans la conduite des autres conducteurs. Dès qu'il est entouré de plusieurs véhicules, il est nerveux et tendu. Il évite le plus possible de se retrouver sur la route.

Certains ***traits de personnalité présents à la suite du trauma*** influencent aussi l'adaptation aux séquelles post-traumatiques. Les *exigences* envers soi-même, par exemple, jouent un rôle important. La dureté de certaines personnes face à elles-mêmes, leurs attentes élevées face à leur performance et face à ce qu'elles «devraient» faire et la façon dont elles «doivent» réagir peuvent constituer des éléments qui maintiennent leur détresse. Lorsqu'elles souffrent, ces victimes considèrent souvent que c'est un signe de faiblesse honteux. Paradoxalement, ces attitudes ont souvent l'effet inverse de celui recherché en maintenant (sinon en aggravant) les symptômes post-traumatiques et en prolongeant la convalescence.

La *relation qu'a la victime avec ses émotions* jouera aussi un rôle important dans sa récupération post-traumatique. Les émotions constituent des signaux d'alarme que «quelque chose ne va pas». Parce qu'elles ne sont pas en contact avec elles-même, certaines personnes risquent de ne pas reconnaître assez tôt qu'elles vivent des difficultés et attendent souvent très longtemps avant d'identifier la source de leurs problèmes, de mettre en place des solutions pour les régler ou d'aller consulter. Ces victimes arrivent souvent en démarche d'aide psychologique alors qu'elles ont complètement épuisé leurs ressources adaptatives à force de combattre et de nier leurs états émotionnels. Certaines considèrent les émotions comme des signes de faiblesse, ou comme des états qui ne servent à rien et dont il faut se débarrasser. D'autres se donnent très peu le droit de les vivre. À la longue, ces personnes ont souvent de la difficulté à reconnaître leurs états émotionnels et à les identifier avec précision. Cette conception des émotions risque de rendre beaucoup plus ardue l'acceptation par la victime de ses réactions émotionnelles et de ses symptômes post-traumatiques à la suite de l'événement traumatique. Ces victimes vont souvent avoir tendance à se blâmer de leurs difficultés et à être très dures envers elles-mêmes. Ce procédé ne fait que rajouter un problème à un autre.... et ne les aide pas à mieux s'adapter au trauma. Nous nous attarderons au travail spécifique des émotions au chapitre 8.

Robert est policier depuis 10 ans. C'est un homme fier, décidé, qui croit beaucoup au contrôle de soi et au pouvoir de la volonté. Il a des valeurs strictes et a choisi ce métier pour combattre le crime et aider les citoyens qui en sont victimes. Il est dur vis-à-vis de lui-même dans le cadre de son travail et très exigeant vis-à-vis des autres. Ces traits de personnalité, jumelés à une taille de 6 pieds 2, lui ont forgé une réputation du « gars solide que rien ne touche » dont il est fier. Une nuit, alors qu'il patrouille, sa collègue et lui sont appelés sur la scène d'un vol à main armée. Quand ils arrivent, le voleur armé est paniqué et tire dans leur direction. Il s'ensuit une poursuite en voiture et une fusillade au cours de laquelle le voleur tire encore sur eux. Robert est atteint par la balle, la voiture dérape et emboutit un pylône d'autoroute à 120 km/heure : sa collègue est grièvement blessée. Durant sa convalescence, Robert a des cauchemars de l'accident. Il est très nerveux, agité, réagit au moindre bruit soudain. Il est incapable de conduire une voiture et est très nerveux quand il est passager. Quand il est dans une foule, il est constamment sur ses gardes et craint d'être agressé de nouveau. Robert est révolté par ses symptômes : lui qui était si « solide », il se trouve « moumoune », faible, n'accepte pas d'être si inquiet « après dix ans de service ». Lui qui a toujours considéré les émotions comme des choses que l'on doit contrôler, est déçu de se sentir submergé par elles, d'être « fait moins fort » qu'il ne le pensait. Il se blâme d'avoir « foiré » lors de cette poursuite et que sa collègue ait été blessée dans l'accident. Il se demande ce que ses collègues pensent de lui et craint qu'ils ne le considèrent plus comme quelqu'un de «fort».

Les traits de personnalité de Robert ne l'aident pas dans son ajustement post-traumatique: ses attentes de performance, de solidité, son manque d'indulgence vis-à-vis de ses symptômes et sa vision négative des émotions aggravent ses séquelles post-traumatiques et risquent de retarder son rétablissement.

Un dernier facteur de maintien plus délicat concerne la possibilité de **gains secondaires**. La grande majorité des victimes souffrant de TSPT que nous traitons en démarche thérapeutique reçoit des compensations de l'IVAC, de la CSST ou de la SAAQ. Il arrive régulièrement que des expertises soient demandées par les employeurs ou par ces organismes afin de vérifier que les séquelles sont bien justifiées. Les compensations financières ou les arrêts de travail des victimes sont souvent perçus comme des éléments pouvant les empêcher de retourner au travail parce qu'elles sont trop bien «traitées»... Dans la démarche thérapeutique, il est souvent *très facile* de postuler que des gains secondaires soient responsables d'un maintien des symptômes. Nous oublions souvent, en effet, qu'éviter de retourner sur les lieux du travail, être résistant aux exercices, ne pas vouloir parler de l'expérience traumatique FAIT PARTIE du TSPT. Considérer que la victime n'est *«pas motivée», «ne veut pas vraiment s'en sortir», «se complaît dans sa peine», «est résistante»*, est souvent trop facile et empêche dans certains cas l'identification d'autres facteurs plus appropriés qui contribuent au maintien des symptômes post-traumatiques. Cela dit, il peut arriver dans de rares cas que des gains secondaires soient effectivement en jeu. Nous verrons dans le dernier chapitre de ce volume comment considérer cette possibilité, sortir de l'impasse thérapeutique et travailler en équipe avec la victime afin d'en limiter les effets.

Section III

Comment aider les victimes de traumatisme ?

CHAPITRE 5

Particularités du travail auprès des victimes

5.1 À quoi ressemble le travail thérapeutique auprès des victimes ?

Le travail et le contexte thérapeutique avec des victimes de traumatisme comportent certaines caractéristiques spécifiques. Il est important d'en être conscient et de rester attentif à l'impact que ces particularités ont sur nous.

Travailler avec des victimes ayant vécu un traumatisme, c'est être profondément en contact avec ce que la violence et la méchanceté humaine entraînent comme séquelles psychologiques. Même si comme cliniciens nous avons l'habitude de côtoyer la détresse humaine, ce contact intime avec les conséquences d'actes dévastateurs commis de façon délibérée par un être humain à l'endroit d'un autre est souvent très dérangeant. De la même façon, entendre et accompagner des victimes ayant vécu un désastre naturel ou un accident grave peuvent être profondément bouleversants. Le récit détaillé du traumatisme, le contact empathique avec la détresse intense de la victime peuvent ébranler profondément tout clinicien. Ce travail exige souvent une bonne capacité de tolérance à l'horreur associée à ces événements.

Ce contact thérapeutique peut remettre profondément en question notre propre conception du monde, de la vie ou de la nature humaine. Révolte face à certains actes commis de façon délibérée par la nature humaine. Interrogation face aux causes de la violence ou de la négligence industrielle. Quête de sens face à la vie, face au monde. Interrogations sur le rôle du mal ou du malheur dans l'existence. Bouleversement de notre spiritualité ou de notre façon de voir les gens autour de nous. Remise en question de nos valeurs et de nos priorités. Prise de conscience intense de notre propre fragilité et de notre vulnérabilité.

Il importe que nous soyons conscients que de travailler intimement avec des individus qui ont connu des expériences horribles peut avoir un impact bouleversant sinon traumatisant sur nous. L'approche cognitive-comportementale, tout particulièrement, exige une description souvent détaillée de ce qui s'est produit afin de faciliter l'intégration émotionnelle du traumatisme chez la victime. Or, cette description devient alors partie intégrante de notre mémoire et peut entraîner chez nous des symptômes de reviviscences, d'anxiété, de détresse. Certaines études mettent en évidence les symptômes de «fatigue de compassion» ou de «traumatisme vicariant» qui peuvent survenir chez des cliniciens travaillant avec des victimes (Figley, 2002, 1995; Pearlman, 1995; Sexton, 1999). Ce syndrome affecte les thérapeutes qui sont en contact régulier avec les récits horrifiants des victimes, leurs émotions intenses et leurs souvenirs traumatiques. Il se traduit par un épuisement généralisé, un émoussement de l'empathie, une insatisfaction et des sentiments d'impuissance et d'inefficacité face au rôle d'intervenant ainsi que par des symptômes post-traumatiques liés au trauma vécus par leurs clients.

Le clinicien doit accompagner et accueillir une victime qui ressent souvent et exprime des émotions *très* intenses: honte, humiliation, culpabilité, colère, rage, sentiment d'injustice, sentiment de trahison, désespoir. Il est primordial que nous puissions supporter le contact avec cette forte charge émotionnelle (voir le chapitre 8 à ce sujet). Il est important aussi que nous puissions reconnaître les émotions qui nous appartiennent dans ce contact empathique afin de mesurer leur impact sur la relation thérapeutique: colère face à l'agresseur de la victime, impuissance à aider celle-ci, tristesse empathique face à sa détresse, malaise ou dégoût face à des détails sordides se rapportant à l'événement, etc.

Le travail auprès des victimes souffrant de TSPT se distingue de celui avec d'autres clientèles anxieuses par ces aspects particulièrement interpellants et émotionnels. La démarche est aussi souvent plus longue, plus difficile, plus douloureuse, ce qui peut faire naître des sentiments d'impuissance ou d'incompétence (inappropriés) chez le thérapeute.

5.2 Ne pas se perdre de vue...

Pour être utile à nos clients, nous devons être le plus alerte possible à ***nos*** propres réactions à l'égard de ce qu'ils nous expriment et de ce qu'ils ont vécu. Être à l'écoute de nos propres émotions dans le contact thérapeutique et identifier l'impact de ces émotions sur notre relation avec ce client est essentiel : *« Suis-je irritable face à ce client ? » « Est-ce que je me sens fatigué ? », « Est-ce que j'hésite à demander la description du traumatisme à ma cliente parce que je trouve ce qui s'est passé vraiment horrible ? », « Comment se fait-il que je sois si "rationnelle" et distante avec ce client et que, dès qu'il parle d'émotion, je devienne plus technique et moins empathique ? »*

Soyons indulgent envers nous-mêmes dans ce questionnement et légitimons nos réactions : tel que mentionné précédemment, il est normal de ressentir du dégoût, de l'horreur, de l'impuissance en travaillant avec des victimes qui ont vécu des expériences horribles. Ces réactions sont humaines et vous n'avez pas à être surhumain pour être un bon thérapeute... au contraire ! Les clients ont souvent besoin de sentir que nous réagissons « humainement » à ce qu'ils vivent et que nous sommes à l'aise avec *nos propres* émotions.

Certaines expériences traumatiques vécues par certains clients peuvent nous rappeler nos propres expériences difficiles. Ce rappel douloureux fait souvent remonter plusieurs émotions pénibles. Le thérapeute peut alors avoir tendance à ne pas aborder ces sujets en thérapie à cause de la réaction que cela provoque chez lui. Nous nous devons donc d'être attentif à ce que la relation thérapeutique fait monter en nous et d'identifier les causes émotionnelles de notre attitude professionnelle.

À la suite de cet autoquestionnement, prévoyez des mécanismes de ventilation des émotions que vous ressentez. Comment pouvez-vous exprimer ou partager ce que votre travail avec cette victime vous fait vivre ? Brisez votre isolement professionnel, améliorez votre réseau de soutien et entourez-vous de gens réconfortants, agréables, qui vous aideront à maintenir une vision sereine des relations humaines et de la vie. Certains cliniciens vont trouver fort utile d'écrire leurs réflexions ou leurs émotions, d'autres vont préférer en parler avec un collègue, un superviseur ou un(e) ami(e). D'autres sentiront le besoin de consulter en thérapie pour travailler ce que cela a fait remonter comme difficultés chez eux.

Quoi qu'il en soit, souvenez-vous que si vous voulez être utile à votre client, vous vous devez d'être très à l'écoute de ce dont *vous avez besoin* pour être à l'aise dans le processus thérapeutique.

Afin de prévenir l'occurrence de symptômes de « fatigue de compassion », plusieurs cliniciens vont aussi trouver utile d'aménager leur *caseload* afin qu'il ne soit pas trop composé de victimes souffrant de TSPT chronique. Cette clientèle est souvent très difficile et peut induire un sentiment d'impuissance épuisant et dévalorisant qu'il ne faut pas sous-estimer.

Parallèlement à cela, les *stratégies de prévention de l'épuisement professionnel* sont toujours de mise : ménagez-vous dans le quotidien, adoptez un mode de vie sain et entretenez des loisirs ou des activités non psychologiques plaisantes. Favorisez des activités ressourçantes, apaisantes, positives, qui contribueront à maintenir des conceptions sécurisantes du monde et de la nature humaine. Ne travaillez pas trop et permettez-vous d'avoir des loisirs qui vous feront rire et profiter de la vie. En bref, profitez-en pour mettre en pratique les stratégies que vous conseillez à vos clients... et que trop souvent les thérapeutes eux-mêmes oublient d'appliquer ! Surtout, n'oubliez pas que pour leur être utile, vous devez vous-même être psychologiquement et physiquement en forme.

5.3 Être thérapeute auprès des victimes : dix conseils

Le travail avec des victimes souffrant de TSPT se distingue donc du travail avec une autre clientèle anxieuse. Ce travail implique des particularités dans le contact thérapeutique et dans l'attitude face à la victime. Vous trouverez ici 10 conseils de thérapeute à thérapeute, qui peuvent vous guider dans ce contact.

1. Adoptez une attitude très empathique et supportante

Même si cette consigne pourrait s'appliquer à tous les types de clients, il reste que ce conseil est particulièrement important avec des victimes. En effet, vivre une expérience traumatique implique souvent une expérience de violation intense de ses droits fondamentaux. Les victimes ont souvent vécu un sentiment de profonde trahison de la part de la nature humaine, de non-respect, de mépris face à leurs besoins essentiels et face à ce qu'elles sont. Ce sont des clients qui sont souvent méfiants face au processus thérapeutique et qui hésitent à refaire de nouveau confiance à quelqu'un ou à la vie. Ils peuvent trouver le processus thérapeutique intrusif (*« Lui et ses questions indiscrètes »*) ou inégal (*« Je suis obligé de me dévoiler complètement alors que je ne sais rien de ma thérapeute »*). Ces aspects intrusif et inégal ont souvent été présents lors de l'événement traumatique, surtout lorsqu'il a été de type interpersonnel, et certaines victimes se sentent menacées et sur la défensive en thérapie. Elles seront très sensibles à ces similitudes et sentiront le besoin de vivre une relation d'équipe plutôt qu'une relation plus hiérarchique. Elles sont souvent aussi sensibles à la distance thérapeutique, qu'elles perçoivent généralement comme de l'indifférence, de la froideur ou même un signe qu'elles sont responsables de ce qui leur est arrivé.

Par conséquent, la thérapie doit d'abord être un endroit où elles se sentent respectées, entendues et comprises. Elles doivent s'y sentir en confiance et en sécurité. La victime a besoin de sentir que nous la soutenons et que nous comprenons ce qu'elle a vécu. Pour ce faire, il est souvent utile que nous exprimions davantage notre compréhension et notre soutien et que nous utilisions surtout des *reflets d'émotions* afin de bien l'accompagner dans ce qu'elle vit et de créer l'alliance thérapeutique. La qualité de cette alliance thérapeutique est *primordiale*. D'abord, parce qu'elle permet de panser la perte de confiance en la nature humaine et en la vie qui a été causée par le traumatisme. Ensuite, parce que les stratégies exigées par le traitement du TSPT seront exigeantes pour la victime : seules une bonne alliance et la confiance que la victime *a en vous* vont lui permettre d'accepter de tenter le processus nécessaire à sa guérison.

2. Adoptez une attitude de non-jugement

Tout le monde juge une victime de traumatisme... Janoff-Bulman (1992) a expliqué cette tendance par notre besoin de garder intactes nos croyances en un monde juste et bienveillant (nous verrons cette notion en détail dans le chapitre 9). En effet, il est souvent beaucoup trop difficile pour l'entourage de la victime d'envisager qu'un tel traumatisme est dû au hasard ou à la méchanceté d'autrui et que, par conséquent, cela pourrait *aussi* lui arriver ! Il est souvent plus aisé de blâmer la victime pour ses comportements (*« De toute façon, elle conduit comme un pied, pas étonnant qu'elle ait eu un accident », « Je ne serais pas sortie à cette heure-là, moi »*) ou pour ses traits de personnalité (*« C'est le genre de personne à qui tous les malheurs arrivent de toute façon, « Il est baveux et cherche la bagarre avec tout le monde »*). Ce faisant, l'entourage de la victime conserve intactes ses croyances en un monde juste et maintient ses impressions de sécurité et d'invulnérabilité. En effet, *« si c'est la victime qui a causé l'événement traumatique... je suis protégé d'un tel malheur puisque je n'aurai pas le même comportement ou que je ne possède pas les mêmes traits de caractère ».*

Comme clinicien, il est essentiel d'être conscient de cette tendance naturelle et de s'assurer qu'elle ne transparaît pas dans le processus thérapeutique. La victime a d'autant plus besoin de sentir que vous échappez à cette tendance et qu'elle vous a comme allié. *Même* si la victime vous semble avoir fait une erreur de jugement lors du traumatisme, elle ne méritait pas qu'un tel événement lui arrive.

3. Soyez actif et directif... mais souple

Tout en adoptant une attitude très empathique et supportante, le traitement du TSPT exige que vous ayez une *direction* lors de vos entrevues. Soyez plus actif que passif face à votre client. Définissez votre plan thérapeutique avant l'entrevue (ex. : *« Aujourd'hui, il serait important que je possède une meilleure idée des symptômes et des facteurs associés chez cette victime»*, ou bien *«Mon client est très honteux face à ses symptômes, il serait approprié que l'on travaille la psychoéducation à ce sujet»*, ou *«Elle a de la difficulté à être en contact avec ses émotions liées au trauma, cela pourrait sûrement l'aider que l'on facilite le processus émotionnel»*, ou *«Ses pensées face à son avenir sont extrêmement pessimistes et contribuent au maintien de sa détresse, des exercices de restructuration cognitive pourraient peut-être assouplir cette façon de voir les choses et l'aider»*). Ensuite, tentez d'orienter vos interventions afin de parvenir à cet objectif (ex.: *«Je pourrais prévoir des questions ouvertes sur sa symptomatologie, de la psychoéducation sur le rôle des facteurs associés puis un échange sur la façon dont elle pense que cela s'applique à elle»*, ou bien *«Nous pourrions débuter par une explication du rôle des symptômes post-traumatiques pour les normaliser»*).

Il m'arrive régulièrement, lors des séances de supervision de cliniciens derrière un miroir sans tain, d'observer que le thérapeute est à la remorque de la victime. Dans ces moments-là, le thérapeute est très empathique à l'expérience phénoménologique de la victime mais est trop collé à celle-ci: il manque de distance, il ne sait plus où il va, il ne sait plus quel objectif thérapeutique il cible ce faisant. Vise-t-on alors à favoriser une meilleure compréhension d'elle-même chez la victime? De faire en sorte qu'elle soit plus indulgente envers elle-même? De favoriser une prise de conscience de l'impact de l'événement? Ayons toujours à l'esprit l'objectif thérapeutique visé par nos interventions. Quel pas thérapeutique la victime va-t-elle avoir fait aujourd'hui avec nous? Qu'aura-t-elle appris à notre contact? Qu'aura-t-elle réalisé? Quelle différence dans son état pourra-t-on noter entre son arrivée dans notre bureau et son départ?

Le clinicien doit donc, en même temps que d'être tout dédié à l'expérience de la victime, analyser le processus thérapeutique dans un *zoom-out*. Posséder en fait de façon simultanée une vision microscopique mais aussi globale de la séance thérapeutique. Cette direction est très utile puisqu'elle permet d'approfondir un domaine d'exploration particulier. Elle permet d'obtenir des informations précises ou d'accomplir un travail en profondeur. En ce sens, il est essentiel d'être *toujours un pas devant notre client*, c'est-à-dire de savoir dans quel but spécifique nous effectuons cette intervention. Cette attitude sécurise le client, qui sent que vous le guidez dans cette démarche et que vous n'êtes pas en train de vous perdre à deux dans le processus... à cause de détails anecdotiques ou d'un récit tangentiel et stérile.

Il va de soi que tout thérapeute doit en même temps être souple et s'ajuster aux besoins spécifiques et ponctuels de son client... quitte à mettre complètement de côté le plan prévu. Une séance vague et floue est vraiment inefficace... mais une séance imposée sur un sujet qui ne correspond pas aux besoins du client sera tout aussi contre-productive !

4. Adoptez une attitude détendue lors de la description de l'événement traumatique

Évidemment, il ne s'agit pas d'écouter des horreurs avec le sourire... mais plutôt d'assurer la victime que vous êtes capable de l'entendre et de l'accueillir même si elle décrit des circonstances atroces. En fait, ce qui est très important ici, *c'est que la victime ne doit pas sentir qu'elle a besoin de prendre soin de vous* ou de vous ménager pendant ces descriptions. Elle a besoin de sentir qu'elle peut vous donner tous les détails de ce qu'elle a vécu sans avoir à peser ses mots, à l'inverse de ce qu'elle fait généralement avec les membres de son entourage. Elle doit sentir qu'elle ne doit pas avoir honte ou avoir à cacher des éléments de son expérience traumatique, ce qui est déjà en soi un important gain thérapeutique. Par conséquent, elle doit sentir que vous êtes assez solide pour entendre tout ce qu'elle a besoin de vous décrire. Bien sûr, parvenir à adopter une telle attitude face à la victime renvoie le thérapeute à ses capacités à prendre soin de lui...

En fait, le message à transmettre (directement ou pas) à la victime est : «*Il n'y a rien de ce que tu vas me dire ou de ce que tu as vécu qui va changer ma vision de toi. Tu n'as pas à avoir honte de ce qui s'est passé ou de ce que tu as fait. Rien de ce que tu vas me dire ne va me dégoûter ou m'écœurer au point où cela va m'empêcher de t'aider. Et, en en parlant, en le décrivant ici, l'événement peut perdre de son côté cauchemardesque, horrifiant et tabou. Le partager avec quelqu'un qui te comprend est souvent très utile et peut contribuer à diminuer ta honte de celui-ci.*» La victime doit sentir que vous en avez entendu d'autres et que, sans minimiser ce qu'elle a vécu, sans perdre de vue que chaque expérience est unique, vous êtes capable de l'accompagner sans qu'elle se sente obligée de vous ménager.

5. Mettez en évidence les ressources de la victime

Faire une démarche thérapeutique à la suite d'un traumatisme est très exigeant pour la victime. Les symptômes d'évitement sont l'essence même du TSPT... et une démarche thérapeutique va exactement dans le sens inverse.

Il est donc essentiel de nommer et de mettre en évidence son *courage*, sa détermination, sa motivation à entreprendre cette démarche : le courage, c'est faire face à sa peur, c'est être terrifié mais le faire quand même ! Et c'est exactement ce qu'une victime fait avec vous. Reconnaissez l'énergie que cela lui prend *juste* pour venir vous voir. Faites-lui aussi remarquer à quel point elle est persévérante et motivée. Mettre en évidence ses points forts, ses qualités et sa détermination malgré l'adversité pourra l'aider à poursuivre sa démarche avec vous. De plus, ces interventions tout à fait justes constituent en soi un travail thérapeutique de connaissance de soi, d'acceptation de son rythme personnel et de reconnaissance de ses propres forces.

6. Soyez vigilant et nommez les comportements d'évitement dans le processus thérapeutique

Les symptômes d'évitement font partie intégrante du TSPT. Pas d'évitement, pas de TSPT. Par conséquent, les symptômes d'évitement seront évidemment ***aussi*** présents dans le processus thérapeutique : « oubli » de rendez-vous, excuses pour ne pas avoir fait les exercices, prétextes pour ne pas avoir amené certaines lectures, retards, procrastination, etc. Or, plusieurs cliniciens oublient souvent la *force* de cet évitement, le pouvoir de cette tendance à mettre de côté tout ce qui est relié au pire événement de sa vie. Ils attribuent alors ces comportements à un manque de volonté, à un manque de motivation, à la présence de troubles de personnalité ou de gains secondaires à « vouloir continuer à rester malade ».

Même si de telles interprétations peuvent avoir quelquefois leur place (nous le verrons au chapitre 14), il est *d'abord* essentiel que le clinicien conçoive ces comportements dans une optique d'évitement propre au TSPT. Comprenez que si la victime trouvait facile de venir en thérapie parler de la tragédie de sa vie, elle ne souffrirait probablement pas de TSPT et n'aurait pas du tout besoin de venir vous voir ! Tentez donc de nommer cette tendance naturelle à l'évitement avec votre client et de préciser avec lui que, bien que légitime, cette tendance maintient les symptômes et empêche le processus vers le bien-être. Il peut être très utile de comprendre *avec* votre client quelles sont les craintes sous-jacentes qui motivent son évitement. La psychoéducation et la restructuration cognitive permettent de remettre en question ces craintes souvent irrationnelles et peuvent diminuer les comportements d'évitement. Si de telles mesures ne suffisent pas, il est toujours possible de reconsidérer les interprétations précédentes...

7. Redonnez un certain contrôle à la victime

Vivre un événement traumatique est, par le fait même, une expérience teintée d'impuissance. Par la suite, la victime vit des symptômes incapacitants qui la dépassent et qu'elle se sent incapable de gérer. Certaines victimes vont réagir souvent difficilement à une thérapie très directive où elles se retrouvent dans le même état de passivité et se sentent aussi impuissantes que lors de l'événement traumatique. Comparativement à celles d'autres troubles anxieux, les victimes souffrant de TSPT vont souvent apprécier de sentir un certain contrôle sur le déroulement du processus thérapeutique. Ainsi, envisagez cet aspect et éclairez la victime sur ce qu'elle vit, sur les caractéristiques du processus thérapeutique ; expliquez-lui pourquoi vous considérez telle stratégie, assurez-lui que vous allez respecter son rythme, adoptez les exercices à ses objectifs, etc.

8. Évaluez la sécurité « objective » de vos clients

On ne peut traiter le stress post-traumatique que lorsqu'il est POST-traumatique. C'est dire que le traumatisme doit absolument être *passé* et que la victime doit maintenant être dans une situation *sécuritaire* pour débuter l'intervention post-traumatique. Si une victime continue à être dans une situation potentiellement dangereuse, la première priorité est de lui redonner un environnement sécuritaire *avant* toute intervention post-traumatique. Ainsi, des femmes agressées par leur conjoint et qui continuent à rester dans cette situation ne peuvent être traitées selon une approche post-traumatique. Des stratégies de résolution de problème, de thérapie de couple ou interpersonnelle, ou d'intervention de crise, sont à privilégier d'abord et avant tout. L'intervention post-traumatique peut ensuite, et seulement ensuite, être envisagée.

Dans le même ordre d'idée, comme avec des personnes souffrant de trouble obsessionnel-compulsif, il est important de ne pas demander à nos clients de s'exposer à des situations que nous n'affronterions pas nous-mêmes... Ainsi, même si les victimes entretiennent des pensées irrationnelles quant au risque d'agressions futures, il n'en demeure pas moins que ces craintes ont un certain lien avec la réalité... Il est donc essentiel de doser les exercices d'exposition jusqu'à un certain niveau de difficulté et de s'assurer que l'on ne met pas la victime en position de retraumatisation. L'objectif, c'est que la victime puisse évaluer de façon plus réaliste le danger potentiel et (puisqu'une absence totale de risque n'existe pas) qu'elle puisse ultimement accepter d'être dans des situations comportant un « niveau de risque acceptable », « normal ».

9. Démontrez de la confiance envers la thérapie

Les victimes ont souvent l'impression de devenir complètement folles ou de vivre des symptômes permanents. Il est très réconfortant pour elles de savoir que ces derniers sont souvent temporaires et que vous avez confiance en la capacité du processus thérapeutique de les soulager. La victime a besoin de sentir que nous croyons en ce que nous lui offrons et que, même si elle trouve sa démarche souffrante, celle-ci est orientée vers son mieux-être à long terme. En même temps, veillez à ne pas créer de faux espoirs ou d'attentes irréalistes face aux résultats anticipés de la thérapie.

10. Démontrez votre expertise face au TSPT

Le travail avec des victimes exige un minimum de connaissances relatives aux symptômes post-traumatiques. Il est essentiel de bien connaître les caractéristiques du TSPT afin de donner de l'information pertinente, récente et rigoureuse à la victime. Les derniers articles sur le sujet (voir Brillon et Martin, 2002, pour une recension française des articles sur le stress post-traumatique) ou les revues spécialisées sur le trauma, telles que la *Revue francophone du stress et du trauma* ou le *Journal of traumatic stress* constituent d'excellentes sources d'information. Si vous ne vous sentez pas parfaitement à l'aise, n'hésitez pas à aller chercher de la supervision ou une formation avancée. Notre clientèle a besoin de sentir que nous connaissons bien ce que nous cherchons à traiter...

5.4 Pièges guettant le thérapeute en situation d'urgence

Depuis la tragédie de Polytechnique à Montréal et l'effondrement des tours du World Trade Center, plusieurs ordres professionnels ont dressé une liste des thérapeutes habilités à prodiguer des services psychologiques d'urgence afin de donner un soutien psychologique immédiat aux sinistrés et victimes. On voit donc souvent, lors de telles catastrophes, des équipes d'intervenants arriver sur les lieux, pleins de bonnes intentions et souvent très compétents professionnellement. Cependant, peu d'entre eux sont conscients des pièges de telles interventions sur le plan social et relationnel. Il peut être facile dans l'urgence et la crise du moment de tomber dans ces pièges, et certaines mises en garde peuvent être appropriées...

Succomber au sensationnalisme et au narcissisme médiatique

Lors d'une catastrophe d'envergure (pensons aux inondations du Saguenay, à l'horreur de la fusillade de Polytechnique, à l'ampleur de la crise du verglas, à l'explosion de l'usine de Toulouse, en France, ou aux attentats du World Trade Center), les médias sont à l'affût de sensationnalisme, de commentaires-chocs, de détails croustillants et quelquefois scabreux. Les demandes d'entrevues pour des émissions légères, les questions à tendance exhibitionniste sont des pièges dont il convient de se méfier.

De plus, il est essentiel de mesurer la dose importante d'apport narcissique que ces demandes peuvent représenter sur le plan de l'ego. Ces demandes et cette soudaine «célébrité», cette considération importante à notre égard, peuvent constituer des stimulants puissants et nuire à une action professionnelle et appropriée. Soyons conscients de ce qui motive nos actes, de nos besoins narcissiques et de ce qui peut nous distraire de toute action désintéressée et professionnelle.

Arriver en « sauveur »

Être appelé sur les lieux d'un sinistre pour apporter soutien et aide aux victimes peut induire un sentiment énorme de responsabilité chez l'intervenant. Or, ce besoin de se sentir aidant existe souvent en nous, et il a quelquefois motivé en partie ou en totalité notre choix de carrière... Dans des circonstances aussi graves, cette tendance de « sauveur » peut se trouver extraordinairement stimulée... Avoir l'impression que nous arrivons chargés de la mission de « sauver ces pauvres gens » n'est pas inhabituel et peut susciter plusieurs réactions : d'abord, un énorme sentiment de responsabilité et d'efficacité afin de « prévenir un TSPT ». Ensuite, une tendance à infantiliser les victimes (« *Ne vous en faites pas, on est là, on va vous arranger ça* ») et à minimiser leurs capacités adaptatives.

De plus, ce type de réactions peut induire une « pathologisation » des réactions des victimes et une tendance à considérer qu'elles ont toutes besoin de consulter... puisque « le sauveur » en nous a besoin de se sentir indispensable. Enfin, ce type d'intervenant va prendre beaucoup de place dans les mesures d'urgence mises en place pour les victimes, suscitant chez elles un sentiment de ne pas être écoutées ou d'être utilisées pour nourrir les besoins narcissiques du thérapeute.

Pathologiser les réactions des victimes

Affirmer ou penser que toutes les victimes souffriront de TSPT ou auront besoin de soutien psychologique est faux. En fait, comme nous l'avons vu en début d'ouvrage, la majorité des victimes traverseront le traumatisme avec peu de séquelles. Plusieurs utiliseront leur gros bon sens, leurs ressources psychologiques, leur courage, leurs capacités adaptatives, leur entourage, pour s'adapter à ce qui s'est passé... et la majorité y parviendra.

En fait, considérer toutes les victimes ou les sinistrés comme des personnes qui souffriront de TSPT ou qui présenteront des séquelles graves est une erreur qui ne rend pas justice à l'extraordinaire et remarquable capacité d'adaptation de l'être humain. De plus, cela envoie un message erroné et très pessimiste aux victimes. Malheureusement, il s'agit d'un message assez sensationnaliste pour plaire aux médias...

Débarquer sauvagement

Il est souvent impressionnant pour les sinistrés de voir une équipe d'intervenants arriver sur les lieux du trauma. Pour plusieurs, cette équipe est rassurante et est le signe que l'on s'occupe d'eux et que l'on reconnaît la gravité de ce qu'ils ont vécu, ce qui est très positif. Il se sentent légitimés et entourés. Ils se sentent pris en considération.

Par contre, pour d'autres, cette arrivée est dérangeante. Plusieurs se sentent considérés comme un ensemble de personnes «malades mentales» qu'il faut absolument soigner immédiatement. Ils se sentent pathologisés, infantilisés. D'autres trouvent cette arrivée intrusive et envahissante. Ils la trouvent exagérée face à ce qui s'est produit ou la considèrent comme un signe qu'il est arrivé quelque chose de grave et donc d'inquiétant.

Il importe donc de faire très attention à notre attitude lors de notre arrivée et de nous efforcer d'être très respectueux des façons de faire établies et de la culture des gens sur place. Prenons garde de ne pas prendre toute la place, de ne pas nous imposer. Au contraire, laissons les gens venir à nous. Je ne partage pas l'opinion de ceux qui recommandent d'exiger que tous utilisent nos services sous prétexte que les sinistrés «ne savent pas ce qui est bon pour eux» ou «sont en état de choc».

Considérant justement les dernières études sur l'efficacité des interventions d'urgence, nous croyons que certaines victimes ont besoin de temps pour digérer ce qui leur arrive, ont besoin de laisser les choses se déposer, ont besoin de ne *pas* parler de ce qui s'est passé ou de ne *pas* en entendre parler tout de suite. Les forcer à le faire peut provoquer davantage de dissociation, d'amertume et de sentiment de ne pas être respectées et entendues dans leurs besoins de base. Il peut être préférable dans certains contextes de rester en retrait et de laisser les sinistrés nous apprivoiser... comme il peut être approprié de prendre les devants lorsque des demandes en ce sens sont exprimées et que les victimes ont besoin de sentir que quelqu'un dirige les opérations. Veillons simplement à ne pas imposer notre façon de faire et à être très à l'écoute de ce que le milieu attend de nous.

Succomber au mercantilisme

Malheureusement, être en contact avec des sinistrés lors de catastrophes de grande envergure, peut attiser les visées mercantiles de certains thérapeutes malintentionnés. Il est rare (mais ô combien affligeant) de voir certains thérapeutes tenter de mousser leur clientèle, distribuer leurs cartes professionnelles à des personnes de toute évidence peu aptes à prendre des décisions éclairées, ou monnayer leurs services à des tarifs très supérieurs à ceux habituellement admis. Méfions-nous de ces tendances et des invitations à agir ainsi dans ces situations.

Ne pas se ménager

Lors d'une catastrophe de grande envergure (inondation, crise du verglas, panne d'électricité) ou d'une tragédie nationale (attentat dans une école ou un lieu public, crash d'avion ou accident grave de véhicules), les thérapeutes impliqués sont aussi... des victimes. Ce double rôle est souvent très difficile à soutenir : d'une part, la société attend de vous que vous aidiez vos concitoyens alors que d'autre part, vous êtes vous-même sinistré et vous ressentez les contrecoups de l'événement (déménagement possible, famille affectée, enfants qui ne vont plus à l'école, sentiments d'horreur ou de tristesse, couple ébranlé, difficultés financières, stress chronique).

Être impliqué comme thérapeute en situation d'urgence exige une grande disponibilité en termes de temps et d'énergie (horaire chargé, pratique privée à annuler et à réorganiser, horaires familiaux à adapter). Cela peut exiger de très longues heures d'écoute, de compassion, d'accompagnement thérapeutique. Ce dévouement peut être extrêmement épuisant. Veillez à ne pas vous surcharger et à vous ménager : prévoyez des mécanismes de ventilation émotionnelle, de gestion du stress, des heures de repos et de détente, des moments de loisirs. Plusieurs thérapeutes impliqués dans de telles catastrophes m'ont fait part de leur épuisement et de leur énorme sentiment d'impuissance lors de ces moments. D'autres se sont sentis très en détresse eux-mêmes mais incapables de s'occuper d'eux et de leur famille car le mandat social était trop puissant et trop exigeant. Permettez-vous de refuser de travailler si vous vous sentez fatigué, affecté, impuissant. Et n'oubliez pas de vous ménager si vous le faites.

5.5 Aperçu du traitement des symptômes post-traumatiques

Tout comme chaque victime est unique, chaque démarche thérapeutique est unique. Cependant, dans un but pédagogique, vous trouverez ici un canevas de ce qu'est habituellement un plan de traitement pour une victime souffrant de TSPT. Évidemment, les stratégies thérapeutiques ne peuvent être disséquées ainsi et, à plusieurs moments, elles se chevauchent.

Étape 1 : Bien évaluer les symptômes et les facteurs associés ;

Étape 2 : Psychoéducation sur le TSPT ;

Étape 3 : Travail des affects reliés au TSPT ;

Étape 4 : Travail des pensées associées au TSPT ;

Étape 5 : Faciliter la détente et l'apaisement ;

Étape 6 : Cibler spécifiquement la diminution de l'évitement ;

Étape 7 : Favoriser la digestion émotionnelle du traumatisme ;

Étape 8 : Conclure la démarche thérapeutique.

L'ordre des stratégies thérapeutiques a été déterminé ainsi pour plusieurs raisons. D'abord, il est important de débuter le traitement par le travail des affects. En effet, des symptômes dissociatifs ou un manque de contact émotionnel empêcheront tout travail thérapeutique subséquent et bloqueront le processus de digestion émotionnelle du traumatisme. Débuter le traitement sans prendre le temps de s'assurer que la victime est en contact avec ses émotions et est capable de vous en parler peut être dangereux. Une telle victime peut alors utiliser des mécanismes primaires de protection émotionnelle, comme la dissociation ou la régression.

Les stratégies de restructuration cognitive et de gestion du stress permettent de créer l'alliance thérapeutique et de diminuer déjà certains symptômes post-traumatiques, ce qui soulage et encourage la victime. Les stratégies d'exposition doivent s'effectuer alors que la relation thérapeutique est excellente et que la victime a confiance dans le processus thérapeutique. Elles sont plus difficiles pour elle et ciblent directement les associations les plus aversives, ce qui lui demande beaucoup de courage. En les plaçant en dernier, on favorise la participation de la victime tout en diminuant le plus possible le risque d'abandon thérapeutique.

Enfin, cet ordre prend en considération la complexité des stratégies thérapeutiques. Ainsi, les dernières étapes nécessitent des habiletés plus avancées et très spécifiques qui, si elles ne sont pas maîtrisées, peuvent être néfastes pour la victime. Si le clinicien ne se sent pas assez expérimenté, il peut commencer par des stratégies moins difficiles. Celles-ci, telles que la gestion du stress ou la restructuration cognitive, sont moins puissantes... mais applicables avec un plus grand nombre de victimes et moins dangereuses lorsque mal utilisées.

Cet ordre constitue un canevas de base qui pourra être personnalisé à volonté par le clinicien selon les symptômes et les besoins spécifiques de la victime. Le tableau de la page suivante permettra au clinicien de déterminer si toutes les stratégies sont nécessaires, en fonction du profil spécifique de la victime.

Le nombre de séances nécessaire pour aider une victime souffrant de symptômes post-traumatiques est souvent une question importante pour le clinicien... et pour les organismes payeurs (tels que CSST, IVAC ou SAAQ) ! Plusieurs facteurs doivent être pris en considération afin de prévoir un nombre de séances thérapeutiques. D'abord, le type de traumatisme : habituellement, on considère que plus le traumatisme a été direct, interpersonnel, sexuel, précoce dans le développement, plus l'expérience a été traumatique et a pu entraîner des séquelles profondes sur le plan de la personnalité, des tendances dissociatives ou des relations interpersonnelles, plus le traitement sera long. Le nombre de facteurs prétraumatiques et post-traumatiques constituent ensuite des facteurs qui aggravent la symptomatologie et rendent le traitement plus ardu et complexe. En ce sens, plus la victime possède de facteurs identifiés dans le chapitre 4 (facteurs pré-traumatiques, déclencheurs et de maintien), plus le traitement risque d'être difficile. Enfin, la structure de personnalité et les troubles comorbides surajoutés vont complexifier la démarche et peuvent même empêcher l'utilisation de certaines stratégies thérapeutiques à cause de la fragilité de la victime.

Moins de séances ←			→ **Plus de séances**
Témoin d'un événement	Trauma interpersonnel	Trauma sexuel	Trauma sexuel dans l'enfance
Peu de facteurs aggravants Aucun trouble comorbide			Beaucoup de facteurs aggravants Plusieurs troubles comorbides

Il est important de mentionner que si vous n'avez que quelques rencontres à votre disposition pour aider la victime (de 5 à 7 rencontres, par exemple), comme cela peut être le cas dans le cadre d'un programme d'aide aux employés, ***vous ne pouvez pas traiter le TSPT***. Le TSPT est un trouble grave et vraiment, en tentant de tout faire en si peu de temps, vous risquez plus de nuire à la victime que de l'aider. Vous risquez d'aggraver son état et de la laisser, après le nombre de rencontres prescrit, dans un état de fragilité et de confusion importants.

Si vous n'avez que quelques rencontres pour l'aider, profitez de ce nombre de séances pour faire 1) une bonne évaluation des séquelles et des difficultés de la victime ; 2) une bonne psychoéducation avec elle afin de favoriser une meilleure compréhension de ce qu'elle vit ; 3) un peu de gestion du stress pour l'aider à s'apaiser ; et 4) une bonne référence à un professionnel spécialisé qui pourra lui consacrer le nombre de rencontres qui lui sera nécessaire.

Nous recevons trop souvent des victimes qui ont reçu en quelques rencontres « un peu de tout » et qui se sentent complètement perdues dans ce fatras de stratégies thérapeutiques effectuées à la va-vite. Nous sommes souvent obligés de réparer ce qui a été effectué précédemment avec bonne intention mais maladresse et précipitation par le dernier thérapeute. *N'oubliez pas qu'il est vraiment préférable de mener moins de stratégies avec votre client, de viser moins d'objectifs en peu de temps mais de bien en effectuer quelques-unes*. Ainsi, faire 1) une bonne évaluation des séquelles et difficultés de la victime ; 2) une bonne psychoéducation ; 3) un peu de gestion du stress; et 4) une bonne référence constitue un traitement concis et qui maximise le travail thérapeutique.

La psychoéducation (voir le chapitre 7) permettra de diminuer la honte de la victime face à ses symptômes, d'augmenter sa compréhension de ses difficultés, et de bien se préparer au traitement futur. Quelques stratégies de gestion du stress (voir le chapitre 10) lui permettront aussi de s'apaiser davantage. Vous ne pourrez diminuer les symptômes post-traumatiques comme tels mais vous aurez au moins contribué à une diminution de la détresse et à une référence professionnelle de votre client.

Et surtout, parvenir en peu de rencontres à créer un bon contact, à écouter empathiquement la victime, à lui faire sentir que son expérience est importante, qu'elle est unique, qu'elle est digne de valeur, est un travail majeur qui vaut toutes les interventions plus structurées.

5.6 Critères guidant le choix des stratégies thérapeutiques

Vous trouverez ici un tableau qui précise les objectifs visés par chacune des stratégies thérapeutiques. Celles-ci ne visent pas la diminution des mêmes symptômes et, selon de la symptomatologie de la victime, certaines seront moins pertinentes.

Objectifs thérapeutiques	Stratégies thérapeutiques
Diminuer la honte de ses symptômes Favoriser une meilleure compréhension du TSPT Créer l'alliance thérapeutique	**Psychoéducation**
Diminuer les symptômes d'**émoussement (C4-C7)** Mieux gérer les symptômes de colère Augmenter l'étendue émotionnelle Permettre les stratégies ultérieures Favoriser l'appropriation et l'acceptation émotive Améliorer l'intégration émotionnelle du trauma	**Travail des affects**
Diminuer les symptômes d'**émoussement (C4-C7)** Diminuer les émotions de honte, de culpabilité, de détresse Faciliter les exercices d'exposition Assouplir les schémas entretenant les symptômes	**Restructuration cognitive**
Diminuer les symptômes **d'hyperactivation (D)** Diminuer les accès de colère et d'irritabilité Faciliter les exercices d'exposition *in vivo*	**Gestion du stress**

Diminuer les symptômes **de réactivation (B4, B5)** Diminuer les symptômes **d'évitement (C1-C3)** Favoriser la reprise d'activités évitées Améliorer l'autonomie et les contacts sociaux	**Exposition graduelle *in vivo***
Réduire les symptômes de **reviviscences (B)** Réduire la détresse associée à la mémoire du trauma Favoriser l'intégration émotionnelle du trauma	**Exposition au souvenir du traumatisme**
Bien boucler la relation thérapeutique Maintenir les acquis thérapeutiques Prévenir la rechute potentielle future	**Conclure la démarche**

CHAPITRE 6

Bien évaluer les symptômes post-traumatiques

6.1 L'entrevue clinique spécifique au TSPT

L'entrevue clinique est souvent le premier instrument d'évaluation des symptômes post-traumatiques. Elle constitue souvent l'un des éléments critiques de l'évaluation et de l'intervention du TSPT. En effet, *pour bien traiter, il faut d'abord bien évaluer.*

L'entrevue nous permet d'obtenir beaucoup d'information clinique pertinente. Mais elle est surtout le premier contact avec la victime. Ainsi, elle a d'autres objectifs parallèles tout aussi importants, puisqu'elle peut permettre d'établir une alliance thérapeutique, d'établir et de fixer des objectifs d'intervention, et de créer un espoir envers le traitement.

Comme pour toutes les premières entrevues cliniques avec d'autres problématiques psychologiques, plusieurs éléments généraux doivent être évalués. Nous ne reviendrons pas sur ces éléments présents lors de toutes les entrevues psychologiques générales. Concentrons-nous plutôt sur les particularités spécifiques à l'entrevue clinique en présence d'une victime ayant vécu un événement traumatique.

Voici les principaux éléments d'information à obtenir de façon à évaluer *spécifiquement les réactions post-traumatiques*. Nous reviendrons par la suite plus en détail sur chacun d'eux.

1. Un aperçu du facteur déclencheur

- Une *brève* description de l'événement traumatique, la date de cet événement, les réactions de la victime pendant et immédiatement après...

2. Le niveau de fonctionnement depuis l'événement

- Symptômes post-traumatiques dépressifs, dissociatifs, anxieux, physiques, diagnostic différentiel, médication actuelle ou passée...

3. Une idée des facteurs prétraumatiques

- Ses principaux traits de personnalité (traits/troubles de personnalité, mais aussi capacité d'affirmation de soi, capacité à prendre soin d'elle, capacité d'introspection et de changement, relations avec les émotions, etc.).
- Les facteurs de stress présents avant le traumatisme (stress financier, stress physique, facteurs de vulnérabilité, conditions de vie, etc.).
- Son histoire «traumatique» longitudinale (agressions/abus précédents, négligence, accidents, événements de vie douloureux, deuils, etc.).

4. Un aperçu des facteurs de maintien

- Les caractéristiques de son entourage (qualité du soutien familial, conjugal, social, professionnel).
- Les facteurs de stress présents depuis le traumatisme (stress financier, douleurs ou séquelles physiques, procès, assurances, perte d'emploi, pressions de la part de l'employeur ou de la famille...).

5. Préciser les attentes de la victime face à la thérapie

- Préciser avec la victime quels sont ses objectifs de traitement.
- Évaluer ses prédispositions thérapeutiques.

Notez que ce processus d'évaluation peut se poursuivre pendant quelques rencontres selon l'état de la victime et qu'il se raffine et se complète, bien entendu, tout au long du processus thérapeutique.

6.2 Comment mener l'entrevue clinique spécifique au TSPT

Vous trouverez ici des exemples de questions qui pourraient vous inspirer dans votre processus évaluatif. Notons que parallèlement à ces objectifs de collecte d'information, le clinicien doit surtout tout mettre en œuvre lors de ce premier contact pour favoriser la mise en place d'une bonne alliance thérapeutique et créer un climat de confiance et de respect avec la victime.

1. Un aperçu du facteur déclencheur

Il s'agit ici de poser des questions *ouvertes*, permettant au client de décrire *brièvement* l'événement traumatique, la date de cet événement, et ses réactions pendant et immédiatement après. Le terme «brièvement» est important, puisqu'on ne tentera pas ici d'obtenir une description très précise de ce qui s'est passé, comme lors de l'exposition au souvenir du trauma. En effet, reparler de l'événement est souvent anxiogène pour la victime. Il est plus stratégique de progresser de façon graduelle et surtout de bien respecter son rythme à ce sujet. Si elle se sent assez à l'aise pour vous en parler, assurez-vous qu'elle sente qu'elle a le choix et un certain contrôle de la situation:

- *«Est-ce un bon moment pour discuter de cet événement avec vous?»*
- *«N'hésitez pas à me faire part de ce que vous ressentez lorsque nous parlons de cet événement.»*
- *«Est-ce que cela vous dérange si je vous pose quelques questions à ce sujet?»*
- *«Vous pouvez prendre une pause quand vous le désirez et nous pourrons revenir sur ce sujet au moment où vous le souhaiterez.»*
- *«Pouvez-vous me décrire ce que vous avez vécu?»*
- *«Pouvez-vous me dire comment vous vous sentiez pendant l'événement?»*
- *«Avez-vous eu l'impression que votre vie était en danger? Avez-vous eu peur d'être blessé? De quelle façon?»*
- *«Quel est l'aspect le plus difficile de l'événement?»*
- *«Qu'est-ce que vous retenez le plus de cet événement?»*

2. Le niveau de fonctionnement depuis l'événement

À cette étape, il est important d'évaluer les symptômes post-traumatiques dépressifs, dissociatifs, anxieux et physiques potentiels. Le clinicien tentera aussi de préciser son diagnostic différentiel et tentera de documenter la prise de médication de la victime.

Il peut être tentant de demander à la victime si elle vit chacun des symptômes post-traumatiques du DSM, et ce, sous forme de questions fermées (ex.: «*Avez-vous des cauchemars depuis l'événement traumatique?*», «*Avez-vous fait des efforts pour ne pas penser à l'événement?*», «*Avez-vous l'impression d'être étrangère et détachée des autres?*», «*Avez-vous de la difficulté à vous concentrer?*», etc.). Or, cette stratégie comporte plusieurs inconvénients, dont le plus important consiste à donner l'impression à la victime qu'elle subit un interrogatoire désagréable. De plus, la validité des informations obtenues est très douteuse car il est très facile pour la victime de dire oui... à tout.

Il peut être beaucoup plus stratégique d'évaluer les symptômes post-traumatiques à l'aide de questions *ouvertes*. Cette stratégie donne l'occasion à la victime d'exprimer ce qu'elle vit tout en permettant au clinicien d'obtenir des informations beaucoup plus riches au niveau clinique. Pour ce faire, il est utile de débuter par des questions plus générales, quitte à préciser l'information à l'aide de questions plus spécifiques par la suite. Plusieurs questions s'y ajouteront afin de préciser le diagnostic différentiel (pour le diagnostic différentiel, voir la section 6.7 de ce chapitre).

- *«De quelle façon cet événement a-t-il affecté votre qualité de vie?»*
- *«Qu'est-ce que vous n'avez pas pu faire dans votre vie quotidienne depuis l'événement traumatique? Qu'est-ce que vous trouvez toujours difficile à faire?»*
- *«Y a-t-il eu des moments où des souvenirs de l'événement vous revenaient en mémoire? Comment cela s'est-il passé?»*
- *«Y a-t-il des situations qui vous causent beaucoup d'anxiété actuellement? Lesquelles? Comment vous y sentez-vous?»*
- *«Comment définiriez-vous votre humeur ces derniers temps?»*
- *«Comment vous sentez-vous dans le contact avec les autres actuellement? De quelle façon cet événement a-t-il affecté vos relations interpersonnelles?»*

- *« Comment sont votre sommeil et votre appétit actuellement ? »*
- *« Avez-vous l'impression que cet événement a affecté votre sentiment de sécurité général ? De quelle façon ? Comment réagissez-vous quand il y a un bruit soudain ? »*
- *« Si je demandais à un de vos proches de me décrire vos symptômes dans le quotidien, qu'est-ce qu'il me dirait ? Qu'est-ce qui transparaît le plus ? Qu'est-ce qui est le plus incapacitant ? »*

3. Une idée des facteurs prétraumatiques

Bien sûr, lors d'une première entrevue clinique, il est souvent trop tôt pour préciser formellement un diagnostic sur l'axe II. Cependant, il est important de commencer à recueillir de l'information sur les principaux traits de personnalité de la victime. On visera à documenter particulièrement ses capacités d'affirmation de soi, ses capacités à prendre soin d'elle, les caractéristiques de son contact avec ses émotions, ses habiletés à demander et à accepter de l'aide ainsi que sa capacité d'introspection et de changement. Une structure de personnalité plus rigide, très exigeante envers elle-même, peu en contact avec ses émotions – le « chêne » tel que défini précédemment – est souvent plus à risque pour un TSPT, plus difficile en traitement, plus rigide ou méfiante dans le contact thérapeutique. Le clinicien pourra donc avantageusement évaluer ces aspects de sa personnalité. Cette évaluation va d'ailleurs se poursuivre et se raffiner tout au long de la thérapie.

Les facteurs de stress présents avant le traumatisme, tels que le stress financier, le stress physique, les facteurs de vulnérabilité, les conditions de vie stressantes, sont aussi à évaluer ici. De la même façon, l'histoire longitudinale de la victime et son « histoire traumatique » en particulier sont à examiner. Le type de climat familial, la présence d'expériences d'agressions ou d'abus précédentes, les antécédents d'accidents, les événements de vie douloureux, les deuils qui semblent encore difficiles sont à documenter.

- *« Si je demandais à un de vos proches de vous décrire, qu'est-ce qu'il me dirait de vous ? Quel genre de conjoint/père/collègue êtes-vous ? »*
- *« Comment réagissiez-vous au stress auparavant ? Comment vous sentiez-vous vis-à-vis de la tristesse/colère/fatigue avant l'événement ? »*

- *« Comment interagissez-vous avec les autres quand vous êtes en détresse ? »*
- *« Y a-t-il eu des événements qui vous ont stressé particulièrement avant celui-ci ? Lesquels ? Comment cela s'est-il passé ? Comment aviez-vous réagi ? »*
- *« Comment vous sentiez-vous avant l'événement du point de vue du couple/famille/travail ? »*
- *« Comment décririez-vous le climat familial à la maison quand vous étiez jeune ? Quelles étaient les valeurs que vos parents tenaient particulièrement à vous voir partager ? »*
- *« Avez-vous déjà vécu des événements qui étaient dangereux pour vous dans le passé ? Avez-vous déjà vécu des événements où vous vous sentiez impuissante et où vous avez eu l'impression que l'on abusait de vous ? Comment cela s'est-il passé ? »*

4. Un aperçu des facteurs de maintien

À cette étape, le clinicien tentera d'évaluer les caractéristiques de l'entourage (familial, conjugal, social, professionnel) de la victime relativement à sa capacité à lui donner du soutien.

Les facteurs de stress présents depuis le traumatisme, tels que le stress financier, les douleurs ou séquelles physiques, un procès, les assurances, une perte d'emploi, des pressions de la part de l'employeur ou de la famille, sont aussi à examiner car ils vont compliquer le traitement et potentiellement maintenir les symptômes post-traumatiques.

- *« Avez-vous l'impression que votre couple/famille/équipe de travail a été affecté par ce que vous avez vécu ? De quelle façon l'événement a-t-il changé leur qualité de vie ? »*
- *« Comment votre couple/famille/équipe de travail réagissent-ils dans leur contact avec vous quand vous avez de la peine/colère/peur ? »*
- *« Y a-t-il des événements qui ont ajouté à votre stress depuis l'événement traumatique ? Lesquels ? Comment cela affecte-t-il votre récupération post-traumatique selon vous ? »*

5. Préciser les attentes de la victime face à la thérapie

Enfin, il s'agit en conclusion de préciser avec la victime quels sont ses objectifs de traitement.

- *« Comment trouvez-vous votre mode de vie actuellement ? Comment aimeriez-vous qu'il soit ? »*

- *« Quels sont les objectifs que vous voudriez atteindre au cours de cette démarche ? Comment pouvons-nous vous aider à atteindre ces objectifs ? »*
- *« Comment (personne proche) saura que vous commencez à vous sentir mieux ? Quels sont les signes qui l'aideront à noter ce changement ? »*

À cette étape, tentez aussi d'avoir une évaluation des prédispositions thérapeutiques de la victime. Est-elle plus à l'aise lorsque vous utilisez des stratégies concrètes et plus directives ? Se sent-elle plus à l'aise avec des concepts abstraits ? Comment réagit-elle aux questions plus introspectives ? La sentez-vous apeurée mais motivée ? Ou plutôt apathique ou sceptique ? Ces éléments vont influencer le contact thérapeutique et peuvent affecter votre choix de stratégie thérapeutique.

Le clinicien peut conclure le processus évaluatif en donnant de l'information sur les modalités thérapeutiques à la victime : type de traitement qui lui sera offert, fréquence des rendez-vous, amélioration potentielle envisageable, type de relation thérapeutique, modalités techniques face aux retards ou aux absences, etc.

6.3 Les questionnaires à remplir par la victime

L'entrevue clinique permet d'accumuler plusieurs informations essentielles sur les symptômes des victimes. Les questionnaires sont un parfait complément à ce recueil de données cliniques.

Vous trouverez ici quatre instruments d'évaluation des symptômes post-traumatiques. Ces questionnaires ont été sélectionnés pour leur intérêt clinique, leur utilisation reconnue et leurs qualités méthodologiques. Les caractéristiques, les méthodes de cotation, les propriétés psychométriques et les forces et limites de chacun des questionnaires sont ici analysées et présentées. Enfin, un tableau examinant leur capacité à préciser les critères diagnostiques selon le DSM est présenté à la fin de cette section.

Il convient de noter que ces instruments constituent un complément appréciable à l'évaluation clinique mais qu'ils ne permettent nullement, à eux seuls, d'établir un diagnostic de TSPT. L'entrevue clinique et votre jugement expérimenté restent vraiment les outils de choix. Cependant, les questionnaires présentés ici offrent plusieurs avantages et peuvent compléter avantageusement cette évaluation clinique.

En effet, ces questionnaires permettent de quantifier les symptômes post-traumatiques observés. En ce sens, ils aident à établir le diagnostic. Ils peuvent aussi être très utiles pour mesurer le changement entre le début et la fin de la démarche thérapeutique. De plus, ils facilitent l'étape de psychoéducation avec la victime parce que celle-ci prend pour la première fois conscience, grâce aux questionnaires, de ses symptômes post-traumatiques de façon structurée et spécifique. Enfin, ils sont très utiles pour préparer un plan de traitement et bien choisir les stratégies thérapeutiques qui cibleront les symptômes particuliers à une victime spécifique.

L'échelle d'impact de l'événement

L'Impact of Event Scale (IES ; Horowitz, Wilner et Alvarez, 1979)

La version de IES présentée ici est une traduction québécoise de l'*Impact of Event Scale* (Horowitz, Wilner et Alvarez, 1979) effectuée par Alain Brunet, Ph.D., psychologue-chercheur au centre de recherche de l'Hôpital Douglas (Brunet, 1993).

L'IES comprend 15 énoncés divisés en deux sous-échelles : symptômes de reviviscences (7 énoncés) et symptômes d'évitement (8 énoncés). La victime évalue la fréquence de chaque symptôme sur une échelle de 4 degrés, de 0 (*« jamais »*) à 5 (*« souvent »*) (choix des scores : 0, 1, 3, 5).

L'IES a été l'un des premiers questionnaires à mesurer le TSPT. Il a été le questionnaire sur le TSPT le plus utilisé dans la littérature et il continue à être extrêmement utilisé. Il a donc été administré à plusieurs types de victimes et des données moyennes sont donc disponibles pour différents types de populations de victimes.

Cependant, sa principale faiblesse consiste à ne pas mesurer tous les symptômes du TSPT. En particulier, il ne mesure pas les critères d'hyperactivation neurovégétative du TSPT (critère D) et semble sous-estimer les symptômes d'évitement comportementaux. Une version améliorée de l'IES (IES-R) a été conçue par le laboratoire des Drs Weiss et Marmar, en Californie, mais elle n'est pas encore très utilisée, ce qui fait que plusieurs chercheurs tendent à préférer encore l'ancienne version. Vous trouverez une traduction de l'*IES-Revised* dans la prochaine section.

Cotation

La cotation s'effectue en additionnant les réponses aux 7 énoncés d'intrusion (énoncés 1, 4, 5, 6, 10, 11, 14) et d'évitement (énoncés 2, 3, 7, 8, 9, 12, 13, 15). Le score total s'étend de 0 à 75. Les résultats *de la version anglaise* existent pour plusieurs types de victimes ; voici quelques indications des scores totaux pouvant aider l'interprétation des scores.

- Victimes d'un accident d'avion (M = 30.3 à 12 jours après l'accident ; (M = 14.3 à 2 mois après l'accident) (Sloan, 1998).
- Victimes de viol avec TSPT (M = autour de 46) ; victimes de viol, sans TSPT (M = de 20 à 34) (Cassiday, McNally et Zeitlin, 1992 ; Foa *et al.*, 1991 ; Resick *et al.*, 1988 ; Rothbaum *et al.*, 1992 dans Cassiday *et al.*, 1992).
- Vétérans de guerre avec TSPT (M = 33.81) (Schwarzwald *et al.*, 1987).
- Victimes de crime avec TSPT (M = 37.41), victimes de crime sans TSPT (M = 9.24) (Kilpatrick *et al.*, 1988).

Pour la version française : L'IES a été administré à des victimes de viol un mois après leur agression (M = 48.4, SD = 11.4 pour le score total) et 4 mois après leur agression (M = 38.7, SD = 14.9) (Brillon et Marchand, 1997 ; Brillon, 1998).

Propriétés psychométriques

Version anglaise : L'IES possède une excellent fidélité test-retest : .87 pour le score total, .89 pour l'échelle d'intrusion, .79 pour l'échelle d'évitement (Horowitz *et al.*, 1979). Il possède aussi une consistance interne élevée : variation de .79 à .92 (Zilberg, Weiss et Horowitz, 1982), et ce, tant dans le groupe clinique que dans le groupe non clinique. Il possède une bonne sensibilité (classe correctement 74 % des vétérans avec TSPT) et une bonne spécificité (classe 78 % des personnes du groupe contrôle) (Schwarzwald *et al.*, 1987).

L'échelle d'impact de l'événement (IES)

Voici une liste de commentaires que les gens font souvent à la suite d'un événement stressant. Lisez chacun des énoncés et indiquez dans quelle mesure ceux-ci s'appliquent à vous pour les *7 derniers jours*.

Au cours des 7 derniers jours (Encerclez votre choix de réponse à la droite de chaque énoncé.)	Jamais	Rarement	Quelquefois	Souvent
1. J'ai pensé à l'événement alors que je ne le voulais pas	0	1	3	5
2. J'ai évité de me laisser troubler lorsque j'ai repensé à l'événement ou lorsque quelque chose me le rappelait.	0	1	3	5
3. J'ai tenté d'éliminer l'événement de ma mémoire	0	1	3	5
4. J'ai eu de la difficulté à m'endormir ou à demeurer endormi(e) car des pensées et des images de l'événement me venaient à l'esprit	0	1	3	5
5. J'ai ressenti des sentiments intenses face à l'événement	0	1	3	5
6. J'ai rêvé à l'événement	0	1	3	5
7. Je suis demeuré(e) à l'écart de ce qui pouvait me rappeler l'événement	0	1	3	5
8. J'ai eu l'impression que l'événement n'était jamais arrivé ou n'était pas réel.	0	1	3	5
9. J'ai essayé de ne pas parler de l'événement .	0	1	3	5
10. Des images de l'événement se sont imposées à mon esprit	0	1	3	5
11. D'autres choses continuaient à me faire penser à l'événement.	0	1	3	5
12. J'avais conscience d'être habité(e) par de nombreux sentiments à propos de l'événement, mais je ne m'en suis pas occupé(e).	0	1	3	5
13. J'ai essayé de ne pas penser à l'événement .	0	1	3	5
14. Tout rappel de l'événement ramenait les sentiments qui y étaient associés.	0	1	3	5
15. Mes sentiments à propos de l'événement étaient comme engourdis.	0	1	3	5

Traduction française : Alain Brunet, 1995 – (Centre de recherche Fernand-Seguin). L'IES a été intégré à cet ouvrage avec les aimables autorisations du Dr Daniel Weiss, Ph.D., auteur de l'instrument et directeur du Veterans Medical Center, San Francisco, Californie, et du Dr Alain Brunet, Ph.D., traducteur officiel de la version française, centre de recherche de l'hôpital Douglas.

L'échelle révisée d'impact de l'événement

L'Impact of Event Scale-Revised (IES-R; Weiss et Marmar, 1997)

La version de IES-R présentée ici est une traduction québécoise de l'*Impact of Event Scale-Revised* (Weiss et Marmar, 1997). La version traduite est reproduite ici avec la permission des Drs Weiss et Brunet, respectivement auteur de l'instrument et traducteur officiel (Brunet, St-Hilaire, Jehel et King, 2003).

L'IES-R comprend 22 énoncés divisés en trois sous-échelles : symptômes de reviviscences (8 énoncés), symptômes d'évitement (8 énoncés) et symptômes d'hyperactivation (6 énoncés). La victime évalue la fréquence de chaque symptôme sur une échelle de 5 degrés, de 0 (*« pas du tout »*) à 4 (*« extrêmement »*), (choix des scores : 0, 1, 2, 3, 4).

L'IES-R inclut maintenant tous les critères post-traumatiques. Malheureusement, il n'est pas encore très utilisé dans la littérature post-traumatique. Des données ne sont pas encore disponibles pour différents types de victimes mais des études en ce sens seront publiées sous peu.

Cotation

La cotation s'effectue en additionnant les réponses aux 8 énoncés de reviviscences (énoncés 1, 2, 3, 6, 9, 14, 16, 20), d'évitement (énoncés 5, 7, 8, 11, 12, 13, 17, 22), et d'hyperactivation (énoncés 4, 10, 15, 18, 19, 21).

Après avoir rempli ce questionnaire, additionnez tous les scores de votre client. Le score total va de 0 à 88. Vous pouvez comparer vos scores selon cette grille de comparaison : 0-39 = symptômes légers ; 40-55 = symptômes modérés ; 56 et plus = symptômes sévères.

Propriétés psychométriques

Version française : l'IES-R a été validé lors de la crise du verglas (janvier 1998). L'échantillon consiste en 224 femmes enceintes au moment de la tempête. Le coefficient de consistance interne est de .92 (score total pour tout l'IES-R). Les coefficients pour les sous-échelles sont de .85 (reviviscences), .85 (évitement) et .81 (hyperactivation). Pour les scores test-retest, les corrélations sont de .76 (score total pour tout l'IES-R), .73 (reviviscences), .77 (évitement) et .71 (hyperactivation) entre la première mesure au t1 et une mesure t2 trois mois plus tard (Brunet *et al.*, 2003).

Échelle révisée d'impact de l'événement (IES-R)

Voici une liste de difficultés que les gens éprouvent parfois à la suite d'un événement stressant. Veuillez lire chaque énoncé et indiquer à quel point vous avez été bouleversé(e) par chacune de ces difficultés *au cours des 7 derniers jours* en ce qui concerne ______________ ______. Dans quelle mesure avez-vous été affecté(e) ou bouleversé(e) par ces difficultés ?

Au cours des 7 derniers jours	Pas du tout	Un peu	Moyennement	Passablement	Extrêmement
1. Tout rappel de l'événement ravivait mes sentiments face à l'événement	0	1	2	3	4
2. Je me réveillais la nuit . . .	0	1	2	3	4
3. Différentes choses m'y faisaient penser.	0	1	2	3	4
4. Je me sentais irritable et en colère.	0	1	2	3	4
5. Quand j'y repensais ou qu'on me le rappelait, j'évitais de me laisser bouleverser . . .	0	1	2	3	4
6. Sans le vouloir, j'y repensais	0	1	2	3	4
7. J'ai eu l'impression que l'événement n'était jamais arrivé ou n'était pas réel . .	0	1	2	3	4
8. Je me suis tenu loin de ce qui m'y faisait penser	0	1	2	3	4
9. Des images de l'événement surgissaient dans ma tête .	0	1	2	3	4
10. J'étais nerveux (nerveuse) et je sursautais facilement. . .	0	1	2	3	4
11. J'essayais de ne pas y penser	0	1	2	3	4
12. J'étais conscient(e) d'avoir encore beaucoup d'émotions à propos de l'événement, mais je n'y ai pas fait face .	0	1	2	3	4
13. Mes sentiments à propos de l'événement étaient comme figés	0	1	2	3	4
14. Je me sentais et je réagissais comme si j'étais encore dans l'événement. .	0	1	2	3	4
15. J'avais du mal à m'endormir	0	1	2	3	4

16. J'ai ressenti des vagues de sentiments intenses à propos de l'événement	0	1	2	3	4
17. J'ai essayé de l'effacer de ma mémoire	0	1	2	3	4
18. J'avais du mal à me concentrer	0	1	2	3	4
19. Ce qui me rappelait l'événement me causait des réactions physiques telles que des sueurs, des difficultés à respirer, des nausées ou des palpitations	0	1	2	3	4
20. J'ai rêvé à l'événement . . .	0	1	2	3	4
21. J'étais aux aguets et sur mes gardes	0	1	2	3	4
22. J'ai essayé de ne pas en parler	0	1	2	3	4

Traduction française et adaptation: Alain Brunet *et al.*, 2003. – L'IES-R a été intégré à cet ouvrage avec les aimables autorisations du Dr Daniel Weiss, Ph.D., auteur de l'instrument et directeur du Veterans Medical Center, San Francisco, Californie, et du Dr Alain Brunet, Ph.D., traducteur officiel de la version française, centre de recherche de l'hôpital Douglas.

L'échelle diagnostique de TSPT

Posttraumatic Stress Diagnostic Scale (PDS ; Foa, 1995)

L'échelle diagnostique de TSPT (EDT) est une traduction française du *Posttraumatic Stress Diagnostic Scale* (PDS ; Foa, 1995). Cette version, différente de celle de la première édition, constitue une version consensuelle effectuée avec les membres du laboratoire de Dre Ceschi de l'université de Genève. Cette dernière version respecte ainsi davantage les particularités culturelles et les sensibilités linguistiques québécoises et européennes. L'EDT comprend 49 énoncés mesurant le diagnostic de TSPT ainsi que la sévérité des symptômes post-traumatiques. Il mesure tous les critères du TSPT selon le DSM-IV. La victime évalue la fréquence de chaque symptôme (énoncés 22 à 38) sur une échelle de 4 degrés, de 0 (*« pas du tout/seulement une fois »*) à 3 (*« 5 fois et plus par semaine/presque toujours »*). Cette partie 3 comprend la mesure comme telle des symptômes et cette section de 17 énoncés a été validée seule sous le nom de *Posttraumatic Diagnostic Scale* (Foa, Cashman, Jaycox, et Perry, 1997).

L'EDT permet une mesure de tous les critères de TSPT, ce qui est un avantage sur les autres questionnaires actuels. De plus, il est relativement court à remplir et à coter. Sa principale force consiste en une évaluation du critère A (l'événement vécu par la victime est-il traumatique?) et du critère F (l'impact des symptômes sur la qualité de vie et le fonctionnement de la victime), ce qui est particulièrement rare pour un instrument. L'EDT peut aussi être administré sous forme d'entrevue structurée si la victime présente une trop grande difficulté de concentration.

Cotation

La cotation s'effectue à l'aide d'une grille de cotation pour définir le type d'exposition à un événement traumatique, la durée écoulée depuis cet événement, la sévérité des symptômes et le niveau de dysfonctionnement vécu à la suite de ces symptômes.

Propriétés psychométriques

Version anglaise: Le PDS a été administré à 230 victimes de différents types de traumatisme. Les résultats montrent une excellente consistance interne (.92) et une bonne fidélité test-retest à 2-3 semaines (kappa = .74). De plus, les diagnostics au PDS montrent un excellent coefficient d'accords avec les diagnostics trouvés grâce au SCID (82 % d'accords) et d'autres questionnaires mesurant le stress post-traumatique (Foa, Cashman, Jaycox, et Perry, 1997; Keane, Weathers et Foa, 2000).

Échelle diagnostique de trouble de stress post-traumatique (EDT)

Partie 1

Plusieurs personnes ont vécu ou ont été témoins d'un événement traumatique ou très stressant à un certain moment de leur vie. Vous trouverez ci-dessous une liste d'événements traumatiques. Indiquez par un crochet *tous* les événements qui vous sont arrivés ou dont vous avez été témoin au cours de votre vie.

1. ❑ Accident grave, incendie ou explosion (par exemple, accident industriel, agricole, de voiture, d'avion ou de bateau)
2. ❑ Catastrophe naturelle (par exemple, tornade, ouragan, inondation ou tremblement de terre majeur)
3. ❑ Agression non sexuelle par un membre de la famille ou une personne connue (par exemple, être agressé(e), attaqué(e) physiquement, tiré(e) à bout portant, poignardé(e) ou menacé(e) d'une arme)
4. ❑ Agression non sexuelle par un(e) inconnu(e) (par exemple, être agressé(e), attaqué(e) physiquement, tiré(e) à bout portant, poignardé(e) ou menacé(e) d'une arme)
5. ❑ Agression sexuelle par un membre de la famille ou une personne connue (par exemple, viol ou tentative de viol)
6. ❑ Agression sexuelle par un(e) inconnu(e) (par exemple, viol ou tentative de viol)

7. ❑ Combat militaire ou expérience en zone de guerre
8. ❑ Contact sexuel quand vous aviez moins de 18 ans avec quelqu'un qui avait 5 ans (ou plus) de plus que vous (par exemple, contact avec des organes génitaux ou la poitrine)
9. ❑ Emprisonnement (par exemple, être incarcéré(e), prisonnier(ère) de guerre ou pris(e) en otage)
10. ❑ Torture
11. ❑ Maladie ayant menacé votre vie
12. ❑ Autre événement traumatique
13. ❑ Si vous avez coché l'énoncé 12, veuillez spécifier ci-dessous de quel événement traumatique il s'agit.

____

____

Si vous avez coché au moins un énoncé ci-dessus, poursuivez le questionnaire, sinon, arrêtez ici.

Partie 2

14. Si vous avez coché plus d'un événement traumatique dans la Partie 1, cochez ci-dessous l'événement qui *vous a bouleversé le plus*. Si vous n'avez coché qu'un seul événement dans la Partie 1, cochez le même ici.
    - ❑ Accident
    - ❑ Catastrophe naturelle
    - ❑ Agression non sexuelle par un membre de la famille ou une personne connue
    - ❑ Agression non sexuelle par un(e) inconnu(e)
    - ❑ Agression sexuelle par un membre de la famille ou une personne connue
    - ❑ Agression sexuelle par un(e) inconnu(e)
    - ❑ Combat militaire
    - ❑ Contact sexuel quand vous aviez moins de 18 ans avec quelqu'un qui avait 5 ans (ou plus) de plus que vous
    - ❑ Emprisonnement
    - ❑ Torture
    - ❑ Maladie ayant menacé votre vie
    - ❑ Autre

Dans les lignes ci-dessous, décrivez l'événement traumatique que vous avez coché ci-dessus.

____

____

____

____

____

____

____

____

____

____

____

Voici quelques questions relatives à l'événement que vous venez de décrire.

15. L'événement traumatique s'est produit il y a combien de temps? (ne cochez qu'une réponse)
    1. Il y a moins d'un mois
    2. Entre 1 et 3 mois
    3. Entre 3 et 6 mois
    4. Entre 6 mois et 3 ans
    5. Entre 3 et 5 ans
    6. Il y a plus de 5 ans

Pour les prochaines questions, encerclez O pour Oui et N pour Non.

Durant cet événement traumatique....

16.	Avez-vous été blessé(e) physiquement?	O	N
17.	Est-ce que quelqu'un d'autre a été blessé(e) physiquement?	O	N
18.	Avez-vous pensé que votre vie était en danger?	O	N
19.	Avez-vous pensé que la vie de quelqu'un d'autre était en danger?	O	N
20.	Vous êtes-vous senti impuissant(e)?	O	N
21.	Vous êtes-vous senti terrifié(e)?	O	N

Partie 3

Voici une liste de difficultés que les personnes vivent quelquefois après un événement traumatique. Lisez chacun des énoncés attentivement et encerclez le chiffre (0, 1, 2 ou 3) qui décrit le mieux combien de fois cette difficulté vous a dérangé *au cours du dernier mois.* Cotez chacune des difficultés suivantes par rapport à l'événement traumatique que vous avez décrit à l'énoncé 14.

0: Pas du tout ou seulement une fois
1: Une fois par semaine ou moins/ une fois de temps en temps
2: 2 à 4 fois par semaine/ la moitié du temps
3: 5 fois ou plus par semaine/ presque toujours

22.	Avoir des pensées ou des images bouleversantes de l'événement traumatique qui vous venaient à l'esprit alors que vous ne le vouliez pas.	0	1	2	3
23.	Faire des mauvais rêves ou des cauchemars de l'événement traumatique.	0	1	2	3
24.	Revivre l'événement traumatique, agir ou se sentir comme si celui-ci se produisait de nouveau.	0	1	2	3
25.	Vous sentir émotionnellement bouleversé lorsque quelque chose vous rappelle l'événement traumatique (ex.: se sentir effrayé, apeuré, en colère, triste, coupable, etc.).	0	1	2	3
26.	Avoir des réactions physiques lorsque quelque chose vous rappelle l'événement traumatique (ex.: transpirer abondamment, avoir le cœur qui bat vite).	0	1	2	3
27.	Essayer de ne pas penser à l'événement traumatique, de ne pas en parler ou de ne pas ressentir des émotions liées à cet événement.	0	1	2	3
28.	Essayer d'éviter les activités, les personnes ou les endroits qui vous rappellent l'événement traumatique.	0	1	2	3
29.	Être incapable de vous souvenir d'une partie importante de l'événement traumatique.	0	1	2	3
30.	Avoir beaucoup moins d'intérêt ou participer beaucoup moins souvent à des activités importantes.	0	1	2	3

31. Vous sentir distant ou coupé des gens autour de vous.	0	1	2	3
32. Vous sentir émotionnellement « gelé(e) » ou « engourdi(e) » (ex. : être incapable de pleurer ou de ressentir de l'affection).	0	1	2	3
33. Avoir l'impression que vos plans futurs ou vos désirs ne pourront pas se réaliser (ex. : penser que vous n'aurez pas de carrière, de mariage, d'enfants, ou une longue vie).	0	1	2	3
34. Avoir de la difficulté à vous endormir ou à rester endormi.	0	1	2	3
35. Vous sentir irritable ou avoir des accès de colère.	0	1	2	3
36. Avoir des difficultés de concentration (ex. : difficultés à suivre une conversation, perdre le fil d'une émission de télévision, oublier ce que vous lisez).	0	1	2	3
37. Être en état d'alerte (ex. : vérifier qui est autour de vous, être mal à l'aise dos à la porte, etc.).	0	1	2	3
38. Être nerveux ou sursauter facilement (ex. : quand quelqu'un marche derrière vous).	0	1	2	3

39. Depuis combien de temps vivez-vous les difficultés que vous avez identifiées ci-dessus ? (n'encerclez qu'une réponse)
    1. Moins d'un mois
    2. De 1 à 3 mois
    3. Plus de 3 mois
40. Ces difficultés ont commencé combien de temps après l'événement traumatique ? (n'encerclez qu'une réponse)
    1. Moins de 6 mois
    2. 6 mois ou plus

Partie 4

Indiquez ci-dessous si les difficultés évaluées dans la partie 3 ont interféré avec l'un ou l'autre domaine de votre vie quotidienne durant le dernier mois. Encerclez O pour Oui et N pour Non.

41. Votre travail	O	N
42. Vos tâches et obligations ménagères	O	N
43. Vos relations avec vos amis	O	N
44. Vos activités de détente et de loisirs	O	N
45. Votre travail scolaire	O	N
46. Vos relations familiales	O	N
47. Votre vie sexuelle	O	N
48. Votre satisfaction générale face à la vie	O	N
49. Votre niveau général de fonctionnement dans tous les domaines de votre vie	O	N

Traduction du PDS : Pascale Brillon et D[re] Grazia Ceschi, Ph.D., maître assistante à la faculté de psychologie de l'université de Genève. L'EDT a été traduite et intégrée à cet ouvrage avec l'aimable autorisation de la D[re] Edna Foa, Ph.D., auteure de l'instrument et directrice du Center for the Treatment and Study of Anxiety, Université de Pennsylvanie, Philadelphie.

Feuille de cotation de l'EDT

A
Exposition à un événement traumatique (Énoncés 16-21)

	Total Oui	Total Non
Énoncés 16-19	☐	☐

Oui / Non / Donnée manquante

Énoncé 20 ☐

Oui / Non / Donnée manquante

Énoncé 21 ☐

B
Reviviscences
(Énoncés 22-26)

Nombre d'énoncés cotés 0 ☐ 0

1	☐	X 1 =	☐
	+		+
2	☐	X 2 =	☐
	+		+
3	☐	X 3 =	☐
	=		=
	Nombre de symptômes ☐		Sévérité des symptômes ☐

C
Évitement
(Énoncés 27-33)

Nombre d'énoncés cotés 0 ☐ 0

1	☐	X 1 =	☐
	+		+
2	☐	X 2 =	☐
	+		+
3	☐	X 3 =	☐
	=		=
	Nombre de symptômes ☐		Sévérité des symptômes ☐

Critère A rencontré?

Oui ☐ Non ☐ Données incomplètes ☐

Critère B rencontré?

Oui ☐ Non ☐ Données incomplètes ☐

Critère C rencontré?

Oui ☐ Non ☐ Données incomplètes ☐

Diagnostic de TSPT: Critères A à F rencontrés?

Oui ☐ Non ☐ Données incomplètes ☐

Niveau de diminution sur le plan du fonctionnement: _____

Nombre de symptômes (maximum = 17): _____________

Score de sévérité des symptômes (maximum = 51): _____

Évaluation de sévérité des symptômes: _____________

Événement traumatique _____________________

D
Hyperactivation
(Énoncés 34-38)

Nombre d'énoncés cotés 0 ☐ 0

1 ☐ X 1 = ☐
+ +
2 ☐ X 2 = ☐
+ +
3 ☐ X 3 = ☐
= =

Nombre de symptômes ☐
Sévérité des symptômes ☐

E
Durée des symptômes / Survenue différée
(Énoncés 39-40)

Énoncé 39 ☐

Énoncé 40 ☐

F
Détresse significative ou diminution dans le fonctionnement quotidien
(Énoncés 41-49)

Énoncé 49 — Oui / Non / Donnée manquante ☐

Nombre de sphères affectées ☐

Critère D rencontré?

Oui ☐ Non ☐ Données incomplètes ☐

Critère E rencontré?

Oui ☐ Non ☐ Données incomplètes ☐

Critère F rencontré?

Oui ☐ Non ☐ Données incomplètes ☐

Nombre d'énoncés omis (Énoncés 14-49: ______________)

Nombre excessif d'omissions?

☐ Non
☐ Oui, les symptômes pourraient être sous-estimés
☐ Oui, les résultats peuvent être remis en question

Durée des symptômes

Aigu ☐ Chronique ☐ Ne s'applique pas ☐ Données incomplètes ☐

Survenue différée

Oui ☐ Non ☐ Données incomplètes ☐

L'Échelle modifiée des symptômes du TSPT

Le Modified PTSD Symptom Scale (MPSS-Q; Falsetti, Resnick, Resick et Kilpatrick, 1993)

La version de l'EMST présentée ici est une traduction québécoise du *Modified PTSD Symptom Scale* (Falsetti, Resick, Resnick et Kilpatrick, 1993) par Stephenson, Brillon, Marchand et DiBlasio (1995), du Laboratoire d'Étude du Trauma de l'UQÀM.

L'EMST comprend 17 énoncés, basés sur chacun des 17 critères du TSPT du DSM-IV. La victime évalue la fréquence de chaque symptôme sur deux échelles : évaluation de la *fréquence* de ses symptômes sur une échelle Likert de 0 (*«pas du tout»*) à 3 (*«5 fois ou plus par semaine/presque toujours»*) degrés, et évaluation de la *sévérité* de ses symptômes sur une échelle Likert de 0 (A = «pas du tout perturbant») à 4 (E = «extrêmement perturbant») (0 = A, 1 = B, 2 = C, 3 = D et 4 = E.).

Le principal avantage de cet instrument consiste en son adhésion parfaite avec les critères du DSM. Une seule limite peut être mise en évidence : son utilisation est toute récente, et a surtout été effectuée auprès des vétérans, des victimes de vol à main armée et des victimes de viol.

Cotation

La cotation s'effectue en additionnant les réponses de fréquence et de sévérité aux 17 symptômes post-traumatiques. Falsetti, Resick, Resnick et Kilpatrick (1992) ont utilisé *un point de* seizure *de 71* pour une population clinique, ce qui a permis de classer correctement 85 % des patients. Par conséquent, nous considérons qu'un score supérieur à 71 à l'EMST est fortement corrélé à la présence de TSPT.

Propriétés psychométriques

La version anglaise possède une excellente consistance interne de .92 pour la population clinique et de .97 pour la population non clinique (Falsetti, *et al.*, 1992).

L'EMST est le seul instrument de mesure autoadministré ayant été validé au Québec. La version québécoise de l'EMST a fait l'objet d'une étude concernant ses propriétés psychométriques auprès d'un échantillon non clinique composé d'étudiants universitaires (Stephenson, Marchand, Marchand, et Di Blasio, 2000). Leurs résultats indiquent qu'ils obtiennent une solution à trois facteurs pour chacune des sous-échelles, soit: (a) Reviviscence/Évitement, (b) Structure Dépressive et (c) Activation Neurovégétative (Stephenson *et al.*, 2000). Leurs résultats pour la version française indiquent qu'elle possède d'aussi bon scores de consistance interne, avec des alpha de Cronbach de .92 pour l'échelle de fréquence et de .95 pour l'échelle de sévérité. L'EMST possède aussi d'excellents scores de fidélité test-retest ($r = .98$, $p<.0001$ pour l'échelle de fréquence), ($r = .98$, $p<.0001$ pour l'échelle de sévérité). Les scores de sévérité entre les participants à risque de TSPT ($\underline{X} = 39.6$, $\underline{SD} = 11.7$) et les scores de ceux qui n'étaient pas perçus à risque ($\underline{X} = 16.3$, $\underline{SD} = 8.8$) étaient statistiquement différents (Stephenson, *et al.*, 2000).

Une deuxième étude de validation cette fois auprès de victimes québécoises, a été entreprise dernièrement (Guay, Marchand, Iucci et Martin, 2002). Cette étude a été effectuée auprès de 78 victimes d'événement traumatique (24 hommes et 54 femmes) et se divise en trois sous-échantillons : 27 sont des employés en milieu hospitalier qui ont été victimes d'une agression physique, 41 sont des employés dans un dépanneur qui ont été victimes d'un hold-up et 10 sont des victimes d'événements divers (témoin d'une fusillade, témoin d'une mort par pendaison, agression physique, etc.). Les résultats indiquent que le *point de seizure optimal* (score à partir duquel on peut considérer la présence de TSPT) pour le total des énoncés est de 50. Ce score obtenu pour le total de l'EMST permet de dépister la présence ou l'absence d'un TSPT avec moins de 10 % d'erreur.

Échelle modifiée des symptômes du trouble de stress post-traumatique (EMST)

Le but de ce questionnaire est de mesurer la fréquence et la sévérité des symptômes dans les deux dernières semaines. À l'aide de l'échelle de fréquence, encerclez la fréquence des symptômes dans la colonne située à gauche de chacun des énoncés. Ensuite, à l'aide de l'échelle de sévérité, encerclez la lettre qui correspond le mieux à la sévérité de chacun des énoncés.

Fréquence :

0 Pas du tout
1 1 fois par semaine ou moins/ un petit peu/ une fois de temps en temps
2 2 à 4 fois par semaine/ assez/ la moitié du temps
3 5 fois ou plus par semaine/ beaucoup/ presque toujours

Sévérité :

A Pas du tout perturbant
B Un peu perturbant
C Modérément perturbant
D Très perturbant
E Extrêmement perturbant

Fréquence	Énoncé	Sévérité
0 1 2 3	**1.** Avez-vous eu des pensées ou des souvenirs pénibles récurrents ou intrusifs concernant l'événement ? (répétitifs et envahissants)	A B C D E
0 1 2 3	**2.** Avez-vous eu et continuez-vous à faire de mauvais rêves ou des cauchemars concernant l'événement ?	A B C D E
0 1 2 3	**3.** Avez-vous vécu l'expérience de soudainement revivre l'événement, d'avoir un retour en arrière, d'agir ou de sentir que celui-ci se produisait ? . .	A B C D E
0 1 2 3	**4.** Avez-vous été perturbé et continuez-vous à être perturbé de façon intense *émotionnellement* lorsqu'on vous rappelle l'événement ?	A B C D E
0 1 2 3	**5.** Avez-vous des réactions physiques intenses lorsqu'on vous rappelle l'événement ? (ex. : sueurs, palpitations, etc.)	A B C D E
0 1 2 3	**6.** Avez-vous fait et continuez-vous de faire des efforts de façon persistante pour éviter les pensées et les sentiments associés à l'événement ? . . .	A B C D E
0 1 2 3	**7.** Avez-vous fait et continuez-vous de faire des efforts de façon persistante pour éviter les activités, les situations ou les endroits qui vous remémorent l'événement ?	A B C D E
0 1 2 3	**8.** Y a-t-il des aspects importants de l'événement que vous ne pouvez toujours pas vous rappeler ? . .	A B C D E
0 1 2 3	**9.** Avez-vous perdu de façon marquée vos intérêts pour vos loisirs depuis l'événement ?	A B C D E
0 1 2 3	**10.** Vous êtes-vous senti détaché ou coupé des gens autour de vous depuis l'événement ?.	A B C D E
0 1 2 3	**11.** Avez-vous senti que votre capacité à ressentir vos émotions avait diminué ? (ex. : incapacité d'avoir des sentiments amoureux, sentiment d'être sans émotions, incapacité à pleurer lorsque triste, etc.)	A B C D E
0 1 2 3	**12.** Avez-vous perçu que vos plans ou vos espoirs futurs avaient changé en raison de l'événement ? (ex. : plus de carrière, mariage, enfants, etc.) . .	A B C D E

Fréquence		Énoncé	Sévérité
0 1 2 3	**13.**	Avez-vous eu et continuez-vous d'avoir des difficultés à vous endormir ou à rester endormi ? . .	A B C D E
0 1 2 3	**14.**	Avez-vous été et continuez-vous d'être constamment irritable ou porté à éclater soudainement en colère ?.	A B C D E
0 1 2 3	**15.**	Avez-vous eu et continuez-vous d'avoir des difficultés persistantes à vous concentrer ?	A B C D E
0 1 2 3	**16.**	Êtes-vous excessivement en état d'alerte depuis l'événement ? (ex. : vérifier ce qui est autour de vous, etc.)	A B C D E
0 1 2 3	**17.**	Avez-vous été plus nerveux, plus facilement effrayé depuis l'événement ?	A B C D E

Traduction française et adaptation: Stephenson, Brillon, Marchand et DiBlasio (1995) ; Guay, Marchand, Iucci et Martin, (2002). L'EMST a été intégré à cet ouvrage avec les aimables autorisations des Drs André Marchand, Ph.D., Randolph Stephenson, Ph.D., et Stéphane Guay, Ph.D., du Laboratoire d'Étude du Trauma, UQÀM.

Tableau précisant la mesure des symptômes de chacun des questionnaires

Les questionnaires présentés plus haut constituent des compléments précieux à l'évaluation clinique. Cependant, il convient de préciser qu'ils ne permettent nullement, à eux seuls, d'établir un diagnostic de TSPT. L'entrevue clinique et votre jugement expérimenté restent vraiment les outils de choix. En effet, sauf exception, ils ne peuvent pas faire une distinction entre des symptômes de trouble d'adaptation et des symptômes de TSPT puisqu'ils ne mesurent pas bien le critère A. En outre, ils ne mesurent pas tous les symptômes propres au TSPT.

Critères DSM-IV	EDT	IES	IES-R	EMST
A. Expérience d'un événement traumatique (A1 et A2)	√			
B. Reviviscences	√	√	√	√
C. Évitement persistant et émoussement émotionnel	√	√	√	√
D. Activation neurovégétative	√		√	√
E. Perturbation durant plus d'un mois	√			
F. Détresse ou altération significative du fonctionnement	√			
Précision quant au type de TSPT (aigu, chronique, survenue différée)	√			

6.4 Quelques autres mesures possibles

Le critère A2 du TSPT peut être mesuré spécifiquement grâce au *Peritraumatic Distress Inventory* (Brunet *et al.*, 2001), qui vient d'être validé en français (Jehel *et al.*, sous presse) et qui mesure les réponses immédiates à un événement traumatique, telles que la peur, la panique, la colère, la honte, la culpabilité, l'impuissance ou l'horreur.

Pour sa part, le *Peritraumatic Dissociative Experiences Questionnaire* (PDEQ; Marmar, Weiss et Metzler, 1997; 1998) permet de documenter les réponses dissociatives immédiates pendant l'événement traumatique. Ce questionnaire consiste en 10 énoncés décrivant les réponses dissociatives au moment du trauma, telles que «moments de perte de contact avec le temps, se sentir sur le "pilote automatique", l'événement semble irréel, sentiment de flotter au-dessus de la scène, confusion, sensation de distorsion corporelle, etc.». Ce questionnaire a aussi été traduit et validé dernièrement en français (Birmes *et al.*, sous presse).

D'autres inventaires utilisés auprès de populations précises mesurent des symptômes post-traumatiques très spécifiques à ces populations. Ainsi, le *Rape Aftermath Symptom Test* (Kilpatrick, 1988) est un questionnaire qui permet de préciser les symptômes d'évitement chez les femmes victimes de viol. D'autres instruments évaluant spécifiquement la symptomatologie de vétérans de guerre sont aussi reconnus et utilisés dans la littérature empirique, par exemple le *Mississippi Scale for Combat-related PTSD* (Keane, Caddell et Taylor, 1988). Notons enfin la plus connue des échelles du *SCL-90-R, le Crime-Related PTSD Scale* (Saunders, Arata et Kilpatrick, 1990). Nous renvoyons le lecteur intéressé à ces échelles et désireux de mieux connaître leurs particularités et propriétés psychométriques aux excellents chapitres des livres de Keane, Weathers et Foa (2000) et de Solomon, Keane, Newman et Kaloupek (1996). Malheureusement, très peu ont été validés en version française et nous devons donc en déduire que les traductions existantes possèdent des propriétés psychométriques similaires aux versions originales anglaises.

D'autres questionnaires sont aussi très utiles pour parfaire l'évaluation clinique de victimes souffrant de TSPT. Mentionnons ainsi le très classique *Beck Depression Inventory*, traduit en version française (Beck, 1978 ; Beck, Ward, Mendolsohn, Mock et Erbaugh, 1961 ; BDI-II : Beck, 1997) et *l'Inventaire d'anxiété de Beck* (Beck, Epstein, Brown et Steer, 1988, traduit et validé en français par Freeston, Ladouceur, Thibodeau, Gagnon et Rhéaume, 1994).

Nous ne pourrions terminer ce chapitre sur les mesures d'évaluation du TSPT sans parler du *CAPS (le Clinician-Administered PTSD Scale*; Blake *et al.*, 1990; 1995; 1998). Le CAPS constitue une entrevue structurée très spécialisée dans l'évaluation du TSPT. Cette entrevue structurée très approfondie mesure non seulement les symptômes spécifiques du TSPT mais aussi les réactions comorbides et collatérales. Ses excellentes qualités psychométriques font en sorte qu'il est souvent utilisé dans des milieux très spécialisés, comme les hôpitaux traitant des vétérans de guerre ou les centres de recherche (Weathers, Ruscio et Keane, 1990). Son principal inconvénient concerne son temps de passation, qui oscille entre 45 et 90 minutes. Une version par ordinateur existe également en français et permet plus aisément l'administration et la cotation des réponses de la victime.

6.5 Les autres compléments à l'évaluation

Le clinicien avisé saura parfaire son évaluation clinique par d'autres types d'instruments d'évaluation que l'entrevue clinique et les questionnaires.

Nommons, par exemple, les ***mesures neuropsychologiques***, qui sont particulièrement pertinentes dans le cas d'un choc crânien. Ces mesures administrées par des neuropsychologues permettent de mieux préciser si les difficultés de concentration, de mémoire, de sommeil ou de reviviscences découlent du TSPT ou sont causées par un trauma crâniocérébral. Elles constituent un complément essentiel lors de l'évaluation de victimes ayant vécu un accident grave de véhicule, ayant fait une chute importante ou ayant reçu un coup sur la tête.

La grille d'auto-observation quotidienne est une méthode très intéressante qui consiste à demander à la victime de noter dans une grille sous forme de calendrier ses symptômes post-traumatiques (situations qui entraînent des comportements d'évitement, nombre de *flashs-back* et durée, niveau d'humeur ou d'irritabilité, etc.). Cette prise en note par la victime permet de préciser de façon extrêmement détaillée sa symptomatologie dans le quotidien. De plus, elle favorise souvent en même temps la normalisation des symptômes par la victime (*« Je me rends compte que je ne fais pas autant de cauchemars que je le craignais », « J'évite plus de situations que je le pensais depuis l'événement », « Je me sens particulièrement irritable dans telle situation »*, etc.). Ce type de mesure permet également de cibler les symptômes qui seront travaillés et de bien choisir la stratégie thérapeutique adéquate.

L'évaluation de l'entourage offre enfin un complément précieux à l'évaluation et permet de préciser les symptômes de la victime vus par son conjoint, ses parents ou ses enfants. Le clinicien pourra rencontrer ceux-ci en entrevue ou leur demander de remplir les questionnaires présentés auparavant, en fonction des symptômes *qu'ils perçoivent chez leur proche*. Ainsi, on pourra demander au conjoint de remplir l'EMST ou l'IES-R et d'indiquer quels sont, selon lui, les symptômes manifestés par la victime. Ce type d'évaluation permet de mieux comprendre la perception de l'entourage et le type de soutien qu'il offre à la victime. En même temps, elle permet de mettre en évidence les symptômes qui semblent les plus évidents et incapacitants pour ses proches. Enfin, remplir ces questionnaires peut permettre aux proches de remarquer que plusieurs réactions « bizarres » chez la victime ne sont en fait que des symptômes post-traumatiques usuels. Cette prise de conscience est souvent très utile et favorise une plus grande acceptation des symptômes de la victime au quotidien.

Grille d'auto-observation quotidienne

Symptôme à observer cette semaine : ____________________

Date/heure	Situation	Description du symptôme et comportement	Émotions présentes

6.6 La grille-résumé d'évaluation

Vous trouverez ci-après une grille résumant les principaux éléments nécessaires à une bonne évaluation des symptômes post-traumatiques. Vous pouvez faire photocopier cette grille et l'annexer au début de votre dossier clinique. Vous y trouverez les principaux éléments d'évaluation à investiguer de façon très succincte. Vous pouvez ainsi compléter les espaces nécessaires et vérifier si vous avez oublié des éléments importants. Cette grille constitue un plan de base visant à vous aider dans le processus évaluatif et elle vous permettra de vous assurer que vous avez touché à tous les aspects de l'évaluation post-traumatique.

Résumé d'évaluation du TSPT

Date: ____________________

Nom du client: ______________________________ Nombre de séances: ______________

1. Événement traumatique:

Date: ______________ Description: ______________________________________

____

____

____

____

____

Perception de menace à sa vie: ____

Réaction émotionnelle pendant l'événement: ___________________________________

____

Comportements effectués pendant l'événement: _________________________________

____

____

____

____

2. Symptomatologie actuelle:

	au début du traitement	*à la fin du traitement*
TSPT:		
Score IES:	______________	______________
Score EMST:	______________	______________
Comorbidité:		
Score BDI:	______________	______________
Abus drogue ou alcool:	______________	______________

Médication prescrite: ____

____

3. Facteurs prétraumatiques :

Stress précédents : ____________________

Trauma antérieurs : ____________________

Traits de personnalité : ____________________

____

État de santé psychologique et physique précédent : ____________________

____

____

4. Facteurs de maintien :

Qualité du soutien social : ____________________

____

Poursuites légales en cours : ____________________

Séquelles physiques : ____________________

Cognitions importantes : ____________________

____

Gains secondaires potentiels : ____________________

____

5. Prédispositions thérapeutiques

Attentes : ____________________

Motivation : ____________________

Capacités d'introspection : ____________________

____

Impression clinique globale

Diagnostic : ____________________

____

Objectifs	Stratégies de traitement

6.7 Est-ce bien de symptômes post-traumatiques qu'il s'agit ?

Vous avez terminé votre entrevue clinique et vous avez demandé à la victime de remplir certains questionnaires propres au TSPT. Mais vous avez des doutes : est-ce bien de symptômes post-traumatiques qu'il s'agit ? À la suite de la passation des questionnaires ou autres instruments de mesure, le clinicien devra préciser le diagnostic différentiel de la victime. Parce que chaque victime a une façon bien personnelle de réagir à un événement traumatique, il arrive qu'il soit difficile de déterminer avec certitude s'il s'agit bien de symptômes de TSPT... ou d'autres symptômes anxieux ou dépressifs.

Une première façon de préciser les symptômes consiste à bien évaluer le *type d'événement à leur origine*. Certains événements, bien que perturbants ou même bouleversants, correspondent peu aux événements qui sont habituellement associés au TSPT. Par exemple, une perte d'emploi, des difficultés financières, des tensions conjugales, des difficultés dans les relations de travail sont des événements de vie difficiles, pénibles, mais qui sont rarement considérés comme des événements traumatiques... Le clinicien pourra alors diagnostiquer un ***trouble d'adaptation*** (TA) dans ces cas précis. De la même façon, le diagnostic de TA est approprié lorsque les symptômes post-traumatiques ne sont pas assez intenses ou nombreux à la suite d'un événement traumatique.

Certains éléments nous permettent aussi de distinguer le TSPT de ***l'État de Stress Aigu (ESA)***. D'abord, on ne peut pas diagnostiquer l'ESA et le TSPT en même temps. Puisque la perturbation doit durer au moins un mois, le TSPT ne peut être diagnostiqué immédiatement après l'événement traumatique. Les cliniciens vont alors préférer utiliser le diagnostic d'ESA ou de trouble d'adaptation pour ensuite diagnostiquer un TSPT après un mois si les symptômes persistent et concordent avec ce diagnostic. Rappelons-nous que l'ESA comprend plusieurs symptômes dissociatifs (il en faut au moins trois) alors que le TSPT n'en exige pas de façon formelle. Le TSPT pour sa part exige davantage de symptômes d'évitement et d'hyperactivation neurovégétative que l'ESA.

Certains symptômes post-traumatiques comportent des similarités importantes avec le trouble de ***dépression majeure***

(DM). En effet, les victimes souffrant de TSPT présentent souvent de la tristesse, une perte d'intérêt grave (C4, C5, C6 et C7) et des réponses neurovégétatives similaires (D1 et D3) à celles présentes chez les personnes souffrant de dépression majeure. De plus, certaines victimes restreignent considérablement leurs sorties à l'extérieur, tout comme les personnes souffrant de DM. Un autre élément vient compliquer le diagnostic différentiel : comme nous l'avons vu au début de cet ouvrage, les données montrent que près de la moitié des victimes souffrent *aussi* de DM comorbide au TSPT. Une dépression majeure est donc souvent comorbide au TSPT et le clinicien doit donc vérifier si son client souffre 1) de TSPT seul ; 2) de dépression majeure seule, avec ou sans autre trouble anxieux ; ou alors de 3) TSPT avec dépression majeure. Pour vous aider dans ce diagnostic différentiel, il est important de noter que certains symptômes dépressifs ne peuvent constituer des symptômes d'émoussement propres au TSPT. Ainsi, si la victime sous vos soins présente une tristesse grave avec pleurs fréquents, une perte de poids importante ou des idées suicidaires, ces symptômes constituent des indices marqués de dépression majeure et ne peuvent être confondus avec des symptômes d'émoussement post-traumatiques. De plus, les symptômes de reviviscences permettent de distinguer ces deux troubles.

Certains symptômes post-traumatiques peuvent ressembler à des symptômes d'autres troubles anxieux et rendre la distinction difficile... Par exemple, certaines victimes souffrent d'attaques de panique à la suite d'un événement traumatisant. En fait, l'anxiété générale est alors tellement élevée que peu de chose suffit à provoquer une montée encore plus intense et soudaine d'anxiété. Ces moments intenses d'anxiété (B4 et B5) partagent des similarités avec les attaques de panique du ***trouble panique***. De plus, les victimes souffrant de TSPT vont éviter un grand nombre de situations à cause de leur grande peur, ce qui peut ressembler aux comportement des individus qui souffrent *d'agoraphobie*. Pourtant, dans le cas d'un *trouble panique avec agoraphobie (TPA)*, les attaques de panique ne sont habituellement pas associées à l'expérience ou au souvenir d'un traumatisme antérieur. Ce qui permet donc de distinguer le TPA du TSPT est que les attaques de panique dans le TPA sont souvent reliées à la peur d'une catastrophe *future* (peur de mourir, de perdre le contrôle, de faire une crise cardiaque ou de devenir fou). Même si elles peuvent vivre des montées intenses d'anxiété qui peuvent ressembler aux attaques de panique du TPA, les personnes souffrant de TSPT ne vivent pas ces craintes d'une catastrophe future. Elles vont plutôt avoir des reviviscences de l'événement traumatique *antérieur* et craindre qu'il ne se reproduise.

L'agoraphobie, quant à elle, est relative à la peur de faire d'autres attaques de panique, à la «peur d'avoir peur»: «*Je ne vais plus au parc, car si j'ai une attaque de panique, personne ne pourra m'aider*», «*J'évite les foules car si je me sens mal, je ne pourrai pas m'échapper rapidement*» ou «*Je ne prends plus le métro car j'ai peur d'étouffer dans la foule*». En comparaison, les victimes souffrant de TSPT vont éviter certaines situations (C2) associées au traumatisme car elles craignent qu'il se répète («*Je ne vais plus au parc car j'ai peur de me faire agresser*», «*J'évite les foules car les gens sont violents et imprévisibles*» ou «*Je ne prends plus le métro car c'est là que j'ai peur de revoir mon agresseur*»). Les victimes souffrant de TSPT vont donc éviter ces situations non pas parce qu'elles ont peur de faire une attaque de panique mais parce qu'elles ont peur *de revivre un autre événement traumatique*.

À la suite de l'événement, plusieurs victimes vont réagir fortement physiologiquement (palpitations, sueurs froides, tension musculaire, etc.) ou psychologiquement (détresse, inquiétude, etc.) à des éléments qui sont associés à l'événement traumatique. Elles vont aussi éviter d'être en contact avec ces éléments ou ces situations par la suite. Ces symptômes peuvent ressembler aux manifestations de la ***phobie spécifique***. La phobie spécifique (PSp) concerne une peur intense et excessive d'un objet ou d'une situation spécifique, par exemple prendre l'avion, se trouver en hauteur, voir une araignée, recevoir une injection, voir du sang, etc. Être en contact avec ces éléments peut alors provoquer une montée intense d'anxiété. Trois principales différences permettent de distinguer la phobie spécifique des symptômes post-traumatiques: d'abord, l'évitement et la peur typiques au TSPT sont souvent généralisés à plusieurs situations et non pas seulement à une seule, comme dans la PSp. Ensuite, la phobie spécifique ne comprend pas de symptômes de reviviscences ou d'hyperactivation. Enfin, même si les manifestations phobiques se ressemblent, on ne peut diagnostiquer de PSp si les symptômes découlent de l'expérience d'un événement traumatique (critère G de la PSp).

Les symptômes du TSPT peuvent aussi ressembler à ceux de la ***phobie sociale***. En effet, les victimes de traumatisme (particulièrement les victimes de traumatisme interpersonnel) vont éviter plusieurs situations sociales et vont craindre le contact avec les autres. Cependant, alors que les victimes souffrant de TSPT vont éviter ces situations par *crainte de revivre une autre agression* ou d'assister à des scènes de violence, les personnes souffrant de phobie sociale vont éviter ces situations par crainte d'avoir l'air ridicule, de s'humilier et par peur du jugement des autres.

Les symptômes d'hyperactivation du TSPT (irritation, difficultés de concentration, tension musculaire, difficultés reliées au sommeil) peuvent aussi s'apparenter à ceux du ***trouble d'anxiété généralisée (TAG)***. Le TAG se caractérise par des inquiétudes constantes et excessives accompagnées de manifestations physiques d'anxiété (fébrilité, difficultés de concentration, irritabilité, tension musculaire, etc.). Or, les inquiétudes persistantes du TAG sont surtout reliées à des préoccupations de la vie quotidienne (maladie d'un proche, situation financière, perte d'emploi, conflit avec un proche, etc.) et doivent durer pendant une longue période (au moins 6 mois) alors que les inquiétudes chez le TSPT visent spécifiquement la peur qu'un autre traumatisme se reproduise. De plus, les gens souffrant de TAG ne vivent pas de symptômes de reviviscences et peu de symptômes d'évitement.

Enfin, certaines similarités existent entre les symptômes de TSPT et ceux du ***trouble obsessionnel-compulsif*** (TOC). En effet, les reviviscenes des victimes (B1 et B3) peuvent ressembler aux obsessions du TOC. Néanmoins, les pensées intrusives du TOC ne sont pas reliées à un événement traumatique passé. D'autre part, les pensées obsessionnelles du TOC sont souvent perçues comme inappropriées et egosyntones par la personne alors que les reviviscences propres au TSPT n'ont pas cette teinte inappropriée ou amorale et sont egosyntones.

Le tableau suivant résume les principales différences et similitudes entres les troubles anxieux, le trouble de dépression majeure et le TSPT. Vous y trouverez des éléments vous permettant de clarifier votre diagnostic différentiel. Par la suite, vous trouverez un schéma illustrant le processus décisionnel face aux symptômes post-traumatiques et le moyen de déterminer s'il s'agit d'autres symptômes que ceux liés au TSPT.

Diagnostics différentiels: le TSPT vs les autres troubles comorbides

Vous trouverez ici divers critères qui permettent de distinguer le TSPT des autres troubles anxieux et de la dépression majeure. Ce qui apparaît en italique constitue des ressemblances entre ces troubles et le TSPT. Ce qui est en caractère normal permet de les distinguer.

ESA	PSpécifique	TPA	TOC	TAG	TA	DM
	Les victimes présentent souvent des peurs et font de l'évitement de plusieurs stimuli (B4, B5, C).	*Les victimes peuvent présenter des AP (B4, B5) et évitent plusieurs situations (C2)*	*Les pensées intrusives des victimes (B1, B3) peuvent ressembler aux obsessions du TOC*	*Les Sx d'hyperactivation (D) du TSPT ressemblent aux Sx du TAG*	*Les Sx de TA ressemblent aux Sx de TSPT*	*Les victimes présentent souvent de la tristesse, une perte d'intérêt grave (C4, C5, C6, C7) et des réponses physiologiques similaires (D1, D3) à la DM*
• L'ESA exige: 3 Sx dissociatifs, 1 Sx revivisc., 1 Sx évitement, 1 Sx hyperact.	• La peur irraisonnée et excessive de la PSpéc. ne doit pas être reliée à l'expérience d'un trauma	• Les AP ne sont pas associées à l'expérience ou au souvenir du trauma	• Les pensées intrusives du TOC ne sont pas reliées à un événement traumatique passé	• Dans le TAG, il n'y a pas de présence de trauma originel, ni de Sx de reviviscences ou d'évitement	• Le TA désigne une réaction anxieuse ou dépressive à une ou plusieurs situations de stress non extrêmes	• La DM ne comprend pas de Sx d'évitement ou de réviviscences
• Sx doivent durer *moins* d'un mois • L'ESA ne peut être diagnostiqué en même temps que le TSPT		• L'agoraphobie est relative à la peur de faire d'autres AP et non à la peur d'éléments ou de situations reliées au trauma	• Les pensées intrusives du TOC sont vécues comme inappropriées	•Les inquiétudes du TAG doivent être reliées à des préoccupations de la vie quotidienne • Les Inquiétudes du TAG doivent durer au moins 6 mois	• On peut diagnostiquer un TA en présence de Sx post-traumatiques sans 1 des critères B, C ou D	

Note: «Sx» désigne les «symptômes», «AP» désigne «attaque de panique», «ESA» désigne «l'état de stress aigu», «PSpécifique» désigne «phobie spécifique», «TPA» signifie «trouble panique avec agoraphobie», «TOC» désigne le «trouble obsessionnel-compulsif», «TAG» désigne le «trouble d'anxiété généralisé», «TA» désigne le «trouble d'adaptation», «DM» désigne la «dépression majeure».

Processus décisionnel sous-jacent au diagnostic de TSPT

TSPT			Diagnostics différentiels potentiels
A. L'événement traumatique doit inclure A1) Menace à sa vie, à son intégrité physique ou à celle d'autrui A2) Réaction de peur, impuissance, ou horreur	⇓ **Oui**	**Non** ⇒	Sinon, envisager un **trouble d'adaptation**
B. Les reviviscences doivent être **reliées** à l'événement traumatisant **Au moins 1 symptôme**	⇓ **Oui**	**Non** ⇒	Sinon, envisager **un trouble obsessionnel-compulsif ou troubles psychotiques**
C. L'évitement du TSPT est souvent **généralisé**; il touche plusieurs situations et doit être **relié** à la peur de vivre un autre événement traumatique	⇓ **Oui**	**Non** ⇒	Sinon envisager: **Dépression majeure** (isolement, retrait social) **Trouble panique avec agoraphobie** (évitement de situations ou crainte d'avoir des attaques) **Phobie sociale** (évitement des situations sociales par peur d'être humilié) ou **Phobie spécifique** (peur d'un objet spécifique)
C. L'émoussement doit exister **depuis** l'événement (détachement, perte d'intérêt) et être assez léger **Au moins 3 symptômes**	⇓ **Oui**	**Non** ⇒	Vérifier si les symptômes sont assez sévères pour diagnostiquer **une dépression majeure seule** ou **comorbide** au TSPT
D. L'hyperactivation, état d'alerte, difficultés de sommeil ou irritabilité **depuis** le trauma **Au moins 2 symptômes**	⇓ **Oui**	**Non** ⇒	Sinon, envisager un **trouble d'anxiété généralisée** si les symptômes sont reliés aux préoccupations de la vie quotidienne et durent depuis plus de 6 mois
E. Les symtômes B, C et D durent plus **d'un mois**	⇓ **Oui**	**Non** ⇒	Si les symptômes durent depuis moins d'un mois, envisager un **état de stress aigu**
F. Détresse significative ou impact sur des sphères importantes de fonctionnement	⇓ **Oui**	**Non** ⇒	Sinon, envisager des **gains secondaires** ou de la **simulation**

⇓

TSPT

CHAPITRE 7

Faire une bonne psychoéducation des réactions post-traumatiques

7.1 Pourquoi transmettre de l'information aux victimes ?

Parce qu'expliquer aux victimes ce qu'elles vivent est déjà en soi thérapeutique... En fait, être victime d'un événement traumatique implique l'expérience de l'impuissance, de la confusion et du manque de contrôle. Mieux comprendre ce qu'elles vivent aide souvent énormément les victimes. Elles se sentent rassurées, moins marginales, moins honteuses ou coupables et s'abandonnent davantage au processus thérapeutique.

La psychoéducation à la suite d'une expérience traumatique vise 6 principaux objectifs : 1) permettre à la victime de mieux connaître ses symptômes post-traumatiques ; 2) lui permettre de mieux comprendre à quoi ils servent ; 3) explorer ses facteurs personnels associés à sa réaction post-traumatique ; 4) normaliser les réactions qu'elle a eues lors de l'événement ; 5) lui permettre de mieux comprendre les réactions de son entourage ; 6) la préparer à sa démarche thérapeutique.

Ces informations ont pour objectif de diminuer la confusion et la dévalorisation de la victime face à ses symptômes et face à ses réactions lors de l'événement et de la préparer au travail de restructuration cognitive qui suivra. Elles permettent aussi de contrer un comportement de retrait social majeur face à son entourage. Parallèlement, elles permettent de prévenir une aggravation des symptômes par l'ajout de symptômes dépressifs supplémentaires. Enfin, elles favorisent chez la victime un certain sentiment de compréhension sinon de contrôle face à ce qu'elle vit et face au processus thérapeutique.

La psychoéducation se veut un échange cordial sur ces informations. Elle se veut surtout une base favorable à la création d'une alliance thérapeutique solide, basée sur la confiance et l'honnêteté entre le thérapeute et son client.

7.2 Présenter et normaliser les symptômes post-traumatiques

La victime a souvent l'impression que ce qu'elle vit est exceptionnel et pathologique. Par exemple, vivre des symptômes de reviviscences pour la première fois de sa vie effraie souvent beaucoup (*«J'ai des images que je ne contrôle pas, qui m'apparaissent d'un coup»*). Sans parler des symptômes dissociatifs, qui donnent vraiment l'impression que l'on devient fou ou que l'on a des hallucinations. De plus, ne pas pouvoir sortir de chez soi ou être incapable de se rendre dans des lieux familiers semble souvent incompréhensible pour les victimes et leur entourage et est fréquemment interprété comme un signe de faiblesse ou de paresse... Plusieurs arrivent en démarche en croyant fortement qu'elles «sont folles» et qu'elles ne retrouveront jamais une qualité de vie satisfaisante. Elles vivent alors beaucoup de détresse, de dévalorisation et d'impuissance.

Il peut être très thérapeutique d'expliciter les symptômes post-traumatiques à la victime. Pour ce faire, vous pouvez lui demander de remplir les questionnaires présentés au début de cet ouvrage et en profiter pour analyser ses réponses avec elle. Vous pouvez ainsi mettre en évidence les sphères de symptômes les plus présentes chez elle et ceux qui sont les plus douloureux pour elle.

Il est ensuite particulièrement important d'identifier et de remettre en question ses perceptions négatives, qui ne font qu'ajouter des symptômes de dévalorisation à une détresse déjà existante. Normalisez les symptômes post-traumatiques et mettez en évidence qu'il s'agit majoritairement de *«réactions normales à un événement anormal»* ou de *«réactions qui se produiraient chez presque tout le monde qui aurait vécu la même chose»*.

Il peut être très utile de ne pas considérer ces symptômes post-traumatiques comme des signes pathologiques de «maladie» mais d'utiliser une optique plus «adaptative». Mettez ainsi l'emphase sur la tendance «saine» de ces symptômes, c'est-à-dire qu'ils visent tous une adaptation à un stress majeur. Il s'agit en fait ici de mobiliser les énergies de la victime vers la compréhension et l'acceptation de ses symptômes afin de favoriser la démarche thérapeutique. Il est important de minimiser chez elle le blâme, la catastrophisation ou le déni de ses réactions post-traumatiques, attitudes qui ne font qu'aggraver sa convalescence.

7.3 Expliquer le rôle des symptômes post-traumatiques

Chaque symptôme est une *tentative* de l'individu de comprendre, de digérer ce qui s'est passé, de transcender le traumatisme. Cette tentative n'est pas toujours fonctionnelle et efficace... mais elle est tout de même une réponse de l'organisme *visant un mieux-être*. En ce sens, même si les symptômes indiquent que l'événement n'a pas été complètement «intégré», ils sont des indices que l'organisme *tente de réagir* à ce qui s'est passé et de s'y adapter le mieux possible avec les moyens qu'il possède. L'objectif thérapeutique visera à maximiser cet élan naturel de l'organisme et à le rendre plus efficace.

Les modèles théoriques présentés en début d'ouvrage peuvent aider le clinicien à expliquer la fonction des symptômes à la victime. Choisissez un modèle particulier en fonction des symptômes spécifiques de la victime et des objectifs thérapeutiques qui sont visés.

Ainsi, le *modèle d'Horowitz* est très approprié afin d'expliquer aux clients la présence et la fonction de leurs symptômes de reviviscences et d'évitement cognitif. Il permet de comprendre pourquoi ces symptômes cohabitent et à quoi ils servent. De plus, il permet de considérer les symptômes post-traumatiques selon un processus de deuil qui mène à une résolution, ce qui est souvent réconfortant pour la victime. Les *reviviscences* sont considérées par ce modèle comme une réactivation à la conscience d'informations traumatiques qui n'ont pas été «digérées». Ces images tentent ainsi d'être «intégrées» par l'organisme. Tant que cette intégration ne sera pas complétée, ces images, sons ou sensations risquent de réapparaître. Ces symptômes peuvent donc être considérés comme des tentatives de donner un sens à l'événement.

Par contre, si un client présente surtout des symptômes d'anxiété en présence d'éléments associés au traumatisme, on privilégiera l'explication des *modèles de Foa ou celui de Mowrer*. En effet, le modèle de Mowrer met l'emphase sur le conditionnement à la base des symptômes post-traumatiques et permet à la victime de bien saisir le développement de sa détresse ou de son anxiété en présence d'éléments associés à l'événement ainsi que son évitement des éléments associés à l'événement. Il permet aussi de comprendre pourquoi la peur s'est généralisée à d'autres éléments qui n'étaient pourtant pas présents lors de l'événement. Il peut aider la victime à mieux saisir le rationnel des stratégies d'exposition *in vivo* ou en imagination. Pour sa part, le modèle de Foa ajoute la notion intéressante de structure de peur. Il peut être très utile de dessiner avec la victime sa propre structure de peur et d'y indiquer les boîtes de significations personnelles.

Les *symptômes de détresse ou d'anxiété en présence d'éléments associés* au traumatisme peuvent donc être considérés comme le résultat du conditionnement produit lors du traumatisme. Les stimuli qui étaient présents lors du trauma vont provoquer par la suite, à leur tour, des symptômes de détresse et d'anxiété. L'analogie d'un enfant qui se fait mordre par un chien est souvent très utile pour expliquer ce mécanisme à la victime: un enfant qui se fait mordre par un chien va avoir très peur de se faire mordre à nouveau. Il risque d'être extrêmement nerveux lorsqu'il est en présence d'un chien qui ressemble à celui qui l'a mordu, mais il risque aussi d'être très effrayé en présence de n'importe quel chien par la suite. Utilisez une analogie afin de mieux faire comprendre à la victime sa crainte des éléments associés au trauma et la généralisation de sa peur.

Les *symptômes d'évitement* sont une réponse à la trop grande anxiété provoquée par le contact avec des éléments associés au traumatisme: parce que les images entraînent de la détresse, la victime va avoir tendance à les mettre de côté. Puisque aller dans cette banque réveille trop de crainte, la personne va éviter tout établissement qui lui rappelle cette situation. En fait, il peut être intéressant de concevoir ces symptômes comme un mécanisme de protection qui est souvent poussé à l'extrême. Ce mécanisme nous a souvent été utile et a souvent été fonctionnel (éviter de remettre sa main dans le four après que l'on s'y soit brûlé, éviter de traverser une rue achalandée, etc.). Par conséquent, éviter sert à quelque chose : c'est la fuite qui protège de la confrontation avec l'anxiété, avec la peur que le trauma se reproduise, avec le sentiment de vulnérabilité. Par contre, ce qu'il est important de mentionner à la victime, c'est que ce mécanisme, ayant un objectif sain à l'origine (*« Je ne veux pas que cela se reproduise »*), est devenu exagéré par le processus de généralisation. Cette tendance qui a donc souvent servi la victime dans le passé ne la sert plus quand il est question de diminuer les symptômes post-traumatiques.

Les *symptômes de détachement, de déni ou de dissociation* constituent des stratégies extrêmes utilisées par la victime pour se protéger : se protéger d'émotions trop submergeantes et douloureuses, se protéger d'images trop horribles, se protéger du jugement des autres, etc. Ces attitudes ont comme fonction de doser le montant d'information qui doit être intégré par la victime et de protéger son intégrité psychologique. C'est le *breaker* (*« disjoncteur »*) qui est utilisé pour éviter la « surcharge » émotive.

Les *symptômes d'hyperactivité neurovégétative* sont très souvent présents à la suite de l'expérience d'un événement traumatique. C'est comme si la victime restait en état d'alerte permanent, toujours sur ses gardes, toujours vigilante. Cet état nuit à ses capacités de concentration : quand vous êtes vigilant à tout ce qui se passe autour de vous, vous ne pouvez vous concentrer sur une seule chose. Être concentré demande nécessairement de faire abstraction de ce qui nous entoure et les victimes n'ont pas encore retrouvé assez de confiance en leur environnement pour faire cela. Vous pouvez comparer ce type de symptômes au mode de combat des vétérans : habitués pendant des semaines à être au front et à devoir assurer leur survie, ils restent dans cet état de vigilance même à leur retour chez eux alors qu'ils n'ont objectivement plus rien à craindre. La victime qui a vécu un événement traumatique reste souvent dans ce mode de combat, ce mode de survie extrême. Une image qui peut être utile pour décrire la fonction de ces symptômes consiste à comparer le traumatisme à un voleur qui entre dans une maison : le système d'alarme s'est déclenché ! Depuis, fort de cette expérience, il est resté très vigilant et extrêmement sensible : même un écureuil qui marche sur le gazon parvient à le faire déclencher de nouveau. Le système d'alarme, utile en temps normal, est inutile et nuit à la qualité de vie lorsqu'il est si sensible. Le même mécanisme est présent chez les victimes souffrant de TSPT : il suffit de très peu d'éléments pour éveiller l'état d'alerte et la sirène d'alarme retentit à tout moment.

Enfin, le *modèle de Joseph et al.* (1995) met, pour sa part, beaucoup plus l'emphase sur les variables cognitives du TSPT. Il est très utile pour les clients qui présentent des attributions et des croyances dysfonctionnelles associées à la détresse post-traumatique. Il permet de comprendre en quoi notre interprétation de l'événement, nos émotions et le soutien des autres contribuent au maintien de la réponse traumatique. Il peut bien préparer la victime à la pertinence d'un travail de restructuration cognitive.

7.4 Explorer les facteurs personnels associés aux symptômes post-traumatiques

Le processus d'évaluation a permis au clinicien de mieux comprendre les facteurs prétraumatiques, déclencheurs et de maintien des symptômes post-traumatiques chez la victime (voir le chapitre 4). Il peut être très enrichissant pour la victime de mieux comprendre pourquoi *elle* a réagi de cette façon à la suite de l'événement, surtout lorsqu'elle se compare à d'autres (*« Nous avons tous vécu le même trauma, pourquoi suis-je la seule en arrêt de travail ? »*). Il s'agit de préciser et d'explorer *avec elle* ce qui a pu contribuer à sa réaction toute personnelle. Il s'agit d'une démarche qui peut amorcer une meilleure connaissance de soi.

La victime peut trouver particulièrement enrichissant de mieux comprendre en quoi les caractéristiques de l'événement et ses émotions présentes lors du trauma ont pu contribuer à l'intensité de ses symptômes post-traumatiques. Parallèlement à cela, l'identification de certains facteurs de maintien peut l'aider à mieux comprendre sa convalescence. Cela peut aussi lui faire prendre conscience des obstacles à sa récupération et la motiver à limiter l'impact négatif de ceux-ci.

Enfin, il peut être très intéressant pour elle de mieux comprendre quels sont ses «barils de poudre» personnels, qui l'avaient fragilisée et que l'événement a fait exploser... L'image des cicatrices passées qui ont été ravivées par le dernier événement peut aussi être utilisée. Il est toutefois important de faire attention au côté ***potentiellement très confrontant*** de l'exploration des facteurs prétraumatiques et *de ne pas minimiser* l'aspect dévastateur de l'événement en soi. La victime peut interpréter ce travail comme des failles empathiques graves (*«Mon thérapeute pense que c'est de ma faute si j'ai des symptômes post-traumatiques», «C'est parce que j'étais trop fragile que je vis tellement de séquelles»*). Il est important de mentionner qu'avoir vécu des facteurs de stress avant le trauma ne suffit pas à entraîner des symptômes post-traumatiques. L'événement traumatique joue toujours le rôle de facteur déclencheur majeur. Cette exploration des facteurs prétraumatiques doit surtout provenir de la victime et de ce qu'elle perçoit comme facteurs fragilisants ayant pu jouer dans son cas.

Facteurs de stress pouvant contribuer à mes symptômes actuels...

Facteurs de stress	OUI	NON
Facteurs présents *lors* de l'événement		
1. L'événement a menacé ma vie ou mon intégrité physique		
2. L'événement était causé par la main d'un autre être humain		
3. L'événement a profané mon espace vital		
4. J'ai vécu des symptômes dissociatifs durant l'événement		
5. J'ai ressenti des émotions très fortes durant l'événement		
6. L'événement ressemblait à un événement douloureux passé		
Facteurs présents *avant* l'événement		
7. Je vivais de nombreux facteurs de stress avant l'événement		
8. Je me sentais déprimé, anxieux, ou je consommais de l'alcool ou de la drogue avant l'événement		
9. Je voyais la vie comme profondément juste avant l'événement		
10. Je voyais les gens comme foncièrement bons et je leur faisais facilement confiance avant l'événement		
11. J'étais du genre à être un « chêne » plus qu'un « roseau » avant l'événement		
12. Je voyais les émotions comme un signe de faiblesse et je voulais être constamment en contrôle avant l'événement		
Facteurs présents *après* l'événement		
13. Je me sens très blâmé et critiqué par mon entourage actuellement		
14. Je suis actuellement en poursuite légales reliées à l'événement		

Facteurs de stress pouvant contribuer à mes symptômes actuels...

Facteurs de stress	OUI	NON
15. Je sens beaucoup de jugement de la part de la société face à ce que j'ai vécu		
16. Je vis de la douleur chronique et des séquelles physiques actuellement		
17. Ma relation de couple est en crise actuellement		
18. Mes relations familiales ou amicales sont très insatisfaisantes		
19. Mes relations au travail ou mon emploi sont hypothéqués actuellement		
20. Je suis en deuil de quelqu'un qui est décédé lors de l'événement		

7.5 Normaliser les réactions et les gestes commis lors de l'événement

La force du jugement a posteriori

Il est si facile pour la victime ou pour les membres de son entourage de juger des actions commises par celle-ci lors de l'événement traumatique. Pourtant, il s'agit d'un jugement posé a posteriori, c'est-à-dire d'un jugement posé à la suite d'actions passées.

Or, effectuer un jugement a posteriori comporte plusieurs biais : tout d'abord, quand on juge nos actions passées, on connaît le déroulement et les conséquences de l'événement traumatique passé (*« Il y a des blessés dans la voiture de l'autre conducteur »*, *« Le feu ne va se propager qu'à cette portion de l'édifice »*, *« L'agresseur va tirer sur moi mais ne me blessera pas »*, *« Mes collègues vont être blessées »*, etc.). La victime effectue donc son évaluation de la pertinence de ses actions à partir *d'informations qu'elle ne possédait pas* au moment où elle a fait ses actions. Il est important qu'elle réalise qu'elle a fait la meilleure action possible selon les informations qu'elle possédait *alors*. En effet, se juger selon ces informations privilégiées n'est absolument pas équitable...

De plus, la victime effectue son jugement a posteriori, alors que *son état émotionnel est complètement différent* de celui présent lors du trauma : elle est maintenant en sécurité, calme, en pleine capacité de ses habiletés de pensée, alors qu'elle a dû réagir en une fraction de seconde sous l'influence de la terreur, de l'horreur ou de la surprise totale lors de l'événement. Elle ne prend plus en considération l'impact de ses émotions dans sa prise de décision passée parce que son état émotionnel actuel est très différent de celui de sa prise de décision.

Enfin, lors de son jugement a posteriori, la victime va souvent *exagérer sa responsabilité personnelle* face à ce qui s'est passé lors de l'événement. Parce qu'elle a une meilleure idée de ce qui a causé l'événement, elle a l'impression qu'elle aurait donc pu le *prévenir*. Et si elle a cette impression qu'elle aurait pu le prévenir, elle se voit donc comme *responsable* qu'il se soit produit. (Nous verrons ces biais cognitifs plus en détail au chapitre sur les pensées associées à la détresse post-traumatique.)

Le jugement a posteriori comporte donc plusieurs « défauts » qui biaisent l'objectivité du jugement de la victime vis-à-vis de ses propres actions passées. Ces biais sont souvent sources de blâme, de honte ou de culpabilité et nuisent à la récupération post-traumatique. Le clinicien doit donc mettre en évidence les biais propres à ce jugement a posteriori et identifier avec la victime les éléments qui peuvent lui permettre de comprendre ses réactions.

Le pouvoir de la peur

Il est très difficile pour quelqu'un qui n'a jamais connu d'événement traumatique d'imaginer l'intensité, la force incroyable de la peur de mourir, de la peur d'être violée ou de la peur d'être grièvement blessée que ressent la victime pendant l'événement.

Ces peurs *extrêmement* intenses peuvent pousser la victime à adopter des comportements de survie qui peuvent paraître complètement irrationnels par la suite : se figer, fuir, crier, pousser les autres afin de sortir, se jeter par terre, courir dans la mauvaise direction, ne pas entendre les consignes du personnel de sécurité, etc. Ils peuvent aussi lui faire perdre complètement le contrôle dans une tentative désespérée de se protéger.

Évidemment, par la suite, la victime a tout le loisir de juger à froid ses comportements et de critiquer sa façon d'agir : la peur n'est plus présente et tout ce qu'*on aurait pu faire* semble maintenant si facile... Il importe de bien montrer le pouvoir intense de cette peur à la victime et de lui faire remarquer aussi à quel point la peur a une fonction protectrice vitale pour l'organisme. Elle est donc saine et a été souvent indispensable à notre survie dans le passé.

Le choc de la surprise

Un événement traumatique est, par nature, imprévisible et exceptionnel. Si nous n'avons pas vécu d'événement traumatique, notre conception du monde est teintée par trois conceptions fondamentales : *« Le monde est bon », « Le monde est juste » et « Je suis digne de valeur. »* Ces conceptions influencent notre impression d'invulnérabilité et notre impression *« que cela n'arrive qu'aux autres »* (Janoff-Bulman, 1992). Ces conceptions sont le plus souvent inconscientes. Elles sont majoritairement présentes chez la population en général et elles contribuent à notre impression de sécurité et d'invulnérabilité (Perloff, 1983). Nous approfondirons le rôle de ces croyances dans le chapitre 9, mais mentionnons dès maintenant que ces conceptions du monde contribuent à l'effet de surprise totale que ressent la victime lors d'un événement traumatique.

« Le monde est bon » correspond à une conception assez positive de la nature humaine : les autres sont perçus comme majoritairement bienveillants. En face d'un agresseur, la victime est totalement privée de ses moyens : elle ne peut comprendre qu'un autre être humain puisse agir de cette façon, cela la dépasse complètement et contribue à l'effet de surprise immense. Les croyances en « un monde juste » et en sa valeur personnelle supposent qu'on obtient ce qu'on mérite dans la vie et que si on est une bonne personne on sera en quelque sorte « protégé du malheur ». La majorité des gens ne pensent pas « mériter » un événement traumatisant. Face à un tel événement, le choc de la surprise est intense et le doute s'installe : *« Qu'est-ce que j'ai fait pour "mériter" ça ? Pourquoi moi ? »* Notre impression générale d'invulnérabilité et que *« cela n'arrive qu'aux autres »* contribue aussi à favoriser un sentiment

d'intense surprise. En effet, l'énorme diffusion médiatique d'horreurs, de catastrophes ou d'agressions subies par d'autres personnes peut paradoxalement contribuer à renforcer l'impression que des tragédies arrivent mais ne peuvent *nous* arriver. La majorité des gens ont l'impression inconsciente que cela n'arrive qu'aux autres et qu'ils sont, en quelque sorte, presque «protégés» du malheur. Lorsque celui-ci se présente, c'est donc un choc immense.

Un autre élément social pouvant contribuer à cet effet de surprise est l'aspect profondément sécuritaire de notre vie quotidienne moderne. Nous vivons dans une société pacifique, démocratique, où les agressions sont négativement perçues. La majorité des gens sont généralement peu en contact avec la violence dans leur vie quotidienne, et leur vie passée les a peu outillés pour l'affronter («*Je ne me suis jamais battue auparavant*», «*C'est impossible pour moi de taper sur quelqu'un d'autre*», «*Je n'aurais jamais cru que quelqu'un puisse transgresser cette règle sociale de se conduire respectueusement et qu'il m'attaque*»). De plus, l'événement traumatique constitue un événement qui ne correspond pas à notre système de valeurs ou à nos attentes : il est trop injuste, trop violent, trop horrible ou tout simplement impensable. Lors d'une agression interpersonnelle, la victime est complètement démunie face à un agresseur qui transgresse tous les tabous sociaux, les habitudes, les conventions : l'effet de surprise et d'incompréhension est énorme.

Bref, nos conceptions du monde contribuent énormément à nos réactions d'intense surprise lors de l'événement traumatique : «*Comment est-ce possible?*», «*Non, c'est pas vrai!*», «*Ça se peut pas!*», «*Ça pouvait arriver, oui, mais pas à moi!*». Réagir tout de suite et de façon appropriée à un tel événement est absolument impossible. Cette surprise intense peut entraîner des comportements hébétés, confus ou figés chez la victime.

État de choc ou de paralysie

La grande majorité des victimes se figent durant l'événement traumatique. Le choc de la surprise est tellement énorme qu'il peut entraîner un état de paralysie ou de confusion totale. Cette réaction (pourtant extrêmement courante) est souvent l'objet de culpabilisation sévère par plusieurs victimes.

Les hommes, en particulier, ont davantage tendance à se blâmer de ce type de «paralysie». En fait, l'image de l'homme dans notre société reste celle de celui qui doit avoir le contrôle et dont les réactions émotionnelles sont perçues comme un signe de faiblesse inacceptable. Les films hollywoodiens à la *Rambo* ont concrétisé ce mythe de l'homme-héros, du superman capable de sauver la situation ou de se défendre avec succès. Ce mythe entraîne beaucoup de culpabilisation chez les hommes victimes de traumatisme et favorise le blâme social. Pensons, par exemple, aux reproches que plusieurs ont adressés aux étudiants masculins de l'école Polytechnique lors de cette tragédie. Certaines éditorialistes leur avaient reproché de ne pas avoir porté secours à leurs collègues femmes alors qu'on n'aurait jamais exigé un tel comportement de leurs collègues féminines. Pensons aussi aux blâmes que certaines émissions de lignes ouvertes ont relevés à propos du comportement supposément passif et «mou» (!) des passagers des vols détournés lors du 11 septembre 2001 à New York... Oui, l'image du «Rambo» est encore très puissante et valorisée socialement, et se figer face à un agresseur est perçu comme un comportement inavouable. Certains hommes auront beaucoup de difficulté à parler de l'événement parce qu'ils ont honte de leur comportement et craignent un jugement aussi négatif de la part de leur entourage.

Dans la même veine, les professionnels qui ont l'habitude de se trouver en position de «sauveurs», tels que les ambulancier(ère)s, les médecins, les infirmier(ère)s, les policier(ère)s, les pompiers vont accepter très difficilement d'avoir vécu une situation dans laquelle ils se sont sentis paralysés ou impuissants. Parce qu'ils avaient une formation spécialisée, ils se blâment d'autant plus de n'avoir pu «prendre le contrôle», ou «faire leur devoir». Ils sont souvent très sévères face à leurs réactions de paralysie: «*Je savais pourtant quoi faire, j'aurais dû réagir mieux qu'un autre*» est un type de phrase qui caractérise bien ce blâme à leur propre endroit.

Il est important de rappeler à la victime *qu'elle a fait ce qu'elle pouvait faire de mieux à ce moment, et que nous n'aurions probablement pas fait autre chose à sa place*. L'objectif est d'aider la victime à considérer ses réactions comme tout simplement *humaines*, avec tout ce que cela comporte d'irrationnel et d'émotif...

Certaines victimes vont entretenir un jugement extrêmement sévère face à leur manque d'action, et cette condamnation va maintenir sinon aggraver les symptômes post-traumatiques. Ce jugement peut aussi entraîner de graves symptômes dépressifs. Il est alors pertinent de se demander comme clinicien si cette condamnation ne sert pas une autre fonction sous-jacente: *«À quoi sert cette autoflagellation excessive?», «Se blâmer à ce point servirait-il à se punir de ce comportement dans une tentative expiatoire?», «Qu'est-ce que la victime "gagne" à se blâmer ainsi?».*

État dissociatif

Plusieurs victimes vont vivre un état dissociatif lors de l'événement traumatique. Ce type de réaction peut être bouleversant et certaines victimes peuvent douter de leur santé mentale par la suite.

En fait, le choc intense de l'événement, la surprise, la peur peuvent pousser le système psychologique de la victime à se protéger émotionnellement. Cette protection prendra la forme d'une perte ou d'une modification momentanée du contact avec la réalité. La dissociation désigne ce mécanisme de défense général temporaire ayant pour objectif d'éviter une trop grande détresse émotionnelle. On peut distinguer deux principales formes de dissociation: la *dépersonnalisation* (modification de la perception de soi) (*«Je me suis sentie détachée de mon corps, comme si je flottais au-dessus de la scène de l'accident», «Je donnais l'argent au voleur mais j'avais l'impression que ma main ne m'appartenait pas»*), et la *déréalisation* (modification de la perception de notre environnement) (*«Je me sentais comme dans un rêve étrange», «Tout semblait irréel autour de moi», «Le temps semblait se dérouler extrêmement lentement tout à coup»*). Ces réactions dissociatives peuvent donc prendre deux formes: notre corps semble déformé (*«Je sentais mes bras devenir très lourds», «Je me sentais flotter et marcher de façon très légère»*) ou la réalité semble altérée (*«Je voyais le policier qui me demandait mes papiers comme s'il était loin, loin dans un tunnel, et sa voix était étrange», «J'avais l'impression que les gens passaient très rapidement autour de moi sans me voir»*).

Plusieurs victimes attribuent ces réactions à des signes de folie, de maladie mentale ou d'anomalies neurologiques. Les sensations d'irréalité ou de dépersonnalisation sont souvent extrêmement paniquantes pour elles et peuvent même être, en soi, une expérience traumatisante. Conséquemment, il est essentiel de préciser que ces réactions dissociatives lors du trauma avaient pour fonction de les protéger contre des états émotionnels trop intenses. Elles ont pour fonction d'aider la victime à prendre une distance face à l'événement traumatique qui est en train de se produire et de lui redonner un certain sentiment de sécurité (Marmar *et al.*, 1997). Ces réactions dissociatives témoignent du choc qu'a constitué l'événement du point de vue de la victime.

Comportements de fuite

La fuite est aussi une réaction commune lors d'un événement traumatique. Elle s'explique par deux éléments : d'abord, la peur intense, la terreur sont souvent plus fortes que tout ; elles relèguent au second plan tout le reste. La fuite constitue alors un mécanisme de survie instinctif, viscéral, extrêmement puissant, qui n'a plus rien de rationnel ou de logique... D'autre part, ce geste a déjà été utile dans le passé en d'autres circonstances et a été ainsi renforcé. S'échapper a déjà permis à la victime d'éviter des ennuis et fuir est devenu naturel.

Lors d'un événement traumatique, la fuite est commune. Cependant, ce comportement est extrêmement honteux pour les victimes et est source de blâme et de honte. Certaines vont hésiter à raconter à leur entourage ce qui s'est passé parce qu'elles ont honte de leur fuite et de leur «lâcheté». L'image du «héros» est très forte et les biais propres à l'évaluation a posteriori rendent ce comportement incompréhensible.

Sentiment d'abandon, de solitude

«Il était là, à côté de moi, et il n'a rien fait !», «Il y avait une autre personne dans l'autobus mais elle n'a pas bougé», «J'ai demandé à quelqu'un de m'aider mais il est parti en courant».

Les victimes nous rapportent souvent ces commentaires à la suite de l'expérience traumatisante. Elles ont ressenti durant l'événement un sentiment de solitude intense, d'avoir été complètement laissées à elles-mêmes. Elles ont souvent l'impression qu'elles auraient pu recevoir de l'aide ou une assistance et elles sont déçues des réactions des autres.

Sentiment d'impuissance, de prise de pouvoir par autrui et d'humiliation

Nous aimons croire que nous sommes maîtres de notre destinée dans le quotidien et que nous avons le contrôle sur notre vie et sur ce qui nous arrive. Nous acceptons déjà difficilement les obligations et les contraintes déterminées par les circonstances extérieures (horaire fixé par la compagnie, par l'école des enfants, exigences d'embauche, d'admission, conditions de travail, conditions climatiques, etc.). Les contraintes et obligations déterminées par un autre être humain sont encore plus difficiles à accepter. Le pouvoir de l'agresseur inhérent à certains types de traumatisme est d'autant plus traumatisant.

Les vols à main armée, les agressions physiques ou sexuelles, la torture et l'intimidation sont quelques exemples de situations où le pouvoir de l'agresseur peut se faire particulièrement sentir. Dans ce type de traumatisme interpersonnel, la victime ressent de façon extrêmement douloureuse ce pouvoir que s'arrogent les agresseurs : pouvoir de vie ou de mort, pouvoir de blesser gravement, pouvoir d'humilier, pouvoir d'insulter, pouvoir de terroriser, pouvoir de séquestrer, etc.

La victime peut être révoltée de l'exercice de ce pouvoir sur elle : «*Je n'étais plus un être humain, il a eu tout pouvoir sur moi à ce moment*», «*Il m'a obligée à lui crier que je l'aimais pendant qu'il me violait !*», «*Il a tenu le fusil sur mon front pendant tout le vol*», «*Ils m'ont forcé à me mettre à genoux pendant qu'ils emmenaient mon fils*» mais aussi sur son entourage : «*Je n'accepterai jamais qu'il aurait pu rendre mes enfants orphelins rien qu'en tirant sur la gâchette*», «*Comment ma femme aurait-elle pu s'en sortir si j'avais été invalide ?*», «*Il a détruit notre vie familiale*».

Les émotions reliées à l'expérience du pouvoir exercé par un agresseur sont très intenses et douloureuses. Subir les manifestations de ce pouvoir peut entraîner chez la victime des sentiments intenses de dégoût, de nausée, de colère, de rage, de terreur, d'humiliation durant et après l'événement.

La dimension d'humiliation est très présente dans certains types de traumatisme. Pensons, par exemple, à l'agression sexuelle ou à la torture. Lors de ces actes criminels, les agresseurs emploient l'humiliation comme un acte de violence, comme une arme psychologique, comme une atteinte supplémentaire à l'intégrité physique et psychologique de la victime. Certains trouvent une certaine satisfaction pathologique à humilier leurs victimes, à ressentir leur pouvoir sur elles. L'humiliation est utilisée afin de détruire encore davantage l'être humain qu'ils ont devant eux, afin d'annihiler cette partie d'humanité chez leur victime.

Enfin, comme nous l'avons mentionné plus tôt, certaines victimes, surtout des hommes, vont ressentir comme une forte humiliation de s'être sentis impuissants et de n'avoir pu répliquer à l'agresseur (*«Je ne peux pas supporter qu'il m'ait agressé et que je n'aie pas pu me battre comme un homme»*, *«Après mon enfance, je m'étais juré que personne ne me toucherait plus et il a eu le dessus sur moi»*).

7.6 Tenter d'expliquer les réactions de l'entourage

Les victimes ressentent souvent douloureusement le jugement des autres à leur endroit. Plusieurs études ont mis en évidence le fait que l'entourage blâme fréquemment les victimes de ce qui leur est arrivé. Qui n'a pas déjà entendu des phrases telles que: *«Il a toujours conduit comme un fou, pas étonnant qu'il ait eu un accident»*, *«Me semble que je me serais rendu compte plus tôt que je devais me méfier de ce gars-là»*, *«Elle ne veut pas s'en sortir, elle n'essaie même pas de recommencer à travailler»*, etc.

Pourquoi? Comment expliquer que les autres blâment une victime du viol ou du vol à main armée qu'elle a subi? En fait, d'autres explications permettent de comprendre ce phénomène et nous permettent de saisir ces motivations autrement que par les seules «incompréhension», «méchanceté» et «indifférence» d'autrui, raisons qui sont souvent considérées par les victimes. Nous tenterons ici de mieux comprendre ce phénomène très courant et de distinguer entre trois types de blâmes: 1) le blâme lié à la cause de l'événement traumatique; 2) le blâme lié aux comportements de la victime ; et 3) le blâme lié aux séquelles montrées par la victime.

Blâme lié à la *cause* de l'événement traumatique

« De toute façon, elle conduit comme un pied, pas étonnant qu'elle ait eu un accident », « Évidemment, quand tu sors à cette heure-là de la nuit, tout peut arriver », « On a toujours ce que l'on mérite dans la vie », « Quand tu es imprudent, c'est ça que ça donne », etc.

Une explication attributionnelle a été avancée par Janoff-Bulman (1985) et nous permet de mieux comprendre pourquoi l'entourage de la victime réagit souvent en la blâmant de la cause de l'événement. Selon Janoff-Bulman, blâmer la victime du viol ou de l'agression physique qu'elle vient de subir a une fonction souvent protectrice pour son entourage : cela permet de garder intactes ses croyances fondamentales en un monde sécuritaire et juste ainsi que de conserver son sentiment d'invulnérabilité.

En effet, affirmer que ce sont les comportements de la victime avant l'événement ou certains traits de sa personnalité qui sont responsables du traumatisme permet de préserver l'illusion qu'une telle chose ne peut pas nous arriver, nous qui (*« au contraire de la victime »*) n'avons rien fait et ne ferons rien de tel dans le futur pour provoquer pareille chose... Insconsciemment, l'effet de cette attribution ressemble à : *« Je ne m'habille pas de cette façon, donc cela ne m'arrivera pas », « Je ne sors pas à cette heure-là, donc je suis en sécurité », « Je conduis mieux que lui, donc je suis hors de danger »).*

Attribuer l'événement traumatique au hasard ou à la société constitue une explication très insécurisante pour la majorité des individus. Elle implique en effet qu'un tel événement pourrait arriver *à n'importe qui*, peu importe ce qu'il a fait avant. Par conséquent, cette attribution implique, par le fait même, qu'il peut arriver *à chacun d'entre nous*... Perspective peu réjouissante et dont nous nous défendons par le blâme de la victime.

Attribuer l'événement traumatique au hasard est aussi très insécurisant parce que cela ébranle la vision du monde partagée par la majorité des gens, c'est-à-dire la croyance en un monde bon, juste et au sein duquel les événements positifs sont plus fréquents que les événements négatifs. Croire que la victime *a fait quelque chose* qui a *provoqué* l'événement garde intacte cette conception en un monde qui a du sens et qui possède une certaine «justice».

De plus, blâmer la victime permet de trouver rapidement un sens à ce qui s'est passé. Cela répond à notre besoin d'expliquer les choses et cette réponse nous rassure parce qu'elle exclut que cela puisse nous arriver. De plus, elle est très occidentale: nous avons tendance à croire que nous pouvons tout contrôler... C'est le royaume du «*Si tu veux, tu peux*» et cette conception contribue à renforcer le blâme face aux victimes parce qu'on refuse de croire que certaines choses sont hors de notre contrôle...

Cette optique attributionnelle permet ainsi de saisir pourquoi se perpétue le mythe de la «victime coupable» au sein de nos sociétés dites modernes... L'entourage a ainsi de «bonnes raisons» de blâmer la victime de ce qui lui est arrivé.

De plus, outre la confrontation désagréable des croyances fondamentales de l'entourage, ne pas blâmer la victime et partager sa détresse nécessite une bonne dose de tolérance à l'impuissance ainsi qu'une bonne capacité de tolérance à l'horreur et à la violence délibérée et gratuite... Ces qualités ne se trouvent pas chez tout le monde. Accompagner une victime de traumatisme est souvent bouleversant émotivement pour son entourage. Plusieurs préfèrent mettre une certaine distance psychologique entre eux et cette victime, histoire de se protéger... Le blâme est un instrument très efficace en ce sens. Dommage donc (mais pas étonnant) que peu de gens soient capables d'accepter ce qui est arrivé à la victime sans lui faire porter la responsabilité de l'événement...

Blâme lié aux *comportements* de la victime

Parallèlement au blâme concernant la cause de l'événement, les victimes rapportent souvent souffrir de blâme lié aux comportements qu'elles ont manifestés lors de l'événement. Des phrases telles que «*Me semble que je me serais rendu compte plus tôt de l'incendie*», «*Il est sorti de l'usine sans s'inquiéter de ses collègues*», «*Elle a même pas crié pendant l'agression*», «*Moi, j'aurais donné l'argent et ça aurait évité bien des problèmes*», peuvent entraîner une importante remise en question de la part de la victime, ainsi que beaucoup de culpabilité. Ces sentiments, en contrepartie, risquent de maintenir sinon d'aggraver les symptômes post-traumatiques.

Pour comprendre pourquoi les gens de l'entourage de la victime réagissent de cette façon, il convient de revenir sur les biais liés à l'évaluation a posteriori...

Tel que mentionné plus tôt, il est toujours plus facile pour les membres de l'entourage de juger des actions passées, et ce, pour trois raisons : d'abord, parce qu'après l'événement on possède des données liées à son déroulement et à ses conséquences qui n'étaient pas disponibles au moment où la victime faisait ses gestes. Il est alors très difficile pour les gens de faire abstraction de ces données pour se mettre dans la même situation que la victime lors du trauma. Lors du trauma, par exemple, la victime peut ne pas savoir que l'arme braquée sur elle n'est pas un vrai revolver. Si son entourage apprend cette information par la suite, il aura tendance à lui reprocher de ne pas avoir osé davantage de gestes de défense ou de fuite lors de l'événement traumatique. Il sera difficile pour lui de faire abstraction de cette information et de se plonger dans l'expérience subjective de la victime, à savoir qu'elle est complètement vulnérable sous la menace d'une arme à feu...

Ensuite, parce que notre état émotionnel est très différent de celui de la victime alors qu'elle faisait ces gestes. D'abord, si on peut juger des actions passées, c'est qu'on est en vie ! Or, plusieurs victimes doivent réagir alors que leur vie est carrément en danger et qu'elles doutent de pouvoir s'en sortir. Après l'événement, on ne ressent plus avec la même intensité la terreur, la peur, la surprise, l'horreur qui étaient pourtant omniprésentes lors de l'événement et qui ont alors influencé nos actions. On minimise la puissance de ces émotions quand on est confortablement assis en sécurité chez soi et que l'on évalue des actions faites dans le passé ou effectuées par quelqu'un d'autre...

Enfin, il convient de mentionner le dernier biais qui influence l'évaluation a posteriori. Il s'agit de la tendance à minimiser certains éléments présents lors de l'événement. On désigne ici l'atmosphère entourant l'événement, le regard de l'agresseur, le ton de sa voix, les intentions que la victime a pressenties à ce moment selon son intuition, les idées qui lui ont traversé la tête

(«*Il va me tuer*», «*Ça y est, je vais mourir ici*», «*C'est un fou, il est incontrôlable*», etc.), et les émotions qu'elle a ressenties (terreur, peur, confusion, colère, etc.). Tous ces éléments peuvent avoir influencé le choix des actions faites par la victime. Pourtant, lorsqu'on juge des actions passées, la force de ces éléments perd de son intensité et les actions peuvent alors paraître injustifiées ou illégitimes. Celles-ci étaient pourtant parfaitement justifiées sinon compréhensibles dans le *contexte* de l'événement traumatique.

Parce qu'elles sentent que l'entourage a tendance à blâmer leurs comportements, plusieurs victimes vont avoir de la difficulté à parler à autrui de ce qu'elles ont fait lors du traumatisme et vont même développer beaucoup de honte et de culpabilité face à leurs comportements. Cette peur du jugement peut donc être une source importante de dévalorisation, de blâme et de retrait social.

Blâme lié aux *séquelles* montrées par la victime

«*Reviens-en! Ça fait déjà trois mois que ça dure!*», «*Ne reste pas comme ça à la maison, essaie de sortir un peu, au moins*», «*T'es super irritable, c'est insupportable*», «*J'en reviens pas que tu ne sois pas prêt à retourner travailler après tant de semaines*».

Même s'il peut être difficile d'interpréter ces attitudes de l'entourage comme telles, il est important de considérer qu'elles peuvent découler d'un réel intérêt et d'une préoccupation authentique pour le bien-être de la victime. En effet, il est souvent bouleversant pour l'entourage de voir une personne aimée souffrir des séquelles d'un événement traumatique. La difficulté à dormir, la détresse marquée, l'isolement social, l'incapacité à travailler de la victime peuvent émouvoir profondément son entourage.

Et ce, tout particulièrement si celui-ci se blâme de ce qui s'est passé («*Si j'avais été là, cela ne serait pas arrivé*», «*J'aurais dû aller la chercher comme elle me l'avait demandé*», «*Si je n'avais pas accepté de faire des heures supplémentaires, cela ne se serait pas produit*»). Ce blâme souvent illogique peut entraîner de la colère envers lui-même, colère qu'il peut retourner inconsciemment contre la victime.

L'entourage peut se sentir *impuissant* face à l'événement lui-même et face à la souffrance de la victime. Il ne sait pas quoi faire pour l'aider! Les membres de la famille se sentent souvent gauches, malhabiles, ne savent pas quoi dire pour l'apaiser ou lui redonner confiance en la vie. Les symptômes d'irritabilité de la victime leur donnent souvent l'impression qu'ils sont de trop ou qu'ils la blessent sans le vouloir. Ce sentiment d'impuissance peut les pousser à donner des conseils pour se sentir utiles et en contrôle, ce qui ne fait qu'ajouter au sentiment de rejet de la victime. Les membres de l'entourage vont trouver si difficile de sentir la personne aimée souffrir qu'ils risquent inconsciemment de lui faire porter le blâme parce qu'elle ne récupère pas assez rapidement.

Pourquoi expliquer les réactions de l'entourage à la victime ?

Il est important d'aider la victime à mieux comprendre pourquoi son entourage réagit d'une certaine façon. Certains de ces comportements cachent souvent beaucoup d'affection, teintée de maladresse, d'impuissance et peut-être même de blâme envers soi-même pour ce qui est arrivé. Il est important de souligner que certains de ces blâmes ne sont pas motivés par de la méchanceté mais par une difficulté à remettre en question des croyances sur le monde ou par une difficulté à tolérer qu'une personne aimée puisse souffrir autant...

7.7 Donner de l'information sur le processus thérapeutique

L'intervention auprès de victimes de traumatisme présente certaines modalités qui lui sont propres et qu'il peut être utile de présenter à la victime. Elle pourra ainsi déterminer si cela lui convient et si cela correspond à ce qu'elle attend d'une thérapie. Cela lui permettra aussi de mieux comprendre ce que vous allez faire ensemble, cela peut la rassurer et lui permettre de mieux s'abandonner au processus thérapeutique.

Il peut être important que la victime sache que le thérapeute est perçu ici non pas comme un « expert inaccessible » mais comme un guide qui travaille *en équipe* avec elle. L'esprit thérapeutique en est ici un de coopération et d'ouverture. Elle doit sentir qu'il y a de la place pour qu'elle puisse poser toutes les questions qui lui tiennent à cœur au cours de sa démarche et qu'elle peut s'exprimer librement sur le plan émotionnel si elle en sent le besoin. Il peut être aussi utile qu'elle sache qu'il est normal qu'elle ait des lectures à faire ou qu'elle doive pratiquer certains exercices à la maison au cours de sa thérapie.

Il peut être aussi judicieux de prévenir la victime qu'elle peut trouver certaines séances difficiles et que ces symptômes d'évitement propres au TSPT peuvent se manifester au cours de la thérapie. Expliquez cette tendance possible de façon adaptative et non comme un blâme, afin de favoriser la coopération de la victime à ce sujet : « *Il est naturel que tu n'aies pas envie de venir ici quelquefois, puisqu'on parle ici d'événements très douloureux. Ces symptômes sont normaux et font partie du TSPT, parle-m'en si cela est trop difficile et on suivra mieux ton rythme* », « *Mon objectif, c'est que tu ailles mieux ultimement ; cela peut vouloir dire qu'à court terme tu te sentes un peu moins bien. Si tu sens que ton anxiété est trop importante ou que certains exercices sont trop rapides et que cela te fait peur, dis-le-moi et on décidera ensemble de ce qui est le mieux* », « *Certaines victimes vont trouver les symptômes post-traumatiques si désagréables qu'elles peuvent utiliser des mécanismes artificiels comme la drogue ou l'alcool pour diminuer l'anxiété ; il est important que tu restes attentif à cette tentation* ».

7.8 En conclusion : comment faire de la psychoéducation ?

Évidemment, faire de la psychoéducation ne veut pas dire présenter le cours « Trauma 101 » à la victime... Il s'agit d'abord de ne présenter que les données qui semblent pertinentes dans son cas spécifiquement. Il importe aussi de choisir le bon moment thérapeutique : tentez de transmettre de l'information lorsqu'un contenu émotionnel est présent, c'est-à-dire quand la victime soulève d'elle-même certaines interrogations ou qu'elle mentionne certaines conceptions irrationnelles de ses symptômes ou de ses réactions.

Soyez concis, simple, accessible et utilisez un langage facile à comprendre et exempt de toute technicalité : le but n'est pas d'avoir l'air « savant » mais de transmettre de l'information dans le but de diminuer la détresse... Donnez des exemples concrets, des images qui peuvent illustrer les données avancées et qui permettent au client de bien saisir ce que vous voulez lui dire.

Enfin, n'oubliez pas que la victime souffrant de TSPT présente souvent des difficultés de concentration importantes, qui peuvent contrer la mémorisation et la compréhension de certaines explications. Par conséquent, vérifiez systématiquement la compréhension de la victime après vos stratégies de psychoéducation (*«Pourriez-vous me résumer ce que vous avez compris?», «Comment réagissez-vous à ce que je viens de vous présenter?» «Comment vous expliquez-vous (vos symptômes/les réactions de votre entourage/la façon dont vous avez agi) maintenant que nous en avons parlé?»*), et répétez (d'une autre façon...) si cela est nécessaire. Vérifiez ce faisant qu'elle a bien saisi les nuances de l'information que vous lui avez transmise et qu'elle ne part pas en ayant de fausses impressions (*«Mon thérapeute pense que ce qui m'est arrivé est de ma faute», «Le TSPT est un trouble permanent ou grave»*, etc.).

CHAPITRE 8

Travailler les émotions associées au TSPT

Accompagner des victimes de traumatisme, c'est souvent côtoyer des extrêmes au point de vue émotionnel. En effet, les émotions peuvent être explosives... ou au contraire tout à fait niées. Ainsi, certaines victimes sont souvent à fleur de peau en séance et ressentent très fortement de l'irritation, du désespoir, de la rage ou du découragement. D'autres vivent beaucoup de tristesse, de colère et d'amertume face à ce qu'elles ont vécu. À l'autre bout du continuum, certaines victimes se sentent plutôt émoussées émotivement : elles se sentent détachées, engourdies, dissociées. Certaines souffrent d'alexithymie et sont peu en contact avec leur monde affectif. Enfin, d'autres possèdent peu de vocabulaire émotionnel, comprennent peu ce qui leur arrive et sont incapables de l'exprimer.

Conséquemment, le thérapeute est souvent désarçonné par ces différences émotionnelles. Avec certaines victimes, il convient de favoriser le contact émotionnel, alors qu'avec d'autres, c'est plutôt la gestion des émotions qui semble appropriée. Dans un cas comme dans l'autre, il est essentiel de pouvoir travailler les affects en thérapie avec des victimes et, pour ce faire, de bien comprendre le rôle des émotions et les diverses étapes du processus émotionnel.

8.1 Le rôle des émotions

Il importe d'abord de bien comprendre la fonction des émotions en général pour bien travailler avec celles-ci de façon thérapeutique. À ce sujet, Greenberg et Paivio (1997) mentionnent 6 rôles distincts joués par les émotions : 1) les émotions nous préparent à l'action (elles nous permettent de définir nos objectifs en nous indiquant ce qui est important pour nous) ; 2) les émotions sont adaptatives (elles nous permettent de détecter certains dangers et de nous en protéger) ; 3) les émotions influencent la mémoire et la pensée (elles influencent la prise de décision et nous permettent de choisir) ; 4) les émotions sont motivationnelles (elles mobilisent l'individu pour l'action dans le but d'atteindre un état émotionnel agréable) ; 5) les émotions sont sources d'informations (elles nous donnent un *feed-back* sur nos réactions et nous donnent surtout accès à nos interprétations de la situation, à nos besoins et nos objectifs) ; et enfin, 6) les émotions sont sources de communication (elles nous permettent d'envoyer des messages de notre état aux autres).

Par conséquent, les émotions teintent la démarche thérapeutique, affectent la motivation ou maintiennent les symptômes post-traumatiques. Elles sont une variable incontournable du processus thérapeutique avec des victimes.

8.2 En quoi travailler les affects peut-il aider la victime ?

Identifier les émotions en thérapie, encourager leur prise de conscience, leur acceptation et leur expression permet de favoriser *l'intégration émotionnelle* du traumatisme, ce qui favorise la diminution des symptômes post-traumatiques. En fait, afin de bien « digérer » l'événement traumatique, il importe de pouvoir identifier ce qu'il nous a fait vivre, d'exprimer et de partager avec quelqu'un comment on y a réagi émotivement, d'accepter ces nouvelles sensations et expériences émotionnelles. Une victime qui a peu accès à ce monde affectif méconnaît tout un pan de son monde intérieur et de son expérience traumatique, ce qui maintient souvent ses symptômes et sa détresse.

Les habiletés émotionnelles de la victime sont nécessaires à l'efficacité des stratégies thérapeutiques. En effet, il peut être contre-productif sinon néfaste de demander à quelqu'un qui est peu en contact avec son expérience émotionnelle de faire des stratégies d'exposition ou de parler directement du traumatisme.

Comme thérapeute, il est important de s'assurer que la personne devant nous peut doser le processus thérapeutique pour elle-même ou peut, à tout le moins, nous faire part de ce que cela lui fait vivre. Avoir une victime qui n'est pas en contact avec elle-même, qui anticipe peu une montée d'anxiété importante ou qui ne la ressent pas lorsque celle-ci se présente est dangereux. Cette sorte de victime peut alors vivre des épisodes dissociatifs, c'est-à-dire la mise en place de mécanismes primaires de protection d'une surdose émotionnelle. Il est donc important de s'assurer, avant de poursuivre le processus thérapeutique, que la victime peut ressentir ses émotions, peut les nommer, les accepter, se les approprier et les exprimer de façon adéquate et fonctionnelle. Un travail sur ce plan, préalablement aux autres stratégies ciblant spécifiquement le traumatisme, est souvent très important et permet un travail thérapeutique efficace et sécuritaire.

Travailler à favoriser une bonne gestion émotionnelle va aussi avoir un impact positif sur les relations de la victime avec son entourage. Une meilleure gestion de l'anxiété ou de la colère ou une meilleure façon d'exprimer ses émotions risque d'améliorer ses relations sociales et peut diminuer les facteurs de stress parallèles aux symptômes post-traumatiques.

Le travail des affects est la «voie royale» aux cognitions qui y sont associées et qui maintiennent les symptômes post-traumatiques. Pouvoir faciliter le contact avec les émotions, c'est permettre à la victime d'être consciente de ce qui la dérange et d'avoir accès à des pensées qui maintiennent peut-être sa détresse. C'est donc faciliter le travail de restructuration cognitive. C'est permettre l'accès à un monde sous-jacent riche qui est lié au maintien des symptômes post-traumatiques.

Enfin, se connecter empathiquement aux émotions de la victime permet de bien comprendre ses réactions très personnelles pendant le traumatisme et pendant sa récupération. Une telle attitude renforce fortement l'alliance thérapeutique: la victime sent que son thérapeute a saisi une partie intime, une partie essentielle d'elle-même. Votre intérêt et votre profond respect pour les émotions de votre client renforceront son sentiment de légitimité et d'indulgence envers lui-même, ce qui est en soi extrêmement thérapeutique.

8.3 Les étapes du processus émotionnel

Afin de pouvoir bien participer au processus thérapeutique, la victime doit se sentir. De plus, pour pouvoir «intégrer» l'événement traumatique, elle doit pouvoir comprendre, ressentir et accepter les émotions que cet événement lui a fait vivre. Pour ce faire, elle doit pouvoir évoluer au sein d'un processus émotionnel. Diverses étapes jalonnent ce processus émotionnel. Vous trouverez à la page suivante un tableau schématisant ces étapes.

1re étape: Contact avec les sensations physiques associées à l'émotion. C'est la première étape de prise de conscience de ses émotions, c'est l'étape du «laisser ressentir», c'est-à-dire de laisser monter les sensations physiques liées à l'émotion. C'est être en contact avec la manière dont notre corps réagit et se rendre compte des signes d'une émotion sous-jacente: *«J'ai une boule de stress dans la gorge», «Je suis tendue au niveau musculaire», «Je me sens crispé», «Je sens mon menton qui tremble», «J'ai un serrement au cœur», «Je me sens mal»*. Cette étape permet la prise de contact avec les sensations corporelles associées à l'émotion. C'est l'écoute de ce que le corps exprime.

2e étape: Appropriation de ses sensations physiques et identification de l'émotion présente. Cette étape implique de mettre un nom sur la sensation physique ressentie, de se l'approprier (*«Cela m'appartient»*) et de nommer l'émotion sous-jacente: *«J'ai une boule dans l'estomac parce que je suis anxieuse», «J'ai le menton qui tremble parce que je me sens triste»*. Cette étape nécessite une bonne maîtrise du vocabulaire afin de préciser le malaise diffus ressenti (*«Je me sens mal, bizarre, mon corps réagit de telle façon»*) en nommant l'état émotionnel spécifique sous-jacent (*«Je me sens coupable, triste, frustrée, etc.»*). Certaines victimes vont avoir beaucoup de difficulté à s'approprier leurs émotions ou à les identifier. Certaines vont présenter des maux somatiques qui traduisent corporellement l'émotion qui ne leur semble pas légitime ou qui n'est pas identifiée (vomissements, maux gastriques, maux de tête, irritabilité, etc.).

3e étape : Acceptation de l'émotion. À cette étape, la victime se donne le droit de ressentir cette émotion (*« C'est légitime que je me sente en colère », « J'ai le droit de me sentir triste »*). C'est une étape de reconnaissance, d'indulgence et d'acceptation du processus émotionnel présent. Les conceptions négatives reliées aux émotions(blâme, jugement, préjugé, déni) vont affecter négativement ce stade et empêcher la poursuite du processus émotionnel.

4e étape : Expression des émotions qui ont été ressenties, nommées et acceptées. Cette expression émotionnelle peut se manifester principalement de trois façons : 1) par l'expression émotionnelle (pleurer, crier, bougonner, rougir) ; 2) par la communication de son état aux autres (*« Je suis triste », « Ce que tu m'as fait hier m'a blessé », « Je me sens frustré par la réponse de mon amie »*) ; ou 3) par l'agir (appeler quelqu'un, casser un objet, s'isoler, écrire une lettre, etc.).

Donc, dans un monde idéal, nous ressentons corporellement la manifestation de nos émotions, nous nous les approprions et nous sommes capables de les identifier. Nous sommes aussi capables de les accepter pour ce qu'elles sont et de les exprimer convenablement en nous respectant et en respectant les autres.

Malheureusement, dans la vie quotidienne, ce processus est souvent interrompu par certains obstacles... En effet, plusieurs facteurs peuvent entrecouper ce processus émotionnel. C'est-à-dire empêcher certaines étapes ou en contrecarrer d'autres.

Obstacle à l'étape 1. La difficulté d'une victime à se laisser ressentir, à être en contact avec ses sensations physiques va hypothéquer l'étape 1. Certaines vont trouver l'inconfort physique ou la montée émotionnelle trop douloureuse et vont « empêcher » la prise de conscience de ces sensations : elles utilisent alors le mécanisme de dissociation pour ne pas être en contact avec le malaise craint. Ces victimes ont de la difficulté à être en contact avec leur monde intérieur et avec leur corps.

Obstacle à l'étape 2. La difficulté à s'approprier ses états émotionnels et à préciser la nature de ceux-ci peut hypothéquer l'étape 2. Ces victimes utilisent souvent des termes vagues ou des pronoms indéfinis (*« on », « tu »*) pour parler de leur émotion. Elles ont de la difficulté à nommer l'émotion, elles manquent de vocabulaire pour ce faire et ont du mal à préciser certaines nuances émotives. (*« On se sent ben mal dans ce temps-là »* ; *« Tu es pas bien quand ça arrive »* sont des exmples d'émotions qui ne sont pas appropriées et qui restent vagues et peu spécifiques.

Obstacle à l'étape 3. Les conceptions négatives reliées aux émotions vont, pour leur part, influencer négativement l'arrivée à l'étape 3. Ces victimes entretiennent beaucoup de jugements négatifs face aux émotions. Elles peuvent être dures vis-à-vis d'elles-mêmes, et leurs traits de personnalité ou les influences sociales ou culturelles affectent négativement leur vision de leur monde émotionnel. Les phrases *« Être triste est un signe de faiblesse, c'est inacceptable »*, *« Être en colère, c'est laid »*, *« Je ne veux pas avoir peur, ça me fait honte d'avoir peur »*, *« Je suis lâche, de me sentir découragé »* sont de bons exemples d'émotions qui ne sont pas acceptées par la victime. Elles sont considérées comme illégitimes ou comme des signes de faiblesse. Ces phrases résultent souvent de conceptions dures et dysfonctionnelles des émotions qu'il est souvent pertinent d'assouplir dans le cadre du processus thérapeutique.

Obstacle à l'étape 4. Enfin, certaines victimes ne se donnent pas le droit d'exprimer leurs émotions, ce qui va empêcher l'expression de l'étape 4. Elles peuvent avoir des difficultés d'affirmation de soi, des difficultés à bien communiquer aux autres ce qu'elles vivent, avoir vécu de mauvaises expériences de communication, ou posséder un réseau social inadéquat et offrant peu de soutien. Ces victimes peuvent s'exprimer ainsi : *« Je me sens extrêmement triste, mais personne ne va le savoir, car se confier est dangereux »*, *« J'ai déjà été trahi dans le passé et depuis je mets un bouclier entre les autres et moi »*, *« Exprimer ce qu'on ressent aux autres, c'est être vulnérable et jamais je ne me ferai blesser de nouveau »*. Elles temoignent d'une conception très négative de l'expression émotionnelle et de blessures douloureuses antérieures liées à ce partage. Votre contact thérapeutique d'acceptation et de respect aura le pouvoir de panser ces blessures.

Processus émotionnel

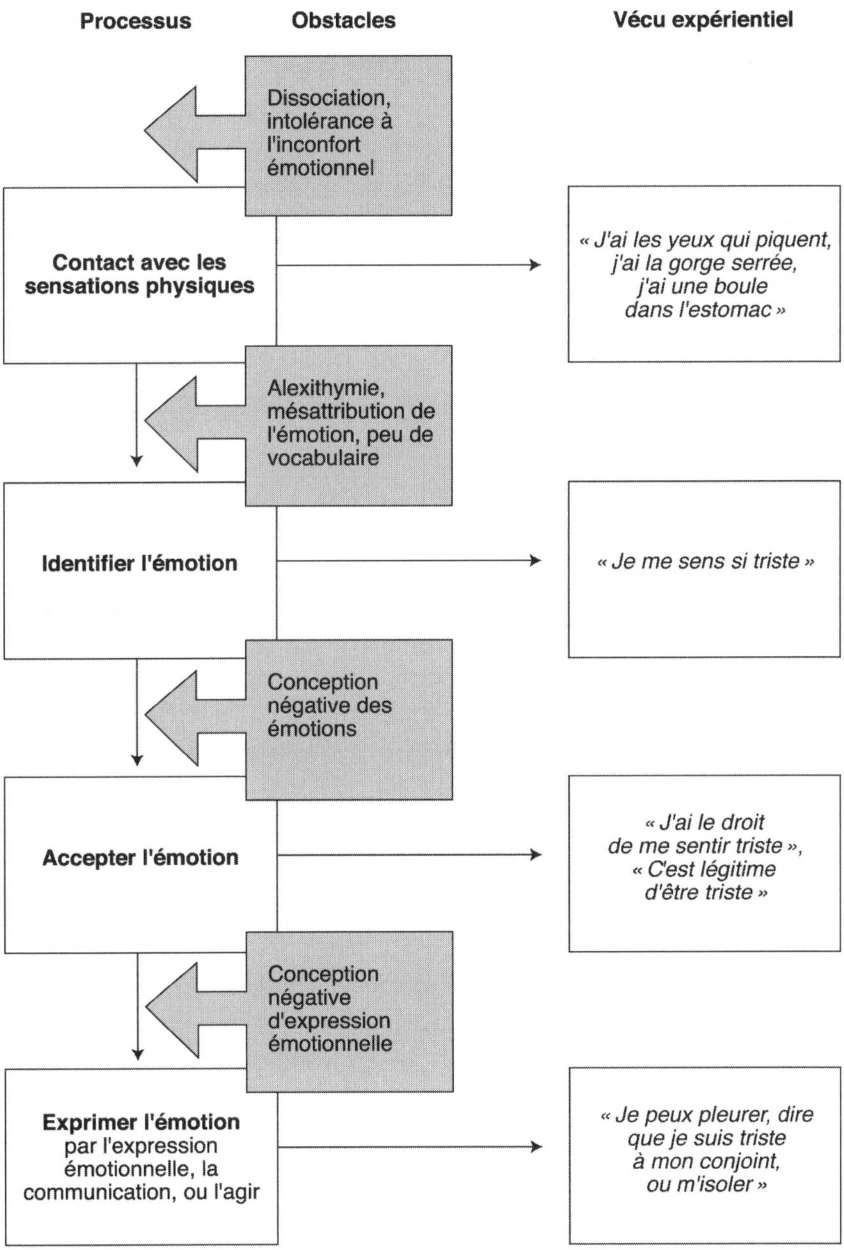

8.4 Les objectifs thérapeutiques

La démarche thérapeutique post-traumatique vise la prise de conscience des états émotionnels. Elle cherche aussi à faciliter leur identification et leur acceptation. Enfin, elle est une excellente occasion de favoriser l'expression des émotions associées aux symptômes post-traumatiques.

Ce travail doit précéder toutes les autres stratégies thérapeutiques. En effet, si la victime n'est pas en contact avec ses émotions, elle ne peut pas identifier les cognitions qui sont associées à sa détresse. Elle risque aussi de ne pas être en contact avec son anxiété ou sa détresse lors des exercices d'exposition, ce qui sabotera le processus thérapeutique. Enfin, elle est à risque de dissociation : ne se ressentant pas, elle risque de ne pas se protéger d'éléments anxiogènes, de ne pas sentir sa détresse, de ne pas doser son contact avec des éléments bouleversants et donc d'utiliser des mécanismes plus primaires (comme la dissociation) pour se protéger émotivement.

Le travail des affects aura aussi comme objectif de favoriser une gestion émotionnelle saine, qui améliorera les relations de la victime avec son entourage et favorisera une meilleure implication dans sa démarche thérapeutique. Enfin, ce travail sur le plan des affects vise à favoriser *l'intégration émotionnelle* du traumatisme. En ce sens, il peut être conçu comme un processus de deuil qui va contribuer à diminuer les symptômes post-traumatiques.

Stratégies thérapeutiques émotionnelles : 10 étapes

Ces étapes peuvent être utilisées afin d'aider la victime à mieux vivre le processus émotionnel.

1. Favorisez un climat thérapeutique sécurisant émotionnellement.
2. Favorisez la prise de conscience émotionnelle.
3. Favorisez l'appropriation émotionnelle.
4. Favorisez l'identification émotionnelle.
5. Favorisez l'acceptation émotionnelle.
6. Identifiez les cognitions qui bloquent le processus émotionnel.

7. Identifiez les métaémotions.
8. Analysez l'impact des émotions sur les symptômes post-traumatiques.
9. Permettez l'expression émotionnelle.
10. Favorisez une bonne gestion émotionnelle.

Choix des stratégies thérapeutiques en fonction des objectifs de traitement

Objectifs de traitement	**Stratégies thérapeutiques**
1) Faciliter le ressenti des émotions	1. Favorisez un climat thérapeutique sécurisant émotionnellement. 2. Favorisez la prise de conscience émotionnelle. * Utilisez des reflets d'émotions superficiels.
2) Faciliter l'identification et l'appropriation émotionnelle	3. Favorisez l'appropriation émotionnelle. 4. Favorisez l'identification émotionnelle. * Favorisez un discours personnalisé, avec proximité affective, et spécifique. * Utilisez des reflets d'émotions avancés. * Utilisez un vocabulaire nuancé.
3) Faciliter l'acceptation des émotions	5. Favorisez l'acceptation émotionnelle. 6. Identifiez les cognitions qui bloquent le processus émotionnel. 7. Identifiez les métaémotions. 8. Analysez l'impact des émotions sur les symptômes post-traumatiques. * Travaillez l'acceptation de soi et l'indulgence.
4) Faciliter l'expression des émotions	9. Permettez l'expression émotionnelle. 10. Favorisez une bonne gestion émotionnelle. * Favorisez un climat thérapeutique permettant l'expression des émotions. * Faites de la psychoéducation sur « exprimer » vs « agir » ses émotions.

8.5 Stratégies thérapeutiques émotionnelles : 10 étapes

1. Favorisez un climat thérapeutique sécurisant émotionnellement

Pour vous confier ses émotions, et pour être elle-même en contact avec celles-ci, la victime a besoin de sentir qu'elle peut vous faire confiance et que vous êtes vous-même à l'aise avec les émotions : à l'aise pour en discuter avec elle, à l'aise pour l'accompagner si elle désire les exprimer, et à l'aise avec vos propres émotions de façon personnelle. Le climat se doit donc d'être sécurisant et réconfortant pour la victime, et propice à l'émergence émotionnelle. Plusieurs messages sont transmis grâce à ce climat : message d'acceptation (« *Tes émotions sont légitimes* ») ; message d'importance (« *Tes émotions sont importantes et méritent que l'on s'y attarde* ») ; et message de respect (« *Je t'accueille comme tu es et tu y as droit* »).

2. Favorisez la prise de conscience émotionnelle

Afin de faciliter le contact de la victime avec ses sensations physiques, le thérapeute peut utiliser les ***reflets émotionnels superficiels***. Le reflet est un des outils thérapeutiques importants du travail avec les émotions. Un reflet est une intervention qui consiste à reprendre l'essentiel du message de la victime mais à le lui renvoyer d'une manière plus concise, précise, avancée. Le but est de faire en sorte que la victime perçoive quelque chose qui était hors de son champ expérientiel auparavant et qu'elle puisse progresser dans son processus thérapeutique : parce qu'elle a pris conscience d'une sensation physique, parce qu'elle est capable de mieux la définir, parce qu'elle réalise mieux ce qu'elle pense, parce qu'elle prend mieux conscience de sa vision des événements, etc. Tentez *d'être toujours un pas devant* la victime lorsque vous utilisez les reflets. Ceux-ci ne doivent pas être des « répétitions de perroquet » de ce qu'a dit textuellement la victime mais doivent préciser davantage le message sous-jacent.

Cette prise de conscience de la victime de ses sensations est facilitée dans « l'ici et maintenant » lorsque le thérapeute met en évidence les réactions physiques qu'il observe chez son client : « *Quand vous me parlez de ce sujet, votre voix se durcit* », « *Lorsque vous m'avez parlé de cette personne, vous vous êtes crispé», «Vous avez les yeux pleins d'eau quand vous me parlez de cet aspect de l'événement».* Ces reflets «superficiels» (parce qu'ils reflètent ce qui est apparent, observable, c'est-à-dire les sensations physiques par contraste avec les «reflets avancés» qui reflètent l'émotion sous-jacente) tentent de favoriser la prise de conscience de divers états émotionnels qui seraient autrement ignorés par le client. Ils visent à favoriser le contact entre le corps, les émotions et la conscience. Ils tentent de faciliter le contact entre la personne et ce qu'elle ressent.

Parallèlement, le rythme et le climat au sein des séances facilitent grandement cette proximité avec l'émotion: laissez de la place à certains silences lorsque vous sentez le client en proie à une émotion importante et permettez-lui de se connecter à celle-ci et de prendre son temps pour vous en parler. Vous pouvez aussi indiquer que quelque chose d'important se passe et qu'il peut être nécessaire que l'on s'y attarde (*«Je te sens en détresse, veux-tu laisser cette émotion émerger?», «Si on la laisse prendre sa place, de quoi a-t-elle l'air?», «J'ai l'impression que tu vis des émotions douloureuses actuellement; voudrais-tu me décrire ce que tu ressens?»*).

Pouvoir se centrer sur son expérience émotionnelle est un apprentissage. Par conséquent, il est possible d'apprendre à être davantage *conscient* et *en contact* avec ses états émotionnels. Des exercices d'auto-observation peuvent être très utiles pour développer cette habileté. Demandez à votre client de prendre conscience de ces sensations physiques à des moments déterminés de la journée. L'objectif est de permettre aux victimes de développer leurs capacités à se connecter à leur monde émotionnel (voir page suivante pour un exemple de cet exercice).

Parallèlement à cela, il est aussi possible d'aider la victime à mieux *tolérer* les états émotionnels douloureux. Conseillez à votre client de laisser monter les sensations physiques associées aux émotions, de les laisser prendre leur place et de tenter de tolérer ces sensations. Les émotions ne sont pas dangereuses. Elles peuvent être douloureuses... mais elles ne sont pas dangereuses. Tolérer ses émotions permet de les identifier, de mieux comprendre leur origine, prises de conscience essentielles mais impossibles à faire si la victime a tout de suite tendance à les nier, à les mettre de côté ou à s'en distancier.

Exercice de prise de conscience émotionnelle

Consignes : Nous avons prévu ensemble 3 moments par jour afin d'auto-observer vos états émotionnels. Lors de ces moments, notez ce que vous faites. Ensuite, prenez le temps de réaliser ce que vous ressentez comme sensations physiques et de prendre pleinement conscience de ces sensations. Notez où se situent vos sensations dans votre corps, comment elles se manifestent et notez aussi l'intensité du malaise engendré par ces sensations sur une échelle de 0 à 10 (0 = n'est pas du tout désagréable, 10 = extrêmement désagréable).

Jour/Heure	Ce que je fais	Mes sensations physiques : (lieu, sensation)	Intensité malaise
Jour : ______ ______ h ______ ______ h ______ ______ h ______	______ ______ ______ ______	______ ______ ______ ______ ______ ______ ______ ______	______/10 ______/10 ______/10
Jour : ______ ______ h ______ ______ h ______ ______ h ______	______ ______ ______ ______	______ ______ ______ ______ ______ ______ ______ ______	______/10 ______/10 ______/10
Jour : ______ ______ h ______ ______ h ______ ______ h ______	______ ______ ______ ______	______ ______ ______ ______ ______ ______ ______ ______	______/10 ______/10 ______/10
Jour : ______ ______ h ______ ______ h ______ ______ h ______	______ ______ ______ ______	______ ______ ______ ______ ______ ______ ______ ______	______/10 ______/10 ______/10

3. Favorisez l'appropriation émotionnelle

Certaines victimes vont avoir beaucoup de difficulté à s'approprier leurs états émotionnels et vont alors utiliser le «tu», le «on», ou le «ça» pour se détacher émotivement («*Tu te lèves un matin et tu te sens très moche*», «*On se sent mal dans ce temps-là*», «*C'est difficile à prendre*», «*C'est très triste, ce qui arrive*»).

Tentez de favoriser un discours personnalisé («*je*») de la part de la victime en utilisant des reflets: «*Ce que vous me dites, c'est que vous vous sentez triste quand vous vous levez le matin*», «*Vous vous sentez coupable dans ces moments-là*», «*Quand vous me dites que c'est très douloureux, vous voulez dire que vous vous sentez triste*», etc. Enfin, il peut être très profitable de leur refléter très empathiquement leur tendance à se distancer de leurs émotions en utilisant ces pronoms démonstratifs et pronoms personnels des deuxième et troisième personnes. Encouragez-les plutôt à utiliser le «je» et à s'approprier leurs émotions.

4. Favorisez l'identification émotionnelle

À cette étape, il importe d'aider la victime à nommer son émotion avec le plus de précision possible. Tentez d'être spécifique émotionnellement pendant la séance, c'est-à-dire de préciser le plus possible l'émotion ressentie par le client: être frustré, révolté, se sentir trahi ou impuissant sont des expériences très différentes et exigent une dénomination spécifique. Tentez d'utiliser un vocabulaire nuancé et riche, qui permet de rendre compte des multiples facettes émotives de la victime. À ce sujet, vous trouverez à la page suivante un inventaire des émotions potentielles qui pourrait vous aider en ce sens.

Utilisez des ***reflets d'émotion avancés*** pour permettre de préciser l'expérience émotionnelle de la victime. Ainsi, par exemple, si la victime dit: «*Je me suis senti ben mal*», le thérapeute peut répondre: «*Est-ce que vous diriez que vous vous êtes senti très vulnérable?*» Ou alors, si la victime affirme: «*C'est dur à prendre*», le thérapeute peut préciser : «*Ce que vous me dites, c'est que vous avez de la difficulté à accepter de vous voir diminué à cause de vos symptômes?*»

Utilisez aussi des ***reflets-résumés*** qui permettent de faire ressortir l'état émotionnel sous-jacent à un discours truffé de détails:

« Ce que je note dans tout ce que vous me dites depuis tout à l'heure, c'est que vous vous sentez trahi par la vie », « Ce que vous me dites, c'est que vous vous sentez complètement impuissant face à ce qui s'est produit ? », « Vous avez tenté de réagir tout de suite et vous semblez vous blâmer de cette réaction ». N'oubliez pas que les reflets ne doivent pas être des « répétitions de perroquet » de ce qu'a dit textuellement la victime mais doit préciser l'essentiel de son message et lui permettre ainsi de prendre conscience d'une partie de son expérience qu'elle ne saisissait pas auparavant.

Utilisez aussi des *reflets* et des *questions ouvertes combinées* pour permettre de *préciser* sa peur ou ses craintes face à l'expression de ses émotions : *« Vous semblez mal à l'aise lorsque je vous demande comment vous vous sentez : comment trouvez-vous cela ? », « Vous parlez d'événements tristes et, en même temps, je sens chez vous une grande retenue. Comment vous expliquez-vous cela ? »*

Certaines victimes ont beaucoup de difficulté à identifier et à nommer leurs émotions. Elles possèdent un vocabulaire resteint pour décrire les nuances émotives qu'elles vivent. Pour les aider à développer cet aspect, utilisez l'exercice « du thermomètre » (voir grille page 200). Il permet de préciser avec la victime différentes nuances d'une même émotion de base. Par exemple, pour l'émotion de tristesse, utilisez l'exercice du thermomètre pour définir avec la victime un continuum entre un état de serénité considéré comme le niveau de base à 0 et une émotion extrême que vous situerez à 10 (ex. : désespoir extrême). Ensuite, indiquez les divers niveaux intermédiaires (exemples : 2 = morose, 3 = mélancolique, 4 = dysthymique, 5 = attristé, 6 = découragé, 7 = triste, 8 = déprimé) avec les sensations physiques qui leur correspondent. Précisez les différents niveaux avec la victime en utilisant des termes qui lui sont propres. Ensuite, demandez-lui de noter l'apparition de l'évolution de cette émotion sur une grille d'autoenregistrement quotidien.

Cet exercice vise à favoriser une meilleure prise de conscience et une meilleure identification des états émotionnels. Il va être aussi très utile pour pratiquer les stratégies de gestion des émotions. En effet, plusieurs victimes ont l'impression qu'elles sont calmes et qu'elles ressentent soudainement un état de colère (ou de tristesse) extrême et incontrôlable. En fait, il est beaucoup plus probable qu'elles passent par des stades intermédiaires dont elles ne sont pas conscientes. Or, pour mieux gérer nos émotions, nous devons *mieux nous ressentir*. Nous verrons aussi combien il est important d'appliquer les stratégies de gestion émotionnelle à des niveaux *encore contrôlables*. Au niveau 10 (sur 10), aucune stratégie ne permet de diminuer son état émotionnel : il est beaucoup trop tard... Par contre, réaliser que notre colère monte de 3 à 5 puis à 8 permet de mettre en place des stratégies qui peuvent interrompre la montée émotionnelle. (Nous examinerons plus loin ces stratégies de gestion émotionnelle.)

Inventaire des émotions potentielles

Vous trouverez ici un inventaire des états émotionnels regroupés sous trois principales catégories : la colère, la tristesse et la peur, et ce, en ordre croissant d'intensité. Vous pouvez utiliser ce tableau afin d'aider la victime à développer un plus grand vocabulaire face à son monde émotionnel.

Niveau d'intensité	**Colère**	**Tristesse**	**Peur**
– – –	Amer	Morose	Craintif
	Se sentir injustement traité	Mélancolique	Méfiant
	Irrité	Déçu	Se sentir vulnérable
	Frustré	Se sentir incompris	Impuissant
	Cynique	Se sentir trahi	Anxieux
	Exaspéré	Honteux	Vigilant
	Révolté	Coupable	Inquiet
	Indigné	Se sentir abandonné	Paniqué
	Furieux	Découragé	Alarmé
	Violent	Abattu	Effrayé
	Agressif	Déprimé	Affolé
+++	Enragé	Désespéré	Terrifié

Exercice du thermomètre

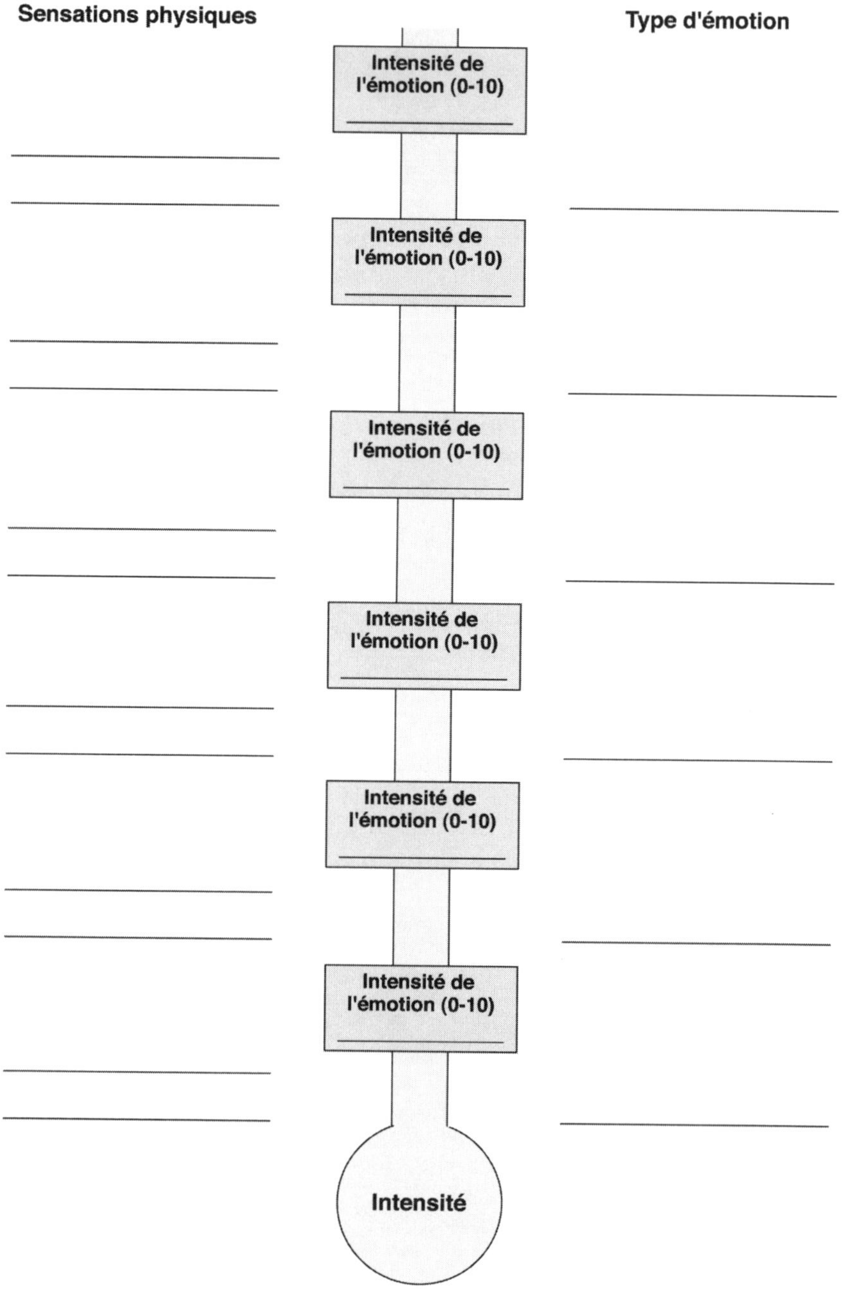

5. Favorisez l'acceptation émotionnelle

La démarche thérapeutique vise aussi à favoriser des attitudes de compassion et d'empathie chez la victime face à elle-même, c'est-à-dire pour la partie d'elle-même qui souffre. Tentez de développer de l'indulgence de sa part face à l'expérience de ses propres émotions. Ressentir des émotions est légitime et même nécessaire à toute bonne santé mentale…

Pour ce faire, vous pouvez discuter de votre vision du rôle des émotions et faire de la psychoéducation quant à des attitudes saines d'empathie et d'indulgence face à soi-même. Vous pouvez aussi tenter d'identifier les cognitions qui contribuent à un refus et à un blâme de l'expérience émotionnelle (voir prochain point). Enfin, soyez vous-même très empathique face aux émotions de la victime. Cela favorisera une internalisation par la suite de cette même attitude envers elle-même.

6. Identifiez les cognitions qui bloquent le processus émotionnel

Certaines pensées liées aux rôles des émotions ou certaines conceptions de soi constituent des obstacles au processus émotionnel. Plusieurs victimes ne se donnent ainsi pas le droit de ressentir de l'impuissance, de la tristesse, de la vulnérabilité, de la confusion ou de la rage: «*C'est jamais bon de trop se centrer sur ses émotions, on s'écoute trop de nos jours*», «*Si je parle de ma colère, je vais devenir violent*», «*J'ai pas vraiment le droit de me sentir comme ça, il y a des gens qui vivent des choses bien pires*», «*Je me refuse à réaliser que j'ai peur, c'est indigne de moi*».

D'autres, si elles se permettent de ressentir ces états émotionnels, s'interdisent de les exprimer et de les partager avec leur entourage: «*Les hommes ne doivent pas pleurer, surtout pas devant une femme*», «*J'aime pas me complaire dans le côté victime*», «*Personne ne pourrait me comprendre, alors j'aime mieux rester seul*», «*Quand on parle de ses problèmes, les autres nous jugent comme des êtres faibles*».

Malheureusement, cette fermeture renforce les symptômes post-traumatiques de la victime en ajoutant du blâme ou de la dévalorisation à ses émotions post-traumatiques et en renforçant son isolement social. Il est donc important d'identifier les conceptions qu'entretient la victime du rôle des émotions et de les restructurer si nécessaire.

Des notions de psychoéducation sont souvent très utiles pour restructurer ces conceptions face aux émotions. Ainsi, il peut être important de préciser qu'il y a une grande différence entre « se complaire dans la victimisation » et « pleurer sainement une blessure douloureuse ». Il peut être aussi important de mentionner qu'il n'est effectivement pas sain de ne se centrer *que* sur nos émotions pour agir ou prendre des décisions. Néanmoins, il reste très fonctionnel de se centrer sur nos émotions *pour comprendre* nos réactions, nos besoins et nos objectifs, ce qui peut alors nous aider à faire les bons gestes. Enfin, il peut être aussi utile de préciser que *vivre* une émotion et *l'agir* est très différent. Ressentir de la colère est légitime et sain, briser une chaise sur la tête de quelqu'un le serait beaucoup moins...

7. Identifiez les métaémotions

Les métaémotions sont aux émotions ce que les métacognitions sont aux cognitions : des émotions sur des émotions. Certaines victimes se sentent ainsi en colère d'être tristes ; ou elles se sentent honteuses d'être impuissantes, ou découragées d'être déprimées, etc.

D'autres « cultivent » une certaine émotion parce qu'elle leur permet de ne pas être en contact avec des émotions plus douloureuses : « *J'aime mieux être en colère que d'être triste, c'est pas vrai qu'ils vont avoir eu le dessus sur moi* », « *J'aime ça, mes sentiments de vengeance, ça me donne l'impression d'être en contrôle et de ne pas être en contact avec mon impuissance* », « *J'ai tendance à me sentir coupable plutôt que d'être agressive envers les autres ; je retourne la colère contre moi* », « *On dirait que je cherche à me sentir déprimée pour me punir de ce qui est arrivé* », etc.

Certaines victimes vivent certaines émotions comme fonction expiatoire. La dépression ou la honte ont alors le rôle de les « punir » d'une faute qu'elles considèrent avoir commise et qu'elles pensent avoir à payer. Les symptômes post-traumatiques et les émotions qui les accompagnent sont perçus comme un châtiment divin qu'il faut tolérer (sinon entretenir) pour « réparer » une inconduite. Le thérapeute se trouve alors face à une victime qui vit des symptômes de culpabilité, de honte ou de dépression maintenus par une fonction punitive sous-jacente. Il est donc très important d'explorer les métaémotions chez nos clients et d'identifier la *fonction* de celles-ci par rapport au processus émotionnel. Tentez d'identifier avec la victime les enjeux et le rôle de certaines émotions par rapport à d'autres et les conséquences de celles-ci sur son bien-être psychologique.

8. Analysez l'impact des émotions sur les symptômes post-traumatiques

Les états émotionnels influencent grandement les symptômes post-traumatiques, et ce, de plusieurs façons. D'abord, certaines émotions vont maintenir sinon aggraver les symptômes post-traumatiques. Ainsi, la honte ou la culpabilité teintent la mémoire traumatique d'une valence très négative, ce qui maintient l'évitement de cette mémoire et favorise les reviviscences. Une victime qui a honte de ce qui s'est passé va éviter de toutes ses forces de parler, de se souvenir ou de décrire les événements traumatiques, ce qui renforce le TSPT.

Ensuite, les états émotionnels influencent fortement les relations de la victime avec son entourage. Une victime déprimée ou une victime enragée provoquera des réactions très différentes chez ceux et celles qui l'entourent : compassion, colère, distance, indifférence, entraide, etc. Or, les études ont démontré que la qualité du soutien social influence la récupération post-traumatique. Par conséquent, les états émotionnels de la victime influencent la qualité du soutien social qu'elle va recevoir, ce qui va influencer sa récupération post-traumatique par la suite. Certaines se sentent ainsi si honteuses et coupables qu'elles vont couper leurs relations sociales et s'isoler, ce qui risque d'aggraver leur détresse et leur symptomatologie.

Parallèlement à cela, la littérature s'entend pour dire que les états émotionnels entretiennent une relation bidirectionnelle avec les cognitions : les cognitions peuvent causer certaines émotions alors que, d'autre part, les états émotionnels vont influencer l'interprétation des situations et la résolution de problème. Par conséquent, les états émotionnels de la victime vont influencer le sens qu'elle accorde à l'événement traumatique, vont teinter son interprétation de ses symptômes post-traumatiques et vont nuancer sa perception de sa démarche thérapeutique et de sa récupération.

Enfin, les états émotionnels de la victime vont avoir un impact sur ses capacités à profiter de la thérapie. En effet, certaines victimes sont tellement déprimées et découragées qu'elles n'ont pas la concentration nécessaire pour identifier leurs pensées dysfonctionnelles et effectuer des exercices de restructuration cognitive. Certaines se sentent tellement coupables qu'elles hésitent à partager leur expérience traumatique, ce qui peut contribuer à maintenir les symptômes. D'autres sont tellement en colère ou ne veulent tellement pas entrer en contact avec leur peur ou leur anxiété, qu'elles rendent inopérants les exercices d'exposition.

Il est donc important d'identifier avec la victime l'impact des émotions sur son réseau social, son interprétation des choses et sa capacité à profiter de la démarche thérapeutique afin de contrer les effets aggravants des états émotionnels sur la symptomatologie post-traumatique.

9. Permettez l'expression émotionnelle

Avertissez la victime qu'il y a de la place dans le processus thérapeutique pour des manifestations émotives et permettez-lui de les exprimer si elle en ressent le besoin : permettez-lui de pleurer, de rester silencieuse ou de parler fort, et profitez de cette proximité affective pour préciser l'émotion vécue.

Favoriser une certaine expression émotionnelle est important thérapeutiquement car cela permet de remettre en question plusieurs croyances face aux émotions. La victime réalise ainsi que «*pleurer devant quelqu'un n'est pas inacceptable*», que «*si je suis en contact avec une émotion, je ne vais pas m'effondrer*», que «*si je parle de ma colère, je ne vais pas devenir automatiquement violent et perdre le contrôle de moi*», etc.

Il peut être très difficile pour certaines victimes de se permettre d'exprimer certaines émotions. En effet, elles peuvent se sentir «laides», «méchantes», ou alors «faibles», dans cette expérience. De plus, certaines émotions sont quelquefois associées au sexe de la victime. Socialement, on s'attend souvent à ce que les hommes démontrent de la colère alors que la culpabilité semble davantage une émotion «féminine». Permettez à la victime d'exprimer toute la gamme des émotions si elle en ressent le besoin.

D'autres victimes ont de la difficulté à exprimer leurs émotions à leur entourage de façon saine : elles sont maladroites, trop directes, blâment trop les autres ou sont trop « floues ». Des stratégies de saine communication et de saine affirmation de soi pourront être utilisées avec elles afin de les aider à mieux partager ce qu'elles vivent avec les autres.

Quelquefois, les émotions face à l'agresseur, face à la vie ou face à Dieu, sont tellement fortes ou vous semblent tellement liées à la détresse de la victime qu'il sera approprié de leur laisser une place et de les travailler en thérapie. Pour ce faire, vous pouvez utiliser la stratégie de la lettre : « Lettre à Dieu » ou « Lettre à mon agresseur ». Demandez à la victime d'exprimer ce qu'elle ressent intimement dans cette lettre. Elle pourra décider ce qu'elle désire en faire par la suite : la brûler, l'enterrer, la déchirer, l'envoyer, la détruire ou la lire à des proches. En tout cas, cet exercice représente souvent une occasion pour mettre des mots sur une émotion difficile et pour exprimer ses idées de façon plus claire et directe.

Enfin, tel que mentionné précédemment, il est essentiel de préciser à la victime que *vivre* une émotion et *l'agir* est très différent. Précisez avec elle ce qui peut constituer une expression émotionnelle acceptable et saine. Pour ce faire, prenez en considération les droits des autres autant que ceux de votre client dans une approche de respect commun. L'objectif thérapeutique est de favoriser l'expression émotionnelle, certes, mais avec maturité, retenue et respect de soi et d'autrui.

10. Favorisez une bonne gestion émotionnelle

Une fois que les émotions associées aux symptômes post-traumatiques sont identifiées, appropriées, il reste à favoriser une bonne gestion émotionnelle. « Gérer » ses émotions ne veut *pas* dire « contrôler » ses émotions. Cela désigne plutôt le processus permettant une saine reconnaissance, une saine identification et une saine expression émotionnelle. Cela implique aussi la mise en place de mécanismes de qualité de vie qui permettent de « prendre soin de soi » émotivement.

« *Prendre soin de soi émotivement* » est le prolongement comportemental d'une attitude de compassion face à soi-même. Ce sont des gestes faits dans le but de se ménager émotivement. Cela implique, par exemple, de se dire qu'on est trop triste pour faire le ménage une journée et qu'on se permet de faire une activité plaisante à la place. Ou bien de se permettre d'appeler une gardienne pour s'occuper des enfants histoire d'aller nager quelques heures pour diminuer sa frustration. Ou bien de se permettre de remettre en question ses pensées dévalorisantes pour atténuer sa culpabilité et sa honte... En bref, cela désigne toutes les petites attentions que l'on peut avoir pour soi-même dans le but de ne pas être submergé par l'émotion et de pouvoir la digérer doucement. Cela demande évidemment de reconnaître et d'accepter ses émotions comme légitimes.

« Bien gérer ses émotions » veut aussi dire pouvoir identifier l'impact de nos émotions sur nos comportements et nos relations avec les autres et pouvoir s'autoapaiser si on le juge approprié. Cela veut dire ne pas se laisser consumer par certaines émotions mais pouvoir les comprendre, les ménager, les vivre sans qu'elles nous détruisent ou détruisent les autres (voir à ce sujet la section « 8.7. La colère post-traumatique : un défi pour le clinicien »).

8.6 La dissociation : un état à respecter et à apprivoiser

Un événement traumatique est par essence même un choc pour le système psychologique de l'individu. Ce choc est quelquefois si grand que certaines victimes utilisent la dissociation pour ne pas être en contact avec des émotions submergeantes et trop douloureuses.

La dissociation consiste en une altération des fonctions d'identité ou de perception de son environnement. Dans cet état, la victime peut avoir l'impression que le temps passe plus vite ou plus lentement, elle peut se sentir dépersonnalisée (ne se sent pas elle-même), elle peut avoir l'impression que ce qu'elle vit est irréel, avoir une perception altérée de son environnement (déréalisation) ou elle peut se sentir déconnectée ou confuse.

Certaines victimes qui ont vécu des expériences traumatiques, particulièrement sexuelles dans l'enfance, ont eu recours à ce mécanisme de défense dans le passé. Il leur a permis de se protéger émotivement d'un trauma horrible, innommable, alors qu'elles possédaient peu d'habiletés verbales adultes pour le comprendre et le partager. Lors d'un traumatisme adulte, elles auront de nouveau recours à ce mécanisme pour se protéger des émotions que le trauma provoquera et se couper des sensations qui y sont associées. Plusieurs études ont démontré une relation entre le fait d'avoir été victime d'abus sexuel dans l'enfance et les symptômes dissociatifs (Chu et Dill, 1990 ; Keaney et Farley, 1996 ; Lipschitz, Kaplan, Sorkenn, Chorney, et Asnis, 1996 ; Saxe, van der Kolk, Berkowitz, Chinman, Hall, Lieberg, et Schwartz, 1993). De plus, on a aussi très souvent observé de tels symptômes chez des victimes adultes ayant vécu d'autres types de trauma (Branscombe, 1991 ; Carlson et Rosser-Hogan, 1991 ; Dancu, Riggs, Hears-Ikeda, Shoyer et Foa, 1996). Des recherches ont aussi démontré une relation entre la présence de dissociation et des symptômes post-traumatiques plus sévères par la suite (Birmes, Sztulman et Schmitt, 2002 ; Marmar *et al.*, 1994 ; Martin, 2002 ; Murray, Ehlers et Mayou, 2002).

Que faire lorsque l'on observe que notre client présente d'importants symptômes de dissociation pendant le processus thérapeutique ? Une des premières stratégies à adopter consiste à d'abord renforcer le *sentiment de sécurité et de réalité* de la victime. Favorisez un contact visuel avec la victime afin de l'aider à maintenir le contact avec la réalité. Plusieurs suggèrent aussi d'adopter un ton de voix chaleureux et ferme, qui offre un « ancrage » à la réalité (Chu, 1998). Des stratégies de relaxation peuvent aussi être utiles, mais il importe de vérifier qu'elles renforcent le sentiment de contrôle du client et non une régression encore plus grande.

Tentez de prévenir la victime des possibilités de dissociation et proposez-lui de vous avertir le plus tôt possible lorsqu'elle sent qu'elle peut dissocier. Il est essentiel qu'elle sache que vous allez respecter cet état et que vous suivrez son rythme si elle vous avertit qu'elle trouve certaines stratégies trop menaçantes pour elle. Il est important ici de faire en sorte que la victime connaisse mieux ses états émotionnels et soit davantage capable de se connaître, afin de mieux doser son exposition à des émotions ou à des stimuli difficiles pour elle. Il importe donc de l'aider à mieux connaître son propre processus émotionnel et qu'elle puisse ressentir davantage ses fluctuations d'anxiété. Elle pourra ainsi mieux discuter de ce qu'elle ressent, comprendre ce qui la bouleverse, doser sa montée de détresse en prenant davantage soin d'elle.

Tentez d'identifier avec la victime quelles sont les situations qui semblent «dangereuses» pour elle et qui peuvent potentiellement l'amener à utiliser la dissociation. Il s'agit ici d'observer et d'identifier ce qui peut déclencher une montée émotionnelle intense (peur, horreur, sentiment de vulnérabilité) qui pourrait être à la source de la dissociation. Ensuite, discutez avec elle de ses craintes par rapport à la montée émotionnelle et restructurez certaines pensées irrationnelles si nécessaire (*«La souffrance va être tellement grande que je vais m'effondrer à jamais»*, *«Je vais devenir folle»*, *«C'est dangereux pour moi de penser à certaines choses»*, *«C'est au-delà de mes forces, je ne serais pas capable»*, etc.). Augmentez aussi son sentiment de contrôle face à certaines émotions ou certains stimuli afin que d'autres alternatives au processus de dissociation soient possibles. Une autre stratégie potentielle consiste à demander à la victime de s'imaginer son propre endroit sécurisant. Vous pourrez lui demander de retourner à cette scène apaisante si vous sentez trop de détresse de sa part.

L'objectif est en fait de transmettre le message qu'elle peut elle-même s'autoapaiser si elle en sent le besoin et que vous êtes là pour l'aider à garder le contact avec la réalité. En fait, la dissociation est un état qu'il faut respecter et apprivoiser lentement: il s'agit d'un mécanisme de défense primaire qui dénote une grande détresse intérieure. Le thérapeute d'expérience tentera de contrôler la «régression», c'est-à-dire le retour vers l'expérience traumatique ou le contact avec des émotions douloureuses afin de maintenir le contact avec la réalité et le sentiment de contrôle et de sécurité de son client. C'est là tout l'art thérapeutique...

Nous ne pourrons voir plus en détail les stratégies spécifiques ciblant les symptômes de dissociation dans le cadre de cet ouvrage. Pour davantage de détails sur des stratégies thérapeutiques utiles, vous pouvez vous référer aux nombreux travaux de Linehan sur le sujet, plus particulièrement Linehan (1993), et Wagner et Linehan (1998).

8.7 La colère post-traumatique : un défi pour le clinicien

Amertume, cynisme, rage, agressivité, les victimes de traumatisme présentent fréquemment des sentiments intenses de colère qui peuvent constituer un défi de taille pour le clinicien. Certaines victimes se sentent si en colère qu'elles semblent s'autoconsumer dans cette rage dévastatrice. D'autres ont des comportements agressifs avec les gens de leur entourage ou sont constamment irritables et tendues. D'autres encore entretiennent des fantasmes de vengeance dans l'espoir d'obtenir justice sans réaliser que ce faisant, elles mettent en péril leur santé psychologique, ainsi que leurs relations avec leur entourage.

Comment pourrait s'articuler le travail de la colère chez une victime de traumatisme ? Comment l'aider à s'apaiser ? Voici quelques suggestions qui suivent les 10 stratégies thérapeutiques émotionnelles définies plus haut.

1. D'abord, une des premières stratégies consistera à établir un climat propice à l'émergence de cette émotion. Le client doit sentir qu'il peut parler de cette émotion en thérapie avec vous : vous ne considérez pas cette émotion comme dirigée contre vous de façon personnelle et vous n'en avez pas peur. Évidemment, il va de soi que des comportements agressifs et ouvertement hostiles à votre égard ne doivent pas être tolérés en thérapie...

2. Parallèlement à cela, le travail consistera à favoriser une prise de conscience des sensations physiques associées à cette colère. Certaines victimes ont beaucoup de difficulté à se permettre d'être en colère, à être révoltées ou à entretenir des idées de vengeance contre l'agresseur. Elles vont ressentir un sentiment trouble « d'identification à l'agresseur », c'est-à-dire un état où elles se sentiront aussi méchantes, destructrices que lui. Ce sentiment est extrêmement dérangeant et sera évité le plus possible par les victimes. Certaines victimes qui n'acceptent pas et ne s'approprient pas leur colère vont la vivre mais de façon déguisée en étant extrêmement irritables dans le quotidien, en retournant leur colère contre elles sous forme de culpabilité ou d'automutilation ou en explosant soudainement dans des crises de rage extrêmes, déclenchées par des événements anodins. Afin de favoriser l'appropriation de cette colère, le thérapeute pourra avantageusement proposer des exercices d'auto-observation et l'exercice du thermomètre. Ces exercices vont permettre à la victime de mieux connaître les déclencheurs de cette colère et de mieux détecter ses signes précurseurs.

3. La prochaine étape sera de favoriser l'appropriation par la victime de ses émotions de colère. Plutôt que *« Il m'a mis en maudit! »*, *« Elle a le tour de m'écœurer »*, il s'agira ici de faire en sorte que la victime puisse mentionner *« Je me sens très en colère »*, *« Je me sens fâché contre elle »*, etc.).

4. Si vous sentez que la victime a de la difficulté à évaluer son niveau de colère (tout l'enrage, par exemple, ou elle se sent passer d'un état de calme zen à la colère furieuse), demandez-lui de faire l'exercice du thermomètre pendant quelques semaines afin qu'elle puisse développer davantage d'habiletés à nuancer sa montée de colère.

5. À cette étape, la victime doit se permettre d'accepter qu'elle est en colère et qu'elle a droit à cette colère. C'est à cette étape que vous pourrez travailler ses émotions de honte et de culpabilité face à cette colère et son impression d'être « sale », « méchante » ou au contraire « puissante » ou « destructrice ».

6. Le prochain travail consistera en l'identification des cognitions liées à la colère. Pour plusieurs clients, la question est souvent : *« Comment et quand vais-je pouvoir défouler ma colère? »*. Or, la véritable question est plutôt : *« Comment se fait-il que j'accumule tant de rage intérieure? »* Il est donc essentiel de positionner la colère comme découlant d'une interprétation spécifique et personnelle de la situation. Évidemment, dans le cas d'un traumatisme interpersonnel, la colère est souvent saine et légitime. Cependant, dans le cas où cette colère (bien que légitime) est autodestructrice et prend toute la place, il importe de mettre en place des mesures de gestion de la colère. La première étape consiste à mettre en évidence les cognitions qui renforcent cette colère.

6-7. Pour faciliter l'identification des cognitions associées à la colère, demandez à la victime d'écrire son dialogue intérieur (ces autoverbalisations) présentes lors d'une montée de colère. Cet exercice vous permettra d'identifier plusieurs distorsions cognitives qui encouragent la montée de la rage (surgénéralisations, pensée dichotomique, catastrophisme, etc.) et plusieurs conceptions dysfonctionnelles du rôle supposé de la colère... Ainsi, pour plusieurs victimes, la colère est une façon appropriée de reprendre le contrôle... alors qu'en fait il s'agit souvent d'une perte de contrôle de soi ! Certaines victimes laissent ainsi des situations ou des gens prendre beaucoup d'importance dans leur vie et leur accordent beaucoup de pouvoir : le pouvoir de les enrager, le pouvoir de gâcher leur journée et leur humeur, le pouvoir d'accaparer leur esprit, le pouvoir de créer de la tension musculaire, etc. Elles permettent ainsi à l'autre ou à la situation de les mettre en colère, ce qui risque de maintenir leurs symptômes post-traumatiques. Ces victimes voient souvent les relations sociales en termes dichotomiques de gagnant-perdant, agresseur-victime, fort-faible et considèrent que ne pas répondre agressivement est un signe de faiblesse ou de lâcheté. Or, maîtriser sa colère demande beaucoup plus de force, de courage et de maturité que de se laisser aller à des gestes agressifs... D'autres interprètent facilement les gestes d'autrui comme de la provocation ou des gestes d'humiliation et considèrent qu'ils « doivent laver leur honneur » par la colère. Enfin, certaines victimes ont tendance à prendre très peu la responsabilité de leurs montées de colère et de leurs actes agressifs et effectuent beaucoup d'attribution externe de leur attitude (*« Ce n'est pas de ma faute si je m'enrage, c'est lui qui m'a provoqué »*). Ce travail thérapeutique permettra d'identifier les conceptions, les pensées qui encouragent la colère et qui contribuent à maintenir la rage et les symptômes post-traumatiques.

8. Les prochaines stratégies visent à nommer l'impact de cette colère sur les symptômes, sur leur état psychologique et sur leur entourage. Il sera aussi important de préciser avec la victime les fonctions personnelles (ou les gains secondaires) de cette colère : représente-t-elle une façon de panser la blessure narcissique ? Est-ce une tentative pour reprendre le contrôle ? Est-elle plutôt utilisée pour ne pas être en contact avec l'anxiété ou la peur ? Est-ce une tentative pour faire agir une toute-puissance qui est le pendant de l'impuissance vécue lors du trauma ? Etc.

Il est souvent très utile de bien voir avec la victime que sa colère ne sert plus son objectif initial qui est de la protéger, d'exprimer une opposition ou de changer les choses. En effet, les victimes qui se sentent submergées de façon chronique par une colère incontrôlable doivent réaliser que la personne qui souffre le plus de leur colère est elle-même. Entretenir de l'amertume, de la rage ou du cynisme est extrêmement désagréable et nuit à leur récupération. Cette colère se retourne ainsi d'abord contre elles et éloigne souvent les autres. En fait, l'attente non exprimée de ces victimes consiste souvent à obtenir justice ou réparation, et cela n'est souvent pas possible. Cette attente irréaliste les place dans une situation de frustration constante. Le défi thérapeutique est donc, par conséquent, de positionner un objectif personnel qui est d'atteindre un mieux-être. Et ce mieux-être est incompatible avec un état chronique de colère et de rage.

9-10. Le dernier travail consiste à favoriser une saine expression de la colère. Pour ce faire, il est essentiel que la victime puisse mieux se sentir et qu'elle réalise qu'il existe des états intermédiaires entre l'état de calme et la rage incontrôlable et destructrice. Afin de l'aider, demandez à la victime de faire l'exercice du thermomètre en 4 étapes : 1) elle précise d'abord et définit ses niveaux de colère (bras central) ; 2) elle indique à gauche ses sensations physiques correspondantes pour chacun des niveaux de colère ; 3) elle indique quelles sont ses autoverbalisations, les pensées qui encouragent la montée de la colère ; et 4) elle identifie, avec votre aide, des stratégies personnelles qui pourraient l'aider à s'apaiser. Afin de favoriser une saine expression, il va ensuite s'agir d'interrompre la montée de colère à l'aide de deux stratégies : 1) en changeant ses autoverbalisations ; et 2) en adoptant des stratégies de désamorçage.

Lorsque la victime sent que son niveau de colère monte, elle doit être attentive à son « thermomètre intérieur » pour bien mesurer cette montée. À chacune des montées de colère, elle doit appliquer des stratégies pour tenter de contrer cette ascension. La première stratégie consiste à modifier ses autoverbalisations.

À ce sujet, nous pouvons nous inspirer des travaux de Meichenbaum (1985 ; 1994), qui a développé un entraînement à l'inoculation du stress qui permet au client colérique de mieux gérer sa colère à l'aide d'autoverbalisations. Ces autoverbalisations visent une meilleure adaptation à la situation potentiellement colérique et une modification du discours intérieur de la victime afin qu'il devienne plus apaisant et positif.

Autoverbalisations suggérées

- **Pour se préparer à la confrontation :**

  « Cette situation risque de me bouleverser, mais je sais comment y réagir. »
  « Essaie de ne pas prendre cela trop au sérieux. »
  « Prends le temps de prendre une respiration profonde, et relaxe. »
  « C'est facile, et souviens-toi de garder ton sens de l'humour. »

- **Pendant la confrontation :**

  « Reste calme, continue à relaxer. »
  « Ce n'est pas la fin du monde, je suis seulement frustré. »
  « Tu n'as rien à te prouver et cela ne donne rien d'être enragé. »
  « Mes muscles sont tendus. C'est le temps de me relaxer. »
  « Prends le temps de prendre une bonne respiration. »
  « Devenir enragé ne me sera d'aucune utilité. »
  « Je ne peux pas m'attendre à ce que les gens agissent exactement comme je le veux. »
  « Essaie de te raisonner. Traite les autres avec respect. »

- **Après la confrontation :**

  - *S'il y a eu une bonne résolution du conflit :*

  « J'ai bien géré cette situation. Ça a marché ! »
  « Cela n'a pas été aussi difficile que je le pensais. »
  « J'aurais pu être plus bouleversé que cela. »
  « J'agis de façon de plus en plus appropriée chaque fois. »

  - *S'il n'y a pas eu une bonne résolution du conflit :*

  « Ce sont des situations difficiles et cela prend du temps pour apprendre à gérer sa colère. »
  « Plus je vais le pratiquer, meilleur je vais être. »
  « Peut-on rire de cette situation ? Ce n'est probablement pas si grave. »
  « Ne prends pas cela trop personnellement. »

Parallèlement aux autoverbalisations, la victime doit aussi appliquer des stratégies de désamorçage, et ce, dès que possible dans le processus de montée de colère. Lorsqu'elle a identifié ces indices précoces de montée de colère, elle applique des stratégies pour interrompre la montée agressive. Il est important que la victime ne perçoive pas ces stratégies comme de la lâcheté ou de la fuite, mais plutôt comme une prise de contrôle et de courage.

Définissez avec la victime quelles pourraient être ses stratégies efficaces et personnelles de désamorçage de sa colère.

Exemples de stratégies de désamorçage :

- Dire à l'autre qu'on est en colère et qu'on a besoin d'un moment pour se calmer.
- Écrire ce que cette situation nous fait vivre.
- Dire que l'on va continuer la conversation plus tard.
- Prendre un temps d'arrêt à l'extérieur de la situation.
- Faire des exercices de respiration diaphragmatique.
- Lire un texte préparé pouvant apaiser dans cette situation.
- Imaginer une scène identifiée auparavant comme relaxante.
- Faire une activité de détente (regarder la télé, prendre un bain, lire un livre humoristique, etc.)
- Se féliciter d'être sorti de la situation et de ne pas s'être emporté, etc.

Exercice d'identification des indices précurseurs et de gestion de la colère

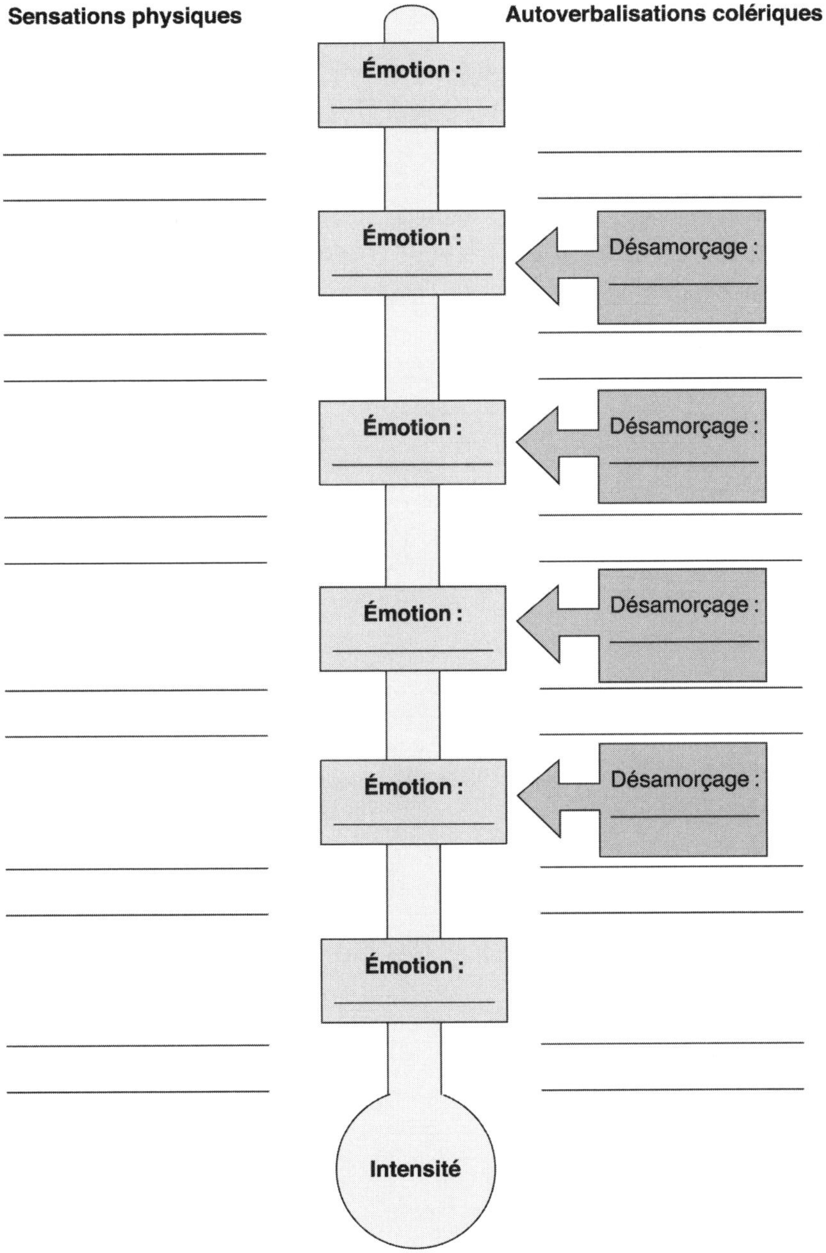

Exemple d'exercice complété de gestion de la colère

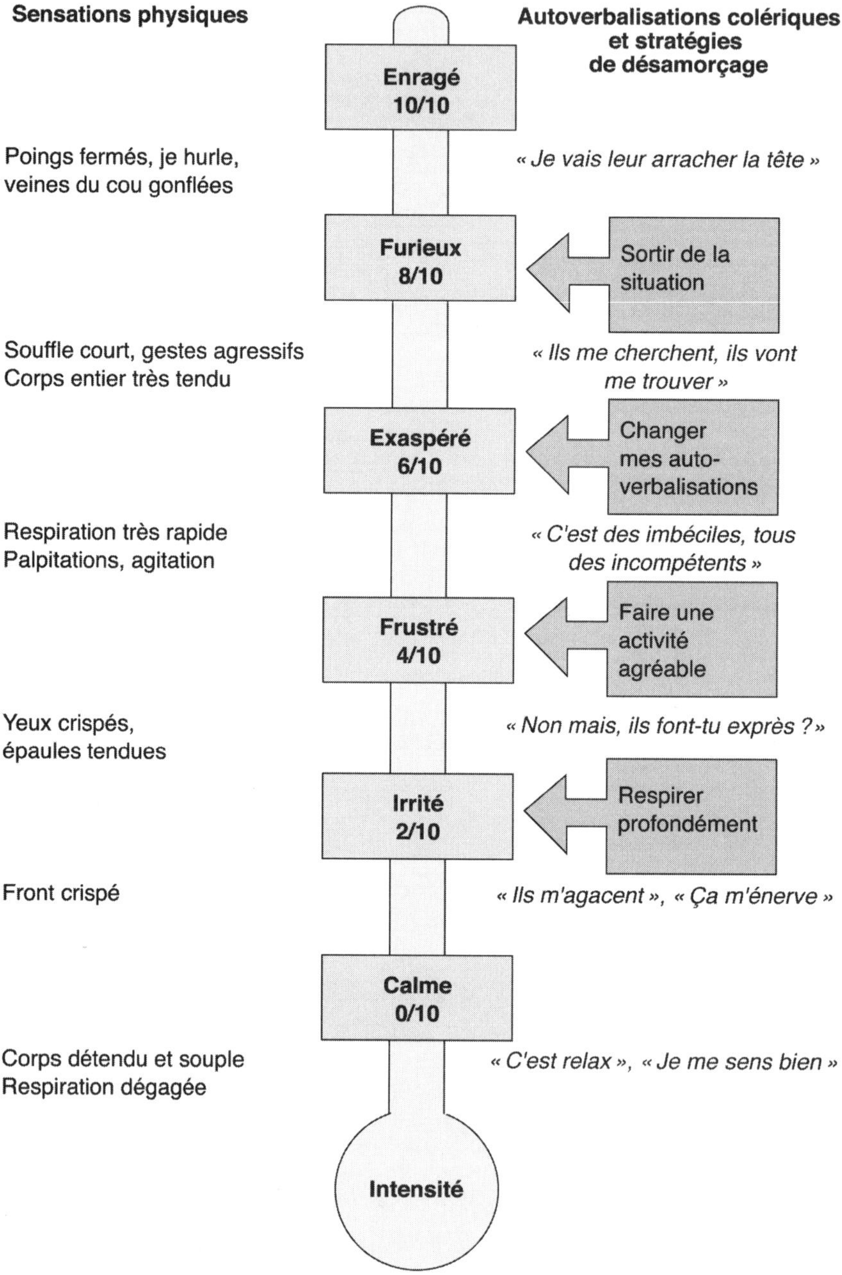

CHAPITRE 9

Travailler les pensées associées à la détresse post-traumatique

« Je ne veux pas retourner dans une banque, je suis sûre que c'est trop dangereux ! », « Je suis lâche d'avoir couru hors de l'immeuble en feu », « J'ai trop de symptômes post-traumatiques, je ne m'en sortirai jamais », « Mes amis me trouvent sûrement bizarre ces temps-ci », « Je suis incapable d'accepter cette agression, cela bouleverse complètement ma conception de la nature humaine ».

Vivre un événement traumatique, c'est souvent sentir sa vision du monde et de la vie basculer. C'est considérer les situations de la vie quotidienne comme des menaces réelles. C'est aussi interpréter ses actes et ses symptômes de façon négative, dévalorisante. Enfin, c'est souvent surestimer le risque de revivre un tel événement.

Le clinicien est fréquemment démuni face à ces interprétations et face à ce bouleversement profond des croyances fondamentales. Il pressent que ces perceptions sont liées à la détresse de son client et à ses symptômes post-traumatiques, mais il a de la difficulté à comprendre comment. Les phrases sécurisantes, la réassurance ou la psychoéducation n'y changent souvent rien : les victimes restent convaincues de leurs perceptions. Comment évaluer si leurs cognitions maintiennent effectivement leurs symptômes ? Et, si c'est le cas, comment faire en sorte que les victimes remettent en question certaines de leurs perceptions qui semblent associées à leur détresse et qui entretiennent leurs symptômes ?

9.1 Le rôle des cognitions dans la pathologie

La thérapie cognitive a littéralement révolutionné la psychologie moderne. Pour la première fois, le clinicien se focalisait sur la façon toute personnelle d'interpréter les choses de son client et postulait que *ce n'est pas la situation comme telle qui crée de la détresse chez lui mais surtout son interprétation de celle-ci* (Beck *et al.*, 1979 ; Beck et Emery, 1985 ; Ellis, 1962 ; 1973).

L'exemple classique donné pour illustrer cette relation est celui du chat : Vous êtes couché confortablement chez vous et vous entendez un bruit (situation).

Dans le premier cas, vous pensez : « *Ça doit être encore notre chat qui fait du bruit* » (pensée 1). Vous vous rendormez alors, agacé mais calme (émotion 1 et comportement 1).

Dans le deuxième cas, vous vous dites : «*Mon Dieu, c'est un voleur !*» (pensée 2). Vous êtes inquiet, en état d'alerte et vous vous préparez à vous lever pour aller vérifier (émotion 2 et comportement 2).

Cet exemple classique illustre bien qu'une même situation (le bruit) entraîne des émotions diamétralement opposées (agacement ou peur) selon l'interprétation qui en est faite (*« c'est un chat »* ou *« c'est un voleur »*).

La théorie cognitive postule également que *la façon la plus efficace de diminuer/modifier ses émotions de détresse (révolte, honte, culpabilité, peur) exagérées est de changer ses pensées irrationnelles*. Ainsi, selon cette théorie et en reprenant toujours l'exemple ci-haut mentionné, vous ne parviendrez pas à diminuer votre anxiété en vous exhortant à vous détendre... Si vous continuez à être convaincu que c'est un voleur, vous continuerez à être inquiet et à avoir peur. Vous ne parviendrez à retrouver votre calme que lorsque vous aurez réalisé que votre pensée est irrationnelle et l'aurez remplacée par une autre, plus réaliste et objective (*« Finalement, je crois effectivement que c'était un bruit inoffensif et sans conséquence »*).

En fait, ce qui ressort de cette théorie, c'est qu'*une pensée influence notre état émotionnel, et ce, même si la pensée est fausse*. Notre système ne se questionne pas sur la validité de la pensée avant de réagir : s'il est convaincu qu'elle est vraie, l'émotion suivra. Ainsi, si vous êtes convaincu qu'une météorite va vous tomber sur la tête lorsque vous prenez votre voiture, vous serez terrorisé et vous éviterez de prendre votre voiture. Vous demander de vous détendre ne changera rien : tant que vous serez convaincu de cette interprétation, vous serez anxieux. Et de même pour toute autre personne qui croit la même chose que vous. La seule façon de diminuer votre crainte consiste à favoriser chez vous une remise en question de votre perception des choses afin que vous puissiez envisager les choses de façon plus réaliste et ainsi diminuer votre anxiété et votre inquiétude.

Ces deux postulats de la thérapie cognitive ont été abondamment testés et confirmés durant les dernières décennies de recherches psychologiques. Ainsi, on sait maintenant que notre façon d'interpréter les événements influence notre réaction à ceux-ci et peut même prédire l'intensité de nos symptômes dépressifs et anxieux. De plus, on sait que modifier certaines pensées irrationnelles entraîne effectivement une diminution de la symptomatologie. Cependant, qu'en est-il de façon plus spécifique avec le TSPT ?

9.2 Les cognitions et le TSPT

Tel que mentionné précédemment, un événement traumatique n'affecte pas toutes les victimes de la même façon : le TSPT découle de la conjonction de divers facteurs prétraumatiques, déclencheurs et de maintien.

Plusieurs facteurs influencent donc le développement de symptômes post-traumatiques. Parmi ceux-ci, les variables cognitives sont souvent considérées comme un des plus importants. D'abord, parce que des données indiquent que les facteurs dits « subjectifs » (perceptions générales, blâme de soi, perception de menace à sa vie) contribuent deux fois plus à la sévérité de la détresse associée à la violence interpersonnelle que les facteurs dits « objectifs » (Weaver et Clum, 1995). Ensuite, parce que les cognitions (à l'inverse de l'événement traumatique) sont modifiables. Si elles sont associées aux symptômes, leur modification peut alors entraîner une diminution de détresse.

Les cognitions ne sont pas considérées comme des facteurs déclencheurs du TSPT. Par contre, elles jouent un rôle majeur comme facteurs *prétraumatiques* et comme facteurs de *maintien* du TSPT. À ce titre, il est donc essentiel d'aborder le travail des cognitions dans un processus thérapeutique.

Trois types ou niveaux de cognitions jouent un rôle prépondérant dans le développement et le maintien des symptômes post-traumatiques. Il s'agit 1) des *pensées automatiques* et des *attributions causales* ; 2) des *distorsions cognitives* ; et 3) des *croyances fondamentales*.

Pour chaque type de cognitions, nous verrons comment elles se manifestent cliniquement dans le travail thérapeutique auprès des victimes. Puis nous définirons leur rôle tel que proposé par les modèles étiologiques du TSPT. Ensuite, nous présenterons les résultats des recherches qui ont testé la relation entre ces cognitions et la symptomatologie post-traumatique.

Conceptualisation du processus cognitif

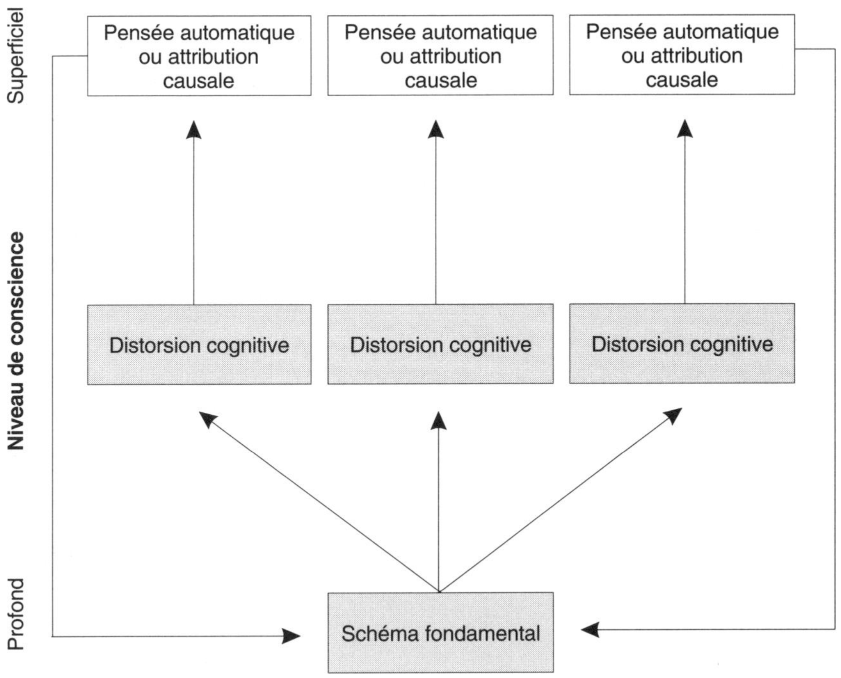

La victime :

- adhère à un schéma fondamental dysfonctionnel ;
- utilise des distorsions cognitives qui filtrent et biaisent la réalité afin de confirmer le schéma fondamental ;
- entretient des pensées automatiques qui provoquent de l'anxiété et de la détresse et qui confirment le schéma fondamental.

9.2.1 Les pensées automatiques et les attributions

Les ***pensées automatiques*** sont des phrases que l'on se dit à soi-même et qui paraissent surgir spontanément de manière automatique en réponse aux événements. Elles sont souvent inconscientes et ne découlent pas d'un raisonnement logique. En fait, elles sont très souvent irrationnelles parce qu'elles sont le résultat des distorsions cognitives. Malgré cela, elles semblent parfaitement plausibles et tendent à être endossées sans analyse critique par la personne (Beck *et al.*, 1979). Enfin, elles sont autoconfirmatoires, c'est-à-dire qu'elles confirment sans cesse les croyances fondamentales de la victime.

À la suite d'un événement traumatique, les victimes émettent des pensées automatiques à propos de plusieurs éléments : envers la sécurité du monde, envers le comportement qu'elles ont adopté lors de l'événement, envers leurs symptômes post-traumatiques et envers les réactions des autres.

Exemples de pensées automatiques :
« Cet homme me regarde bizarrement, il va m'agresser ! »
« J'ai vu dans le journal qu'un autre chauffeur de taxi s'est fait agresser, on est entourés de criminels. »
« Je ne m'en sortirai jamais. »
« Je ne peux pas croire que je n'ai pas pensé à aider ma voisine lors de l'incendie de l'immeuble. »
« Être aussi touchée par un événement qui n'est pas si terrible que ça objectivement, c'est ridicule. »
« Il n'y a rien à faire, les autres ne me comprendront jamais. »

On peut très bien comprendre que croire à de telles pensées entraînerait une détresse, une tristesse ou une anxiété significatives chez n'importe qui. Or, les victimes endossent souvent sans les remettre en question de telles pensées, ce qui maintient leurs symptômes post-traumatiques.

On désigne certaines pensées automatiques comme « dysfonctionnelles » lorsqu'elles sont associées à une détresse et à une anxiété douloureuses et exagérées. Les pensées automatiques dysfonctionnelles sont le résultat de distorsions cognitives importantes ; elles sont donc absolues, sans nuances et non vérifiables.

Les ***attributions***, quant à elles, constituent des cognitions un peu plus élaborées que les pensées automatiques. Il s'agit d'une interprétation de la cause d'un événement ou d'un fait. À la suite de l'événement traumatique, les victimes tentent de donner un sens à ce qui s'est passé et à ce qu'elles vivent. Elles vont faire inconsciemment des attributions causales pour expliquer surtout quatre facteurs : 1) la cause de l'événement traumatique ; 2) leurs symptômes post-traumatiques ; 3) leur comportement lors de l'événement ; 4) la réaction des autres à leur égard.

À la suite de l'événement traumatique, les victimes tentent de trouver *une raison à l'événement traumatique*. Elles vont hésiter entre divers types d'attributions et vont définir un responsable, les plus fréquents étant : elles-mêmes, leur comportement, leurs traits de personnalité, le destin, le hasard, la société, Dieu ou une personne (*« l'agresseur », « le négligent », « l'incompétente »*, etc.).

> ***Exemples d'attributions liées à la cause de l'événement :***
> *« Je n'aurais pas dû sortir à cette heure-là, c'est de ma faute. »*
> *« Les hommes sont tous des écœurants et ne pensent qu'à ça, violer une femme. »*
> *« C'est mon karma, il n'y a rien qui arrive pour rien dans la vie. »*
> *« J'ai été imprudent sur cet échafaudage. »*
> *« Le monde a toujours été égoïste, c'est à cause de ça que ça m'est arrivé. »*
> *« Le bon Dieu est en train de me punir de mes actes douteux passés. »*
> *« J'attire le malheur, il y a juste à moi que ça arrive, des choses comme ça. »*

Les victimes vont aussi faire des attributions envers le *comportement qu'elles ont adopté lors de l'événement traumatique* ; elles vont essayer de trouver une raison à leurs *symptômes post-traumatiques* et de comprendre et d'expliquer les *réactions des autres à leur égard.*

> ***Exemples d'attributions liées à leurs symptômes post-traumatiques :***
> *« Si la CSST m'avait dit dès le début que je souffrais de TSPT, j'aurais pas laissé ça traîner et je serais beaucoup mieux maintenant. »*
> *« C'est parce que je suis faible que j'ai ces symptômes, j'arrive pas à me botter le derrière, j'ai toujours été comme ça. »*
> *« Ça a l'air qu'il faut que je souffre, c'est comme ça la vie, y a rien de facile. »*

«Je dois être en train de devenir folle. Plus le temps passe, plus ça empire.»
«J'étais déjà si fatigué avant l'événement... Je pense que ça doit aggraver mes symptômes.»

Exemples d'attributions liées à leurs réactions lors de l'événement:
«Notre employeur nous a jamais avertis que cela pouvait arriver, sinon je n'aurais pas réagi de cette façon.»
«La foule a paniqué et j'ai été influencé par cette atmosphère, ça m'a empêché de réagir logiquement.»
«J'ai eu tellement peur, je n'ai pas pensé à autre chose qu'à fuir, c'est tout.»

Exemples d'attributions liées aux réactions des autres à leur égard:
«Je suis sûre que je les dégoûte, c'est pour ça qu'ils ne me parlent plus.»
«Ma relation de couple va mal depuis l'accident; mon conjoint est incapable de prendre soin de quelqu'un.»
«Je suis obligé de me battre sans arrêt pour faire reconnaître ce que je vis et avoir des allocations. La société est vraiment conçue pour aider les criminels et on oublie complètement les victimes.»

Modèles et résultats de recherche concernant le rôle des pensées automatiques et des attributions dans le TSPT

Le modèle de Joseph, Williams et Yule (1995) et Joseph, Yule et Williams (1993), présenté plus haut, est un bon exemple d'un modèle qui considère que ce sont principalement les pensées automatiques et les attributions causales liées à l'événement traumatique qui influencent le développement du TSPT. Ce modèle s'appuie sur des données indiquant que les gens se questionnent et tentent d'expliquer les causes des événements qui leur arrivent, surtout après un événement négatif et imprévu (Turnquist *et al.*, 1988; Taylor, 1983; Wong et Weiner, 1981). Il découle du modèle de détresse acquise, *learned helplessness*, d'Abramson et collègues (Abramson, Seligman, et Teasdale, 1978; Abramson, Metalsky, et Alloy, 1989), qui postule que la nature des explications données à un événement influence la réaction de la personne à celui-ci.

Conformément à ce modèle, le modèle de Joseph *et al.* (1995) prédit que les victimes qui attribuent la cause de l'événement à des éléments internes, stables et globaux (soit lorsque la cause de l'événement est attribuée à des facteurs personnels, qui durent dans le temps et qui affectent plusieurs sphères de leur vie, par exemple: *«J'ai quelque chose qui attire les malheurs et ce sera toujours ainsi»*) vont souffrir de symptômes dépressifs et post-traumatiques plus graves que celles ayant vécu le même événement mais l'ayant attribué à des facteurs externes, instables et spécifiques (*«Cette situation était risquée et dangereuse, elle ne se reproduira pas»*). Ce modèle considère que les attributions causales dépendent en partie du style attributionel de la victime, de son lieu de contrôle et de ses croyances fondamentales.

À la même époque que le développement de la théorie attributionnelle d'Abramson en 1978, Janoff-Bulman (1979) avait déjà apporté des nuances quant à l'application de cette théorie dans une perspective post-traumatique. En particulier, elle remettait en question la fonction «négative» et dysfonctionnelle de l'attribution interne. Ces études auprès des victimes d'accidents de la route ont d'ailleurs démontré qu'à l'inverse de cette théorie, les victimes qui se considéraient responsables de l'accident (attribution interne) démontraient *moins* de symptômes et récupéraient plus vite que les victimes attribuant la cause de l'accident à des facteurs externes (les autres conducteurs, les conditions routières ou météo...) (Janoff-Bulman et Wortman, 1977). Afin d'expliquer la différence entre ces résultats et ceux de la théorie attributionnelle, Janoff-Bulman (1979) distingue entre 2 types d'attributions internes: le blâme comportemental (attribuer la cause du traumatisme à son comportement) et le blâme de personnalité (attribuer la cause du traumatisme à sa façon d'être). Conformément à son hypothèse, le blâme comportemental serait associé à une meilleure adaptation post-traumatique parce qu'il touche un aspect temporaire, spécifique et modifiable de la victime, c'est-à-dire son comportement. Par conséquent, ce type d'attribution interne, à l'inverse de l'attribution de personnalité, provoquerait, selon elle, un sentiment de contrôle qui peut être sain.

La dimension interne-externe des attributions causales a fait l'objet de plusieurs recherches dans la littérature depuis 1979. Ces recherches ont effectivement montré que cette dimension était fortement associée aux symptômes post-traumatiques, mais de façon différente selon le type de traumatisme vécu. Ainsi, les résultats montrent que l'attribution interne n'est définitivement pas une interprétation utile pour la victime à la suite d'une agression sexuelle. Une revue de la littérature (Brillon, Marchand et Stephenson, 1999) met en évidence que plusieurs études montrent qu'une attribution interne à la suite d'une agression sexuelle est associée à des symptômes post-traumatiques et dépressifs plus sévères. Cependant, cette relation est indépendante du type d'attribution interne. En effet, et le blâme comportemental et le blâme de personnalité sont significativement associés à des symptômes plus sévères au niveau de la dépression, de la peur, des ruminations et de l'insatisfaction sexuelle post-agression (Frazier et Schauben, 1994; Frazier, 1990; Meyer et Taylor, 1986; Gold, 1986; Libow et Doty, 1979). En plus d'être associée à une moins bonne adaptation, l'attribution interne est aussi associée à un comportement de honte et de retrait puisque les victimes de harcèlement sexuel qui s'attribuent une part de responsabilité de ce qui leur est arrivé sont moins portées à porter plainte et partagent beaucoup moins leur expérience négative avec leur réseau de soutien (Jensen et Gutek, 1982).

Or, de façon fascinante, ces résultats sont inverses lorsque la victime a vécu un accident de la route. En effet, les victimes qui attribuent l'accident à leur comportement (*«J'ai mal conduit»*) démontrent moins de symptômes post-traumatiques que celles qui attribuent l'accident à des facteurs externes (*«C'est la faute des autres conducteurs», «Les conditions météo étaient défavorables»*). L'hypothèse de Janoff-Bulman semble ainsi se confirmer. La perception de contrôle découlant de l'attribution influencerait les symptômes. En effet, croire qu'il s'agit de notre comportement induit un sentiment de contrôle qui peut être soulageant: *«Si je conduis mieux, je n'aurai plus d'accident et donc je suis en sécurité»*.

La perception de contrôle découlant de l'attribution causale est, en effet, très associée aux symptômes post-traumatiques. Ainsi, Frazier (1990) montre que les victimes qui perçoivent de futurs viols comme un événement incontrôlable sont beaucoup plus déprimées. Ces résultats concordent avec ceux de Kushner *et al.* (1992), qui démontrent que les attributions d'incontrôle envers des événements négatifs futurs sont significativement associées à des symptômes post-traumatiques plus graves.

La dimension stable-instable et contrôlable-incontrôlable de l'attribution causale a elle aussi fait l'objet de recherches. Ainsi, Mikulincer et Solomon (1988) ont démontré que les symptômes post-traumatiques de vétérans de guerre étaient significativement associés à un style attributionnel stable et incontrôlable pour des événements négatifs. Les changements dans leur symptomatologie post-traumatique entre les deux moments de mesure est aussi reliée à des changements au niveau de leurs attributions. Ces résultats ressemblent à ceux de McCormick, Taber, et Kruedelbach (1989) qui montrent que des vétérans souffrant de TSPT attribuent davantage les événements négatifs qui leur arrivent à des causes internes, stables et globales que les vétérans ne souffrant pas de TSPT.

Parallèlement à cela, Weiner (1985; 1986) précise que la teneur des attributions influence le développement d'émotions spécifiques. Ainsi, l'attribution interne, spécifique et instable, donc contrôlable (comportements, actions), serait associée à des sentiments de *culpabilité*. L'attribution interne, généralisée et stable, donc incontrôlable (traits de personnalité, valeur personnelle) serait associée à des sentiments de *honte*. La *colère* découlerait d'une attribution externe et incontrôlable.

9.2.2 Les distorsions cognitives

Les distorsions cognitives sont des processus de distorsion de la réalité qui visent à confirmer le schéma fondamental de la victime. Ce sont des lunettes qui biaisent la vue de la personne et modifient sa perception de la réalité. Ce biais se manifeste sous forme de pensées automatiques qui sont congruentes au schéma fondamental. Ces pensées automatiques provoquent subséquemment de l'anxiété et des symptômes post-traumatiques.

Les distorsions cognitives sont les intermédiaires entre les croyances fondamentales (structures profondes et inconscientes) et les pensées automatiques et les attributions (structures superficielles et plus conscientes). Ces mécanismes de transformation de l'information sont souvent stables, et réduisent la vision du monde de la victime de façon à reconfirmer constamment ses croyances fondamentales.

Distorsions cognitives liées à l'anxiété et à la dépression

Plusieurs types de distorsions cognitives ont été identifiés dans la littérature (Beck *et al.*, 1979 ; Beck et Emery, 1985). Voici les distorsions les plus courantes chez les victimes souffrant de TSPT :

1) *L'inférence arbitraire.* Cette distorsion très courante fait en sorte que la victime arrive à une conclusion en l'absence de preuves suffisantes pour la supporter. Par exemple, lorsque la victime pense *« Je suis sûre que tout le monde remarque que je ne vais pas bien », « La société est actuellement beaucoup plus agressive envers les femmes qu'avant », « Je n'ai reçu aucune nouvelle de mon employeur, il se fout complètement de ce qui s'est passé »*, elle n'a souvent aucune preuve pour soutenir ces affirmations à part sa propre perception des choses.
2) *La personnalisation.* Il s'agit d'une distorsion par laquelle la victime se sent personnellement concernée et responsable de la cause ou des conséquences des événements alors qu'ils sont peu liés à elle ou qu'aucun indice ne permet une telle attribution. Cette distorsion est très courante et se reflète largement dans les attributions causales. Par exemple : *« Si j'étais allé fermer la porte de la banque plus tôt, le vol ne se serait jamais produit », « Il n'y a pas eu de réception de famille cette année, probablement que personne ne voulait me voir », « Cela fait trois semaines que j'attends des nouvelles au sujet de mes indemnités, ils font exprès pour m'écœurer », « Chaque fois que je vais quelque part, il y a un malheur »*. La victime utilisant cette distorsion a l'impression que tout tourne autour d'elle et elle personnalise ce qui lui arrive. Cette distorsion est souvent responsable de symptômes intenses de honte et de culpabilité chez les victimes. De plus, elles utilisent souvent la « lecture de pensée », c'est-à-dire qu'elles mettent des mots, des pensées ou des intentions dans la tête des gens qui les entourent et envisagent que les autres les jugent négativement ou les critiquent : *« Il n'a rien dit quand je lui ai raconté mon agression, il pense sûrement que c'est ma faute. »*

3) *Le raisonnement émotionnel.* Aussi très courant chez les victimes, le raisonnement émotionnel fait en sorte que la victime se base sur ses émotions pour en arriver à une conclusion. Par exemple : *« J'ai eu tellement peur en voiture, c'était donc extrêmement dangereux », « Cet homme a provoqué chez moi beaucoup de craintes, il est sûrement très malfaisant », « Je me sens très réticent à l'idée de commencer des exercices d'exposition graduelle, donc ça ne doit pas être bon pour moi de faire ça », « Je me sens coupable de ce qui s'est passé, donc je suis coupable »*. La victime considère que ses émotions constituent en soi une preuve confirmant la validité de sa pensée.
4) *L'attention sélective.* Avec l'attention sélective, la victime concentre son attention sur un détail en ignorant des aspects plus importants de la situation. Elle porte son attention sur un aspect négligeable des choses et délaisse des éléments pouvant contredire sa croyance de base. Par exemple : *« Mon conjoint ne m'a pas demandé comment j'allais ce matin, je lui suis indifférente »* (alors qu'il a été par ailleurs très attentionné le reste de la journée), *« J'ai lu dans le journal qu'une femme a été agressée dans un parc ; plus jamais je ne me promènerai dans un lieu public, c'est trop dangereux », « Lors de mon retour au travail, j'ai remarqué que ma collègue me parlait froidement, je dois avoir l'air complètement fou »*. Dans ces exemples, la victime ne considère pas les autres faits, qui pourraient contredire son affirmation.
5) *La surgénéralisation.* Il s'agit d'une distorsion par laquelle la victime en arrive à une conclusion à partir d'un ou de plusieurs petits éléments isolés et étend cette conclusion à l'ensemble des autres situations. Par exemple, lorsque la victime pense *« Tous les hommes sont comme mon voisin : insensibles aux femmes », « Tous les malheurs n'arrivent qu'à moi ! », « Évidemment, la SAAQ a refusé de payer les indemnités demandées : toute une bande de profiteurs ! », « Mon oncle a été agressé par un Noir, ils sont tous agressifs dans cette race-là », « Je ne serai jamais en sécurité »*, elle généralise ce qui lui est arrivé ou ce qu'elle connaît et l'applique à l'ensemble des autres situations. La victime utilise aussi beaucoup cette distorsion lorsqu'elle considère que *« l'événement traumatique n'est qu'un événement négatif de plus dans une longue vie d'échecs »*.

6) *La catastrophisation*. Elle découle de l'attention sélective et de la surgénéralisation. Il s'agit d'une distorsion par laquelle la victime surestime le pourcentage de risques qu'un événement se reproduise ou exagère les conséquences négatives d'un événement. Par exemple, *« La société est tellement violente, j'ai au moins 80 % de risques de vivre un autre vol à main armée dans la prochaine année », « Je suis en arrêt de travail depuis 4 mois, mon employeur va sûrement me mettre à la porte », « Je ne m'en sortirai jamais, ma vie est finie », « Mes symptômes sont si désagréables pour la vie de famille que ma fille et mon conjoint vont sûrement me quitter »*. La victime utilise aussi cette distorsion lorsqu'elle exagère l'impact de ses gestes lors de l'événement ou dramatise le fait qu'elle n'a pu l'empêcher.

7) *La pensée dichotomique*. Cette distorsion contribue à faire en sorte que la victime interprète la réalité sans nuances, selon les deux extrêmes du continuum seulement. Les événements sont catégorisés en termes de tout ou rien, de noir ou de blanc. Par exemple : *« Les patrons sont tous des exploiteurs qui avilissent le prolétariat innocent et sans défense », « Mon agent de l'IVAC est absolument extraordinaire ; c'est pas comme mon intervenant, qui est tout à fait incompétent », « Cette personne a fait une erreur dans mon dossier, c'est complètement inadmissible, elle ne mérite pas d'occuper ce poste »*. Ce type de pensée est caractérisé par un manque de nuance, de souplesse et une très grande rigidité.

En général, à la suite d'un événement traumatique, les victimes interprètent le monde à l'extrême d'un continuum : tout le monde et toutes les situations sont dangereux, imprévisibles, incontrôlables, néfastes. Elles-mêmes se jugent souvent comme faibles ou incompétentes. Elles utilisent beaucoup les distorsions cognitives afin de confirmer leurs interprétations, en ayant l'impression que cela leur permet de se protéger efficacement d'une autre traumatisation. Le but de la restructuration cognitive est de permettre une remise en question de ces perceptions afin de favoriser une vision des choses plus nuancée, réaliste : ***« Nous vivons dans un monde sécuritaire en général, un autre événement traumatique est peu probable, les événements sont en général prévisibles et contrôlables, et vous êtes compétent dans la plupart des situations »***.

La restructuration cognitive permet une vision plus souple des choses, selon laquelle les événements extrêmes et imprévisibles arrivent et peuvent se reproduire mais qu'ils sont par définition même exceptionnels et que lors de tels événements nous ne pouvons réagir aussi efficacement que lors d'autres types d'événements.

Distorsions cognitives liées à la culpabilité et à la honte

Parallèlement à ces distorsions cognitives qui sont associées à des symptômes post-traumatiques et dépressifs, quatre autres types de distorsions ont été identifiés dans la littérature comme étant particulièrement associés à la culpabilité et à la honte. En effet, Kubany et Manke (1995) identifient quatre types d'erreurs de perception *post-événement* qui entraînent des sentiments de culpabilité :

1) Les victimes ***croient souvent qu'elles «savaient» ce qui allait se passer avant même que cela soit possible de prédire le déroulement des événements***. En effet, plusieurs considèrent qu'elles auraient *«dû le savoir»*, que *«cela était évident»*, sans réaliser *qu'elles ne possédaient pas* à ce moment-là les informations qu'elles possèdent maintenant, soit après la conclusion de l'événement traumatique. Les victimes ne réalisent pas que par conséquent, elles ne pouvaient prédire, à ce moment-là, le déroulement des événements.

2) Les victimes ***exagèrent souvent leur degré de responsabilité dans la cause de l'événement ou dans les conséquences qui ont suivi***. Cette tendance est très répandue chez les victimes. Elles exagèrent leur pouvoir lors de cet événement et croient avoir eu la possibilité de tout prévenir ou de tout éviter. Kubany et Manke (1995) mentionnent quatre explications à cette exagération de responsabilité : 1) le jugement a posteriori de la victime a pour effet de biaiser son évaluation de sa capacité à prévenir l'événement (parce qu'elle sait comment l'événement se termine, elle croit qu'elle aurait pu facilement le prévenir) ; 2) plusieurs victimes ne considèrent pas l'ensemble des causes responsables de l'événement et se concentrent sur certaines circonstances qui auraient pu être évitées ; 3) la victime confond souvent sa perception qu'elle aurait pu *prévenir* l'événement avec l'interprétation qu'elle a *causé* celui-ci (*« Si je n'avais pas marché à cette heure-là dans le parc, cela ne se serait pas produit, donc c'est de ma faute si j'ai été violée »*) ; 4) les victimes confondent souvent leur position professionnelle avec leurs capacités réelles lors de l'événement (*« Je suis ambulancier, c'est ma job de sauver des gens, donc j'aurais dû être capable de le garder en vie »*).

Pourquoi se blâmer ainsi de la sorte ? Plusieurs cliniciens ont tenté de comprendre cette surresponsabilisation et certains ont pu mettre en évidence des fonctions qui procureraient des gains secondaires aux victimes. Ainsi, Janoff-Bulman (1992) considère que cette surexagération pourrait contribuer à diminuer les craintes de la victime face à une autre retraumatisation : *« Si je suis responsable de cet événement, c'est donc que si je n'ai plus ce comportement, cela ne m'arrivera plus. »* En fait, cela lui donnerait une fausse impression de contrôle et lui donnerait donc l'impression qu'elle peut éviter un autre événement. D'autre part, cette attribution peut servir aussi à conserver intactes certaines croyances spirituelles telles que *« Il n'y a pas de hasard »*, et *« On mérite ce qui nous arrive dans la vie »*. Se blâmer permettrait donc de ne pas ébranler un système de croyances ancrées et significatives pour l'individu.

3) Les victimes *considèrent souvent que leurs actions lors de l'événement n'étaient pas pleinement justifiées alors qu'elles étaient les seules possibles à ce moment-là*. Ainsi, plusieurs victimes dénigrent leurs actions lors de l'événement alors que des actions alternatives n'existaient tout simplement pas. D'autres comparent la valeur de leurs actions faites avec des actions potentielles qui ne leur sont apparues qu'après l'événement. D'autres ne portent leur attention que sur les avantages et les conséquences positives qui auraient découlé d'actions alternatives si celles-ci avaient été entreprises. Plusieurs minimisent les avantages des actions qu'elles ont faites et n'évaluent pas les actions alternatives potentielles selon les données qu'elles possédaient avant ou lors de l'événement. Enfin, plusieurs victimes ne réalisent pas que les processus de prise de décision lors d'un événement traumatique sont diamétralement différents de ceux utilisés lors de situations contrôlées, qui permettent d'examiner les diverses alternatives potentielles.

4) Les victimes *se blâment souvent d'avoir violé leurs valeurs personnelles sans considérer que leurs intentions étaient*

congruentes à leurs valeurs. Les victimes jugent souvent leurs actions sur la base du résultat plutôt que de considérer leur intention préalable. Elles ne reconnaissent pas non plus que dans une situation où *toutes* les actions possibles vont entraîner des conséquences négatives, le choix d'une qui pourrait en causer moins, est en soi un excellent choix.

9.2.3 Les schémas/croyances fondamentales

Les croyances fondamentales ou schémas de base sont des structures cognitives profondes, inconscientes et relativement stables à la base des distorsions cognitives (Beck *et al.*, 1979). Ce sont des façons personnelles et répétitives de comprendre et d'interpréter les événements. Ces schémas sont appris dès l'enfance et se cristallisent au fur et à mesure des expériences de vie et des interrelations avec les principaux environnements sociaux (milieu familial, école, contexte religieux, valeurs sociales). Ils forment par la suite une grille d'interprétation à travers laquelle l'individu modifie et restreint la perception de ses expériences de façon à ce qu'elles reconfirment constamment les préceptes préétablis : inconsciemment, les interprétations contredisant le schéma sont exclues et seules celles le confirmant sont considérées. Les schémas de base se reconfirment ainsi constamment au fil des années et sont, par la suite, très réfractaires au changement.

L'événement traumatique invalide profondément les schémas de base de la victime, ce qui détruit son sentiment de cohérence et de sécurité interne. Les modèles considérant le rôle des schémas fondamentaux dans le développement du TSPT regroupent les modèles de Janoff-Bulman (1992), d'Epstein (1990), d'Horowitz (1986) et de McCann *et al.* (1988). Ces modèles considèrent que le TSPT découle du bouleversement des croyances fondamentales de la victime, croyances qui lui permettaient de comprendre et d'expliquer les événements de la vie et le monde extérieur. C'est l'invalidation de ces schémas et la difficulté de la victime d'intégrer l'expérience de victimisation au sein de sa conception du monde qui est à la source du développement du TSPT.

En général, *ces modèles considèrent que plus la victime adhère à un système de croyances ancré et rigide avant le trauma, plus l'événement traumatique sera dévastateur pour elle et entraînera des symptômes post-traumatiques.* L'écart entre ses conceptions passées et ce que le trauma signifie est alors beaucoup trop grand : la victime est incapable d'assimiler cognitivement et émotivement ce qui lui arrive.

Les victimes de traumatisme vont montrer beaucoup de détresse face à l'invalidation de leurs croyances fondamentales : le monde n'est plus un endroit sécuritaire, les autres ne sont plus dignes de confiance. Les victimes ressentent pour la première fois une intense impression de vulnérabilité et ressentent plus fortement que jamais leur profonde fragilité. Leurs conceptions d'elles-mêmes, du monde, de la vie et des autres qui ont structuré toute leur existence sont profondément remises en question, ce qui entraîne sinon maintient les symptômes post-traumatiques.

Les victimes se trouvent donc face à plusieurs options : faire de *l'assimiliation cognitive,* c'est-à-dire modifier le sens de l'événement traumatique pour qu'il puisse s'intégrer aux schémas de base préexistants. Ou alors, faire de *l'accommodation cognitive,* c'est-à-dire modifier le schéma préexistant pour qu'il puisse accepter la nouvelle expérience traumatisante. Les victimes se trouvent ainsi obligées de reconsidérer leurs anciennes conceptions, qui ne peuvent plus expliquer le monde à la suite de leur expérience traumatique, ou de nuancer leur vision du traumatisme.

Les objectifs thérapeutiques visent à favoriser une saine intégration du traumatisme dans l'univers cognitif de la victime, c'est-à-dire à empêcher une surassimilation (par exemple se blâmer pour une agression sexuelle parce que celle-ci ne correspond pas à notre conception de «ce qu'est vraiment» un viol) et empêcher une suraccommodation («*Je croyais le monde bon, maintenant je sais qu'il n'est que méchanceté et violence*»).

Plusieurs schémas fondamentaux particulièrement susceptibles d'être invalidés et ébranlés par l'expérience traumatique ont été identifiés dans la littérature. Nous verrons ici les principaux schémas identifiés par Janoff-Bulman (1992), McCann et Pearlman (1990), et Beck et Emery (1985).

Les croyances fondamentales selon Janoff-Bulman (1992)

Le modèle de Janoff-Bulman (1992) propose que l'événement traumatique ébranle ou invalide trois principales croyances fondamentales chez la victime :

1) la croyance en un monde bon et bienveillant ;

2) la croyance en un monde juste et logique ;

3) la croyance en sa valeur personnelle.

Ces croyances sont très présentes chez toute personne n'ayant jamais vécu d'événement traumatique et sont extrêmement ébranlées par l'événement. Ces trois croyances influencent une dernière croyance encore plus fondamentale, qui est la *croyance en son invulnérabilité personnelle.* (Pour une description et une analyse plus détaillées du modèle de Janoff-Bulman, consulter Brillon, Marchand et Stephenson, 1996).

La ***croyance en « un monde bon »*** correspond à une conception assez bienveillante de la nature humaine : les autres sont perçus comme majoritairement bons, gentils, aidants et bienfaisants. Cette croyance se traduit aussi par une perception positive du monde comme un endroit au sein duquel les événements positifs sont plus nombreux que les événements négatifs. L'événement traumatique, le plus souvent méchant, néfaste et dévastateur, confronte de plein fouet cette conception d'un monde bienveillant.

La ***croyance en « un monde juste »*** postule qu'on obtient ce qu'on mérite dans la vie et que si on est une bonne personne on sera en quelque sorte « protégé du malheur », alors que les personnes malveillantes et méchantes seront, un jour, punies pour le mal qu'elles ont commis. Cette croyance procure un sentiment de contrôle et de compréhension face à la réalité puisqu'elle prône que chacun subit ce qu'il mérite et qu'il suffit par conséquent de « bien » se comporter pour être protégé du malheur. Les événements négatifs sont considérés comme des punitions et les événements heureux comme des récompenses au comportement ou à la valeur de l'individu : une bonne personne vivra de bons événements alors qu'une mauvaise subira des difficultés. Cette croyance découle principalement de la conception judéo-chrétienne qui postule que les êtres humains sont jugés et récompensés (ou punis) en fonction de leurs actes et qu'une justice est ainsi rendue. La majorité des gens ne pensent pas « mériter » un événement traumatisant. Lorsqu'une victime adhère fortement à cette croyance de contingence entre le comportement ou la valeur d'un individu et ce qu'il subit, elle est extrêmement ébranlée à la suite de l'événement traumatique et elle se demandera ce qu'elle a fait pour « mériter » un tel événement. La question centrale ne sera donc pas *« Pourquoi un tel événement s'est-il produit ? »*, mais *« Pourquoi est-ce arrivé à moi ? », « Qu'ai-je fait pour mériter cela ? »*

La ***croyance en sa valeur personnelle*** est, elle aussi, ébranlée par l'événement traumatique. En effet, l'expérience de victimisation provoque un changement important dans cette perception de soi comme une personne de valeur, aimable et compétente. La victime vit maintenant des symptômes inhabituels et incapacitants et se considère souvent comme quelqu'un de confus, d'incompétent et de dépendant. Lorsqu'elle considère ses symptômes ou qu'elle juge ses actions passées, elle se perçoit souvent comme quelqu'un de faible, lâche ou coupable, ce qui affecte gravement son estime de soi.

Ces trois croyances influencent le ***sentiment d'invulnérabilité personnelle*** de la personne. L'énorme diffusion des médias ces dernières années a contribué à médiatiser à outrance les horreurs, catastrophes, agressions subies par d'autres personnes dans certaines contrées, qui auraient été totalement inconnues un siècle plus tôt. Ce phénomène a eu plusieurs répercussions sociales, mais une de celles-ci aura été de maximiser notre exposition à la douleur des autres, ce qui peut, paradoxalement, renforcer notre impression que ces maladies, catastrophes, agressions, tortures et guerres sont en quelques sorte « virtuelles », extérieures à notre univers. En fait, les gens n'ayant pas vécu d'événement traumatique au cours de leur vie ont l'impression diffuse *« que cela n'arrive qu'aux autres »* et ressentent une sécurité et une confiance interne profonde, en sous-estimant leurs probabilités de vivre des événements négatifs. Le traumatisme constitue une confrontation terrorisante de sa propre fragilité et invalide ce sentiment d'invulnérabilité personnelle. Celui-ci fait alors place à un sentiment intense de détresse, de vulnérabilité et d'incertitude face à une retraumatisation potentielle.

Les schémas de base selon McCann et Pearlman (1990)

Selon McCann et Pearlman (1990), l'événement traumatique ébranle plus particulièrement 6 types de schémas fondamentaux. Il s'agit des :

1) schéma face à sa sécurité ;
2) schéma de confiance ;
3) schéma relié au pouvoir ;
4) schéma face au contrôle ;
5) schéma relié à son estime de soi ;
6) schéma face à l'intimité.

Chacun de ces schémas peut être lié *à soi* ou *aux autres*. Par exemple, le schéma de sécurité peut viser la capacité de la victime d'assurer sa sécurité ou alors être lié à son évaluation du potentiel dangereux des autres. À noter que chacun des schémas peut se manifester sous une forme négative (*« Je ne vaux rien »*) ou positive (*« Je suis digne de valeur »*) mais le plus souvent extrême et absolue lorsqu'ils sont liés à des émotions dysfonctionelles. Il est aussi important de mentionner que selon ces auteurs, l'événement traumatique peut fortement *remettre en question* une croyance fondamentale dysfonctionnelle (*« Mon agression a complètement ébranlé ma confiance en la nature humaine »*) ou encore la *confirmer* avec encore plus de force (*« Je savais que tous les hommes étaient des écœurants »*).

Voyons plus en détail comment pourrait se manifester chacun de ces schémas fondamentaux. Le premier est celui ***lié à la sécurité***. Il peut être lié à soi, par exemple *« Je suis incapable de me défendre moi-même », « Je suis capable d'assurer ma protection en tout temps »* ou être lié aux autres : *« Les autres sont dangereux », « Certaines races sont fondamentalement agressives et violentes »*.

Le schéma ***lié à la confiance*** peut être lié à soi, par exemple *« Je ne peux pas me fier à mon jugement »* ou être lié aux autres : *« On ne peut faire confiance à personne de nos jours », « Tout le monde est bon et bienveillant dans le fond »*.

Le schéma ***lié au pouvoir*** peut être lié à soi, par exemple *« Je suis incapable de résoudre mes problèmes »* ou être lié aux autres : *« Je* *dois avoir absolument de l'impact sur les autres pour être quelqu'un», «Je peux influencer les comportements et les idées des autres, si je le désire».*

Le schéma ***lié au contrôle*** peut être lié à soi, par exemple *«J'ai toujours le contrôle de mes émotions et de mes comportements», «Être vulnérable, c'est perdre»* ou être lié aux autres : *«Je peux contrôler les événements futurs», «Je suis maître de ma destinée».*

Le schéma ***lié à l'estime*** peut être lié à soi, par exemple *«Je ne vaux pas grand-chose», «Je suis la cause des événements négatifs», «Je ne mérite que des événements négatifs»* ou être lié aux autres : *«La nature humaine ne vaut rien», «Les autres ne sont pas dignes de valeur».*

Enfin, le schéma ***lié à l'intimité*** peut être lié à soi, par exemple *«Je suis incapable de m'apaiser», «Être seul avec moi-même est très anxiogène»* ou être lié aux autres : *«Partager des choses intimes avec autrui est dangereux et nous place dans une position de vulnérabilité», «On doit toujours être sur ses gardes avec les autres».*

Cette conceptualisation des schémas fondamentaux est extrêmement utile dans le travail thérapeutique auprès des victimes et permet de bien identifier les schémas qui pourraient entraîner sinon maintenir des symptômes post-traumatiques. Cette conceptualisation a été appliquée aux victimes d'agression physique et sexuelle et constitue la base du traitement cognitif conçu et appliqué par Resick et Schnicke (1993).

Les schémas de base selon Beck et Emery (1985)

Beck et Emery considèrent que la personne anxieuse entretient habituellement au moins un schéma de base dans les trois qu'ils ont identifiés. Les victimes souffrant de symptômes post-traumatiques entretiennent souvent de tels schémas de base. Ceux-ci sont liés à la sévérité du TSPT et influencent la réponse à la démarche thérapeutique et la capacité de profiter du traitement.

Le premier est le ***schéma d'acceptation sociale***. La personne possédant ce schéma considère extrêmement important de recevoir l'approbation et la reconnaissance des autres et est très sensible à tout indice de gratification ou de rejet. Ce schéma peut se traduire par *«Je dois être aimé de tous pour avoir vraiment de la valeur»,*

« Tout le monde doit approuver ce que je fais, sinon c'est que j'ai tort », « Je ne peux pas supporter que quelqu'un soit en colère contre moi ».

Les victimes entretenant un tel schéma montrent souvent beaucoup de honte à la suite du trauma. Elles ont peur du jugement des autres, se sentent stigmatisées, facilement rejetées, utilisent beaucoup la distorsion cognitive de personnalisation.

Le deuxième est le ***schéma de compétence***. Les personnes qui entretiennent ce schéma croient en leur for intérieur qu'elles sont incompétentes et deviennent anxieuses à la pensée que cette incompétence puisse être révélée aux autres. Chaque tâche ou activité est perçue comme un défi afin de se prouver leur compétence et de se faire reconnaître par les autres. Elles exagèrent très souvent les demandes face à la situation et sous-estiment leurs capacités à y faire face. Ce thème se manifeste par des schémas tels que : *« Si je fais une erreur, cela prouve que je suis une nullité », « Je suis ce que j'accomplis », « Je dois absolument réussir dans la vie pour être quelqu'un », « Le monde est divisé entre perdants et gagnants », « Si je ne gagne pas, je perds ».*

Les victimes entretenant ce schéma souffrent souvent d'un sentiment de lacheté, et se jugent comme faibles et incompétentes à la suite de l'événement traumatique. Elles sont très dures et critiques envers elles-mêmes et portées au blâme et à la dévalorisation personnelle. Le trauma est souvent perçu comme une faiblesse ou un échec personnel et il semble constituer une blessure narcissique douloureuse et humiliante. Elles se donnent des exigences de performance en thérapie et se mettent souvent en position d'échec en entretenant des attentes irréalistes envers leur réponse au traitement.

Les individus qui possèdent un ***schéma de base relié au contrôle*** considèrent comme extrêmement important de garder le contrôle en tout temps. Elles sont très anxieuses à l'idée de se retrouver dans une position où elles ne pourront contrôler leurs sentiments ou leurs actions. L'événement traumatique et les symptômes post-traumatiques sont particulièrement vécus comme anxiogènes à cause de leurs caractéristiques imprévisibles et incontrôlables. Elles considèrent leurs moments de perte de contrôle comme des instants de grande faiblesse. Les schémas de ces individus peuvent se formuler ainsi : *« Je ne peux supporter d'être sans contrôle », « Si je laisse quelqu'un devenir trop intime, cette personne va essayer de me contrôler », « Je ne peux tolérer que d'autres me disent quoi faire », « Je suis le seul habilité à régler mes problèmes », « Je ne dois pas demander de l'aide », « Je ne dois pas vivre des expériences sans en avoir un sentiment de contrôle total ».*

Les victimes entretenant ce schéma de base ont beaucoup de difficulté à accepter qu'elles n'ont pu prévoir ou prévenir l'événement traumatique. Elles perçoivent souvent ces aspects comme des échecs personnels. En thérapie, elles ont de la difficulté à s'abandonner au processus thérapeutique et à faire confiance.

Modèles et résultats de recherche concernant le rôle des croyances dans le TSPT

Certaines données de recherche viennent supporter le rôle significatif des croyances fondamentales dans le développement du TSPT. Ainsi, des études ont mis en évidence la présence de conceptions d'invulnérabilité et d'optimisme irréaliste face à la vie chez les individus n'ayant jamais été exposés à un traumatisme (Perloff, 1983 ; Janoff-Bulman et Frieze, 1983 ; Weinstein, 1980 ; Weinstein et Lachendro, 1982). De plus, des recherches ont démontré que plus la victime adhère prétrauma à des conceptions fondamentales rigides de la réalité, plus ses symptômes seront sévères à la suite d'un événement traumatique (Epstein, 1990 ; Kilpatrick, Saunders, Amick-McMullan, Best, Veronen et Resnick, 1989 ; Scheppele et Bart, 1983). Ainsi, Gidycz et Koss (1991) montrent que les symptômes post-traumatiques et dépressifs des victimes d'agression sexuelle peuvent être, entre autres, prédits par l'adhésion à des conceptions conservatrices de la sexualité. Les victimes qui démontrent les symptômes les plus sévères considèrent davantage que les gens impliqués dans des relations intimes sont « hypocrites et peu dignes de confiance », et elles s'imposent davantage des restrictions conservatrices rigides quant à la façon dont les rapports sexuels doivent se produire et les circonstances dans lesquelles ils doivent avoir lieu.

D'autres études mettent en évidence ce rôle des schémas de base dans la récupération post-traumatique. Ainsi, Joseph, Brewin, Yule et Williams (1993) montrent que les victimes d'un accident maritime qui adhèrent à des croyances négatives sur le monde présentent une symptomatologie post-traumatique plus sévère et une moins bonne estime de soi que les victimes ayant vécu le même naufrage mais n'adhérant pas à cette conception du monde.

9.3 La restructuration cognitive

Nous avons vu que plusieurs types de cognitions sont associés aux symptômes post-traumatiques. Les études montrent que la façon dont les victimes interprètent et attribuent l'événement traumatique joue un rôle dans le développement du TSPT mais aussi dans leur récupération post-traumatique. La théorie cognitive considère que la meilleure façon de diminuer les symptômes et la détresse post-traumatiques passe nécessairement par une modification des pensées qui maintiennent cette détresse.

La restructuration cognitive est une démarche thérapeutique visant d'abord à permettre à la victime d'identifier ses pensées qui sont associées à sa détresse. Ensuite, cette démarche vise à tester la pertinence et la validité des pensées identifiées afin de favoriser leur modification. En fait, le but consiste à diminuer les émotions dysfonctionnelles qui sont associées à ces pensées. (On désigne les émotions négatives submergeantes comme des émotions dysfonctionnelles.)

L'objectif de la restructuration cognitive est d'induire une saine remise en question des pensées associées aux symptômes post-traumatiques afin de permettre une diminution de la détresse. Elle utilise un autoquestionnement « socratique » afin de permettre une remise en question des pensées anxiogènes et d'identifier une pensée plus rationnelle (Beck et Emery, 1985). Elle demande à la victime de se familiariser avec certains concepts propres à la théorie cognitive et d'effectuer certains exercices par écrit entre les rencontres. Enfin, elle exige une relation thérapeutique solide et un esprit de collaboration mutuelle entre le thérapeute et la victime.

Plusieurs chercheurs-cliniciens ont élaboré des traitements cognitifs, c'est-à-dire basés uniquement sur l'identification et la modification des pensées dysfonctionnelles, pour diminuer les symptômes post-traumatiques. Ces traitements ont par la suite été testés empiriquement et les résultats de ces recherches montrent que ces traitement sont très efficaces pour diminuer les symptômes de TSPT (voir le chapitre 15 à ce sujet).

9.4 Précautions thérapeutiques indispensables

La restructuration cognitive est une stratégie puissante, qui a fait ses preuves à de nombreuses reprises dans le traitement du TSPT. Cependant, il convient de mentionner que mal abordée, elle peut être néfaste auprès de victimes traumatisées.

En effet, les victimes sont les mieux placées pour savoir que ce qui leur est arrivé *a été* traumatisant pour elles. Très souvent, elles sont déjà confrontées à leur entourage, qui leur répète *« qu'elles devraient prendre ça plus calmement », « que ce n'est pas si grave », « qu'elles exagèrent », « qu'elles devraient prendre ça positif »*, etc. Avec la restructuration cognitive, il peut être facile de tomber dans ce même piège et de faire des fautes empathiques majeures qui risquent de compromettre gravement la relation thérapeutique et de maintenir sinon même d'aggraver leurs symptômes post-traumatiques.

Il est important de répéter que l'objectif ici n'est pas de démontrer aux victimes que ce qu'elles ont vécu n'est pas important ou n'est « pas si significatif que ça ». Pour elles, il s'agit du pire événement de leur vie ! Il ne s'agit pas non plus de minimiser les conséquences de cet événement sur leur vie. Le message à passer n'est évidemment pas non plus : « *C'est votre mauvaise façon de voir les choses qui entraîne vos symptômes, nous allons voir comment penser autrement et tout va s'arranger.* »

En fait, l'objectif est plutôt de mettre en évidence que certaines interprétations (interprétations de leurs symptômes, de leurs comportements lors de l'événement, de l'attitude de leur entourage, de leur vision d'elles-mêmes ou de leur futur), que certaines interprétations donc, peuvent *aggraver* sinon *maintenir* leurs symptômes. Que certaines interprétations, donc, n'aident pas, ne sont pas tout à fait valides et peuvent même entretenir leur détresse.

L'analogie qui peut être utilisée pour illustrer ce propos est celle d'un accident physique : un homme qui tombe en ski et se fracture la jambe a effectivement de la douleur et des séquelles physiques temporaires (analogie des séquelles psychologiques temporaires du trauma). Cependant, s'il se dévalorise à la suite de cet accident, s'il considère cet événement comme catastrophique, s'il craint de façon exagérée qu'il ne pourra plus jamais remarcher, ou s'il considère qu'il est seul au monde, toutes ces interprétations vont effectivement affecter et teinter sa convalescence : découragement, pessimisme, irritabilité, amertume, tristesse, etc. Nous savons cependant qu'une interprétation plus *réaliste* (et non pas « positive ») des événements pourrait l'aider à mieux s'adapter à sa situation (ou, au pire, moins lui nuire...). Se demander par exemple si ces interprétations sont réalistes, si le pourcentage de risques de rester ainsi est bien évalué, si sa perception de solitude est effectivement fondée, etc., ne pourrait que contribuer à maximiser ses ressources d'adaptation et l'aider à mieux réagir à cet événement... que l'on ne peut pas changer de toute façon. Évidemment, un accident de ski n'a rien à voir avec un viol, un vol à main armée, une expérience militaire ou un accident très grave... Mais le but ici est d'illustrer qu'une évaluation plus « proportionnelle » de leur capacité à s'adapter à ce qui leur est arrivé, des comportements qu'ils ont eus lors de l'événement, ou des stresseurs consécutifs peut contribuer *à faciliter l'adaptation des victimes au traumatisme* ou, à tout le moins, à ne pas aggraver leur récupération...

En fait, on ne peut pas changer grand-chose à l'événement traumatique en soi : il s'est déjà produit et il provoque des réactions *légitimes*. Le défi consiste à tenter de ne *pas surajouter* au traumatisme une façon de voir les choses qui pourrait *aggraver* les symptômes et diminuer les ressources adaptatives naturelles de la victime. Serait-il possible de considérer les événements de façon plus « objective », plus « proportionnelle » et ainsi ne pas ajouter au traumatisme des cognitions anxiogènes, dévalorisantes ou porteuses de détresse ?

Finalement, la question est : ***Comment faire en sorte que notre façon d'interpréter les choses n'ajoute pas de la détresse à quelque chose qui en déclenche légitimement déjà beaucoup ?***

Dans cette même ligne de pensée, on ne peut que resouligner le fait qu'il est parfaitement inutile (et même souvent contre-productif) de faire de la restructuration cognitive avec une victime *si elle n'a pas ressenti d'abord* :

1) l'impression profonde d'avoir été entendue et comprise par son thérapeute ;

2) un sentiment d'avoir été acceptée et accompagnée émotivement à la suite du traumatisme ;

3) qu'elle peut faire confiance à son thérapeute et qu'il va respecter son rythme dans la thérapie ;

4) que son thérapeute comprend le déroulement de ses réactions post-traumatiques et peut lui présenter cette compréhension étiologique.

9.5 « Est-ce bien de la restructuration cognitive que je fais ? »

Tel que dit précédemment, l'objectif de la restructuration cognitive est d'induire une saine remise en question des pensées associées aux symptômes post-traumatiques afin de permettre une diminution de la détresse. Avant de commencer la description détaillée des diverses étapes de la restructuration cognitive, il est aussi important de préciser ce que cette méthode *n'est pas* (Chaloult, 2000).

La restructuration cognitive est souvent confondue avec la « pensée positive ». Les rayons de nos librairies regorgent de livres sur le « pouvoir de la pensée positive » qui avancent qu'il est souhaitable de ne considérer que le bon côté des choses en occultant complètement le côté négatif (« *Vois ça de façon positive, c'est sûrement une bonne chose dans le fond* », « *Mets de côté tes inquiétudes et tes pensées négatives, qui te nuisent* »). Or, l'objectif de la restructuration cognitive est de substituer une pensée *réaliste* et non *pas* une pensée « positive » à une pensée entraînant de l'anxiété. Les données montrent en effet qu'ignorer une pensée négative et tenter de la remplacer platement par une autre sans être convaincu des fondements de cette substitution est inutile. Le cerveau n'est pas dupe si facilement... En fait, cette stratégie est inefficace sinon contre-productive puisqu'elle tente d'ignorer des inquiétudes et des interprétations importantes, qui restent présentes à un niveau plus profond et qui continuent d'agir.

La restructuration cognitive ne consiste *pas* non plus en une démarche moralisatrice au sein de laquelle le thérapeute cherche à faire la morale à la victime en l'incitant à suivre des règles personnelles, éthiques, sociales ou religieuses (*« Tu es mère de famille et tu ne peux pas te permettre de rester à la maison parce que tu as peur », « Il faut à tout prix pardonner à nos agresseurs », « Tu es un homme, les hommes doivent être plus solides que ça »*, etc.). Il est important de faire la restructuration cognitive en respectant le système de valeurs de la victime.

La restructuration cognitive ne constitue *pas* non plus de l'autosuggestion. L'autosuggestion consiste plutôt à se convaincre d'un état qui n'est pas actuellement présent (*« Quand j'ai eu des palpitations à la banque à la suite du vol à main armée, je me répétais sans cesse : tu es calme, tu es calme, tu es calme », « Lorsque je marche dehors le soir depuis l'agression, je me dis à moi-même : je me sens parfaitement en sécurité, rien ne va m'arriver, je suis en contrôle »*). La restructuration cognitive consiste plutôt en une saine évaluation des situations et ne vise pas à tenter de se convaincre que tout va bien. Elle vise plutôt à favoriser un questionnement quant au réalisme de nos interprétations.

Enfin, la restructuration cognitive *n'est pas* de l'exhortation, c'est-à-dire un discours persuasif basé sur la volonté afin de pousser quelqu'un à faire quelque chose (*« T'es capable de retourner là-bas », « Fonce ! », « Si tu veux, tu peux ! », « Lâche pas ! », « Reviens-en ! »*). Elle respecte les résistances et le rythme de la victime. Elle fait plutôt en sorte que celle-ci puisse elle-même comprendre ses craintes et tenter de les remettre doucement en question.

Bref, la restructuration cognitive ne consiste pas à plaquer un autre état émotionnel sur la victime ou à lui imposer une nouvelle façon de voir les choses. Elle consiste plutôt à favoriser une remise en question guidée de certaines pensées anxiogènes. Dans ce processus, la victime est amenée à remettre elle-même en question ses interprétations et à déterminer ses réponses afin de considérer une nouvelle interprétation des choses qui lui convienne davantage.

9.6 Plan des 5 étapes de restructuration cognitive

Cinq étapes jalonnent le processus de restructuration cognitive. Vous trouverez ici un bref aperçu de ces étapes qui seront décrites de façon plus détaillée dans la prochaine section.

La *première* étape consiste à prendre conscience de l'émotion, du malaise et à identifier la pensée sous-jacente associée à cette anxiété.

La *deuxième* étape consiste à considérer la pensée identifiée comme une hypothèse de travail et à questionner sa validité, sa pertinence. Plusieurs types de questionnement pourront aider la victime dans cette remise en question de sa pensée.

La *troisième* étape consiste à identifier les distorsions cognitives qui sont à la base de la pensée anxiogène.

La *quatrième* étape tente d'identifier une pensée alternative plus fonctionnelle, c'est-à-dire qui induit moins de détresse ou d'anxiété. Il s'agit ici de considérer de nouvelles interprétations plus réalistes des faits qui permettent de retrouver une certaine confiance en soi, en les autres et dans le monde.

Lors de la *dernière* étape, la victime tente d'identifier avec l'aide du thérapeute quelles sont ses croyances fondamentales et d'assouplir celles qui sont associées à ses pensées et à sa détresse.

9.7 Comment utiliser la restructuration cognitive avec des victimes

Laurence est chauffeur d'autobus scolaire depuis 15 ans. Elle a toujours adoré son travail. Deux semaines avant de prendre son congé estival, elle traverse un carrefour alors qu'elle va faire son épicerie dans un nouveau quartier et est percutée par un chauffeur de taxi qui tente de passer sur une lumière jaune à toute vitesse. Elle se souvient du bruit strident des freins de l'autre véhicule, de ses mains crispées sur le volant, du choc incroyable dans son dos et dans son cou. Et puis, elle se souvient avoir entendu les sirènes de police, et les voix paniquées des ambulanciers qui lui demandaient si elle avait ses enfants avec elle car ils voyaient les sièges de bébé vides derrière. Laurence se souvient de s'être sentie complètement étrangère à ce qui se passait, comme si l'accident n'avait pas été réel et qu'elle flottait au-dessus de toute l'agitation. Elle est restée complètement figée sur son siège, ne sentait plus ses membres et a eu très peur d'être paralysée. Les examens à l'hôpital ont montré qu'elle n'avait pas de séquelles physiques graves et elle est retournée chez elle le soir même. Depuis deux mois, elle a de la difficulté à dormir et fait des rêves agités, peuplés de bruits et de cris. Elle a peur de sortir de chez elle et n'utilise plus la voiture. Quand elle doit être passagère, elle a beaucoup de palpitations, est très tendue et ferme les yeux dès qu'une autre voiture s'approche. Elle a l'impression de réentendre le bruit des freins et de sentir le choc de la collision. Laurence n'arrête pas de se demander ce qui serait arrivé si elle avait eu ses quatre enfants avec elle dans la voiture cette journée-là et cette pensée la fait paniquer. Elle évite les rencontres familiales car elle trouve trop difficile de parler de l'accident et ne veut pas expliquer la réaction figée qu'elle a eue immédiatement après l'accident. Elle se sent incapable d'aller travailler et n'a plus envie d'être en contact avec des enfants. Elle se sent souvent frustrée, irritable et n'a plus de patience à la maison. À certains moments elle se sent à fleur de peau, elle a la larme à l'œil et est triste pour rien. Elle se blâme de ne pouvoir accomplir ses tâches quotidiennes « comme les autres mères le font ».

À la suite de cet acccident, Laurence présente plusieurs ***pensées automatiques*** qui accentuent sa détresse et ses symptômes post-traumatiques. Ainsi, elle est convaincue que *« traverser un carrefour, c'est dangereux », « dès qu'une voiture approche, elle va me frapper », « les autres conducteurs sont tous des dangers potentiels »*, ou *« sur la route, tout peut m'arriver, je suis très vulnérable », « il faut que je me fie à mon anxiété car elle m'avertit du danger »*. Elle a aussi plusieurs pensées automatiques négatives quant à son rôle de mère qui l'attristent et la dévalorisent, telles que *« Je suis incapable de m'occuper adéquatenent de mes enfants », « Je suis dangereuse pour eux »*. Elle remet en question son retour au travail car elle est convaincue *« qu'elle n'est plus capable de bien conduire », « qu'elle est maintenant incompétente et négligente »*.

Laurence tente de s'expliquer la cause de son accident. Certaines ***attributions causales*** de l'accident sont présentes, telles que *« J'ai eu cet accident car j'étais dans un nouveau quartier »*, ou *« J'ai eu cet accident car je ne suis plus une bonne conductrice »*. Elle tente de s'expliquer la présence de dissociation lors de l'accident : «*Je dois être en train de devenir folle et je suis sensible au stress*». Elle considère aussi que certains facteurs sont responsables de la réaction des autres à son égard : *« Ils sont plus froids avec moi depuis l'accident car ils pensent que c'est de ma faute, et je les dégoûte. »*

En voiture, Laurence présente plusieurs ***distorsions cognitives*** ; par exemple, elle remarque énormément les erreurs ou la mauvaise conduite des autres conducteurs grâce à l'attention sélective. De plus, quand elle se sert de son émotion comme preuve d'un danger, elle fait du raisonnement émotionnel. Enfin, quand elle pense qu'elle n'est plus une bonne mère avec ses enfants à cause de ce qui s'est produit, elle surgénéralise en se jugeant incompétente dans l'ensemble de ses rôles maternels alors que ce n'est pas le cas.

En fait, cet accident a bouleversé plusieurs ***croyances fondamentales*** chez Laurence. Une de celles-ci était : *« Je suis une bonne mère capable de m'occuper de mes enfants »*, et cet accident a entraîné un doute sur ses compétences. De plus, elle se croyait auparavant en sécurité sur la route et elle trouve maintenant qu'il s'agit d'un endroit dangereux, imprévisible et où elle est profondément vulnérable. Enfin, Laurence était quelqu'un qui croyait beaucoup en une certaine justice et elle n'arrive pas à comprendre et à accepter que cela lui soit arrivé à elle alors qu'elle a toujours été une bonne personne, intéressée aux autres et généreuse. Elle a une étrange impression d'avoir été trahie par la vie.

Comment aider Laurence à retrouver confiance en ses moyens et un sentiment de sécurité ?

Cette prochaine section est consacrée à la mise en application des notions et des stratégies cognitives dans le travail thérapeutique auprès des victimes. Pour chacune des 5 étapes de ce processus, nous préciserons la façon d'appliquer ces stratégies dans le contexte clinique, nous décrirons les exercices proposés et terminerons en précisant les habiletés thérapeutiques spécifiques à cette étape qui permettront de traverser certaines difficultés potentielles.

9.7.1 Identifier les émotions et les pensées sources de détresse

C'est lors de cette première étape que le thérapeute donne quelques notions de théorie cognitive et explique la relation entre une situation, les pensées, les émotions et les comportements. En effet, il est important de bien préparer la victime et de faire de la psychoéducation sur le rôle de certaines cognitions dans le maintien de la symptomatologie post-traumatique. Le thérapeute peut expliciter les avantages à restructurer certaines pensées dans le processus de récupération post-traumatique et décrire brièvement les diverses étapes jalonnant ce processus.

À la suite de cette préparation, le thérapeute peut demander à la victime d'identifier une situation qui a provoqué chez elle une émotion forte et désagréable, de l'anxiété ou de la détresse. Il s'agit ensuite de l'aider à prendre conscience de ses pensées automatiques ou de ses attributions au moment où elle a ressenti ces émotions désagréables. Des questions précises peuvent aider la victime à mieux préciser ses pensées automatiques. Par exemple: *«Qu'est-ce qui vous est venu à l'esprit à ce moment-là?», «Quelle est l'image qui vous est venue alors?», «Prenons le cas de cette situation où vous vous êtes senti anxieux; qu'avez-vous pensé à ce moment?»*

Exercice 1: Grille de restructuration cognitive situation-pensée-émotion

Cet exercice vise à développer une certaine conscience de soi chez la victime et vise à l'encourager à porter davantage attention à son monde intérieur, soit ses émotions et ses pensées. Cet exercice vise aussi à identifier les pensées automatiques et les attributions associées aux symptômes post-traumatiques, à partir desquelles s'effectuera le travail de restructuration cognitive par la suite.

Consignes. On demande à la victime de remplir d'abord la première colonne, c'est-à-dire de reconnaître une situation qui cause de l'anxiété ou de la détresse. Ensuite, il s'agit de remplir la colonne 3 et d'identifier l'émotion présente. Cette émotion constitue un premier signal qu'une pensée dysfonctionnelle peut être présente. L'émotion est souvent plus facile et plus accessible à reconnaître que la pensée sous-jacente. On demande ensuite à la victime d'évaluer l'intensité de cette émotion sur une échelle de 0 à 100 (0 = niveau minimal, 100 = niveau extrême). Enfin, on lui demande de préciser sa pensée automatique ou l'attribution sous-jacente à l'émotion dans la 2e colonne. La pensée automatique ou l'attribution se présente souvent sous la forme d'une phrase courte.

Exemple de l'exercice 1 complété

Déclencheur *Quelque chose se produit...*	**Pensée automatique** *Je me dis...*	**Émotions / Comportements** *Je ressens et je fais...*
J'entends le bruit d'une voiture qui freine	*« Elle va me frapper, c'est dangereux ! »*	J'ai peur (70 %) Je me crispe et j'accélère soudainement
Je trouve mon travail ennuyant	*« Ma vie ne sera plus jamais aussi belle qu'avant »*	Je me sens triste (65 %) Je quitte le bureau
Une personne me fait penser à cette femme accidentée	*« Je n'ai pas été assez efficace pour la sauver »*	Je me sens coupable (90 %) J'ai des cauchemars et j'évite le travail
Je regarde une émission de télé sur le traitement des abuseurs	*« Personne ne s'occupe jamais des victimes comme moi »*	Je suis frustré (85 %) Je crie contre mes enfants

Exercice 1
Grille de restructuration cognitive situation-pensée-émotion

Déclencheur *Quelque chose se produit...*	**Pensée automatique** *Je me dis...*	**Émotions / Comportements** *Je ressens et je fais...*

Habiletés thérapeutiques spécifiques à cette étape :

Cette première étape de restructuration cognitive exige une certaine conscience de soi. Certaines victimes plus *alexithymiques* trouvent très difficile de se focaliser sur leurs émotions et d'identifier les situations qui ont été douloureuses ou anxiogènes pour elles. Afin de travailler cette difficulté, je réfère le thérapeute au chapitre précédent. Le travail thérapeutique devra alors viser un meilleur contact émotionnel. Il peut souvent exiger aussi un travail d'identification des cognitions face aux émotions. Il s'agit alors de vérifier si certaines cognitions bloquent le processus émotionnel (*« Être triste est un signe de faiblesse »*, *« Je refuse de me sentir en colère pour ça »*, *« Être en contact avec ses émotions est néfaste »*, etc.). Il s'agit ensuite de travailler ces interprétations ou conceptions qui bloquent le processus émotionnel avec les stratégies de restructuration cognitive que nous verrons ici.

Pour d'autres victimes, c'est beaucoup plus l'identification des pensées qui pose problème : certaines ont tellement tendance à faire rapidement de *l'exhortation, de l'autosuggestion ou de la pensée positive* à la suite d'une émotion désagréable qu'elles ne semblent plus avoir accès à la pensée anxiogène originelle et que seules les autoverbalisations subséquentes à cette pensée sont d'abord accessibles.

Prenons, par exemple, une victime de vol à main armée qui se force énormément pour passer devant la banque. Elle est en sueur, a des palpitations, ressent une impression de panique intense, mais les seules pensées dont elle a conscience sont ses propres paroles (*« Allez, vas-y »*, *« Te laisse pas arrêter »*, *« Tout va bien aller »*). Elle a de la difficulté à diminuer son anxiété parce qu'elle ne fait que de l'exhortation ou de la pensée positive et ne peut jamais reconnaître sa pensée anxiogène (*« Je vais vivre un autre vol et me faire tuer »*), ce qui empêche qu'elle remette en question cette interprétation et parvienne ainsi à diminuer sa peur. Avec ce type de difficulté, il est nécessaire de guider la victime à l'aide de la technique de la « flèche descendante ». Le thérapeute part donc d'abord de l'exhortation de la victime (*« Vous semblez avoir énormément besoin de vous motiver lorsque vous passez devant cette banque ; comment vous expliquez-vous cela ? »*) pour lui faire prendre conscience de sa peur. Le thérapeute peut aussi favoriser cette prise de conscience en demandant : *« Vous semblez vivre d'intenses sensations de panique lorsque vous passez devant cette banque ; comment vous expliquez-vous cela ? »* Puis, il s'agit de poursuivre afin de préciser la peur sous-jacente : *« De quoi avez-vous peur ? », « Que craignez-vous ? », « Quelle est la menace que vous percevez ? »* ou encore *« Dans votre pire scénario, que se passerait-il ? »* Ces stratégies peuvent ainsi permettre à une victime d'avoir conscience de sa pensée anxiogène sous-jacente à ses sensations de panique et à son besoin d'exhortation.

D'autres victimes sont extrêmement *rationnelles*, intellectualisées et elles ignorent ou mettent volontairement de côté leurs pensées anxiogènes parce qu'elles les trouvent extrêmes ou risibles (*« Je ne peux pas croire que je pense ça, c'est complètement ridicule », « J'ai honte de constater que j'ai cette interprétation des choses, alors que je sais que cela n'a pas de bon sens », « Je ne veux même pas me demander pourquoi j'ai peur, je me trouve vraiment trop lâche »*, etc.). Elles ont donc beaucoup de difficulté à identifier leurs pensées anxiogènes parce qu'elles les trouvent d'emblée ridicules, inacceptables ou signes de faiblesse. Avec ce type de difficulté, il est nécessaire de faire beaucoup de psychoéducation : une émotion intense n'est pas présente pour rien, elle est légitime, digne de respect et implique nécessairement une perception de danger sous-jacente. Les victimes doivent donc considérer leurs pensées avec indulgence. Elles doivent se permettre d'identifier chez elles des pensées qui ne correspondent peut-être pas à ce « qu'elles voudraient penser » mais qui sont tout de même présentes et qui agissent de façon sous-jacente.

Enfin, certaines victimes trouvent certaines pensées tellement anxiogènes qu'elles *évitent* même de les considérer. Écrire leurs pensées leur semble menaçant et elles vont éviter d'y penser parce qu'elles craignent les symptômes d'anxiété ou de détresse associés qu'elles peuvent ressentir. Il est important de mettre en évidence que l'évitement n'éliminera pas la pensée et que celle-ci continuera à entraîner de la détresse tant qu'elle n'aura pas été identifiée et travaillée.

9.7.2 Questionner les pensées : le questionnement socratique

Après l'identification des pensées automatiques ou des attributions qui sont associées aux symptômes post-traumatiques, il s'agit maintenant de considérer la cognition identifiée comme une hypothèse. Cette pensée ou cette attribution est une interprétation de la réalité et nous avons vu qu'elle découle d'un certain filtre. Par conséquent, il importe de considérer cette interprétation comme une *hypothèse de travail* dont il faut tester la validité. La victime est ainsi amenée à remettre en question ses interprétations et ses conclusions : il est important de ne plus les accepter telles quelles mais plutôt de tenter de vérifier leur justesse.

Pour ce faire, le questionnement socratique constitue la stratégie de choix. Elle permet, grâce à une série de questions, de guider la victime doucement vers une réévaluation de ses interprétations. Ce questionnement permet à la victime d'examiner la validité et la justesse de ses cognitions et pave la voie à l'identification de ses distorsions cognitives sous-jacentes (étape 3 de la restructuration cognitive).

Beck et Emery (1985) regroupent les diverses questions permettant ce questionnement socratique selon 3 catégories :

a) Quelles sont les preuves appuyant ou réfutant cette pensée ?

b) Pourrait-il y avoir une autre façon d'interpréter les mêmes faits ?

c) Et si cela était vrai, quelles seraient les conséquences ?

Chacune des catégories regroupe plusieurs questions. Il peut être particulièrement profitable pour la victime de tenter d'internaliser ce processus de questionnement et de tenter de mémoriser ces questions afin de pouvoir par la suite les utiliser d'elle-même à propos d'autres cognitions anxiogènes. L'objectif est ici de faire en sorte que le processus de restructuration cognitive devienne un outil facilement accessible et automatique lorsque nécessaire, peu importe le type de pensées.

a) Quelles sont les preuves appuyant ou réfutant cette pensée ?

Cette première catégorie regroupe les questions visant à tester la validité, la logique et la justesse de la pensée automatique ou de l'attribution. En effet, les pensées automatiques tendent à être endossées sans analyse critique par la victime. Ce questionnement vise à documenter un peu plus les fondements de cette pensée et à doucement mettre en évidence les failles potentielles de la conclusion.

Exemples de questions de cette catégorie :

- *« Sur quelles preuves est-ce que je me base pour dire cela ? », « Quels sont les éléments qui vont à l'encontre de cette conclusion ? »*
- *« Mes sources d'information sont-elles valides et fiables ? »*
- *« Est-il possible que je sursimplifie la causalité de cet événement ?*
- *« Qu'est-ce qui me fait dire que c'est ça qui va arriver ? »*
- *« Est-ce que je considère tous les fondements potentiels de cette conclusion ?*
- *« Est-ce que j'accorde vraiment la même importance aux éléments réfutant cette conclusion qu'aux preuves l'appuyant ? »*

L'exemple de Louise illustre bien comment on peut arriver à effectuer ce premier questionnement. *Un jeudi soir, alors qu'elle attendait en ligne dans sa succursale bancaire, Louise est victime d'un vol à main armée. Un homme portant une cagoule pointe un revolver vers les caisses et hurle à la caissière de vider l'argent dans son sac. Louise est la première à attendre et l'homme braque son fusil sur sa tempe pour lui demander de s'allonger sur le sol. Depuis, elle présente de nombreux symptômes post-traumatiques. Elle évite tout particulièrement les endroits associés à l'argent : les banques, les guichets automatiques, les dépanneurs, où elle craint d'être témoin d'un autre vol. Dans le courant de sa démarche thérapeutique, elle se rend un jour chez son fleuriste. En attendant qu'il lui prépare son bouquet, elle voit entrer un jeune homme dans la petite boutique. Elle se sent immédiatement très anxieuse, a des palpitations, des sueurs froides et résiste fortement à l'envie de s'enfuir de la boutique sans prendre son bouquet. En entrevue, elle tente de faire ce premier exercice de restructuration cognitive : « Hum ! ma pensée dans la boutique était vraiment "Il a l'air louche, il va m'attaquer !" Je pourrais même dire qu'à ce moment-là, je le croyais très fortement. J'étais presque sûre qu'il allait le faire, qu'il allait tirer avec une arme et voler la caisse. Quels sont les éléments qui me portent à croire qu'il allait effectivement le faire ? Eh bien, il avait l'air très louche, il était mal habillé… Il attendait que le fleuriste finisse mon bouquet, alors il avait l'air impatient, bourru. Ah oui ! Et il avait les mains dans ses poches, ça, ça m'a beaucoup énervée, je pouvais pas m'enlever de l'idée qu'il avait un revolver… C'est à peu près tout. Pour moi, c'était très clair qu'il allait le faire. Quelles sont les preuves qu'il n'allait pas m'attaquer et voler la caisse ? Ça, c'est plus difficile... Bon, objectivement, je dois reconnaître qu'il a attendu que mon bouquet soit terminé. Peut-être qu'il aurait précipité les choses s'il avait vraiment voulu voler la caisse... Quand je suis sortie, j'ai entendu qu'il commandait quelque chose lui aussi, et probablement qu'il n'aurait pas fait ça s'il avait eu de mauvaises intentions, mais on ne sait jamais, n'est-ce pas ? Je n'ai pas attendu de voir ce qui est finalement arrivé, j'avais trop peur, mais quand je suis repassée cette journée-là devant la boutique, j'ai vu que tout était normal et qu'il ne s'était rien passé.* »

b) Pourrait-il y avoir une autre façon d'interpréter les mêmes faits ?

À la suite d'un événement traumatique, les victimes ont souvent une vision très limitée et étroite des événements qui les entourent et restent collées à leur interprétation des faits dans une tentative de se protéger. Les questions de cette catégorie tentent de favoriser une prise en compte des données qui ne sont habituellement pas considérées par la victime. Elles visent à élargir leur perspective, à les encourager à considérer d'autres possibilités que leurs propres prédictions et interprétations : il s'agit de changer leur perspective de ver de terre (*worm-eye view*) pour une vision d'oiseau (*bird-eye view*) (Beck et Emery, 1985). Cette stratégie vise à leur permettre de se distancier de leur première interprétation pour investiguer d'autres conclusions potentielles. Elle tente de mettre en évidence que certaines alternatives, aussi valables (sinon plus justes et plus fonctionnelles) que leur première pensée automatique de la situation, existent et valent la peine d'être considérées.

Exemples de questions de cette catégorie :

- *« Pourrait-il y avoir d'autres explications à ces mêmes faits ? », « Ceci est une bonne première hypothèse. Y en a-t-il d'autres ? », « Que dirais-je à une autre personne qui vivrait la même situation ? »*
- *« Serait-il possible de voir les mêmes faits autrement ? »*
- *« Comment aurais-je considéré cette situation avant l'événement traumatique ? »*
- *« Qu'ai-je à perdre de cette situation ? »*
- *« Qu'ai-je à gagner de cette situation ? »*

Si nous reprenons l'exemple de Louise, voici comment elle effectue cette partie de l'exercice. « *Comment je pourrais interpréter les mêmes événements autrement ? Je ne sais pas... Je sais que mon conjoint, à qui j'ai raconté ça, m'a dit que du monde mal habillé, c'était pas mal courant... J'imagine que si j'envisageais d'autres explications à son comportement (autre que : il va m'attaquer) je pourrais dire que c'était peut-être un client bizarre, mal élevé. Peut-être qu'il s'est levé du mauvais pied pour avoir l'air bourru comme ça... Remarquez, j'ai encore du mal à croire qu'il n'est venu que pour des fleurs... mais je commence à me rendre compte que cette autre façon d'interpréter ses gestes est peut-être plus probable.* »

c) Et si nous considérions que votre pensée était juste, quelles en seraient les conséquences ?

Le but de la dernière catégorie de questions est de permettre à la victime d'envisager les implications de sa pensée automatique ou de ses attributions. Ces questions visent à faire en sorte que la victime envisage ce qui arriverait si cette interprétation de la situation était effectivement juste et vraie. L'objectif est de dédramatiser les conséquences futures ou de faire prendre conscience à la victime qu'elle possède plus de ressources qu'elle ne le pense.

Les questions de cette catégorie visent à explorer quatre sphères spécifiques de la crainte du client (Beck et Emery, 1985) : 1) la probabilité qu'a l'événement anticipé de se produire ; 2) son véritable potentiel dangereux ; 3) la capacité de la victime d'empêcher cet événement de se produire ; 4) la capacité de la victime d'accepter les conséquences potentielles de cet événement et d'y faire face.

Exemples de questions de cette catégorie :

- *« En mettant les choses au pire, qu'arriverait-il ? », « Quelles sont les probabilités qu'un tel événement se produise ? »*
- *« Quel serait son véritable potentiel dangereux ? »*
- *« Serait-il possible de m'adapter à cette situation ? »*
- *« Que pourrais-je faire si mon interprétation s'avérait juste ? »*

Terminons en citant l'évolution de Louise à cette étape. « *Les choses au pire, c'est qu'il braque un revolver sur moi, me tue et vole la caisse. Sur le coup, j'ai cru que j'avais vraiment 100 % des chances que ça arrive !*

Maintenant, je crois que ce pourcentage est beaucoup moindre, cela n'arrive pas si souvent que ça... Mais en admettant que ça arrive tout de même, je ne sais pas comment j'aurais réagi. Probablement que je me serais figée et que j'aurais attendu que ça se termine... Qu'est-ce que je pourrais faire d'autre? Cela aurait été horrible! Si je m'en étais réchappée, au moins j'aurais déjà été en thérapie (petit sourire). Je m'en serais probablement sortie avec le temps, j'imagine. Si j'étais tuée, de toute façon, il n'y aurait plus rien à faire, alors je ne sais pas pourquoi je m'en fais...»

Exercice 2: Grille de restructuration cognitive avec questionnement socratique

L'exercice 2 permet à la victime de poursuivre l'exercice à partir des pensées automatiques identifiées précédemment lors de l'exercice 1 (grille situation-pensée-émotion, à 3 colonnes). Cet exercice permet à la victime de remettre en question ses interprétations grâce au questionnement socratique. Elle ajoute dans une 4e colonne les questions qu'elle juge pertinentes et qu'elle voudrait se poser pour vérifier la justesse et la pertinence de sa pensée. Enfin, elle répond à ce questionnement dans la colonne 5.

Exemple de l'exercice 2 complété: Grille de restructuration cognitive avec questionnement socratique

Déclencheur *Quelque chose se produit...*	***Pensée automatique*** *Je me dis...*	***Émotions Comportement*** *Je ressens et fais...*	***Questionnement socratique*** *Je me demande...*	***Réponses au questionnement*** *Je réponds...*
J'entends un son métallique soudain	*«C'est une explosion, c'est dangereux!»*	J'ai peur (70 %) Je me protège le visage	Quels sont les éléments qui me font croire que c'est dangereux	Ce bruit ressemble à celui de l'explosion
			Quels sont les éléments qui me font croire que c'est inoffensif	C'est un camion qui passe
			Pourrait-il y avoir une autre explication	Oui. Les autres ne trouvent pas cela dangereux, ce son est désagréable mais pas signe de danger
			Au pire, qu'arriverait-il?	Le camion peut freiner brusquement, il peut y avoir un accident
			Quel est le risque que cela se produise?	Ce risque est minime
			Pourrais-je m'y adapter?	Je pourrais m'y adapter et il y a peu de risque que je sois blessé

Exercice 2:
Grille de restructuration cognitive avec questionnement socratique

Déclencheur *Quelque chose se produit…*	***Pensée automatique*** *Je me dis…*	***Émotions Comportement*** *Je ressens et fais…*	***Questionnement socratique*** *Je me demande…*	***Réponses au questionnement*** *Je réponds…*

Travail spécifique : Questionner les attributions

La grille à 5 colonnes présentée précédemment est une excellente stratégie pour restructurer les pensées automatiques et les attributions dysfonctionnelles. Un autre exercice que nous présenterons ici cible plus spécifiquement les attributions. Comme nous l'avons vu précédemment, un événement traumatisant est par nature totalement imprévisible et extrêmement négatif. À la suite de cette expérience, les victimes vont tenter de comprendre, de s'expliquer ce qui s'est passé et vont attribuer la responsabilité de cet événement à un ou plusieurs facteurs. Elles vont souvent avoir tendance à s'attribuer une part excessive de responsabilité pour ce qui leur est arrivé. Or, comme l'ont montré les études présentées précédemment, ce type d'attribution est souvent associé à des symptômes post-traumatiques plus sévères et à des sentiments intenses de détresse et de tristesse.

L'exercice de la tarte d'attribution peut être très utile pour mieux comprendre les facteurs qui sont considérés par la victime comme des éléments responsables de l'événement. Il permet aussi d'aider la victime à remettre en question ses attributions et à envisager d'autres facteurs qui pourraient aussi avoir joué un rôle dans l'événement.

Prenons l'exemple de Louis. *Louis a vécu une agression physique alors qu'il était propriétaire d'un bar. Les voleurs sont entrés dans le bar alors qu'il était en train de fermer la porte et on l'a agressé à coups de couteau afin de voler le contenu de la caisse des machines à poker. Depuis, Louis présente beaucoup de symptômes post-traumatiques et d'intenses sentiments de culpabilité et de blâme qui semblent découler de son interprétation des facteurs responsables de l'agression. La première étape de cet exercice consiste à demander à Louis d'utiliser une « tarte d'attribution » et d'y illustrer l'importance des divers facteurs causaux qui pourraient être responsables de l'agression (voir l'exemple de cet exercice plus loin). Remarquez que Louis identifie d'abord son comportement comme le principal responsable de l'agression (« si j'avais fermé la porte 5 minutes plus tôt, ça ne serait pas arrivé »). Il considère ensuite la malhonnêteté des agresseurs comme le 2e facteur qui est responsable de l'agression.*

Ensuite, le thérapeute et la victime utilisent le questionnement socratique afin de permettre une réévaluation de la responsabilité de chacun des facteurs : quelles sont les preuves appuyant et réfutant son interprétation qu'effectivement le vol aurait été empêché par ce comportement ? Y a-t-il une autre façon de considérer les causes responsables de l'événement ? On demande alors à la victime de reconsidérer l'importance de chacun des facteurs de la façon la plus objective possible. De plus, elle doit aussi vérifier si tous les éléments potentiels ont été envisagés et considérer d'autres causes qui ne lui semblaient pas pertinentes auparavant (questions 2 de l'exercice).

Enfin, la victime utilise une seconde « tarte d'attribution » et y indique le résultat de sa remise en question des divers facteurs impliqués. *À ce moment-là, Louis a réalisé qu'il n'avait pas considéré le rôle des mesures déficientes de sécurité et le rôle de l'important montant d'argent présent dans les machines à sous (30 000 $), augmentant l'appât du gain. Il a ainsi redistribué les facteurs responsables dans une autre tarte de réattribution. Cet exercice a considérablement diminué sa culpabilité associée à l'agression physique et a contribué à diminuer ses reviviscences, son évitement social et les symptômes dépressifs qui en découlaient.*

Cet exercice est très utile pour identifier et remettre en question l'interprétation attributionnelle de la victime. On peut aussi utiliser cette tarte pour mieux comprendre et travailler ses attributions *face à la cause de l'événement, face à ses comportements lors de l'événement, face à ses symptômes post-traumatiques ou face à l'attitude de son entourage.*

Exemple d'exercice complété de la tarte d'attribution
Causes de l'événement

1. Selon vous, quelles sont les causes responsables de l'événement traumatique?

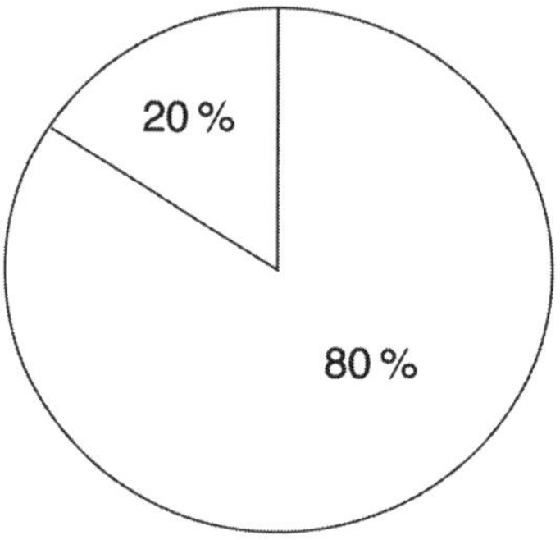

80 % = mon comportement
20 % = les agresseurs

2. a) En examinant bien cette tarte, êtes-vous sûr(e) que chacun des éléments ait sa part équitable de responsabilité? Se pourrait-il que la responsabilité d'un ou de plusieurs facteur soit exagérée?

   Je surévalue peut-être ma responsabilité, après tout... J'ai toujours fermé cette porte à la même heure et c'est la première fois qu'une agression se produit.

   b) Se pourrait-il que d'autres facteurs aient pu aussi jouer? Par exemple, avez-vous considéré le rôle du hasard, du contexte social, de l'agresseur, de votre environnement, de la destinée, ou de la personne présente avec vous lors de l'événement, dans votre évaluation? Pourquoi?

   Non, j'avais l'impression que c'était seulement moi le responsable... Ce qui semble aussi avoir joué, par contre, ce sont les mesures de sécurité déficientes et les gains présents dans les machines; les agresseurs aussi.

3. Si vous aviez à refaire cette tarte, comment répartiriez-vous les responsabilités maintenant ?

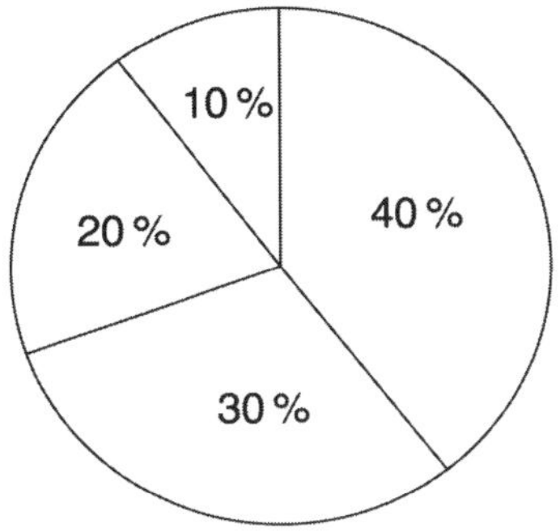

40 % = les mesures déficientes de sécurité
30 % = les gains dans les machines
20 % = les agresseurs
10 % = mon comportement

Maintenant que je reconsidère le tout, je réalise que plusieurs facteurs ont probablement joué dans la cause de cette agression. Je n'avais jamais envisagé les mesures déficientes de sécurité et les gains importants dans les machines à sous comme des facteurs importants. Je me sens moins coupable maintenant.

Exercice de la tarte d'attribution
Causes de l'événement

1. Selon vous, quelles sont les causes responsables de l'événement traumatique que vous avez vécu ?

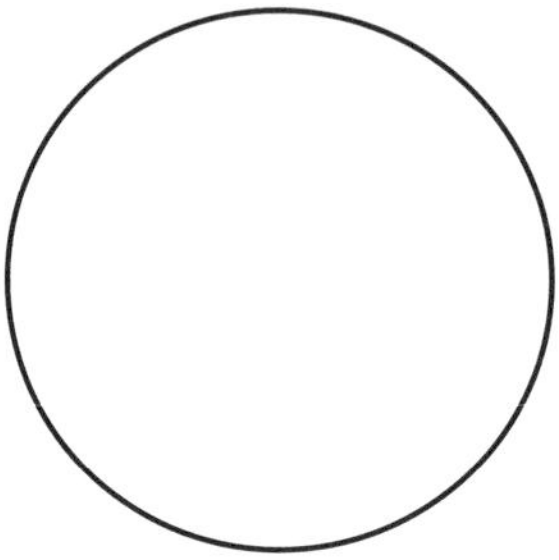

2. a) En examinant bien cette tarte, êtes-vous bien sûr(e) que chacun des éléments a sa part équitable de responsabilité ? Se pourrait-il que la responsabilité d'un ou de plusieurs facteurs soit exagérée ?

   b) Se pourrait-il que d'autres facteurs aient pu aussi jouer ? Par exemple, avez-vous considéré le rôle du hasard, du contexte social, de l'agresseur, de votre environnement, de la destinée, ou de la personne présente avec vous lors de l'événement, dans votre évaluation ? Pourquoi ?

3. Si vous aviez à refaire cette tarte, comment répartiriez-vous les responsabilités maintenant ?

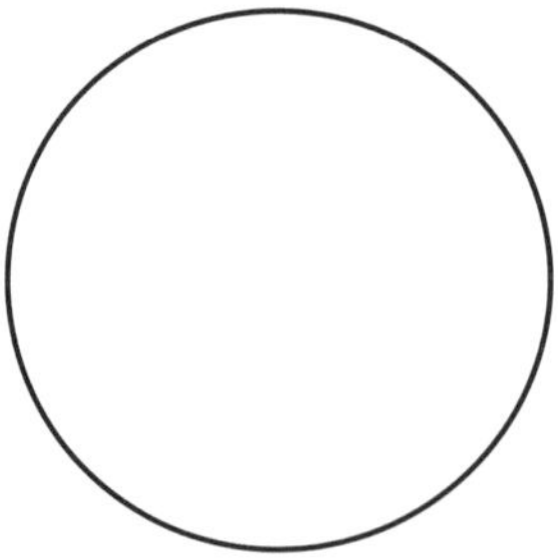

Exercice de la tarte d'attribution
Réactions lors de l'événement

1. Selon vous, quels sont les éléments qui ont contribué à faire en sorte que vous avez réagi de cette façon lors de l'événement ?

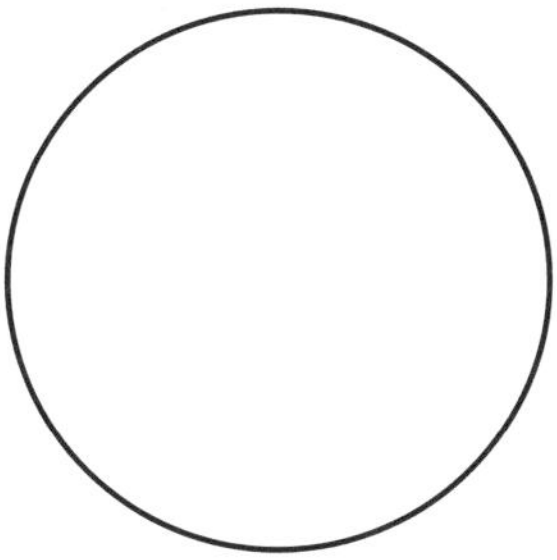

2. a) En examinant bien cette tarte, êtes-vous sûr(e) que chacun des éléments a sa part équitable de responsabilité ? Se pourrait-il que la responsabilité d'un ou de plusieurs facteurs soit exagérée ?

   b) Se pourrait-il que d'autres facteurs pourraient aussi jouer ? Par exemple, avez-vous considéré le pouvoir de la peur, le choc de la surprise, les réactions dissociatives, ou les sentiments d'impuissance dans votre évaluation ? Pourquoi ?

3. Si vous aviez à refaire cette tarte, comment répartiriez-vous les responsabilités maintenant ?

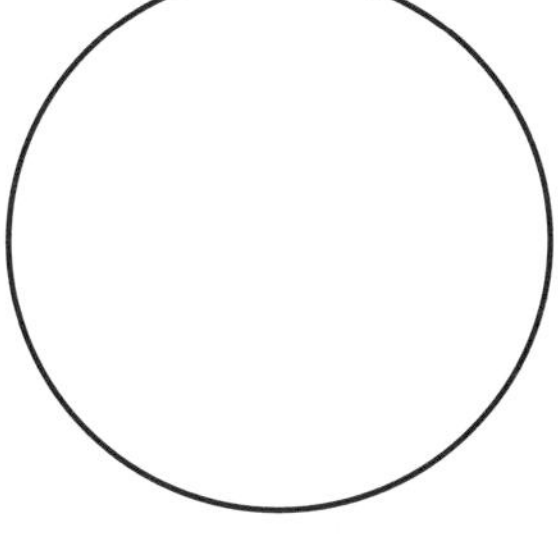

Exercice de la tarte d'attribution
Attitudes de l'entourage

1. Selon vous, pourquoi votre entourage réagit-il de cette façon avec vous ?

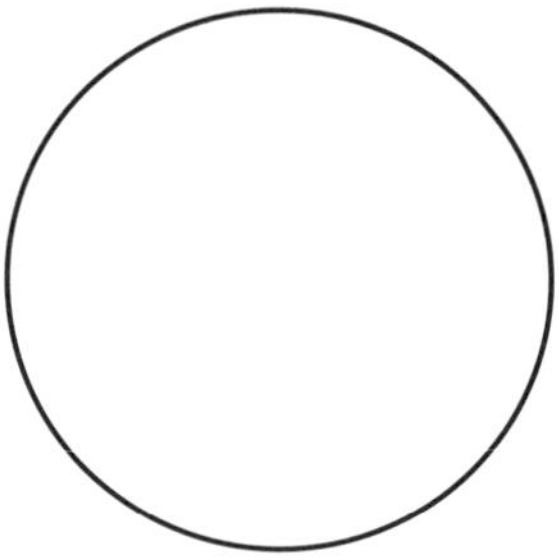

2. a) En examinant bien cette tarte, êtes-vous sûr(e) que chacun des éléments a sa part équitable de responsabilité ? Se pourrait-il que la responsabilité d'un ou de plusieurs facteurs soit exagérée ?

b) Se pourrait-il que d'autres facteurs pourraient aussi jouer ? Par exemple, avez-vous considéré le rôle de leur inquiétude à votre égard, de leur difficulté à vous accompagner dans votre démarche, ou de leur difficulté à remettre en question leurs propres croyances fondamentales dans votre évaluation ? Pourquoi ?

3. Si vous aviez à refaire cette tarte, comment répartiriez-vous les responsabilités maintenant ?

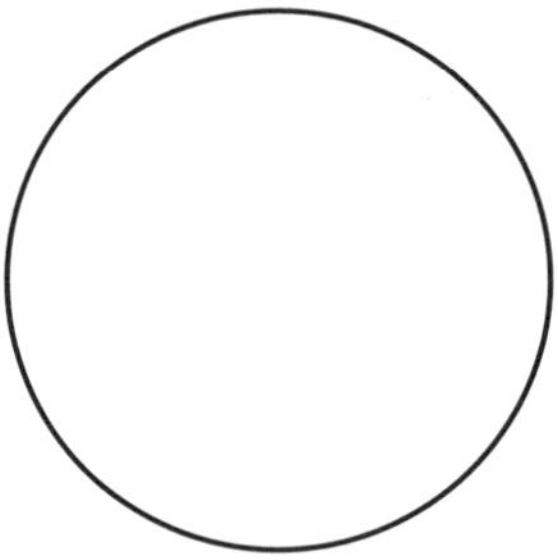

Exercice de la tarte d'attribution
Symptômes post-traumatiques

1. Selon vous, pourquoi vivez-vous des symptômes post-traumatiques actuellement ?

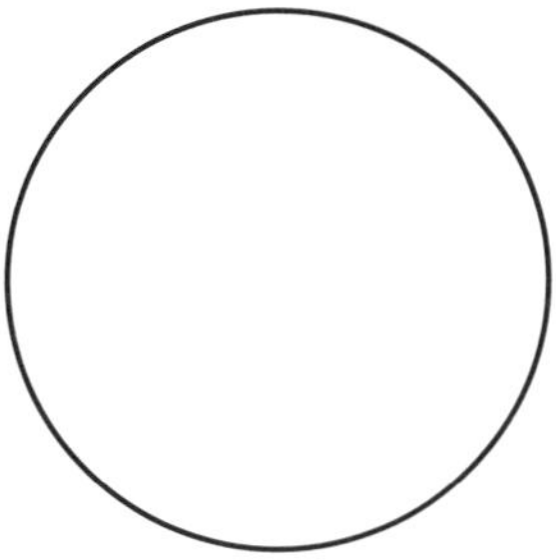

2. a) En examinant bien cette tarte, êtes-vous sûr(e) que chacun des éléments a sa part équitable de responsabilité ? Se pourrait-il que la responsabilité d'un ou de plusieurs facteurs soit exagérée ?

____

____

b) Se pourrait-il que d'autres facteurs pourraient aussi jouer ? Par exemple, avez-vous considéré le rôle des différents facteurs déclencheurs, prétraumatiques et de maintien dans votre évaluation ? Pourquoi ?

____

____

3. Si vous aviez à refaire cette tarte, comment répartiriez-vous les responsabilités maintenant ?

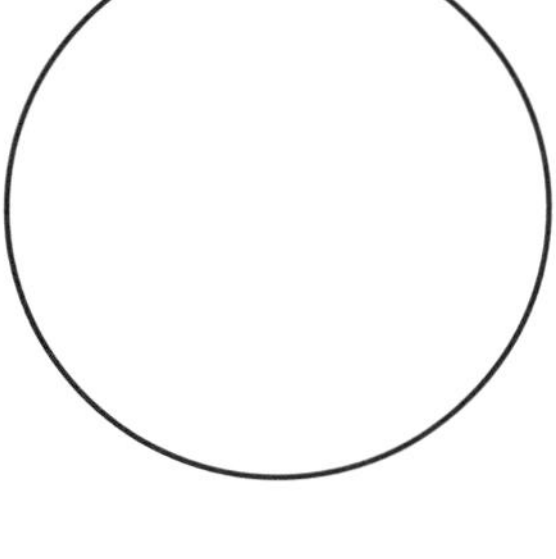

Habiletés thérapeutiques spécifiques à cette étape

Le thérapeute doit être particulièrement attentif à cette phase afin de ne pas tomber dans le piège du discours moralisateur, exhortatoire ou positiviste. L'objectif de cette démarche n'est pas de démontrer à la victime qu'elle doit reconsidérer complètement sa façon de penser mais bien *d'induire un désir d'examiner plus avant sa façon d'interpréter les choses*. Des données de recherche démontrent en effet que la remise en question des pensées anxiogènes est en soi extrêmement thérapeutique, et ce, davantage que le fait de parvenir à énoncer une nouvelle pensée plus rationnelle, plus «parfaite». En fait, ce qui est particulièrement thérapeutique, c'est l'apprentissage d'une certaine *souplesse cognitive*. C'est l'apprentissage de la nouvelle habitude de prendre une certaine distance face à ses interprétations et de pouvoir maintenant les reconsidérer, les remettre en question, en produire de nouvelles, les envisager comme des hypothèses et de nouvelles alternatives et de se sentir moins rigides face à elles.

Dans la même veine, il est important que le thérapeute *résiste à la tentation de répondre aux questions posées à la victime*. L'objectif est donc de guider doucement la victime à travers la remise en question de ces pensées automatiques anxiogènes et non pas de lui dicter ses réponses ou de plaquer de nouvelles pensées plus réalistes.

Enfin, il est essentiel d'adopter une *attitude empathique* et détendue lors de la remise en question des pensées automatiques et des attributions de la victime. Nous ne sommes pas du tout ici dans un processus évaluatif mais bien dans une étape de reconsidération de certaines interprétations. Par ailleurs, il est indispensable de mettre en évidence la fonction protectrice des pensées automatiques. Elles ne sont peut-être pas des plus «logiques», mais ces cognitions sont d'abord pour la victime une première réaction pour se prémunir contre une nouvelle expérience traumatisante. L'indulgence et un certain humour chez le thérapeute peuvent permettre à la victime d'être elle-même indulgente et empathique face à ses propres pensées. Ces attitudes permettent aussi à la victime de prendre une certaine distance par rapport à ses pensées et de les remettre en question plus facilement.

L'objectif est de faciliter ce processus de remise en question de ses pensées sans que la victime se sente diminuée ou menacée.

9.7.3 Identifier les distorsions cognitives associées au TSPT

Les distorsions cognitives sont les lunettes qui filtrent la réalité. Elles permettent l'émergence de pensées automatiques et d'attributions qui confirment les croyances fondamentales.

Tel que vu précédemment, plusieurs types de distorsions cognitives ont été identifiés dans la littérature. Nous les représentons ici pour les besoins de la cause. Les distorsions les plus courantes chez les victimes souffrant de TSPT sont:

1) *L'inférence arbitraire*, qui fait en sorte que la victime arrive à une conclusion en l'absence de preuves suffisantes pour la supporter. Exemples de pensées automatiques découlant de cette distorsion: *« Je suis sûre que tout le monde remarque que je ne vais pas bien », « La société est actuellement beaucoup plus agressive envers les femmes qu'avant », « Je n'ai reçu aucune nouvelle de mon employeur, il se fout complètement de ce qui s'est passé »*.
2) *La personnalisation*, qui fait en sorte que la victime se sent personnellement concernée et responsable de la cause ou des conséquences des événements alors qu'ils sont peu liés à elle ou qu'aucun indice ne permet une telle attribution. Exemples de pensées automatiques découlant de cette distorsion: *« Si j'étais allé fermer la porte de la banque plus tôt, le vol ne se serait jamais produit », « Ils n'y a pas eu de réception de famille cette année, probablement que personne ne voulait me voir », « Cela fait trois semaines que j'attends des nouvelles de mes indemnités, ils font exprès pour m'écœurer », « Chaque fois que je vais quelque part, il y a un malheur »*.
3) *Le raisonnement émotionnel*, qui fait en sorte que la victime se base sur ses émotions pour arriver à une conclusion. Exemples de pensées automatiques découlant de cette distorsion: *« J'ai eu tellement peur en voiture, c'était donc extrêmement dangereux », « Cet homme a provoqué chez moi beaucoup de craintes, il est sûrement très malfaisant », « Je me sens très réticent à l'idée de commencer des exercices d'exposition graduelle, donc ça ne doit pas être*

bon pour moi de faire ça», «Je me sens coupable de ce qui s'est passé, donc je suis coupable».

4) *L'attention sélective*, qui fait en sorte que la victime concentre son attention sur un détail en ignorant des aspects plus importants de la situation. Exemples de pensées automatiques découlant de cette distorsion: *«Mon conjoint ne m'a pas demandé comment j'allais ce matin, je lui suis indifférente»* (alors qu'il a été par ailleurs très attentionné le reste de la journée), *«J'ai lu dans le journal qu'une femme a été agressée dans un parc, plus jamais je ne me promènerai dans un lieu public, c'est trop dangereux», «Lors de mon retour au travail, j'ai remarqué que ma collègue me parlait froidement, je dois avoir l'air complètement fou».*

5) *La surgénéralisation*, qui fait en sorte que la victime arrive à une conclusion sur la base d'un ou de plusieurs petits éléments isolés et étend cette conclusion à l'ensemble des autres situations. Exemples de pensées automatiques découlant de cette distorsion: *«Tous les hommes sont comme mon voisin: insensibles aux femmes», «Tous les malheurs n'arrivent qu'à moi!», «Évidemment, la SAAQ a refusé de payer les indemnités demandées: toute une bande de profiteurs!», «Mon oncle a été agressé par un Noir, ils sont tous agressifs dans cette race-là», «Je ne serai jamais en sécurité».*

6) *La catastrophisation*, qui fait en sorte que la victime surestime le pourcentage de chances qu'un événement se reproduise ou exagère les conséquences négatives d'un événement. Exemples de pensées automatiques découlant de cette distorsion: *«La société est tellement violente, j'ai au moins 80 % de risques de vivre un autre vol à main armée dans la prochaine année», «Je suis en arrêt de travail depuis 4 mois, mon employeur va sûrement me mettre à la porte», «Je ne m'en sortirai jamais, ma vie est finie», «Mes symptômes sont si désagréables pour la vie de famille que ma fille et mon conjoint vont sûrement me quitter».*

7) *La pensée dichotomique*, qui fait en sorte que la victime interprète la réalité sans nuances, selon les deux extrêmes du continuum seulement. Ce type de pensée est caractérisé par un manque de nuances, de souplesse et une grande rigidité. Exemples de pensées automatiques découlant de cette distorsion: *«Les patrons sont tous des exploiteurs qui avilissent le*

prolétariat innocent et sans défense», «Mon agent de l'IVAC est absolument extraordinaire, c'est pas comme mon intervenant, qui est complètement incompétent», «Cette personne a fait une erreur dans mon dossier, c'est complètement inadmissible, elle ne mérite pas d'occuper ce poste».

Afin d'aider la victime à reconnaître ses distorsions, il est d'abord important d'expliciter la fonction des distorsions cognitives et de vulgariser les divers types de distorsions possibles. Pour ce faire, tentez de trouver des exemples concrets de chacune des distorsions possibles avec la victime.

Ensuite, reprenez avec la victime certaines de ses pensées automatiques et tentez de vérifier la présence de distorsions. Plusieurs questions peuvent aider la victime à reconnaître ses distorsions cognitives:

- *«Est-il possible que je filtre la réalité?»*
- *«Est-ce que je me base sur suffisamment de preuves pour tirer cette conclusion?»*
- *«Est-il possible que j'exagère? que je surgénéralise?»*
- *«Est-il possible que j'utilise un type de pensée "tout ou rien"?»*
- *«Est-il possible que je pense en termes de certitudes plutôt que de probabilités?»*
- *«Est-il possible que je me concentre sur des éléments inutiles?»*
- *«Est-il possible que j'utilise des mots ou des phrases extrêmes ou exagérés?»*
- *«Ai-je tendance à me sentir exagérément concerné par certains événements?»*
- *«Est-il possible que je prenne des exemples hors contexte?»*
- *«Est-il possible que je pose des jugements basés sur mes sentiments plutôt que sur des faits?»*

Travail spécifique: identifier les distorsions sous-jacentes à la culpabilité et à la honte

Parallèlement à ces distorsions cognitives, vérifiez si la victime utilise une des quatre autres distorsions identifiées par Kubany et Manke (1995) et qui sont associées à des sentiments de culpabilité:

1) Les victimes croient souvent qu'elles «savaient» ce qui allait se passer avant même qu'il soit possible de prédire le déroulement des événements.
2) Les victimes exagèrent souvent leur degré de responsabilité dans la cause de l'événement ou dans les conséquences qui ont suivi.
3) Les victimes considèrent souvent que leurs actions lors de l'événement n'étaient pas pleinement justifiées alors que leurs actions étaient basées sur celles disponibles à ce moment-là.
4) Les victimes considèrent souvent qu'elles ont violé leurs valeurs personnelles sans envisager les circonstances et malgré le fait que leurs intentions étaient congruentes à leurs valeurs.

La restructuration des cognitions dévalorisantes à la suite de l'agression (*«Je suis sale, maintenant», «Si j'avais eu de la valeur, ça ne me serait pas arrivé»*) ainsi que des cognitions dramatisant le jugement négatif d'autrui pourraient favoriser une diminution de la honte. Ce travail cognitif pourrait permettre de diminuer l'intensité de la honte et de la culpabilité ainsi que prévenir les tendances dysfonctionnelles «d'autoflagellation» cognitive et de dévalorisation grave de l'estime de soi.

Ces stratégies favorisent aussi une diminution des symptômes de rumination, d'intrusion post-traumatique, ainsi que les comportements de retrait social qui sont très souvent associés à la honte et à la culpabilité.

Exercice 3 : Grille de restructuration cognitive avec distorsions

L'exercice 3 permet à la victime de se poser les questions permettant d'identifier les distorsions à la base de ses pensées automatiques et de ses attributions. La victime remplit ainsi une 6e colonne et tente d'identifier ses distorsions.

Prenons l'exemple de Chantal, qui a très peur d'aller manger au restaurant depuis qu'elle a vécu une agression physique alors qu'elle travaillait comme agent d'assurances. L'exercice d'identification de ses pensées automatiques montre que lorsqu'elle est assise dans un restaurant et voit un homme seul à table, elle a automatiquement la pensée: «Il va se lever de table et m'attaquer». Cette pensée est si anxiogène qu'elle ressent énormément d'anxiété et est souvent obligée de se lever de table. Le travail de questionnement socratique a mis en évidence la dimension hautement improbable d'une agression dans un lieu public sans mobile apparent. Chantal réalise soudainement l'aspect irrationnel de cette pensée et parvient à se demander: «Pourquoi un inconnu se lèverait-il soudainement de table pour m'agresser alors que je ne le connais pas et qu'il y a plein de monde?» Lorsqu'elle tente d'identifier les distorsions à la base de sa pensée dysfonctionnelle, elle reconnaît le raisonnement émotionnel («Je considérais que si j'avais peur, c'était la preuve qu'il y avait un danger») et la catastrophisation («Bien sûr, certaines personnes sont agressives, mais j'exagérais la probabilité qu'il m'agresse dans ces conditions»). Elle a été capable de sourire à cette idée tout en restant empathique à une partie d'elle qui avait viscéralement peur. Cet exercice a favorisé une acceptation de ses émotions, une indulgence pour ses peurs ainsi qu'une saine remise en question de ses craintes, pavant ainsi la voie à une reprise de ses activités quotidiennes.

Habiletés thérapeutiques spécifiques à cette étape

Le principal défi présent lors de l'identification des distorsions cognitives est l'attitude empathique. Le message à transmettre ici est beaucoup plus «*On a tous des filtres pour considérer la réalité, pourriez-vous examiner quels sont les vôtres?*» que «*Voyons quelles sont vos erreurs de logique lorsque vous interprétez les choses*».

De plus, l'objectif consiste à favoriser l'autonomie chez la victime et à favoriser une capacité à reconnaître ses propres distorsions cognitives afin de pouvoir formuler une nouvelle pensée moins anxiogène dans le futur. Par conséquent, tentez de faire en sorte que la victime mémorise les questions permettant l'identification des distorsions cognitives. Réfrénez votre envie de répondre aux questions pour elle et de lui souffler les réponses.

Exemple d'exercice 3 complété : Grille de restructuration cognitive avec distorsions

Déclencheur *Quelque chose se produit...*	***Pensée automatique*** *Je me dis...*	***Émotions / Comportement*** *Je ressens et fais...*	***Présence de distorsions cognitives ?*** *Je réponds...*
Une personne me fait penser à cette femme accidentée	*« Je n'ai pas été assez efficace pour la sauver, je me sens coupable, donc c'est de ma faute »*	Je me sens coupable (90 %) J'ai des cauchemars et j'évite le travail	Raisonnement émotionnel (je prends mon émotion de culpabilité comme une preuve de ma responsabilité) Catastrophisation et attention sélective (je considère que mon seul comportement a eu un résultat catastrophique sans porter attention à d'autres causes probables)

Exercice 3: Grille de restructuration cognitive avec distorsions

Déclencheur *Quelque chose se produit...*	***Pensée automatique*** *Je me dis...*	***Émotions Comportement*** *Je ressens et fais...*	***Questionnement socratique*** *Je me demande...*	***Réponses au questionnement*** *Je réponds...*	***Présence de distorsions cognitives?*** *Je réponds...*

9.7.4 Formuler une pensée alternative réaliste

À la suite de la remise en question des pensées et des attributions anxiogènes, puis de l'identification des distorsions cognitives sous-jacentes, l'avant-dernière étape de la restructuration cognitive consiste à envisager une nouvelle pensée alternative, réaliste, moins anxiogène et qui induira un sentiment de sécurité et d'apaisement chez la victime.

Il est important de préciser que ***l'objectif n'est pas*** d'arriver à une pensée « positive » ou illusoirement sécurisante. La victime est la personne la mieux placée pour bien savoir qu'une agression physique ou un accident grave *est* possible et *peut* arriver. Le but n'est donc pas de se tourner vers des pensées « positives », mais de préciser les risques de se trouver dans certaines situations. Malheureusement, il n'y aura jamais de certitude absolue de sécurité... mais la victime parviendra à mieux évaluer, le plus objectivement possible, les risques qu'un autre événement traumatique se produise. Parallèlement à cela elle parviendra à mieux évaluer ses propres comportements, à démontrer davantage d'indulgence et de nuances dans son interprétation des choses, et entretiendra des pensées plus souples et plus proportionnelles face aux événements.

Il peut être essentiel à cette étape de bien préciser la différence entre une pensée réaliste et une pensée dysfonctionnelle. Quatre critères permettent de distinguer l'une de l'autre (Walen *et al.*, 1980, cités dans Chaloult, 2000) :

1) **Une pensée réaliste est vraie, démontrable, évidente**. Par exemple, une pensée dysfonctionnelle serait : « *Aller dans une banque est toujours extrêmement dangereux* » alors qu'une pensée réaliste serait : « *Je cours peu de risques de revivre un autre vol à main armée dans la même banque* ».
2) **Une pensée réaliste s'exprime en termes relatifs et nuancés**. Par exemple, une pensée dysfonctionnelle serait : « *Tous les hommes sont des violeurs potentiels et ils ne pensent qu'à ça* » alors qu'une pensée réaliste serait : « *La majorité des hommes sont respectueux des femmes mais une minorité peuvent être dangereux et exigent de la prudence* ».

3) **Une pensée réaliste entraîne des émotions modérées et supportables**. Par exemple,une pensée dysfonctionnelle serait : «*Je ne compte même pas assez pour ma femme pour qu'elle comprenne ce que je vis*» alors qu'une pensée réaliste serait : «*Ma femme trouve difficile de comprendre mes symptômes post-traumatiques*».
4) **Une pensée réaliste contribue à l'atteinte d'objectifs de vie**, c'est-à-dire qu'une pensée réaliste entraîne moins de détresse et permet à la victime de récupérer plus facilement à la suite de l'événement, alors qu'une pensée dysfonctionnelle maintient les symptômes et prolonge la convalescence.

Exercice 4 : Grille de restructuration cognitive finale

L'exercice 4 vise donc à formuler une pensée qui possède le plus possible ces caractéristiques et qui entraîne une diminution de la peur ou de la détresse. Elle permet aussi à la victime de préciser son émotion à la suite de cette nouvelle pensée et de définir si ses comportements seraient alors différents.

Exercice 4:
Grille de restructuration cognitive finale

Déclencheur *Quelque chose se produit...*	***Pensée automatique*** *Je me dis...*	***Émotions Comportement*** *Je ressens et fais...*	***Questionnement socratique*** *Je me demande...*	***Réponses au questionnement*** *Je réponds...*	***Présence de distorsions cognitives?*** *Je réponds...*	***Pensée alternative*** *Je reformule...*

9.7.5 Travailler les croyances fondamentales

Les séances de restructuration cognitive suivent leur cours et le thérapeute et la victime mettent en évidence plusieurs pensées automatiques qu'ils reconsidèrent ensemble. Petit à petit, certains thèmes récurrents ressortent de ce travail. Au fur et à mesure de l'identification des pensées automatiques et des attributions, il est possible d'identifier des similitudes entre les cognitions et de les regrouper selon divers thèmes principaux spécifiques à la victime : ce sont les croyances fondamentales.

La technique de la flèche descendante est aussi une stratégie qui favorise l'identification de ces schémas de base. Il s'agit d'un questionnement successif effectué par le thérapeute qui vise à mettre en évidence l'enchaînement de pensées de plus en plus fondamentales qui sont sous-jacentes à la première pensée automatique. Le thérapeute demande ainsi à la victime de préciser les conséquences et les implications de chaque pensée subséquente afin d'arriver jusqu'aux postulats de base. Ce questionnement successif permet à la victime de prendre conscience d'implications et de postulats toujours plus profonds et loin de son expérience consciente.

Pour ce faire, considérez les divers thèmes de schémas proposés par la littérature. Résumons ici ce que Janoff-Bulman identifie comme trois types de croyances fondamentales qui influencent le sentiment d'invulnérabilité personnelle, c'est-à-dire (voir précédemment dans ce chapitre pour une description plus détaillée des schémas) :

1) la croyance liée à un monde bon ;
2) la croyance en un monde juste ;
3) la vision de soi comme d'une personne de valeur.

Quant à McCann et Pearlman (1990), ils considèrent que 6 thèmes de schémas fondamentaux sont davantage touchés par l'événement traumatique ; ce sont :

1) le schéma face à sa sécurité ;
2) le schéma de confiance ;
3) le schéma relié au pouvoir ;
4) le schéma face au contrôle ;

5) le schéma relié à l'estime de soi;
6) le schéma face à l'intimité.

Chacun de ces schémas peut être lié à soi ou aux autres (voir précédemment dans ce chapitre pour une description plus détaillée des schémas).

Enfin, Beck et Emery (1985) considèrent que trois types de schémas sont potentiellement présents chez les personnes anxieuses, et ce sont (voir précédemment dans ce chapitre pour une description plus détaillée des schémas):

1) le schéma lié à l'acceptation sociale;
2) le schéma lié à la compétence;
3) le schéma lié au contrôle.

Un schéma positif ou négatif rigide et absolu préexistant au traumatisme constitue un facteur associé au TSPT. En effet, l'événement traumatique va venir confirmer le schéma négatif (par exemple, «*On ne peut faire confiance à personne*») alors qu'il va profondément ébranler celui qui est positif (par exemple, «*Tout le monde est bon*»).

Après l'avoir identifié, une bonne façon de travailler le schéma associé aux symptômes post-traumatiques est d'investiguer avec la victime quelles ont été ses premières expériences de vie qui ont permis la formation de ce schéma. Ainsi, les expériences négatives («*On m'a souvent fait porter la responsabilité d'événements négatifs dans le passé*») peuvent mener à un schéma négatif («*Je ne peux pas me fier à mes jugements dans la vie, je ne fais que des erreurs*»). Lorsque l'événement traumatique se produit, il vient confirmer ce schéma négatif («*Comme d'habitude je ne peux pas avoir confiance en moi*») et entraîne de nombreux symptômes post-traumatiques. À l'inverse, les expériences positives («*J'ai souvent eu la preuve que je peux me fier à mon jugement*») peuvent induire un schéma positif («*Mon jugement est parfait et je ne me trompe jamais*»). Lorsque l'événement traumatique se produit, il vient ébranler profondément ce schéma positif («*Comment est-ce possible? J'avais évalué que c'était une situation sécuritaire; comment ai-je pu me tromper ainsi? C'est inadmissible!*»), ce qui peut aussi entraîner de nombreux symptômes post-traumatiques. Comprendre comment la victime a construit sa grille de compréhension du monde est une expérience fascinante et nous fait mieux comprendre pourquoi l'événement traumatique a eu cet impact spécifique chez elle.

À la suite de cette compréhension, la validité du schéma de base est examinée de la même façon que les pensées automatiques. Le schéma associé aux symptômes et à la détresse est remis en question. L'objectif est de parvenir ultimement à l'assouplir et à le remplacer par un schéma alternatif plus réaliste et plus fonctionnel. Les objectifs thérapeutiques visent à favoriser une saine intégration du traumatisme dans l'univers cognitif de la victime.

Comme nous l'avons vu précédemment, à la suite de l'événement traumatique, les victimes se trouvent face à plusieurs options : faire de *l'assimilation*, ou de *l'accommodation* cognitive avec la nouvelle information que constitue l'événement traumatique. La démarche thérapeutique vise à *empêcher une surassimilation*, c'est-à-dire à modifier considérablement la perception de l'événement traumatique pour permettre son intégration dans des schémas préexistants (*« Je dois être responsable de cette agression sexuelle, puisqu'un viol ne se produit que chez des femmes douteuses et qui l'ont, d'une certaine façon, cherché »*). Elle tente aussi d'*empêcher une suraccomodation*, c'est-à-dire un bouleversement complet des croyances préexistantes afin de faire une place à la signification de l'événement traumatique. (*« Je croyais le monde bon, maintenant je sais qu'il n'est que méchanceté et violence »*).

Habiletés thérapeutiques spécifiques à cette étape

Remettre en question un schéma fondamental est très ardu : celui-ci a souvent été renforcé dans le passé et peut constituer une part d'identité de la victime. De plus, le propre d'un schéma fondamental est sa qualité « autoconfirmatoire », c'est-à-dire sa tendance à ne prendre en considération que les éléments qui le confirment et à ignorer les éléments qui le contredisent. Il est par conséquent très résistant au changement. Ce travail demande donc beaucoup de temps, de travail et de patience de la part de la victime et du thérapeute.

De plus, ces schémas sont souvent perçus comme familiers et très sécurisants pour la victime : les remettre en question peut lui sembler menaçant, comme si on lui demandait de baisser les armes. Plusieurs victimes ont l'impression que ce schéma les protège d'une nouvelle retraumatisation. L'image que j'utilise pour illustrer ce propos est celle de l'armure : le schéma fondamental dysfonctionnel est une lourde armure rouillée et rigide (par exemple : «*Les hommes sont tous des violeurs et accepter un contact avec un homme est dangereux*»). Cette armure restreint de façon majeure leurs mouvements et leur liberté d'action (*pas de relation amoureuse, peu de contacts sociaux, évitement de certaines activités, solitude et tristesse*), mais elle leur donne l'illusion qu'elle les protège («*tant que j'évite tous les hommes, je ne prends aucun risque et je suis en sécurité*»). Pour ces victimes, l'idée de reconsidérer l'utilité de cette armure et d'envisager une protection plus souple, plus adaptée («*Certains hommes sont dangereux mais la majorité sont dignes de confiance*»), leur donne l'impression qu'elles sont complètement vulnérables et qu'elles mettent leur sécurité en jeu («*Si je ne les évite pas tous, j'augmente mes chances d'être violée de nouveau, je prends donc un risque*»).

Il est donc important que le thérapeute prenne conscience du courage dont doivent faire preuve plusieurs victimes pour remettre en question leur schéma fondamental dysfonctionnel. Pour plusieurs d'entre elles, cela signifie prendre un risque énorme. La force de la relation thérapeutique et la confiance qu'elles ont en leur thérapeute influence beaucoup ce processus. Leur volonté de recommencer à vivre («*Vivre, c'est aussi risquer*») et l'idée qu'elles méritent d'être mieux («*Je mérite de risquer quelque chose pour être plus heureuse*») jouent aussi beaucoup dans leur remise en question de leurs croyances fondamentales.

L'échelle de croyances face au monde

Le *World Assumptions scale* (WAS ; Janoff-Bulman, 1989)

La version du WAS présentée ici est une traduction du *World Assumptions Scale* (WAS ; Janoff-Bulman, 1989) effectuée par les membres du Laboratoire d'Étude du Trauma de l'Université du Québec à Montréal. La version traduite est reproduite ici avec la permission de la D[re] Janoff-Bulman, auteure de l'instrument.

L'Échelle de croyances face au monde a été créée afin de mesurer les croyances envers soi-même, le monde et les autres, qui sont impliquées dans sa théorie. Il est composé de 32 énoncés qui se répondent à l'aide d'une grille de type Kikert en six points. La consistance interne des trois échelles est bonne : pour l'échelle mesurant la croyance en un monde bienveillant (alpha de .87), pour l'échelle mesurant la croyance en un monde qui a un sens, qui est juste (alpha de .76) et pour l'échelle mesurant la valeur de soi (alpha de .80). Aucune autre information sur les qualités psychométriques de cet instrument n'est actuellement disponible.

Cotation :

La cotation s'effectue en additionnant les réponses aux 8 énoncés pour l'échelle mesurant la croyance en un monde bienveillant (énoncés 2, 4, 5, 9, 12, 25, 26 et 30), aux 12 énoncés pour l'échelle mesurant la croyance en un monde qui a un sens, qui est juste (énoncés 1, 3, 6, 7, 11, 14, 15, 19, 20, 22, 24 et 29), et aux 12 énoncés pour l'échelle mesurant la valeur de soi (énoncés 8, 10, 13, 16, 17, 18, 21, 23, 27, 28, 31 et 32). Les scores obtenus aux énoncés 2, 3, 6, 8, 12, 15, 18, 24 et 31 doivent être inversés.

L'échelle de croyances face au monde
(World Assumptions Scale; Janoff-Bulman, 1989)

En utilisant l'échelle ci-dessous, choisissez le chiffre qui représente le mieux votre accord ou votre désaccord avec chacun des énoncés. Veuillez répondre le plus franchement possible. Merci.

Fortement en désaccord	Modérément en désaccord	Légèrement en désaccord	Légèrement en accord	Modérément en accord	Fortement en accord
1	2	3	4	5	6

Que pensez-vous de chacun des énoncés suivants ? (Encerclez le chiffre correspondant)

	Fortement en désaccord					Fortement d'accord
1. Le malheur est moins à même de frapper les gens s'ils sont respectables et honnêtes	1	2	3	4	5	6
2. Les gens sont naturellement hostiles et méchants.	1	2	3	4	5	6
3. Les malheurs sont répartis au hasard parmi les gens	1	2	3	4	5	6
4. La nature humaine est foncièrement bonne. . . .	1	2	3	4	5	6
5. Le nombre de bonnes choses qui se produisent dans ce monde surpasse de beaucoup le nombre de mauvaises	1	2	3	4	5	6
6. Le cours de nos vies est largement déterminé par le hasard	1	2	3	4	5	6
7. Généralement, les gens méritent ce qui leur arrive dans ce monde	1	2	3	4	5	6
8. Je pense souvent que je ne vaux rien du tout . .	1	2	3	4	5	6
9. Il y a plus de bon que de mauvais dans ce monde	1	2	3	4	5	6
10. Je suis fondamentalement une personne chanceuse	1	2	3	4	5	6
11. Les malheurs des gens résultent des erreurs qu'ils ont commises	1	2	3	4	5	6
12. Les gens ne se préoccupent pas vraiment de ce qui arrive aux autres	1	2	3	4	5	6
13. Je me comporte habituellement de façon à augmenter les résultats positifs en ma faveur . .	1	2	3	4	5	6
14. Les gens auront de la chance s'ils sont eux-mêmes bons.	1	2	3	4	5	6
15. La vie comporte trop d'incertitudes qui sont déterminées par le hasard	1	2	3	4	5	6
16. Quand j'y pense, je me trouve très chanceux(se).	1	2	3	4	5	6

En utilisant l'échelle ci-dessous, choisissez le chiffre qui représente le mieux votre accord ou votre désaccord avec chacun des énoncés. Veuillez répondre le plus franchement possible. Merci.

Fortement en désaccord	Modérément en désaccord	Légèrement en désaccord	Légèrement en accord	Modérément en accord	Fortement en accord
1	2	3	4	5	6

Que pensez-vous de chacun des énoncés suivants ? (Encerclez le chiffre correspondant)

	Fortement en désaccord					Fortement d'accord
17. Je fais presque toujours des efforts pour éviter que des malheurs m'arrivent	1	2	3	4	5	6
18. J'ai une faible opinion de moi-même	1	2	3	4	5	6
19. Dans l'ensemble, les gens « bien » récoltent ce qu'ils méritent dans ce monde	1	2	3	4	5	6
20. Par nos actions, nous pouvons empêcher les malheurs de nous arriver	1	2	3	4	5	6
21. En considérant ma vie, je me rends compte que le hasard a joué en ma faveur	1	2	3	4	5	6
22. Si les gens prenaient des précautions, la plupart des malheurs pourraient être évités	1	2	3	4	5	6
23. Je prends les mesures nécessaires pour me protéger du malheur	1	2	3	4	5	6
24. En général, la vie est principalement un jeu de hasard	1	2	3	4	5	6
25. Le monde est un bon endroit	1	2	3	4	5	6
26. Les gens sont foncièrement bons et serviables	1	2	3	4	5	6
27. Je me comporte habituellement de manière à ce que cela me rapporte le plus de bonnes choses	1	2	3	4	5	6
28. Je suis très satisfait(e) du genre de personne que je suis	1	2	3	4	5	6
29. Quand des malheurs arrivent, c'est typiquement parce que les gens n'ont pas pris les mesures nécessaires pour se protéger	1	2	3	4	5	6
30. Si vous regardez d'assez près, vous constaterez que le monde est plein de bonté	1	2	3	4	5	6
31. J'ai des raisons d'avoir honte de mon caractère	1	2	3	4	5	6
32. Je suis plus chanceux(se) que la plupart des gens	1	2	3	4	5	6

Traduction du *World Assumptions Scale*: Pascale Brillon *et al.*, Laboratoire d'Étude du Trauma, UQÀM.
Le WAS a été traduit et intégré à cet ouvrage avec l'aimable autorisation de la Dre Ronnie Janoff-Bulman, auteure de l'instrument et professeure à l'University of Massachusetts, à Amherst.

9.8 Cinq cognitions particulièrement difficiles : que faire ?

Cinq cognitions sont particulièrement associées à un maintien des symptômes post-traumatiques chez les victimes. Ce sont : 1) «*Le monde est extrêmement dangereux*» ; 2) «*Ce qui est arrivé est de ma faute*» ; 3) «*Ce qui m'est arrivé est honteux*» ; 4) «*Je suis nul(le), incompétent(e), faible*» ; 5) «*La vie n'a aucun intérêt ni aucun sens*».

Ces cognitions sont très courantes chez des victimes de trauma et elles sont souvent très rigides. Elles constituent un défi pour le clinicien, qui remarque leurs effets dévastateurs sur la détresse et la symptomatologie de son client. En effet, comment se sentir mieux lorsque l'on croit profondément de telles pensées ? Ces cognitions se travaillent de la même façon que toutes les autres, à l'aide de la restructuration cognitive, mais vous trouverez ici quelques suggestions thérapeutiques supplémentaires. Celles-ci pourraient aider la victime à remettre en question ou à reconsidérer ses pensées fortement ancrées et associées à sa détresse.

1. «Le monde est extrêmement dangereux»

Cette cognition est très courante chez les victimes et contribue fortement au maintien de la structure de peur post-traumatique. En effet, la victime perçoit qu'elle doit se prémunir contre un danger diffus, ce qui encourage ses symptômes d'hypervigilance. De plus, elle pense que l'évitement est tout à fait utile et que la structure de peur est fonctionnelle puisqu'elle «sert» à la prémunir contre une seconde traumatisation. Par conséquent, cette pensée s'autorenforce avec le temps, la victime utilisant des distorsions cognitives (l'attention sélective en particulier) qui confirment la perception de base. Que faire pour aider une victime qui adhère profondément à cette vision des choses ?

- *Utilisez le questionnement socratique.* Demandez à la victime de construire une liste des preuves appuyant l'hypothèse que le monde est extrêmement dangereux et une liste des indices indiquant que le monde est aussi un endroit sécuritaire.
- *Investiguez la présence de distorsions cognitives.* Identifiez les distorsions cognitives qui peuvent être à la base de cette perception : il s'agit souvent de surgénéralisation et d'attention

sélective (ne voir que les actes de violence dans le monde en généralisant et sous-considérer le nombre d'actes bons).

- *Effectuez le calcul des probabilités d'un événement précis.* Avec la victime, tentez d'évaluer la probabilité *réaliste* qu'un acte de violence précis, spécifique, se reproduise pour la victime dans le prochain mois.
- *Dressez une liste des avantages-inconvénients de cette pensée.* Demandez à la victime de dresser une liste des avantages (ex. : me protéger) et des inconvénients de considérer le monde comme extrêmement dangereux (ex. : isolement, état d'alerte constant et peu rentable, perte de plaisir, etc.).
- *Identifiez les précautions raisonnables.* L'objectif n'est pas d'imposer à la victime une vision rose bonbon de la vie et du monde mais plutôt d'arriver à une perception et une relation face au monde plus réaliste et plus souple. Voyez avec elle quelles sont les précautions, les comportements de vigilance qui sont raisonnables, utiles, et qui ont un bon rapport «coûts-rendement», c'est-à-dire qui demandent un montant raisonnable de temps et d'énergie et qui augmentent la sensation de sécurité (par exemple: fermer ses portes au coucher, sortir dans des lieux achalandés, avoir un téléphone cellulaire, etc.) par rapport à ceux qui sont plus coûteux et extrêmes et qui n'augmentent le sentiment de sécurité que d'une façon négligeable (par exemple: ne jamais sortir, vérifier compulsivement les serrures).

2. «Ce qui est arrivé est de ma faute»

Cette cognition est aussi très courante chez les victimes. Dans une tentative de trouver un sens à ce qu'elles ont vécu, elles vont souvent se blâmer elles-mêmes. Certaines ressentent plus de sentiment de contrôle avec cette cognition, mais en général le résultat est une augmentation des symptômes dépressifs et post-traumatiques et du niveau de culpabilité. Voici quelques suggestions qui pourraient aider la victime à assouplir cette pensée.

- *Faites de la psychoéducation sur le jugement a posteriori.* Démontrez à la victime comme il est facile de juger de ses actions une fois que le déroulement de l'événement est connu et que l'environnement est propice à la réflexion et à l'analyse, deux conditions qui n'existaient pas lors du trauma.

- *Utilisez la tarte d'attribution des responsabilités.* Demandez à la victime de déterminer le pourcentage de responsabilités des facteurs causaux qui sont impliqués. Ensuite, tentez de déterminer ensemble si les pourcentages sont réalistes et proportionnels et si tous les facteurs pertinents ont été envisagés.
- *Mettez en évidence la stratégie du double standard.* Il peut être étonnant de constater que les victimes se blâment souvent beaucoup plus sévèrement que si elles avaient à juger l'action de quelqu'un d'autre. Demandez à la victime comment elle jugerait les actions d'une victime qui aurait vécu la même chose et qui aurait agi de la même façon qu'elle.
- *Développez l'indulgence.* Le processus thérapeutique peut être une belle occasion de reconsidérer ses attentes et ses exigences envers soi-même, de les diminuer à un niveau raisonnable et de développer davantage de compréhension et d'acceptation de soi-même.
- *Envisagez la fonction du blâme.* Comme nous l'avons vu dans le chapitre 8, certaines victimes utilisent le blâme pour se punir ou pour expier une faute. Envisagez une telle fonction et tentez de nommer le besoin qu'elle comble. La victime trouve-t-elle un gain secondaire malsain à cet excès de blâme ? Lui sert-il à se punir ? Le voit-elle comme une expiation méritée ? Et si oui, quand considérera-t-elle qu'elle a assez expié ?
- *Explorez la spiritualité.* La spiritualité joue beaucoup dans notre compréhension des causes de ce qui nous arrive. Tentez d'explorer le rôle de la spiritualité dans le blâme de la victime. Quelles sont ses croyances face aux événements négatifs ? Croit-elle en un Dieu vengeur et punitif ? Croit-elle en une force surnaturelle exigeante ou mécontente de ses actes ? A-t-elle l'impression qu'elle doit racheter des actes familiaux passés ?

3. « Ce qui m'est arrivé est honteux »

La honte constitue un jugement impliquant le regard des autres. Il s'agit d'une évaluation de notre valeur personnelle à la lumière de ce qu'on pense être les standards sociaux acceptables. Cette honte renforce le stigma et l'isolement social. Elle maintient et renforce la valence négative entre les associations de la structure de peur et renforce ainsi les symptômes post-traumatiques.

- *Examinez les valeurs sociales et de l'entourage.* La société, l'entourage, le tissu socioéconomique, les préjugés sociaux et culturels sont souvent impliqués dans cette honte. Il est approprié d'examiner quels sont les standards pris en compte par la victime dans son évaluation de sa valeur personnelle et de vérifier avec elle s'ils sont réalistes et adéquats.
- *Importance accordée au jugement des autres.* Cette cognition est souvent très liée à l'importance que la victime accorde au jugement des autres. Tentez d'identifier en quoi ce jugement est si important et profitez de l'occasion pour aider la victime à remettre en question l'importance qu'elle accorde à ce que les autres pensent d'elle. Explorez la pertinence de correspondre à tout prix aux attentes des autres. Il peut être aussi opportun de travailler à améliorer son estime de soi et sa confiance en soi.
- *Favorisez le partage de l'expérience.* Encouragez la victime à exprimer et à partager ce qu'elle trouve honteux en thérapie avec vous. Cela pourrait peut-être lui permettre de remettre en question ses jugements sévères envers elle-même. Cela pourrait aussi lui permettre de faire l'expérience intime de l'acceptation inconditionnelle et de l'empathie si puissantes et précieuses en psychothérapie, ce qui pourra l'aider par la suite à développer cette même attitude face à elle-même.

4. « Je suis nul(le), incompétent(e), faible »

Plusieurs victimes minimisent leurs forces et se comparent à ce qu'elles pensent que font les autres, ce qui est la supposée « norme », ou à une vision idéalisée de ce qu'elles faisaient avant. Afin d'être juste, il sera important pour elles de développer d'autres standards, qui seront davantage basés sur leurs capacités temporaires actuelles. Cette pensée est très associée à des symptômes de dévalorisation et de dépression. Voici quelques suggestions afin d'aider la victime à reconsidérer cette vision d'elle-même.

- *Dressez une liste de compétence quotidienne.* Demandez à la victime de faire une liste de toutes les bonnes choses qu'elle fait dans une journée : les choses positives, les choses où elle se sent en contrôle et compétente. L'objectif consiste ici à favoriser une meilleure évaluation de ses propres ressources et une prise de conscience de ses compétences.

- *Investiguez la présence de distorsions cognitives.* Identifiez les distorsions cognitives qui peuvent être à la base de cette perception : il s'agit souvent de surgénéralisation et d'attention sélective (la victime ne voit que les défauts et les manques chez elle ou elle sous-estime ses qualités et ses bons coups).
- *Travaillez ses attentes irréalistes.* Cette cognition découle souvent d'attentes qui sont tellement irréalistes et exigeantes que la victime ne peut qu'échouer face à elles. Il peut être important de préciser ses attentes face à elle-même et de vérifier avec elle si celles-ci sont réalistes.

5. « La vie n'a aucun intérêt ni aucun sens »

Plusieurs victimes considèrent que l'expérience traumatique a remis en question de façon profonde leur amour de la vie et leur intérêt à son égard. Elles se sentent émoussées émotivement et ces symptômes les portent à croire que plus rien n'est digne d'intérêt. Elles s'isolent, ne sortent plus, ce qui contribue à rendre leur quotidien inintéressant et monotone. Elles se sentent déprimées et découragées face à l'avenir. Comment les aider à remettre en question cette pensée et à diminuer leurs symptômes de dépression ?

- *Mettez en évidence les distorsions cognitives.* Cette pensée découle souvent d'attention sélective (ne considérer que les éléments négatifs de la vie), de raisonnement émotionnel (parce que je suis déprimé, j'en conclus que la vie est déprimante et ne mérite pas d'être vécue) et de surgénéralisation (j'en conclus que mes symtômes et cette vision des choses seront permanentes, plutôt que de les considérer comme un état temporaire).
- *Dressez une liste des activités autrefois agréables.* Demandez à la victime de faire une liste des activités qui l'enthousiasmaient auparavant et ajoutez celles qui semblent plus importantes pour elle actuellement. Même si cela lui semble difficile, il

sera important de l'encourager à reprendre certaines activités aimées précédemment.

- *Prévoyez des exercices d'activités quotidiennes.* Tentez d'intégrer des activités à son horaire grâce à une liste d'activités quotidiennes. Demandez-lui d'effectuer au moins une activité agréable par jour et de sortir au moins une fois de chez elle. Précisez-lui qu'elle n'aura pas envie d'effectuer ces exercices au début et qu'elle devra temporairement les faire quand même. Il est primordial de contrer la « spirale descendante » qui s'installe sournoisement lors de pensées déprimantes, c'est-à-dire *« plus je suis triste, moins je sors » et « moins je sors, plus je suis déprimée »*. Il s'agit de recréer un quotidien plus stimulant, qui augmentera l'intérêt.
- *Favorisez un sens existentiel et spirituel.* La recherche de sens à sa vie est souvent inhérente au travail avec des victimes ayant vécu de près la mort ou la méchanceté humaine. Leurs priorités ont changé et elles sont souvent confuses devant ce bouleversement. Tentez de les accompagner dans cette démarche de redéfinition du sens de leur vie et de la nature du monde en tentant de préciser avec elles un nouveau sens et de nouvelles valeurs de vie. Si vous sentez que cela pourrait leur faire du bien, référez-les pour ce faire à des ministres de leur religion pour un accompagnement spirituel plus profond.

CHAPITRE 10

Faciliter la détente et l'apaisement

« Je suis constamment tendue, crispée », « Je ne peux pas m'endormir, je me retourne dans mon lit sans arrêt », « J'ai tellement peur d'être agressé de nouveau que je suis tout le temps en état d'alerte », « Je suis à fleur de peau, je suis très irritable et je me dispute avec tout le monde ».

Après avoir vécu un événement traumatique, les victimes se sentent souvent extrêmement stressées physiologiquement. Elles ressentent une tension musculaire intense, de la difficulté à dormir, de l'irritabilité, une impression d'être constamment à fleur de peau, un état d'alerte permanent. Cet état peut entraîner beaucoup de détresse et de fatigue et nuire à leur processus de récupération. De plus, il peut affecter de façon grave leurs relations interpersonnelles et entraîner des stress relationnels supplémentaires. Certaines cognitions irrationnelles peuvent entraîner des tensions musculaires importantes et la restructuration cognitive peut les avoir diminuées, mais c'est quelquefois insuffisant et il est alors nécessaire de passer par le corps. C'est là que les stratégies de respiration et de relaxation interviennent.

Aider une victime à se détendre aura plusieurs conséquences positives. D'abord, le but est de l'aider à diminuer ses symptômes d'hyperactivation post-traumatiques, dont nous venons de parler. Cela risque de faciliter son quotidien et de permettre un sommeil plus facile. Cela permet aussi de diminuer son sentiment d'impuissance, puisque la victime sent maintenant qu'elle peut avoir un certain contrôle sur son anxiété, ce qui renforce son humeur et son sentiment d'autoefficacité. De plus, ces stratégies facilitent les exercices d'exposition *in vivo* et en imagination. En effet, elles permettent à la victime d'apprendre à s'autoapaiser, ce qui va lui être très utile lorsqu'elle va s'exposer à des éléments anxiogènes.

Plusieurs stratégies de gestion du stress existent dans la littérature. Nous nous concentrerons ici sur quelques-unes qui ont démontré leur efficacité et qui sont utilisées avec des victimes de traumatisme. Nous verrons ainsi particulièrement la rééducation respiratoire et la relaxation musculaire progressive de style Jacobson.

10.1 La rééducation respiratoire

Nous verrons ici deux types de rééducation respiratoire : la respiration diaphragmatique et le contrôle respiratoire. La respiration diaphragmatique est une stratégie très utilisée dans les études impliquant des personnes souffrant d'autres troubles anxieux et en particulier utilisée par le laboratoire du Dr Barlow pour les gens souffrant de trouble panique (Barlow, 1988). Elle vise surtout à contrer les symptômes d'hyperventilation.

Pour sa part, le contrôle respiratoire est une stratégie proposée par la Dre Edna Foa, qui travaille spécifiquement auprès des victimes de traumatisme, particulièrement les victimes d'agression sexuelle. Cette stratégie vise surtout à diminuer le rythme de la respiration en mettant l'emphase sur l'expiration (Foa et Rothbaum, 1998).

10.1.1 La respiration diaphragmatique

La respiration diaphragmatique vise à contrer l'hyperventilation et les conséquences de celle-ci. En effet, en situation de détente, la respiration normale se fait à un rythme régulier et maintient l'équilibre entre l'entrée d'oxygène et la sortie de gaz carbonique. En situation de stress ou lorsque la victime est en contact avec un élément anxiogène, la respiration tend à devenir plus rapide et saccadée : le corps se prépare à faire face à un « danger » et à fournir au cœur et aux muscles l'oxygène nécessaire à la fuite ou à la défense. Or, souvent, en situation de panique, le corps reste inactif et il ne dépense pas cet apport massif d'oxygène. Il y a donc déséquilibre entre l'oxygène et le gaz carbonique : c'est *l'hyperventilation*. Cet état entraîne de multiples symptômes désagréables : palpitations, étourdissements, vue embrouillée, sensation d'étouffement, sensation d'irréalité, sueurs froides.

Les victimes qui hyperventilent ne s'en rendent souvent pas compte : elles craignent de vivre un autre événement traumatique, elles se sentent vulnérables, elles ont peur et elles respirent inconsciemment avec les muscles du haut de la poitrine. C'est une respiration superficielle, courte et saccadée. Elles se sentent ensuite étourdies, sentent leur « tête légère », ont l'impression qu'elles vont s'évanouir, ont de la difficulté à bien voir : ces symptômes physiques leur font peur et leur donnent l'impression qu'il y a vraiment un danger ou qu'elles vont perdre le contrôle, ce qui les effraie encore davantage.

La respiration diaphragmatique vise à favoriser une respiration plus lente et plus profonde, rétablissant l'équilibre entre l'oxygène et le gaz carbonique. Cette stratégie vise aussi à ralentir le rythme cardiaque et à diminuer les risques d'hyperventilation. Elle diminue les symptômes de celle-ci et favorise une détente des muscles abdominaux et une sensation générale d'apaisement. De plus, respirer par le diaphragme entraîne un ralentissement du rythme de la respiration, ce qui va calmer la victime.

Consignes à donner à la victime pour la respiration diaphragmatique :

1) Posez une main sur votre poitrine et une autre sur votre ventre ;
2) Essayez d'inspirer par le nez en gonflant votre ventre, sans trop bouger les muscles de la poitrine ;
3) Inspirez lentement en vous disant dans votre tête *« je-ressss-piiiiiii-re » ;*
3) Ralentissez le rythme de votre respiration ;
4) Expirez lentement par le nez en vous disant *« caaaaa-lllllll-mmmmmmme » ;*
5) Recommencez lentement.

Mentionnez à la victime qu'elle ne doit pas trop forcer son inspiration. L'objectif est de favoriser une respiration plus lente, plus profonde et plus agréable du *bas de l'abdomen*. Dites-lui de relâcher ses muscles abdominaux et d'essayer de laisser aller ses tensions. Demandez-lui de se concentrer ensuite sur ses sensations de détente lorsqu'elle inspire et expire.

La respiration diaphragmatique est un *apprentissage*. Comme tout apprentissage, il deviendra de plus en plus facile avec la *pratique* quotidienne... Ne vous attendez pas à ce que cette stratégie parvienne à détendre votre client(e) dans des situations stressantes au début. Comme tout apprentissage, il faut d'abord pratiquer cette nouvelle stratégie dans des situations *faciles*. Demandez à la victime de respirer de cette façon dans des situations calmes au début. Par exemple, lorsqu'elle est dans un environnement sécuritaire, lorsqu'elle est détendue elle-même, assise devant la télévision, dans son lit, etc. Lorsque vous sentirez au fur et à mesure des semaines qu'elle maîtrise davantage cette stratégie, vous pourrez lui suggérer de l'appliquer dans des situations de plus en plus exigeantes (debout, dans des lieux publics, en situation de stress, lorsqu'elle est anxieuse, etc.). Mettez bien en évidence que cette stratégie est difficile et ne fonctionne pas du premier coup. Elle demande de la pratique et exige une certaine habituation. Mais lorsqu'elle sera acquise, elle sera très utile pour diminuer les symptômes d'hyperactivation et favoriser les exercices d'exposition.

Difficultés thérapeutiques potentielles de la respiration diaphragmatique

Le besoin de contrôle que ressentent plusieurs victimes de traumatisme peut constituer une difficulté thérapeutique. Certaines victimes vont vouloir forcer leur inspiration trop profondément, ce qui va entraîner des sensations désagréables et, paradoxalement, des symptômes d'hyperventilation que nous voulons justement éviter.

Demandez à la victime de bien relâcher ses abdominaux, et de doucement respirer du bas de l'abdomen, plus lentement. Mentionnez-lui aussi qu'il faut qu'elle relâche un peu ce contrôle, qu'elle essaie de se «grounder» et de s'abandonner davantage. Enfin, et c'est très important, précisez-lui que cette stratégie vise à ce qu'elle soit capable de *mieux tolérer* l'anxiété *et non pas* nécessairement de l'éliminer complètement. L'anxiété est un état inconfortable mais il n'est pas dangereux. La respiration vise à l'aider à mieux tolérer les sensations désagréables d'anxiété, à éviter qu'elle panique devant ces sensations et aggrave l'hyperventilation. L'objectif n'est pas d'éliminer l'anxiété (car sinon, cela empêcherait de façon importante les exercices d'exposition), mais plutôt que cette anxiété soit plus tolérable.

En fait, on peut comparer cet état avec celui du mur ou de l'algue face à la vague. Plusieurs victimes tentent de repousser l'anxiété en se durcissant ou se crispant contre leur peur, tel un mur face à la vague. Elles bloquent l'anxiété ou la sensation de vulnérabilité en voulant la repousser à tout prix. L'objectif est plutôt d'induire une attitude plus souple et de «lâcher prise» face à l'anxiété, telle une algue qui se laisse bercer par la vague. La détente doit leur permettre de se relâcher face à leur anxiété et de s'abandonner à sa montée en attendant qu'elle redescende et s'apaise, sans dramatiser ou nier le sentiment de vulnérabilité.

10.1.2 Le contrôle respiratoire

Pour Foa et Rothbaum (1998), la détente n'est pas associée à l'inspiration, tel que proposé par la stratégie de respiration diaphragmatique. C'est plutôt *l'expiration* qui favoriserait davantage la relaxation. Le contrôle respiratoire a comme objectif de diminuer le rythme de la respiration et de diminuer la quantité d'oxygène dans le sang. Au fur et à mesure de la pratique, elle vise à aider la victime à diminuer son anxiété.

Selon ces auteures, quand les gens ont peur, ils ont tendance à croire qu'ils ont besoin de davantage d'air et ils vont hyperventiler, ce qui n'a pas d'impact relaxant mais va plutôt entretenir l'anxiété. Si le danger n'est pas réel, cet air supplémentaire n'est pas nécessaire et envoie un message contradictoire à notre corps, soit de se préparer à un danger. Il est donc nécessaire de ralentir le rythme de notre respiration et de prendre moins d'air. Ces auteures proposent l'exercice suivant pour y parvenir.

Exercice de contrôle respiratoire

1) Inspirez normalement par le nez.
2) Concentrez-vous sur votre *expiration* et poussez-la jusqu'au bout, en vous disant le mot «re-laaaa-xe».
3) Ralentissez le rythme de votre respiration.
4) Prenez moins d'air afin de contrer l'hyperventilation.
5) Faites une pause après chaque expiration en comptant «*1, 2, 3, 4*» pour les espacer.

Les auteures proposent cet exercice aux victimes ayant vécu une agression sexuelle et prescrivent cet exercice à raison de deux fois par jour. Cette stratégie est une bonne alternative à la respiration diaphragmatique pour les victimes qui sont très sensibles à l'hyperventilation et qui trouvent difficile de respirer par le bas du ventre.

10.2 La relaxation musculaire progressive

Plusieurs stratégies peuvent être utilisées par le client pour tenter de diminuer sa tension musculaire. Ainsi, le yoga, le taï chi ou l'exercice induisent un relâchement musculaire. La méthode de relaxation progressive de Jacobson est une stratégie utile, qui peut être enseignée par le thérapeute et qui a été démontrée dans la littérature comme une stratégie très efficace de gestion du stress (Borkovec et Costello, 1993; Ost, 1987; 1988). Par rapport aux autres stratégies, elle a l'avantage d'être très systématique, précise, et de suivre une procédure spécifique. Elle consiste principalement à apprendre à contracter et à relâcher des groupes de muscles spécifiques d'une manière séquentielle afin d'induire une détente musculaire précise et profonde (Jacobson, 1980).

Rationnel sous-jacent à la relaxation musculaire progressive de Jacobson

Chaque personne est toujours à un certain niveau de tension durant ses heures de réveil. Le but de la relaxation musculaire progressive est d'aider la victime à apprendre à réduire la tension musculaire de son corps à un niveau beaucoup plus bas que son niveau habituel de tension. Pour arriver à ce résultat, il est plus efficace d'induire d'abord une tension par une contraction musculaire que de demander à la victime d'essayer de détendre des muscles «inconsciemment» tendus.

La meilleure façon de produire une baisse notable de tension, c'est d'abord d'induire une dose importante de stress au niveau du muscle puis de relâcher cette tension d'un coup. Ce relâchement crée un «momentum» qui permet aux muscles de se relâcher à un niveau inférieur au niveau habituel de tension. Selon Jacobson, l'effet ressemble à celui que nous pouvons produire sur un pendule qui est immobile, en position verticale. «Si nous voulons qu'il aille vers la droite, on peut le pousser fortement vers cette direction. Cependant, il est beaucoup plus facile de tirer le pendule vers la direction opposée et de le laisser aller. Il va traverser le point vertical et continuer dans la direction que nous voulions qu'il prenne» (Bernstein et Borkovec, 1973).

L'entraînement à la relaxation musculaire progressive de Jacobson commence avec 16 groupes de muscles pour ensuite les regrouper selon 7, puis 4 groupes globaux. Le client apprend ainsi à se détendre en utilisant de moins en moins de groupes de muscles distincts dans un temps de plus en plus court. Cette stratégie se termine par un décompte de 0 à 10 (voir Bernstein et Borkovec, 1973). Cependant, cette stratégie est très longue: elle nécessite 12 séances. Vous trouverez ici le processus à *7 groupes de muscles*, c'est-à-dire que le corps est divisé en 7 groupes musculaires, groupes qui seront contractés puis détendus dans une séquence précise afin de favoriser une détente maximale. Ce format offre, à mon avis, un excellent compromis: il ne prend pas trop de temps (20-30 minutes), alors que celui à 16 groupes de muscles peut nécessiter 55 minutes. De plus, cette stratégie n'est pas trop exigeante pour le client et donne d'excellents résultats. Vous pourrez ainsi présenter et pratiquer la stratégie pendant deux ou trois séances afin de permettre un bon apprentissage et une bonne diminution des symptômes d'hyperactivation.

Les stratégies de contraction de la relaxation musculaire de Jacobson

Les 7 groupes de muscles sont combinés selon :	
Groupes de muscles	**Stratégies de contraction**
1. La main, l'avant-bras et le bicep dominants	• tendre le bras devant soi, faire pivoter le coude à 45° et contracter fortement le poing
2. La main, l'avant-bras et le bicep non dominants	• tendre le bras devant soi, faire pivoter le coude à 45° et contracter fortement le poing
3. Les trois groupes de muscles faciaux	• lever les sourcils vers le haut, loucher et plisser le nez, serrer les dents et tirer les coins de la bouche vers l'arrière
4. Le cou et la gorge	• pousser le menton vers la poitrine tout en tirant le cou vers le haut en opposition
5. La poitrine, les épaules, le haut du dos et les abdominaux	• prendre une bonne respiration, la retenir, coller les omoplates ensemble et contracter l'estomac
6. La cuisse, le mollet et le pied dominants	• lever la jambe, pointer les orteils et tourner le pied vers l'intérieur
7. La cuisse, le mollet et le pied non dominants	• lever la jambe, pointer les orteils et tourner le pied vers l'intérieur

Le thérapeute utilise un ordre précis de consignes :

1. Préparation du client à l'exercice.
2. L'attention du client est orientée sur le groupe de muscles
3. À un signal prédéterminé par le thérapeute, le groupe de muscles est contracté.
4. La tension est maintenue (de 5 à 7 secondes).
5. À un signal prédéterminé, le groupe de muscles est relâché.
6. L'attention du client est maintenue sur le groupe de muscles qui se détend (de 30 à 40 secondes).
7. Reprise de la contraction et de la détente du groupe de muscles.
8. Changement de groupe de muscles.
9. Moment de détente final.
10. Retour à un niveau d'éveil.

Enregistrez cette séance de relaxation sur cassette audio pendant que vous l'effectuez avec le client. Demandez-lui ensuite de prendre la cassette et de pratiquer cette stratégie chez lui tous les jours. Cet exercice permet à la victime d'apprendre à la maison une stratégie efficace de détente corporelle ; de plus, la cassette lui permet de se sentir outillée pour ce faire.

Processus de relaxation progressive pour les 7 groupes de muscles

Vous trouverez ici le processus plus détaillé pour l'exercice de relaxation progressive. Les phrases en italiques sont celles que le thérapeute peut utiliser pour aider son client à bien profiter de l'exercice. Elles peuvent vous servir de guide pour effectuer la séance de relaxation. N'oubliez pas d'enregistrer celle-ci sur cassette audio afin que la victime puisse profiter d'un outil qu'elle pourra ensuite utiliser à la maison.

1. Préparation du client à l'exercice

- Indiquez à la victime qu'il est important qu'elle relâche sa tension dans le muscle contracté, immédiatement au signal. Il convient d'éviter qu'elle ne relâche lentement ou avec contrôle. Il est plus approprié que la personne relâche la tension d'un coup, comme si elle était une marionnette venant de perdre un de ses fils.
- Précisez-lui que durant l'exercice il faudra éviter les mouvements non désirés et les paroles inutiles.
- Reprécisez avec elle l'ordre des 7 groupes de muscles :
  1. La main, l'avant-bras et le biceps dominants ;
  2. La main, l'avant-bras et le biceps non dominants ;
  3. Les trois groupes de muscles faciaux ;
  4. Le cou et la gorge ;
  5. La poitrine, les épaules, le haut du dos et les abdominaux ;
  6. La cuisse, le mollet et le pied dominants ;
  7. La cuisse, le mollet et le pied non dominants.
- Repratiquez avec elle les procédures de contraction pour chacun de ces muscles (voir tableau précédent).
- Dites-lui de fermer les yeux et de prendre une position inclinée et confortable.

2. **L'attention du client est orientée sur le groupe de muscles.**

   «J'aimerais que vous focalisiez toute votre attention sur le xe (rang) *groupe de muscles, soit les muscles du* (..)»

3. **À un signal prédéterminé par le thérapeute (le mot «maintenant»), le groupe de muscles est contracté.**

   «Je voudrais que vous (stratégie de contraction) pour contracter les muscles du (...) ***maintenant*** *»*

4. **La tension est maintenue pour une période de 5 à 7 secondes.**

   «Sentez vos muscles se contracter. Notez comment se manifeste la tension dans vos muscles lorsqu'ils sont contractés et restent tendus et raides. Sentez la tension.»

5. **À un signal prédéterminé (le mot «complètement»), le groupe de muscles est relaché.**

   «O.K., vous pouvez relâcher ***complètement.*** *»*

6. **L'attention du client est maintenue sur le groupe de muscles qui se détend (de 30 à 40 sec.).**

   «Laissez vos muscles se relâcher. Notez la différence entre la tension et la relaxation. Focalisez votre attention sur les sensations de ce groupe de muscles, qui devient de plus en plus détendu.»

7. **Répétition du groupe de muscles (reprise des procédures 2, 3, 4, 5, 6).**

   Ce processus de relaxation est effectué DEUX fois pour chaque groupe de muscles.

8. **Changement de groupe de muscles et reprise des procédures 2, 3, 4, 5, 6 pour le groupe de muscles suivant.**

   «Laissez vos muscles (...) (groupe précédent) complètement détendus pendant que nous allons contracter le xe *(rang) groupe de muscles, soit les muscles du (..).»*

9. **Moment de détente.**

Le thérapeute termine l'exercice après avoir accompagné la victime dans la contraction et la détente des 7 groupes de muscles (répétés deux fois chaque fois). Il laisse la victime savourer ce moment de détente pendant une ou deux minutes. Il peut rester silencieux ou faire des suggestions de détente indirectes.

10. **Retour à un niveau d'éveil.**

« Je vais compter doucement de 4 à 1 pour vous permettre de revenir tranquillement à un niveau d'éveil. À 4, vous pouvez commencer à bouger vos pieds et vos jambes. 3, vous pouvez bouger vos bras et vos mains. 2, vous pouvez bouger votre tête et votre cou. Et 1, vous pouvez ouvrir vos yeux, en vous sentant calme et détendu, comme si vous veniez de faire une petite sieste. »

10.2.1 Difficultés thérapeutiques potentielles de la relaxation

La principale difficulté thérapeutique avec des victimes de traumatisme constitue l'état d'alerte. Pas facile de demander à quelqu'un qui a été agressé, qui a vécu un accident ou qui a été victime d'un événement imprévisible et destructeur de se laisser aller devant vous et de s'abandonner... Les victimes vont naturellement tenter de garder le contrôle et de résister à cet abandon corporel et psychologique. Elles vont avoir de la difficulté à fermer les yeux, car avoir les yeux ouverts leur donne l'impression qu'elles peuvent mieux se préparer à une agression potentielle. Elles vont avoir de la difficulté à se détendre car elles vont avoir le sentiment de baisser la garde et donc d'être plus vulnérables.

Ainsi, non seulement les stratégies de relaxation permettent-elles à la victime d'acquérir une stratégie facilitant sa détente musculaire, mais elles constituent aussi l'apprentissage d'un abandon. Certaines victimes vont réaliser que même si elles s'abandonnent physiquement, rien de dangereux ne s'est produit et que, par conséquent, un tel état d'alerte n'est pas nécessaire et n'est pas en soi le responsable de leur sécurité ou de leur bien-être. Réaliser qu'elles peuvent en toute sécurité relâcher leurs mécanismes de vigilance (devant quelqu'un) est souvent très révélateur et thérapeutique pour les victimes.

Lorsque vous sentez un malaise chez la victime, assurez-vous (*surtout* si elle est de sexe opposé à vous), qu'il(elle) est assez à l'aise pour fermer les yeux devant vous. Soyez délicat si vous sentez qu'elle est inconfortable. Au pire, faites l'exercice en tournant votre chaise de façon à lui tourner le dos et faites les exercices en même temps qu'elle. Elle aura moins l'impression que vous l'observez et que vous avez tout pouvoir sur elle pendant qu'elle est en état de vulnérabilité. Si cela est encore trop difficile pour la victime, laissez-la ouvrir complètement les yeux et tournez votre chaise. Ou encore, enregistrez les procédures sur une cassette avec un autre client, un collègue ou un ami et demandez-lui de pratiquer avec cette cassette lorsqu'elle sera chez elle et se sentira en sécurité.

Notez que tenter de s'abandonner devant vous reste une expérience difficile pour les victimes. Par contre, si elles y parviennent, cette expérience est *très* thérapeutique en soi : c'est l'expérience de l'abandon relationnel. C'est, pour certaines victimes, une expérience émotionnelle correctrice : une expérience de confiance, de sécurité, où les attitudes de méfiance ou de défense sont inutiles. C'est une expérience qui peut réparer les expériences antérieures de trahison ou d'agression. La victime ressent à ce moment qu'il est possible de s'abandonner et de se sentir en sécurité et en confiance, en présence d'un autre qui l'accepte comme elle est et qui la respecte.

10.2.2 D'autres difficultés thérapeutiques potentielles

Assurez-vous que la victime ne perçoive pas la relaxation comme une performance à fournir et que cela ne lui occasionne pas davantage de stress que cela ne lui en enlève. Certaines personnes ont tendance à exiger d'elles-mêmes qu'elles apprennent tout, tout de suite et à la perfection. Cela vaut la peine de répéter souvent que se détendre est un apprentissage et que, comme tout apprentissage, il est nécessaire de le pratiquer souvent pour bien le maîtriser. De plus, un apprentissage signifie nécessairement se tromper, apprivoiser la stratégie et trouver cela difficile au début.

Assurez-vous que la victime relâche ses muscles d'un coup sec lors des exercices de relaxation et non pas d'un mouvement lent et contrôlé. Elle doit sentir que la tension est relâchée comme si on coupait la corde d'une marionnette, qui retenait la tension du muscle.

Assurez-vous aussi qu'elle considère les divers groupes de muscles comme distincts les uns des autres et que, par exemple, elle ne recontracte pas les bras lorsqu'elle contracte les muscles de l'abdomen. Un groupe de muscles détendu doit le rester durant tout le reste de l'exercice, indépendamment des contractions effectuées pour les autres groupes de muscles.

10.2.3 Suggestions thérapeutiques

Il peut être très avantageux d'utiliser les stratégies de relaxation pendant quelques séances avant de débuter les exercices d'exposition. Ces stratégies permettent de diminuer certains symptômes d'hyperactivation et d'apaiser la victime. De plus, cet apprentissage de la détente et de la respiration est souvent très utile lorsque nous abordons les exercices d'exposition par la suite. La victime se sent moins paniquée lorsqu'elle ressent des symptômes d'anxiété puisqu'elle sait qu'elle est capable de s'apaiser. Prévoyez quelques rencontres afin de montrer les diverses contractions, puis enregistrez sur cassette audio la stratégie de relaxation proprement dite. Proposez à la victime d'écouter sa cassette tous les jours pendant la semaine. Lors des séances suivantes, vous pouvez réenregistrer d'autres séances à la suite de la première et rajouter des consignes sur la respiration.

En effet, si vous le jugez approprié, il peut être très opportun d'ajouter des consignes favorisant une respiration plus profonde entre les contractions musculaires. Vous vous trouvez ainsi à jumeler deux stratégies. De plus, vous favorisez chez la victime une détente plus profonde. Ce faisant, vous favorisez une association conditionnée entre une respiration profonde et un état de détente, ce qui pourra être très utile quand vous débuterez les exercices d'exposition *in vivo*. Lors des exercices d'exposition, vous pourrez faire référence à la respiration diaphragmatique ou au contrôle respiratoire. Plus la victime l'aura pratiquée précédemment, plus cette respiration sera associée à un état de calme et plus elle parviendra à tolérer l'anxiété durant les exercices, ce qui améliorera leur efficacité.

Il peut être aussi très utile d'utiliser la relaxation avec des victimes qui arrivent très stressées ou activées dans nos bureaux. Poursuivre une séance thérapeutique dans ces conditions est souvent inutile : les victimes se sentent survoltées, énervées, elles ne sont pas en contact avec leurs émotions ou leurs cognitions. Elle sont très fébriles, à fleur de peau, et leur discours est souvent très tangentiel et peu connecté. Il est alors très profitable de leur proposer de faire de la relaxation au début de la séance. L'objectif n'est pas ici de réfréner leurs émotions, mais au contraire de permettre l'émergence de celles qui sont éclipsées par toute cette activation physiologique. Cette stratégie permet souvent aux victimes de se relâcher et d'être plus réceptives à la thérapie : elles se sentent plus « groundées », sont plus en contact avec leurs émotions. Elles se permettent ainsi davantage de ressentir des émotions comme la tristesse, l'impuissance ou la peur. Certaines personnes ont de la difficulté avec ces émotions et utilisent inconsciemment l'anxiété ou l'activation pour les fuir. La relaxation leur permet quelquefois de se donner le droit de laisser monter ces émotions et de les accepter davantage.

10.3 D'autres stratégies de détente et leur utilité

Les stratégies vues précédemment sont reconnues dans la littérature psychologique scientifique comme efficaces pour diminuer l'anxiété. Cependant, rien ne vous empêche de proposer à votre client(e) de jumeler ces stratégies à d'autres activités qui permettent une détente et une relaxation moins systématique :

1. Prenez un bon bain moussant avec de la musique relaxante et des bougies.
2. Allez faire un tour à la bibliothèque et feuilletez un bon livre dans un fauteuil confortable.
3. Faites une promenade dans un parc.
4. Installez-vous dans un fauteuil confortable en écoutant votre musique préférée.
5. Offrez-vous une séance de massage.
6. Recommencez à faire du sport et de l'activité physique.

7. Écoutez une comédie divertissante avec des amis.
8. Allez vous promener au bord de l'eau.
9. Jardinez, mettez-vous les mains dans la terre et créez de beaux aménagements fleuris.
10. Nourrissez les oiseaux et observez-les dans la nature.
11. Allez faire une randonnée de vélo.
12. Recommencez à faire du dessin, de la peinture ou du bricolage.
13. Inscrivez-vous à un cours de yoga ou de taï chi.
14. Recommencez à faire de la bonne cuisine avec un(e) ami(e).
15. Allez à la pêche ou en bateau.
16. Prenez le temps d'aller faire une randonnée dans le bois.
17. Offrez-vous un séjour dans un spa.
18. Relaxez dans un bain flottant.
19. Familiarisez-vous avec la méditation.
20. Offrez-vous des moments pour savourer le temps qui passe.

Il convient cependant d'être conscient que ces stratégies peuvent être utiles mais qu'elles parviennent rarement à elles seules à induire un état général de détente durable. Elles fonctionnent habituellement (c'est-à-dire dans un contexte de stress quotidien non traumatique), mais à la suite d'un événement traumatique le corps est souvent trop activé et tendu pour parvenir à se détendre ainsi : les symptômes post-traumatiques sont beaucoup trop puissants et l'impression de vulnérabilité beaucoup trop forte. Ces symptômes exigent souvent un apprentissage plus systématique afin de vraiment acquérir une façon de se détendre physiquement et mentalement à la suite d'un événement traumatique. Proposez à la victime d'utiliser ces suggestions *en plus* de sa technique de relaxation et demandez-lui de pratiquer sa technique de façon systématique, et surtout le plus régulièrement possible.

Vous pouvez aussi lui suggérer d'autres stratégies de relaxation. À ce sujet, le livre de Jacques Lafleur (1999) est une excellente référence.

CHAPITRE 11

Cibler spécifiquement la diminution de l'évitement

«Je sais qu'il ne peut rien m'arriver, mais je ne peux pas m'empêcher d'avoir peur dans un restaurant», «Je me rends compte que ce comportement est ridicule, mais j'évite toujours de conduire seule», «Je suis toujours très anxieuse quand je vais dans un endroit public même si je sais qu'il y a peu de risques qu'une autre agression se produise», «Je suis incapable de retourner sur les lieux de l'explosion même si je sais que c'est irrationnel».

Identifier et remettre en question ses pensées et ses attributions dysfonctionnelles est une stratégie thérapeutique efficace pour diminuer les symptômes post-traumatiques. Cependant, pour certaines victimes, cela ne suffit pas : elles restent très anxieuses et continuent d'éviter plusieurs situations. Elles réalisent le côté irrationnel ou exagéré de certaines pensées mais se sentent incapables de les modifier. L'anxiété est trop forte. L'évitement est trop puissant. Elles ne veulent pas risquer une autre expérience traumatique et croient que leurs pensées les protègent.

Pour ces victimes, la diminution de la crainte post-traumatique doit passer par *l'expérience*. Les stratégies de restructuration cognitive leur semblent trop compliquées ou trop abstraites. Elles ont besoin de moyens plus concrets pour diminuer leurs peurs. Ou alors, elles ont besoin de ressentir, d'expérimenter, de vérifier si leurs nouvelles pensées sont réalistes et si leurs interprétations sont effectivement justes. C'est ici qu'intervient l'exposition graduelle *in vivo*.

11.1 Quand l'exposition graduelle *in vivo* est-elle nécessaire ?

Quand la victime ressent beaucoup de détresse devant certains éléments

La force du conditionnement aversif qui s'est produit lors de l'événement traumatique est extrêmement puissante : tous les éléments, objets, lieux, couleurs, situations, bruits, odeurs, etc., présents lors du trauma provoquent maintenant de la détresse parce qu'ils ont été associés à une peur intense ou à l'horreur.

L'exposition graduelle *in vivo* permet d'aider la victime à défaire ces associations entre certains éléments pourtant inoffensifs (ex. : un bruit sourd, une odeur de brûlé, un chandail vert, une rue, un homme portant une barbe, etc.) et des sensations de panique et de vulnérabilité. En ce sens, l'exposition graduelle *in vivo* favorise la *spécificité* des éléments, c'est-à-dire la constatation par la victime qu'elle généralise à tort un élément à son ensemble (*« Tous les hommes ne sont pas tous des agresseurs », « Tous les chandails rouges ne sont pas tous synonymes de danger », « Tous les chauffeurs de taxi ne vont pas me foncer dessus », « Toutes les banques ne sont pas dévalisées régulièrement »*).

Quand les symptômes d'évitement sont très présents

Les sensations de panique et de vulnérabilité sont souvent insupportables pour la victime : dans les semaines qui suivent l'expérience du traumatisme, celle-ci va tenter d'éviter tous les éléments qui entraînent de la détresse. Cet évitement peut prendre la forme d'un comportement (la victime évite de se plonger dans certaines situations, elle fuit certains éléments) ou être de nature cognitive (la victime évite de penser à ce qui s'est passé, elle refuse d'en parler, elle se change les idées lorsque des images de l'événement se présentent à sa conscience, etc.).

Cet évitement peut affecter gravement le quotidien de la victime ou de son entourage : retrait social important, incapacité de vaquer à des occupations élémentaires, dépendance dans les déplacements ou pour effectuer certaines tâches, refus de participer à certaines activités familiales ou sociales importantes, etc. L'exposition graduelle *in vivo* permet de diminuer cet évitement et favorise la reprise de ces activités. Elle permet un regain de son autonomie et la reconstruction de sa confiance en soi.

Quand la restructuration cognitive n'est pas suffisante ou n'est pas possible

Pour certaines victimes, la restructuration cognitive ne suffit pas : elles restent très anxieuses et continuent d'éviter les situations anxiogènes. Les stratégies de restructuration cognitive leur semblent ardues car trop abstraites. Elles répondent quelquefois avec automatisme au questionnement socratique. Elles croient peu à leurs nouvelles pensées plus rationnelles. En fait, elles ont besoin de moyens plus concrets pour diminuer leurs craintes.

Il arrive aussi, pour certaines victimes très pragmatiques ou démontrant certaines difficultés cognitives importantes (déficit de l'attention, difficultés importantes de concentration, troubles neurologiques consécutifs à un trauma crânien, intelligence limitée), que la restructuration cognitive soit tout simplement impossible ou non appropriée.

L'exposition graduelle *in vivo* permet de remettre en question certaines interprétations catastrophiques sans passer par le processus plus abstrait de la restructuration cognitive. Elle permet de prendre conscience que certaines situations perdent de leur pouvoir anxiogène et sont maintenant tolérées sans trop de détresse, ce qui favorise par la suite la modification de certaines pensées irrationnelles. Elle permet à la victime de réaliser par l'expérience que certaines situations ne sont pas dangereuses.

Quand la victime fait beaucoup « d'attention sélective »

Certaines victimes évitent constamment et régulièrement les situations anxiogènes. Or, cet évitement ne permet pas d'observer que leurs interprétations sont irréalistes ou catastrophiques. Éviter empêche aussi de constater que leurs nouvelles pensées ou perceptions sont justes. De plus, d'autres victimes ne remarquent que les situations qui confirment leurs prédictions et non celles (souvent plus nombreuses) qui contredisent leurs hypothèses. Beck avait déjà remarqué que ses clients anxieux ne se souvenaient pas de leurs prédictions catastrophiques qui ne s'étaient jamais réalisées...

L'exposition graduelle *in vivo* permet de tester ces perceptions comme des hypothèses. Elle permet de démontrer à la victime que ses prédictions catastrophiques ne se réalisent pas. Elle facilite la remise en question de ses évaluations de risques exagérées. Elle permet à la victime de réaliser qu'elle surestime souvent le potentiel dangereux de certaines situations, ou qu'elle ne remarque que ce qui confirme ses craintes sans porter attention aux éléments ou aux situations où il ne s'est rien passé et où elle est restée en sécurité.

11.2 Qu'est-ce que l'exposition graduelle *in vivo*?

L'exposition graduelle *in vivo* est une stratégie thérapeutique qui vise à aider la victime à s'exposer aux éléments associés à l'événement traumatique, éléments qui provoquent habituellement une grande détresse, de l'anxiété et qui la poussent à fuir. L'exposition *in vivo* exige d'affronter de manière *très* contrôlée et *très* graduelle ces situations ou ces éléments anxiogènes. En plus, elle vise à empêcher les comportements d'évitement (l'évitement cognitif ou l'évitement comportemental) qui sont habituellement présents.

Cette stratégie a souvent mauvaise presse auprès des psychologues qui ne sont pas d'orientation cognitivo-comportementale. On la considère volontiers comme une « technique » sauvage, dure ou mécanique. En fait, dans des mains inexpérimentées, elle peut effectivement ressembler à cela... Par contre, bien maîtrisée et menée par un thérapeute compétent, expérimenté et empathique, elle est, au contraire, *tout à l'écoute de la victime, elle suit son rythme, elle s'adapte à elle*. En fait, elle est à son meilleur au sein d'un climat de collaboration et de profond respect. Elle constitue souvent un travail d'équipe avec la victime et elle peut consolider l'alliance thérapeutique puisque le thérapeute est souvent amené à l'accompagner lors des exercices.

De plus, l'exposition *in vivo* est généralement extrêmement puissante et permet des progrès considérables en ce qui a trait aux symptômes post-traumatiques. Elle constitue souvent, pour les victimes, une occasion d'amélioration importante, d'augmentation de confiance en soi et de fierté. En fait, elle permet à la victime d'affronter avec succès des situations qu'elle évitait avec crainte auparavant, ce qui renforce sa confiance en elle et son estime de soi. Elle devrait faire partie (de façon plus ou moins importante) de *toute thérapie* auprès des victimes souffrant de TSPT.

Cette stratégie puissante permet à la victime de 1) diminuer les symptômes d'évitement post-traumatique; 2) diminuer les réactions physiologiques et de détresse en présence d'éléments associés au trauma; 3) favoriser la reprise d'activités évitées, ce qui améliorera son autonomie et ses contacts sociaux. Par conséquent, elle permet souvent à la victime de retrouver une plus grande confiance en soi et en la vie.

11.3 Pourquoi évite-t-on à la suite d'un événement traumatique ?

Selon le modèle de Foa et le modèle de Mowrer, trois mécanismes sont sous-jacents au développement et au maintien des symptômes post-traumatiques. L'exposition graduelle *in vivo* va directement tenter de désamorcer ces mécanismes.

Le conditionnement classique aversif

Les bruits, objets, odeurs, cognitions, sensations physiques (stimuli neutres) qui sont présents lors de l'événement traumatisant (stimulus inconditionnel) acquièrent les propriétés aversives du trauma. Les stimuli neutres deviennent des *stimuli conditionnels*. Leur seule présence provoquera subséquemment une *réponse conditionnée*, c'est-à-dire une réponse anxieuse similaire à celle provoquée par le trauma original (détresse, peur, inconfort).

Le conditionnement classique explique très bien la détresse et les réactions physiques anxieuses ressenties lors du contact avec un élément associé au trauma (symptômes B4 et B5). En fait, ce mécanisme nous a souvent été très utile dans notre vie: nous avons fait ainsi une foule d'associations automatiques car certaines situations ou comportements étaient associés à de la douleur ou à des conséquences négatives. Ainsi, nous avons très rapidement appris qu'un rond de cuisinière peut être chaud, qu'il vaut mieux ne pas déranger papa quand il est irrité, que traverser la rue peut être dangereux, que dépasser la limite de vitesse devant une voiture de police n'est pas une bonne idée, que ne pas se préparer à un examen peut avoir des conséquences désagréables, etc. Ce mécanisme crée des associations automatiques afin de nous protéger dans le futur et de nous faire apprendre de nos expériences passées. Malheureusement, il agit de façon non discriminée et lorsqu'il est consécutif à un trauma, il peut devenir si généralisé qu'il nuit plus qu'il ne sert.

L'exposition graduelle *in vivo* permet de diminuer la force entre les stimuli conditionnels et les réponses de panique. Elle permet une remise en question de la signification de danger qui est maintenant attribuée à des éléments pourtant sécuritaires mais malheureusement associés au trauma. Elle permet ainsi une modification de certains liens présents dans la structure de peur. Les relations entre certains éléments et les réponses qui étaient perçues comme dangereuses acquièrent un nouveau sens et perdent leur pouvoir dans la structure de peur.

Prenons l'exemple de Normand qui a vécu un incendie dans une usine. Lors de l'incendie, les gicleurs se sont mis en marche, causant beaucoup de vapeur d'eau et un épais brouillard. De plus, les bruits métalliques étaient très forts et il a entendu des crépitements provenant de certains fils électriques. Depuis cet événement, Normand a peur de la vapeur. Il est incapable de prendre une douche et devient très tendu et paniqué quand il voit du brouillard sur la route. De plus, des bruits sourds créent instantanément chez lui des symptômes d'anxiété et de vulnérabilité. Ces éléments, qui ne sont pas dangereux en soi, sont maintenant associés à un danger et entraînent chez lui de la détresse et de la peur.

Le conditionnement «de second ordre»

Les stimuli conditionnels peuvent par la suite conditionner d'autres stimuli. Par conséquent, une grande quantité de stimuli neutres (et non seulement ceux directement associés à l'événement traumatisant) acquièrent les propriétés aversives de l'événement original.

Ce mécanisme explique la généralisation des éléments générateurs d'anxiété chez les victimes souffrant de TSPT. L'exposition graduelle *in vivo* permet de contrer cette généralisation des stimuli conditionnels. Elle empêche la formation d'une structure de peur géante et incapacitante.

Si nous reprenons l'exemple de Normand, le « conditionnement de second ordre » agit lorsqu'il craint d'entrer dans la cuisine et dans la salle de bain parce qu'elles sont maintenant associées au feu et à la vapeur. La vapeur qui a été associée à la peur a, par la suite, été associée à la salle de bain et à la douche. De la même façon, il est très tendu dans la rue car il y entend le plus souvent des bruits sourds, ce qui est aussi la conséquence du conditionnement de second ordre.

Le renforcement négatif

Parallèlement à ces deux premiers mécanismes, la victime apprend par conditionnement opérant à utiliser l'évitement afin de ne pas être exposée aux éléments conditionnels anxiogènes : c'est le mécanisme de renforcement négatif. Le comportement d'éviter est très soulageant. À cause de cela, il sera renforcé parce qu'il diminue l'anxiété. Tous les comportements incompatibles avec l'anxiété seront ainsi fonctionnellement répétés (évitement, fuite, retrait, mais aussi sentiments de colère ou d'agressivité, détachement émotionnel, abus de drogue ou d'alcool).

Ce mécanisme est donc responsable des comportements d'évitement propres au TSPT (critère C). La victime évite tous les éléments associés au trauma ainsi que les stimuli conditionnels, car les sensations de détresse sont trop douloureuses. Or, l'évitement maintient l'anxiété de façon importante. Cet évitement va renforcer la peur, confirmer les pensées catastrophiques, maintenir une baisse d'estime de soi et de dépendance face à l'entourage.

L'exposition graduelle *in vivo* permet de diminuer l'évitement en favorisant un processus d'habituation. Elle empêche le soulagement intense qui suit la fuite et qui est responsable du renforcement de la peur. L'exposition graduelle *in vivo* favorise donc la spécificité face aux éléments anxiogènes ; elle favorise une récupétation du sentiment de sécurité, elle permet d'invalider certaines croyances liées à des situations ou à des éléments, et elle contre le processus d'évitement.

11.4 Pourquoi l'exposition graduelle *in vivo* fonctionne-t-elle ?

Qu'observe-t-on lorsqu'une victime est habituellement en contact avec un stimulus associé au trauma ? D'abord, si elle sait qu'elle va y être exposée, elle est souvent très anxieuse auparavant et elle anticipe fortement ce moment. Ensuite, lorsqu'elle est en contact avec cette situation, elle a très peur de revivre un autre traumatisme ; elle se sent vulnérable, elle sent la panique monter en elle et trouve ces sensations très désagréables (envie de fuir, sentiment de vulnérabilité intense, peur panique, palpitations, sueurs froides, tremblements). C'est la courbe A illustrée dans la figure de la page suivante.

Si vous observez cette figure, vous remarquerez que la courbe d'anxiété monte jusqu'à un niveau important. Habituellement, la victime fuit à ce moment : elle se sent trop vulnérable, craint beaucoup un autre traumatisme et trouve ses sensations physiques dérangeantes. Elle fuit donc la situation et ressent rapidement un fort soulagement : c'est la courbe B.

Cette diminution rapide de l'anxiété est très soulageante et renforce la peur : la victime se dit souvent qu'elle a eu tort de tenter de s'exposer à une telle situation et elle se promet de ne pas réessayer. Ses interprétations catastrophiques sont renforcées : elle est convaincue du potentiel dangereux de cette situation et son impression que son évitement est utile et nécessaire s'accentue. C'est le mécanisme de renforcement négatif.

La prochaine fois que la victime va essayer de vivre cette situation, son anxiété sera tout aussi forte et si elle l'évite de nouveau, cette fuite va reconsolider cette association. Elle ne verra aucune amélioration malgré ses tentatives. Cela explique pourquoi plusieurs victimes arrivent dans nos bureaux en nous disant qu'elles ont tenté de s'exposer de multiples fois à certaines situations, toujours avec le même insuccès. En fait, tant qu'elles ne vivront pas le mécanisme d'habituation, un tel renforcement peut durer des années et consolider les symptômes post-traumatiques.

L'évitement est donc très efficace à court terme : il entraîne un soulagement immédiat et instantané. Malheureusement, à long terme, il contribue à maintenir les symptômes et il renforce les pensées catastrophiques.

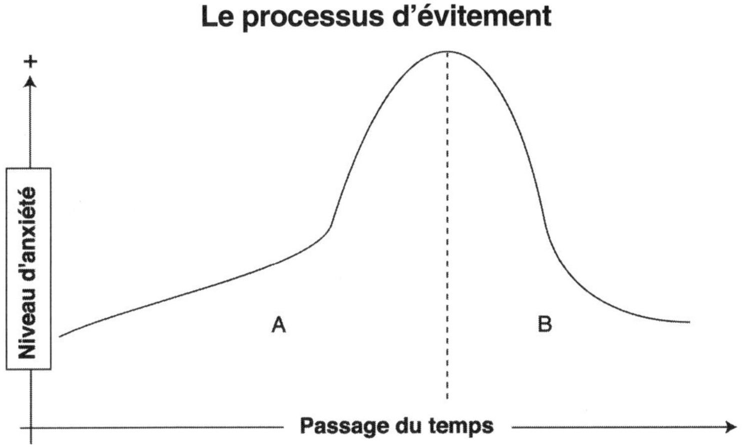

L'exposition fonctionne parce qu'elle favorise une courbe d'habituation

L'exposition graduelle *in vivo* vise plutôt à favoriser une expérience d'habituation. Avec cette stratégie, la victime est exposée en douceur et de façon graduelle à un élément anxiogène. Celui-ci provoquera la même montée d'anxiété qu'observée plus tôt (la monté A est identique dans les deux figures). Par contre, l'exposition *in vivo* vise à encourager la victime à tolérer la situation ainsi que ses sensations d'anxiété (courbe C). La victime va ainsi réaliser que l'anxiété ne poursuit pas sa montée jusqu'à un niveau intolérable mais qu'elle se stabilise plutôt à un plateau. Ce plateau va doucement diminuer au fur et à mesure de l'exposition : la victime réalise en effet que rien de ce qu'elle appréhendait ne se produit, que son anxiété est très inconfortable mais qu'elle est capable de la tolérer, qu'elle n'a pas décompensé, qu'elle n'a pas été agressée, qu'elle peut se détendre (un tout petit peu au début, mais tout de même) malgré tout... c'est-à-dire même en présence de l'élément associé au trauma.

La courbe d'habituation n'apporte *pas* de soulagement à court terme : elle est inconfortable, elle provoque des réactions émotives intenses. Cependant, c'est à long terme qu'elle est la plus puissante, et ce, parce qu'elle ne renforce pas la peur et qu'elle tend à remettre en question les interprétations de danger. De plus, elle permet une amélioration des symptômes ; en effet, plus la victime va tolérer la courbe d'habituation, plus elle va remarquer que le niveau de son anxiété diminue au fur et à mesure de ses tentatives. Cette constatation va d'autant remettre en question ses interprétations du danger et va, par conséquent, renforcer son sentiment de contrôle et de sécurité. La courbe d'habituation est donc moins efficace pour diminuer l'anxiété à court terme... mais elle est très puissante pour la diminuer à long terme.

Le processus d'habituation

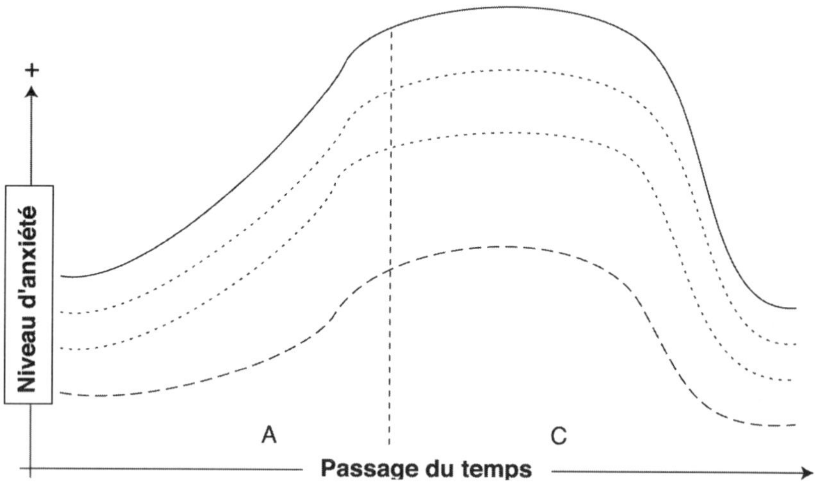

L'exposition graduelle *in vivo* fonctionne parce qu'elle permet un déconditionnement des éléments anxiogènes

La courbe d'habituation vise à permettre à la victime de reconsidérer la signification de danger qu'elle a attribué à un élément ou à une situation. Elle se sent maintenant plus calme au contact de cet élément, ce qui favorise une spécificité : certains hommes sont dangereux mais pas tous, une explosion ne se produit pas toujours, certains jeunes sont violents mais pas tous, conduire sur l'autoroute est en général sécuritaire, etc.

Les associations entre certains éléments et les sensations de vulnérabilité sont donc diminuées. Ainsi, l'objectif avec Normand sera de faire en sorte que l'association « *vapeur = danger, anxiété, sentiment de vulnérabilité, incontrôle* » puisse être modifiée pour retrouver sa teneur précédente, soit « *vapeur = sentiment de sécurité, contrôle* ».

L'exposition fonctionne parce qu'elle remet en question les interprétations de danger de la victime

L'exposition graduelle *in vivo* favorise la diminution des symptômes en aidant la victime à réaliser que, contrairement à ce qu'elle croyait, se trouver dans une situation similaire à la situation traumatique n'est pas toujours dangereux. Ainsi, se trouver dans une banque ne signifie pas automatiquement vivre un vol à main armée, se promener dans le métro ne conduit pas nécessairement à être victime d'agression, prendre la voiture sur une autoroute ne veut pas nécessairement dire avoir un accident. Avec cette stratégie, la victime remarque aussi que l'anxiété ne demeure pas indéfiniment à son niveau le plus élevé (ou pire, n'augmente pas jusqu'à la mort ou à la perte de conscience), mais qu'elle décroît plutôt même si la victime reste dans la situation et ne fuit pas.

En fait, l'exposition graduelle *in vivo* permet aussi de *différencier les situations désagréables des situations dangereuses*. Aller dans un centre commercial bondé ne sera peut-être jamais très «agréable» pour la victime (comme pour chacun de nous), mais l'objectif est qu'elle puisse y aller tant et aussi longtemps qu'elle le désire parce qu'elle ne trouve pas cette situation dangereuse. Il y a une différence entre avoir peur, se sentir vulnérable, fuir ces situations et trouver que l'activité est inconfortable ou non plaisante.

L'exposition graduelle *in vivo* fonctionne car elle augmente le sentiment d'autoefficacité de la victime

L'exposition graduelle *in vivo* permet à la victime de prendre conscience que le fait de vivre des symptômes d'anxiété n'amène pas à être traumatisée de nouveau. Que se sentir vulnérable n'entraîne pas une perte de contrôle. Elle permet ainsi un accroissement de son sentiment de confiance et de son assurance. Au fur et à mesure des exercices, la victime remarque qu'elle a une plus grande indépendance; elle se sent souvent fière de ses progrès, elle remarque une évolution thérapeutique. Elle se sent moins impuissante et se dévalorise moins.

En fait, il est important de faire remarquer aux victimes le courage qu'elles ont de faire les exercices d'exposition. Je leur répète souvent que le courage, ce n'est pas de faire quelque chose d'extraordinaire, c'est plutôt d'avoir peur de quelque chose et de le faire quand même. En ce sens, les victimes impressionnent souvent par leur courage : courage d'affronter des situations associées au pire événement de leur vie, courage de nous faire confiance, courage de faire confiance à la vie. Faire des exercices d'exposition n'est pas facile et quand les victimes réussissent des situations autrefois évitées, elles méritent que nous mettions en évidence leur ténacité et leur force devant l'adversité. En ce sens, les exercices d'exposition permettent souvent aux victimes de réaliser qu'elles démontrent des forces qu'elles ne se connaissaient pas, de prendre conscience de leur courage et de réaliser qu'elles réussissent à reprendre des activités dont elles croyaient devoir faire le deuil.

11.5 Un mot sur l'attitude thérapeutique

Nous avons déjà mentionné plus tôt combien nous trouvons importantes l'attitude et la relation thérapeutique durant les exercices d'exposition *in vivo*. Durant ces séances, qui peuvent être très importantes en terme d'amélioration pour la victime, il importe que le thérapeute trouve le bon ton et la bonne attitude. En fait, un exemple qui comporte des ressemblances avec cette attitude serait celle de votre enfant qui se trouve à la piscine et qui voudrait aller sur le tremplin mais qui a en même temps très peur. Comme tout bon parent, vous voulez être souple et réconfortant. Vous voulez l'encourager, lui montrer qu'il en est capable, lui communiquer qu'il va être fier de lui s'il surmonte sa peur et que, par conséquent, vous allez aussi être fier de lui. En même temps... vous ne voulez pas trop le pousser parce que s'il ne le fait pas, vous ne voulez pas qu'il s'en veuille, qu'il se blâme ou qu'il se déprécie. Dans la même veine, vous ne voulez pas l'encourager trop fortement, car s'il réussit son saut, vous voulez qu'il puisse s'attribuer à lui-même la réussite de l'exercice et non pas qu'il ait l'impression que c'est vous qui avez tout le crédit grâce à votre ténacité, à vos connaissances ou à votre pouvoir sur lui. Il doit se sentir lui-même en contrôle et pas trop poussé mais en même temps soutenu. Vous voulez suivre son rythme et lui donner juste le petit coup de pouce qui va lui permettre de surmonter sa peur et de tenter son premier saut... En même temps, vous ne voulez pas le pousser vers un saut trop difficile (la tour de 8 mètres), car vous ne voulez pas le traumatiser et faire en sorte qu'il ne remonte plus jamais sur un tremplin... Ouf! Pas facile d'être parent... Et pas facile non plus d'être thérapeute, car alors les mêmes questions, les mêmes enjeux sont présents.

Tout est une question de dosage, de sensibilité à l'autre, de don de soi: sentir quand la victime a besoin d'encouragements plus prononcés ou quand elle a besoin de se concentrer sur ses propres forces pour affronter l'exercice et que le silence est alors de mise; savoir avec sensibilité, humanisme et douceur comment l'encourager, sentir quels sont les exemples qui lui permettront de bien comprendre les fondements de cet exercice, comment mettre en place une stratégie thérapeutique de façon qu'elle ait l'air facile, et enfin comment créer une alliance thérapeutique constructive, dont le but vise justement qu'elle n'ait plus à être... Oui, plusieurs qualités s'imposent: écoute de l'autre, douceur et respect.

Vous devez pouvoir encourager la victime à aller au bout de ses capacités sans exercer de pression. Il n'y a aucune place pour la force, la relation de pouvoir, l'abus de confiance; tout doit se faire en délicatesse, en nuance, de façon encourageante et empathique, en vous concentrant sur les forces de votre client sans minimiser ses craintes, ses difficultés et ses limites.

Il n'y a pas de place non plus pour la précipitation ou la vitesse: tout doit se faire dans le respect du rythme de la victime... donc, dans la lenteur si nécessaire. Ou alors dans l'enthousiasme lorsque la victime sent qu'elle retrouve confiance en la vie et dans les autres. Adaptez-vous à elle tout en l'encourageant à surmonter ses craintes.

Ne demandez *jamais* à la victime de faire quelque chose ou de s'exposer à une situation que vous n'affronteriez pas vous-même. Certains livres comportementaux proposent que les victimes s'exposent même à des situations périlleuses afin de «vraiment» les désensibiliser aux situations normales. Permettez-moi de ne pas partager cette suggestion. Évaluez le degré de dangerosité des situations comprises dans vos exercices et ne soyez pas inutilement bravache et téméraire. L'objectif n'est pas de faire en sorte que la victime trouve toutes les situations normales et sécuritaires... Certaines sont effectivement risquées et imprudentes et nul n'est besoin de tenter le sort. L'objectif consiste plutôt à faire réaliser à la victime qu'elle n'a pas à craindre des situations normalement sûres et qu'elle peut retrouver un bon niveau de vie en conservant certains comportements préventifs, qui comportent un sain rapport «temps vs rendement». Évidemment, nous ne contrôlons pas à 100 % notre sécurité, et des événements malheureux, des agressions, des accidents peuvent survenir à tout moment, pour n'importe qui, et ce, indépendamment de certaines précautions. La victime est la mieux placée pour le savoir. Mais des attitudes et comportements sains et raisonnables de prévention sont tout à fait appropriés et fonctionnels. Faites attention que la victime n'ait pas l'impression qu'elle est responsable de la cause de l'événement parce qu'elle a été imprudente. Le message est plutôt: *«Faisons certains gestes que nous pouvons contrôler dans la mesure où cela comporte un sain rapport «coût/rendement» (c'est-à-dire que cela n'occasionne pas plus de détresse que cela tente d'en prévenir) et tentons d'accepter qu'il y a une part de ce qui nous arrive qui ne dépend pas de nos comportements ou de ce que nous sommes.»*

Utiliser à bon escient l'humour est souvent très positif. Cela vaut souvent le peine de dédramatiser délicatement les situations, les craintes, les retours en arrière. Il ne s'agit pas souvent d'échecs ou de rechutes. Rien n'est grave pourvu que la victime se sente en évolution et entre bonnes mains.

Accompagnez *toujours au moins une fois* la victime pendant son processus d'exposition. En effet, l'accompagner durant ces exercices vous permettra de bien saisir son niveau de stress et d'observer ses mécanismes automatiques et souvent inconscients face à l'anxiété. A-t-elle tendance à tolérer l'anxiété ou fait-elle de l'autodistraction sans s'en rendre compte? S'adonne-t-elle à de la pensée positive? Est-elle en train de faire de l'exhortation pendant ses exercices? Fuit-elle les situations trop rapidement? Les situations sont-elles trop difficiles ou trop faciles? Est-elle en train de se dissocier? Rappelez-vous que la victime ne vous rapporte en entrevue *que* ce dont elle est consciente et qu'il est donc extrêmement profitable de l'accompagner durant un exercice. Outre l'avantage évaluatif, il faut aussi noter que de l'accompagner ainsi va constituer une motivation de plus pour elle et va lui permettre de mieux réussir l'exercice. Cela va aussi, souvent, lui permettre de réaliser par l'expérience ce que vous vous évertuiez à lui expliquer rationnellement en entrevue (*« Ah ! c'est ça que tu voulais dire ! »*), et consolider fortement votre relation thérapeutique.

N'oubliez pas que l'exposition graduelle *in vivo* n'est *pas* une technique mais une stratégie thérapeutique. La nuance est de taille. Votre client n'a nul besoin d'un technicien : être thérapeute est un art, une vocation, une passion, et jamais une entreprise technique, routinière, automatique. Ne perdons jamais de vue qu'être en contact empathique avec notre client est ce qui prime le plus, *avant* toute stratégie thérapeutique.

Enfin, il importe de préciser que mener une stratégie d'exposition graduelle *in vivo* exige maîtrise et expérience. S'il s'agit de la première fois et que vous désirez l'utiliser avec une victime souffrant de TSPT, il est important de garder deux éléments en tête : 1) débuter avec une victime de trauma n'est pas l'idéal ; il s'agit de problématiques et de réactions plus difficiles et plus complexes que d'autres troubles anxieux ; 2) si vous n'avez pas le choix (parce que vous êtes en région éloignée, par exemple), songez à vous faire superviser par un thérapeute senior (au moins par téléphone). Ne prenez pas cette stratégie à la légère et n'oubliez pas que des réactions dissociatives et régressives sont toujours possibles dans le cas d'individus très fragilisés. Si vous ne vous sentez pas assez expérimenté pour cette stratégie, *ne la commencez même pas* : « Primo, non nocere », c'est-à-dire *« d'abord ne pas nuire »* devrait aussi être notre devise dans cette situation.

11.6 Les étapes thérapeutiques qui jalonnent l'exposition graduelle *in vivo*

Avant les exercices

1) Conceptualisez, avec la victime, ses associations conditionnées. Tentez de faire un schéma explicatif illustrant l'impact des stimuli présents lors de l'événement sur ses peurs spécifiques. Vous pouvez aussi illustrer sa structure de peur personnelle.

2) Explicitez le rationnel à la victime. Présentez-lui les mécanismes sous-jacents à ses symptômes d'anxiété et d'évitement. Donnez des exemples concrets de mécanismes de conditionnement, du processus d'évitement, du processus d'habituation. Mettez en évidence comment l'évitement renforce les symptômes post-traumatiques et que l'anxiété est inconfortable, mais pas dangereuse.

3) Préparez bien la victime. Obtenez sa collaboration ; préparez-la à ressentir quelques malaises ; augmentez son sentiment d'autoefficacité ; soyez respectueux de son rythme ; assurez-la de votre soutien, nommez et travaillez ses craintes, etc.

Pendant les exercices

4) Faites une liste des situations évitées. Dressez avec la victime une liste de toutes les situations qu'elle évite carrément ou qu'elle tolère avec anxiété au quotidien (voir la feuille « Construction d'une hiérarchie d'exposition *in vivo* »).

5) Expliquez-lui les NAS (Niveau d'Anxiété Subjective). Ces cotes graduées de 0 à 100 permettent de doser l'anxiété présente lorsque la victime est en contact avec la situation. Demandez à la victime d'évaluer le niveau de difficulté de chacune des situations que vous venez d'indiquer dans votre liste : 0 % = aucune anxiété ; 30 % = anxiété minime ; 50 % = anxiété tolérable ; 80 % = anxiété élevée ; 100 % = évitement vu l'anxiété intolérable, et tous les pourcentages intermédiaires.

6) Construisez avec elle une hiérarchie des situations évitées à l'aide des NAS (voir la feuille « Construction d'une hiérarchie d'exposition *in vivo* »). À l'aide de ces cotes, chacune des situations sera graduée de la plus facile à la plus difficile.

7) Faites une hiérarchie d'exposition graduelle *in vivo* avec la victime pour toutes les situations qui sont évitées. Pour *chacune* de ces situations, dressez une liste des exercices qui devront être faits par la victime. Prévoyez au moins 10 exercices pour chacune. Cette hiérarchie doit très progressive selon ces deux critères : a) chacune des situations doit être assez difficile pour que la victime apprenne quelque chose ; mais en même temps b) être assez facile pour que la victime soit capable de la supporter sans fuir et qu'elle la réussisse. La hiérarchie doit être très graduée : imaginez-vous un escalier dont chacune des marches n'est pas trop haute par rapport à la précédente mais qui permet tout de même de monter vers la marche la plus élevée.

8) Revenez sur des notions importantes. Il convient de préciser à la victime pourquoi vous entreprenez cette stratégie : notez avec elle de quelle façon l'évitement renforce l'anxiété et redonnez-lui des exemples de ce mécanisme à l'aide des images et des dessins. Ensuite, reparlez ensemble du fait que l'anxiété est inconfortable mais pas dangereuse (elle ne rendra pas la victime folle, ne la fera pas mourir, décompenser ou s'évanouir). L'objectif thérapeutique est de retrouver une saine qualité de vie et une confiance dans des situations en grande partie sûres.

9) Précisez certaines consignes qui vont prévaloir lors des exercices : a) la victime ne quittera la situation d'exercice que lorsque l'anxiété aura diminué de façon significative (il faut éviter une courbe d'évitement) ; b) vous déciderez de concert avec elle d'augmenter le niveau de difficulté des exercices, et ce, surtout lorsque la situation précédente sera tolérée *facilement* (prendre autant de séances que nécessaire) ; c) l'exposition est un apprentissage et devra être répétée pour être efficace. Comme tout apprentissage, par exemple la bicyclette, le ski, taper à la dactylo, il est essentiel de répéter l'exercice une fois, 5 fois, 17 fois, 28 fois, ce qui amènera chaque fois une amélioration et une diminution de la détresse ; d) ne pas voir les exercices comme des obligations de performance mais comme des tentatives, des occasions d'apprendre quelque chose de différent. Si l'exercice ne fonctionne pas, ou pas comme vous le voulez, recommencez avec patience et indulgence.

10) Débutez avec les situations qui évoquent un niveau d'anxiété de moyen à bas. Évidemment, commencez par l'exercice qui évoque le moins d'anxiété pour la situation qui est la plus facile. En même temps, veillez à ne pas entreprendre trop de situations faciles, qui prendraient beaucoup de temps et n'entraîneraient que peu d'apprentissages.

11) La victime enregistre l'heure, ses pensées et son NAS initial. Avant de commencer l'exercice, la victime indique l'heure, sa crainte et son niveau d'anxiété subjectif dans la colonne correspondante sur la feuille « Grille d'auto-observation pour les exercices d'exposition *in vivo* ».

12) Exposez-vous *avec* la victime à certaines situations. Il est *très* important que vous accompagniez la victime pendant au moins un exercice d'exposition *in vivo*. En effet, la victime ne nous rapporte en entrevue que ce dont elle est consciente. L'accompagner va vous permettre de vérifier si elle utilise des mécanismes de neutralisation. Outre l'avantage évaluatif, l'accompagner ainsi va l'aider de façon significative à se motiver, en plus de faciliter pour elle certains exercices et de consolider votre alliance thérapeutique.

13) La victime enregistre ses pensées et son NAS *pendant* l'exposition. Pendant l'exercice, la victime décrit sa crainte et son niveau d'anxiété subjectif dans la colonne correspondante sur la feuille « Grille d'auto-observation pour les exercices d'exposition *in vivo* ».

14) La victime doit rester dans la situation pendant au moins 45 minutes ou jusqu'à ce que l'anxiété ait diminué d'au moins 50 %. En fait, c'est beaucoup plus difficile si elle ne reste que 20 minutes, car alors elle a à peine le temps de ressentir le processus d'habituation. Si la victime reste trop peu de temps, elle quitte la situation alors que son anxiété est au maximum et que ses craintes n'ont pu être invalidées par l'expérience. Quitter la situation trop tôt, c'est renforcer ses inquiétudes, c'est créer une association entre son intense sentiment de vulnérabilité et la situation. C'est aussi partir sur une impression que la situation était effectivement dangereuse, et donc renforcer l'association conditionnée. La victime doit ressentir le processus d'habituation avant de terminer l'exercice et sentir un tant soit peu qu'il ne s'est rien passé et qu'elle y était tout de même en sécurité, malgré ses inquiétudes.

15) La victime enregistre l'heure, ses pensées et son NAS *final* et elle indique ses commentaires sur son exercice. À la suite de l'exercice, la victime indique l'heure de la fin de l'exercice, sa pensée et son niveau d'anxiété subjectif dans la colonne correspondante sur la feuille « Grille d'auto-observation pour les exercices d'exposition *in vivo* ».

16) Prévoyez un retour au calme à la fin de l'exercice. Profitez de la fin de l'exercice pour faire un bilan avec la victime de la façon dont s'est passé l'exercice. La respiration peut être utilisée afin de favoriser une détente plus complète si elle est encore anxieuse et tendue. Il peut être opportun de mettre en évidence son courage, sa force et son évolution thérapeutique.

Après les exercices

17) Prévoyez les prochains exercices que la victime fera pendant la semaine. Prévoyez les exercices à faire pendant la semaine. Prévoyez des exercices à faire accompagné d'une personne fiable si nécessaire ou des exercices assez faciles pour être faits seul. Remplissez avec votre client les premières colonnes de la « Grille d'auto-observation pour les exercices d'exposition *in vivo* » et demandez-lui de remplir le reste au moment des exercices. Les exercices doivent être assez rapprochés (au moins 4-5 fois par semaine), réguliers et assez longs (au moins 50 minutes). La même situation doit être pratiquée jusqu'à ce qu'elle soit facile, puis augmentez le niveau de difficulté des situations d'exposition.

18) Soyez disponible. Soyez facile à joindre pendant la semaine et assurez la victime qu'elle peut vous contacter facilement par téléphone si besoin est. Prévoyez si nécessaire des rencontres plus rapprochées. Il importe de mettre en évidence que ne pas réussir un exercice n'est pas catastrophique et qu'elle ne doit pas dramatiser les conséquences que cela peut avoir.

Grille de construction d'une hiérarchie d'exposition *in vivo*

1. Précisez les situations évitées et celles qui sont tolérées mais entraînent un niveau significatif d'anxiété chez la victime. Ensuite, précisez avec elle son niveau d'anxiété subjectif (NAS, niveau d'anxiété subjectif) pour chacune des situations sur une échelle de 0 (calme) à 100 (très paniqué).

Situations	NAS
______________________________	__________
______________________________	__________
______________________________	__________
______________________________	__________
______________________________	__________
______________________________	__________

2. Déterminez les situations qui pourraient être travaillées à l'aide de l'exposition *in vivo* (commencez par les situations les plus faciles). Pour chacune des situations identifiées en 1, précisez une hiérarchie d'exposition, de la plus facile (niveau 1) à la plus difficile (niveau 10).

Situation : ______________________

1. ______________________
2. ______________________
3. ______________________
4. ______________________
5. ______________________
6. ______________________
7. ______________________
8. ______________________
9. ______________________
10. ______________________

Situation : ______________________

1. ______________________
2. ______________________
3. ______________________
4. ______________________
5. ______________________
6. ______________________
7. ______________________
8. ______________________
9. ______________________
10. ______________________

Situation : ______________________

1. ______________________
2. ______________________
3. ______________________
4. ______________________
5. ______________________
6. ______________________
7. ______________________
8. ______________________
9. ______________________
10. ______________________

Situation : ______________________

1. ______________________
2. ______________________
3. ______________________
4. ______________________
5. ______________________
6. ______________________
7. ______________________
8. ______________________
9. ______________________
10. ______________________

Grille d'auto-observation pour les exercices d'exposition *in vivo*

Jour	Exercice prévu	Avant Heure NAS Pensées	Pendant NAS Pensées	Après Heure NAS Pensées	Commentaires sur votre exercice
		H.		H.	
		H.		H.	
		H.		H.	
		H.		H.	

Exemple de cas avec chacune des étapes d'exposition *in vivo*

Reprenons l'exemple de Normand qui a vécu une explosion suivie d'un incendie dans son usine de produits chimiques. En fin d'après-midi, la sirène d'alarme a retenti dans l'usine. Deux minutes plus tard, l'explosion a été dévastatrice. Normand n'a eu que le temps de se jeter par terre et de se protéger le visage. Très vite, les flammes se sont propagées et il a eu très peur de mourir. Les gicleurs se sont déclenchés entraînant beaucoup de vapeur d'eau et un épais brouillard. Il se souvient des bruits métalliques consécutifs à l'explosion et des crépitements provenant de certains fils électriques coupés. Maintenant, Normand est incapable de supporter les bruits soudains, surtout s'ils sont métalliques : le bruit d'un gros camion dans la rue le fait sursauter violemment, ainsi que des bruits de construction (scie circulaire, perceuse, etc.). Il craint énormément tout ce qui est relié au feu et redoute un incendie : il est incapable de faire le plein de sa voiture, il ne peut allumer son barbecue, il s'éloigne énormément de son foyer et est très anxieux lorsque celui-ci est allumé. Il a aussi peur du noir et doit toujours laisser une lumière allumée près de son lit durant la nuit. Depuis cet événement, Normand a peur de la vapeur. Il est incapable de prendre une douche et devient très tendu et paniqué quand il voit du brouillard sur la route. Ces éléments, qui ne sont pas en soi dangereux, sont maintenant associés à un danger et entraînent chez lui de la détresse et de la peur. Il évite plusieurs situations : il craint d'entrer dans la cuisine et dans la salle de bain parce qu'elle sont maintenant associées au feu et à la vapeur et est aussi très tendu lorsqu'il sort à l'extérieur car il y entend le plus souvent des bruits dérangeants (bruits de circulation ou de chantiers de construction).

1) Conceptualisez, avec la victime, ses associations conditionnées

À la suite de votre évaluation clinique, vous venez à la conclusion que les symptômes de Normand résultent d'un conditionnement classique et de second ordre. En effet, le feu, la vapeur et les bruits métalliques présents lors de l'explosion ont été associés à la détresse et à la peur intense de mourir qu'il a ressenties alors. Par la suite, les situations incluant ces éléments sont aussi devenues aversives et ont entraîné de l'anxiété et une impression intense de vulnérabilité. Vous tentez de faire un schéma explicatif de ces associations (voir figure ci-dessous).

Exemple des associations conditionnées de Normand

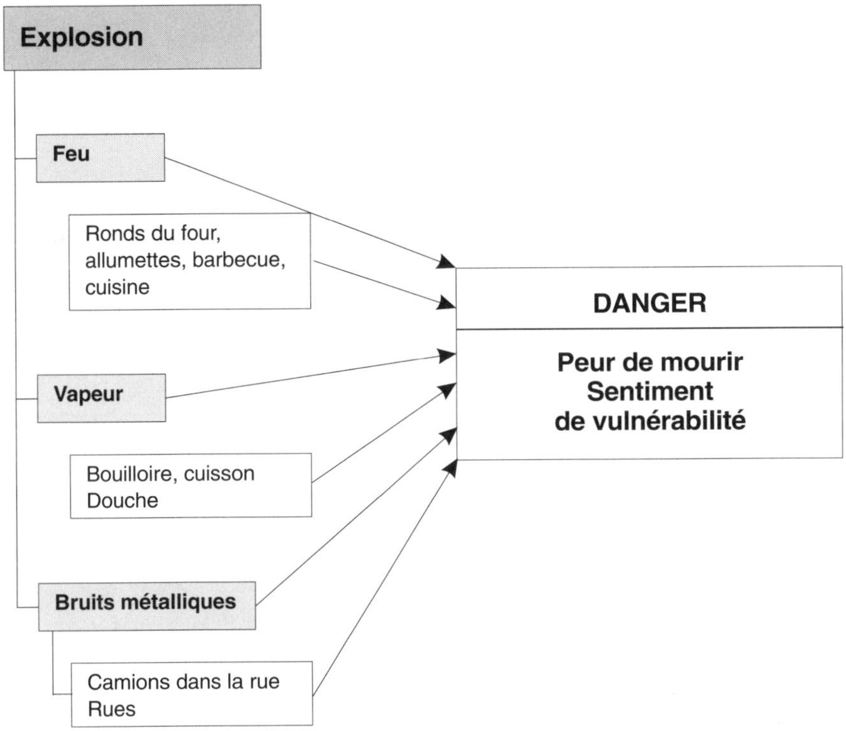

2) Expliquez le rationnel à la victime

Normand ne comprend pas pourquoi il évite autant de situations et ne s'explique pas pourquoi des situations anodines le terrorisent (*« Pourquoi suis-je incapable de prendre une douche ? »*). Expliquez à Normand en quoi consiste le processus de conditionnement et comment il peut, s'il se généralise, entraîner beaucoup de détresse et nuire à la qualité de vie tout en maintenant les symptômes. Il peut aussi être très utile de lui expliquer en détail les conséquences négatives de l'évitement à la différence de l'habituation.

Enfin, envisagez de donner des exemples concrets du processus de l'exposition graduelle *in vivo*. Ainsi, il est souvent étonnant de constater que certaines victimes, pourtant réticentes à saisir le mécanisme d'exposition graduelle *in vivo*, vont tout naturellement proposer des exercices identiques si on leur demande de nous dire ce qu'elles feraient si leur enfant avait une crainte irraisonnée de quelque chose. Il est souvent utile de s'allier à cet aspect du bon parent et du gros bon sens qu'ils portent en eux. Par exemple, nous pouvons leur demander ce qu'ils feraient si leur petite fille avait eu peur d'une grosse vague un jour sur une plage des États-Unis et qu'elle refusait depuis de retourner dans l'eau. La plupart du temps, ils mentionnent tout naturellement des étapes graduelles d'apprivoisement de l'eau avec douceur, afin que leur fille retrouve du plaisir à se baigner (marcher au bord de l'eau en lui tenant la main, mettre de l'eau dans sa main pour lui montrer qu'il n'y a pas de danger, aller avec elle sur le rivage, avoir de l'eau jusqu'aux pieds, aller ensuite jusqu'au torse, etc.).

3) Préparez bien la victime

Il peut être très aidant de bien préparer Normand à ressentir certains malaises durant les exercices. Encouragez-le et assurez-le que vous serez très compréhensif et respectueux de son rythme. Enfin, identifiez avec lui certaines de ses craintes qui pourraient compromettre les exercices. (*« J'ai peur de vivre un autre incendie »*, *« Je trouve que le feu, c'est fondamentalement dangereux et qu'il vaut mieux s'en éloigner le plus possible »*, *« J'ai peur de fuir la situation et de me couvrir de ridicule »*), etc.

Pendant les exercices

4) Faites une liste des situations évitées

Dressez avec Normand une liste de toutes les situations qu'il évite carrément ou qu'il tolère avec anxiété dans le quotidien (voir la feuille « Exemple de construction d'une hiérarchie d'exposition *in vivo* 1 »).

5) Expliquez-lui les NAS (niveau d'anxiété subjective)

Demandez à Normand d'évaluer le niveau de difficulté de chacune des situations que vous venez d'indiquer sur votre liste.

6) Construisez avec lui une hiérarchie des situations évitées à l'aide des NAS

(Voir la feuille « Exemple de construction d'une hiérarchie d'exposition *in vivo* 1 »). À l'aide de ces cotes, graduez chacune des situations, de la plus facile à la plus difficile.

Exemple de construction d'une hiérarchie d'exposition *in vivo* 1

Liste des situations évitées

Liste des situations évitées et de celles qui sont tolérées avec anxiété par Normand, avec NAS (niveau d'anxiété subjectif) pour chacune des situations.

Situations	NAS
Entrer dans la cuisine	7
Cuisiner	10
Aller à la station d'essence	9
S'approcher d'un barbecue ou d'un foyer	10
Aller chez quelqu'un qui a un foyer	7
Se promener dans une rue où passent beaucoup de camions	5
Entrer dans la salle de bain quand quelqu'un a pris sa douche	6
Entendre des sons métalliques	8
....	–

Hiérarchie des situations

Se promener dans une rue où passent beaucoup de camions	5
Entrer dans la salle de bain quand quelqu'un a pris sa douche	6
Entrer dans la cuisine	7
Aller chez quelqu'un qui a un foyer	7
Entendre des sons métalliques	8
Aller à la station d'essence	9
Cuisiner	10
S'approcher d'un barbecue ou d'un foyer	10

7) Faites une hiérarchie d'exposition graduelle *in vivo* pour chacune des situations évitées

Regroupez les situations qui sont similaires ou qui constituent à votre avis différentes étapes d'une même hiérarchie. Ensuite, pour chacune, dressez une liste des exercices qui devront être faits par Normand. Prévoyez au moins 10 exercices pour chacune des situations. Assurez-vous que cette hiérarchie est très progressive, selon vos deux critères : a) chacune des situations doit être assez difficile pour que la victime apprenne quelque chose ; b) mais en même temps assez facile pour que la victime soit capable de la supporter sans fuir. (Voir l'« Exemple de construction d'une hiérarchie d'exposition *in vivo* 2 ».)

8) Revenez sur des notions importantes

Vérifiez bien la compréhension de Normand face au rationnel de l'exposition. Si nécessaire, revenez sur certaines notions, identifiez ses craintes ou ses résistances et expliquez-lui pourquoi vous utilisez cette stratégie : notez avec lui comment l'évitement renforce l'anxiété et redonnez-lui des exemples de ce mécanisme. Ensuite, reparlez ensemble du fait que l'anxiété n'est pas un indice d'une nouvelle retraumatisation, qu'elle peut être inconfortable, mais pas dangereuse.

Exemple de construction d'une hiérarchie d'exposition *in vivo* 2

Déterminez les situations qui pourraient être travaillées à l'aide de l'exposition *in vivo* (commencez par les situations les plus faciles). Pour chacune, précisez une hiérarchie d'exposition, de la plus facile (niveau 1) à la plus difficile (niveau 10).

Situation : repasser dans une rue passante

1. Entendre de légers bruits métalliques (triangle, deux clés ensemble), en étant accompagné
2. Entendre de légers bruits métalliques, en étant seul
3. Entendre de légers bruits métalliques, seul et en regardant ailleurs
4. Entendre de légers bruits métalliques, seul et en fermant les yeux
5. Entendre de forts bruits métalliques (clés dans une poubelle de métal), accompagné
6. Entendre de forts bruits métalliques, seul
7. Entendre de forts bruits métalliques, seul et en regardant ailleurs
8. Entendre de forts bruits métalliques, seul et en fermant les yeux
9. Marcher accompagné dans une rue moyennement passante le jour
10. Marcher seul dans une rue moyennement passante le soir
11. Marcher accompagné dans une rue assez passante le jour
12. Marcher seul dans une rue assez passante le soir

Situation : parvenir à cuisiner

1. Entrer dans la cuisine en regardant le comptoir (accompagné, puis seul)
2. Entrer dans la cuisine en regardant le four (accompagné, puis seul)
3. Entrer dans la cuisine en regardant le four allumé (accompagné, puis seul)
4. Allumer le rond de la cuisinière et rester plus près de celle-ci (accompagné, puis seul)
5. Sentir la chaleur du rond en tendant la main
6. Sentir la chaleur du rond en tendant la main, les yeux fermés
7. Faire bouillir de l'eau dans une casserole
8. Sentir la chaleur de la vapeur d'eau de la casserole en tendant la main
9. Prendre la casserole alors que l'eau bout
10. Allumer une allumette
11. Faire cuire un steak (accompagné, puis seul)
12. Se préparer de la soupe (accompagné, puis seul)

9) Précisez certaines consignes qui vont prévaloir lors des exercices

a) Normand ne doit quitter la situation d'exercice que lorsque l'anxiété aura diminué de façon significative (il faut éviter une courbe d'évitement).

b) Vous déciderez de concert avec lui d'augmenter le niveau de difficulté des exercices lorsque la situation précédente sera tolérée *facilement* (faire autant de séances que nécessaire).

c) L'exposition est un apprentissage et devra être répétée pour être efficace.

d) Normand ne doit pas voir les exercices comme des obligations de performance mais comme des tentatives, des occasions d'apprendre quelque chose de différent. Si l'exercice ne fonctionne pas, ou pas comme désiré, on recommencera avec patience et indulgence.

10) Commencez par les situations qui évoquent un niveau d'anxiété de moyen à bas

Évidemment, on commencera par l'exercice d'exposition aux bruits de la rue.

11) La victime enregistre l'heure, ses pensées et son NAS *initial*

Avant de commencer l'exercice, demandez à Normand d'écrire l'heure, sa crainte et son niveau d'anxiété subjectif sur la feuille « Grille d'auto-observation pour les exercices d'exposition *in vivo* ».

12) Exposez-vous, avec Normand, à certaines situations

Pour donner une bonne idée à Normand de la façon de faire les exercices, vous pouvez créer dans votre bureau de légers bruits métalliques auxquels il pourra s'habituer. Pour cela, vous pouvez utiliser des accessoires afin de créer des bruits métalliques (cogner deux clés ensemble, une règle contre un porte-crayon de métal, une paire de ciseaux contre une règle en métal, etc.). Vous pouvez aussi décider d'aller avec lui dans la rue pour l'aider à s'exposer à ces bruits. Ces séances peuvent vous permettre de constater que Normand a tendance à percevoir les bruits comme dangereux. Vous pouvez en profiter pour lui mentionner que vous ne vous attendez pas à ce qu'il trouve ces bruits agréables mais que, même si ceux-ci sont désagréables, ils restent inoffensifs. Si Normand est très tendu pendant ces exercices, profitez-en pour lui demander de repratiquer sa respiration et surtout la contraction et détente des muscles du torse, qui semblent les plus tendus pendant les exercices. Enfin, n'oubliez pas de lui mentionner de nouveau qu'il doit tolérer l'anxiété et non pas tenter de l'éliminer en la fuyant. Pendant tout cela, ne perdez jamais de vue la qualité de la relation thérapeutique et l'importance d'une attitude réconfortante et empathique.

13) La victime enregistre ses pensées et son NAS *pendant* l'exposition

Pendant l'exercice, demandez à Normand d'écrire sa crainte et son niveau d'anxiété subjectif dans la colonne correspondante sur la feuille « Grille d'auto-observation pour les exercices d'exposition *in vivo* ».

14) La victime doit rester dans la situation pendant au moins 45 minutes ou jusqu'à ce que l'anxiété ait diminué d'au moins 50 %

Il reste essentiel que Normand tente de tolérer ces symptômes d'anxiété jusqu'à ce que ceux-ci baissent doucement avec le temps. Normand doit donc ressentir le processus d'habituation avant de quitter l'exercice et sentir un tant soit peu qu'il ne s'est rien passé et qu'il y était en sécurité malgré ses inquiétudes. Il est très possible que vous remarquiez qu'il se sent très vulnérable et que son sentiment d'incontrôle le pousse à quitter la situation. À ce moment-là, il peut être en sueur, ses mains peuvent se crisper et il peut vérifier s'il y a des portes de sortie. Encouragez-le à tolérer la situation ou revenez sur certains principes de base tout en vous assurant que la situation n'est pas trop difficile pour lui et qu'il est capable de la réussir.

15) La victime enregistre l'heure, ses pensées et son NAS *final* et elle indique ses commentaires sur l'exercice

Après l'exercice, demandez à Normand d'écrire l'heure de la fin de l'exercice, sa pensée et son niveau d'anxiété subjectif dans la colonne correspondante sur la feuille «Grille d'auto-observation pour les exercices d'exposition *in vivo*».

16) Prévoyez un retour au calme à la fin de l'exercice

Profitez de la fin de l'exercice pour faire un bilan avec Normand de la façon dont s'est passé l'exercice. Utilisez la respiration afin de favoriser une détente plus complète, s'il reste encore anxieux et tendu. N'oubliez pas de mettre en évidence le courage que cela lui a pris pour s'exposer ainsi.

Après les exercices

17) Prévoyez les prochains exercices que la victime fera pendant la semaine

Avec Normand, vous déterminez les exercices qui seront prévus pendant la semaine. Prévoyez des exercices où il sera accompagné de son meilleur ami, qui n'exerce pas de pression sur lui et qui comprend ses symptômes. Remplissez avec lui les premières colonnes de la «Grille d'auto-observation pour les exercices d'exposition *in vivo*» et demandez-lui de remplir le reste au moment des exercices. Vous prévoyez des exercices au moins 4-5 fois par semaine, d'une durée d'au moins 50 minutes.

18) Soyez disponible

Assurez Normand qu'il peut vous contacter facilement par téléphone, si besoin est. L'objectif est de vous assurer de pouvoir agir rapidement s'il se sent en détresse.

11.7 Suggestions de grilles hiérarchiques pour divers traumatismes

Vous trouverez ici quelques suggestions de grilles hiérarchiques types. Évidemment, celles-ci ne sont données qu'à titre indicatif et doivent absolument être personnalisées selon la symptomatologie, les besoins, les caractéristiques personnelles de chaque victime. Néanmoins, elles peuvent tout de même vous donner une idée de ce dont peuvent avoir l'air certaines hiérarchies d'exposition.

Observez comment ces grilles peuvent être graduées selon certaines caractéristiques : le jour ou le soir, le fait d'être seul ou accompagné, le nombre de personnes entourant la victime, la similitude avec les caractéristiques de l'événement traumatique, etc.

De plus, il est possible pour certains exercices de demander la collaboration du personnel de l'endroit où on va s'exposer. Les gens sont généralement gentils et compréhensifs quand on leur explique la raison de l'exercice. Ils sont souvent moins suspicieux que lorsqu'ils remarquent que nous « rôdons » pendant 45 minutes autour d'eux sans motif apparent.

Adrienne à vécu un vol à main armée dans une boutique de la rue Saint-Laurent le soir

À la suite d'un vol à main armée, plusieurs victimes vont éviter les situations où il y a perception d'argent et où elles craignent d'être impliquées dans un autre vol. Elles vont ainsi éviter d'entrer dans les banques, les dépanneurs, les guichets automatiques, les épiceries, les stations-service ou les petites boutiques. Elles vont souvent se sentir plus à l'aise et plus en sécurité dans des endroits plus ouverts, où il n'y a pas perception d'argent : chez des amis, dans les rues, les parcs, les bibliothèques.

Pour Adrienne, c'est vraiment de retourner travailler qui était difficile : elle craignait un autre vol à main armée. Elle se sentait très vulnérable, elle était constamment en état d'hypervigilance et d'alerte. Elle qui adorait magasiner dans les petites boutiques du plateau Mont-Royal ne pouvait plus y retourner. Elle évitait tous les endroits publics, surtout ceux où il y avait perception d'argent. Nous avons donc construit ensemble une hiérarchie d'exposition graduée selon la proximité avec la perception d'argent, le fait d'être seule ou accompagnée, le moment de la journée et la similitude avec l'événement traumatique.

1. Aller au cinéma dans le hall.
2. S'installer près de la caisse du cinéma et s'efforcer de regarder les transactions effectuées.
3. Aller au cinéma et payer la caissière.
4. Aller à l'épicerie accompagnée.

5. Aller faire son épicerie seule.
6. Aller dans une station-service le jour, accompagnée.
7. Aller dans une station-service le jour, seule.
8. Aller dans une banque le jour, accompagnée.
9. Aller dans une banque le jour, seule.
10. Aller dans une banque le soir, accompagnée.
11. Aller dans une banque le soir, seule.
12. Aller dans une boutique rue Saint-Laurent le jour, accompagnée.
13. Aller dans la boutique où s'est produit le vol, le jour, accompagnée.
14. S'installer à côté de la caisse de la boutique pendant 50 minutes.
15. S'installer derrière la caisse de la boutique pendant 50 minutes.
16. S'installer derrière la caisse de la boutique et emballer les achats des clients.
17. Être à la caisse de la boutique le jour, avec une collègue.
18. Être à la caisse de la boutique le jour, seule.
19. Être à la caisse de la boutique le soir, avec une collègue.
20. Être à la caisse de la boutique le soir, seule.

Pierre a vécu un accident de voiture sur une route enneigée

Certaines victimes d'accident de la route trouvent plus difficile de conduire car elles doutent de leurs capacités, alors que d'autres trouvent plus difficile d'être passagères car elles ne se sentent pas en contrôle de la situation.

Pierre a vécu un accident de voiture alors qu'un camion, dont le conducteur ne l'avait pas vu, l'a percuté de plein fouet en hiver, sur une route mal éclairée. Pour sa part, Pierre trouvait beaucoup plus difficile de conduire que d'être passager. Comme passager, il pouvait tenter de se changer les idées, de fermer les yeux ou d'écouter la musique, mais comme conducteur il était obligé de porter attention à la circulation, et cela l'effrayait beaucoup : il faisait beaucoup d'attention sélective, ne remarquant que les erreurs de conduite ou les manœuvres imprudentes des autres conducteurs, ce qui confirmait sa croyance de base selon laquelle la route est un lieu dangereux. Il avait fini par conduire de moins en moins et prenait de petites rues pour se rendre à son travail. Lorsqu'il devait parcourir de grandes distances, il prenait le train ou l'autobus. Enfin, il se sentait très peu à l'aise dès que les conditions routières n'étaient pas idéales : il ne prenait pas sa voiture l'hiver et détestait conduire dans la noirceur.

Pour cet exemple, nous pouvons donc graduer la hiérarchie selon plusieurs facteurs : la noirceur, les conditions météorologiques, la circulation routière et l'importance des routes empruntées. L'ordre d'exposition à ces divers facteurs doit être déterminé et adapté de façon personnalisée à chaque victime. Ici, il a d'abord été choisi d'exposer Pierre à la noirceur, à la circulation et à l'importance des routes, puis aux conditions enneigées.

1. Conduire sur une petite route de campagne à sens unique.
2. Conduire sur une petite route de campagne à deux voies le jour.
3. Conduire sur une petite route de campagne à deux voies le soir.
4. Conduire sur une route de Montréal à sens unique.
5. Conduire sur une route de Montréal à deux voies.
6. Conduire sur une route de Montréal à deux voies durant les heures de circulation.
7. Conduire sur l'autoroute à une heure de faible circulation le jour.
8. Conduire sur l'autoroute à une heure de faible circulation le soir.
9. Conduire sur l'autoroute à une heure de grande circulation le jour.
10. Conduire sur l'autoroute à une heure de grande circulation le jour.
11. Conduire sur une petite route de campagne à sens unique lorsqu'il neige.

12. Conduire sur une petite route de campagne à deux voies le jour lorsqu'il neige.
13. Conduire sur une petite route de campagne à deux voies le soir lorsqu'il neige.
14. Conduire sur une route de Montréal à sens unique lorsqu'il neige.
15. Conduire sur une route de Montréal à deux voies lorsqu'il neige.
16. Conduire sur une route de Montréal à deux voies durant les heures de circulation lorsqu'il neige.
17. Conduire sur l'autoroute à une heure de faible circulation le jour lorsqu'il neige.
18. Conduire sur l'autoroute à une heure de faible circulation le soir lorsqu'il neige.
19. Conduire sur l'autoroute à une heure de grande circulation le jour lorsqu'il neige.
20. Conduire sur l'autoroute à une heure de grande circulation le soir lorsqu'il neige.

Nicole a vécu une agression physique au travail

Nicole est infirmière psychiatrique et un patient l'a agressée dernièrement à son travail. Depuis, elle est incapable de retourner travailler ; elle a peur des gens, elle évite les endroits publics, elle se sent très vulnérable lorsqu'elle sait qu'il y a quelqu'un derrière elle. Nous avons décidé de cibler les exercices sur la reprise de son travail et l'apprivoisement des gens autour d'elle.

1. Patienter dans une salle d'attente, le dos contre le mur.
2. Aller marcher dans un centre commercial, accompagnée.
3. Aller marcher dans un centre commercial alors que l'accompagnateur attend à un endroit désigné à l'intérieur de l'édifice (par exemple, le restaurant du centre commercial).
4. Aller marcher dans un centre commercial alors que l'accompagnateur attend dans le stationnement.
5. Patienter en plein milieu d'une salle d'attente.
6. Prendre le métro accompagnée.
7. Prendre le métro seule.

8. Aller rendre visite à ses collègues de travail tout un avant-midi une fois, puis plusieurs fois par semaine.
9. Aller travailler dans une autre unité que celle où elle a vécu l'agression, 2 demi-journées par semaine.
10. Aller travailler dans une autre unité que celle où elle a vécu l'agression, 2 journées par semaine (2 jours non consécutifs : par exemple, lundi et jeudi ou mardi et vendredi).
11. Aller travailler dans une autre unité que celle où elle a vécu l'agression, 3 journées par semaine (3 jours non consécutifs : par exemple, lundi-mercredi-vendredi).
12. Aller travailler dans une autre unité que celle où elle a vécu l'agression, 4 journées par semaine (par exemple, lundi-mardi et jeudi-vendredi).
13. Aller travailler dans l'unité où elle a vécu l'agression 2 demi-journées par semaine.
14. Aller travailler dans l'unité où elle a vécu l'agression 2 journées par semaine.
15. Aller travailler dans l'unité où elle a vécu l'agression 3 journées par semaine.
16. Aller travailler dans l'unité où elle a vécu l'agression 4 journées par semaine.
17. Retourner travailler à temps plein.

11.8 Difficultés thérapeutiques potentielles

La victime panique pendant l'exposition

Il arrive rarement que la victime panique lors d'un exercice et qu'elle veuille fuir à tout prix la situation. Cependant, cela peut arriver et il est important de savoir comment réagir pour ne pas confirmer ses craintes, renforcer le conditionnement aversif et maintenir son évitement tout en conservant une bonne relation thérapeutique.

Si votre client panique lors d'un exercice, tentez d'abord de l'apaiser *avant* de considérer de sortir de la situation (*« Dis-moi comment tu te sens »*, *« Qu'est-ce que tu crains ? »*, *« Je suis là »*, *« Veux-tu que nous essayions la respiration diaphragmatique ensemble ? »*, etc.). Si cela ne fonctionne pas, rendez-vous avec elle jusqu'à un endroit où elle se sent en sécurité mais pas trop loin de la situation évitée.

Prenez ensuite tout votre temps pour qu'elle retrouve un certain calme. Soyez très encourageant. Essayez de vous mettre à sa place et ne minimisez pas ses craintes. Vous pouvez faire un peu de restructuration cognitive sur place si ces peurs sont très irrationnelles. Vous pouvez aussi effectuer des stratégies de rééducation respiratoire avec elle ou de la marche pour l'apaiser physiquement et parvenir à un retour au calme.

Ensuite, il peut être très important de lui demander si, avant de terminer l'exercice, vous pouvez retourner à un endroit intermédiaire entre cet endroit sécuritaire actuel et la situation originale. L'objectif est de faire en sorte que la victime ne reste pas sur une intense impression de vulnérabilité et de détresse et puisse repartir avec un certain sentiment d'autoefficacité et d'encouragement. Tentez de favoriser une certaine habituation à une situation intermédiaire avant de terminer la séance afin qu'elle ait une expérience de réussite. Ensuite, faites un retour au calme et un bilan de la rencontre.

L'anxiété de la victime est trop élevée durant l'exposition

Vous remarquez que la victime est très anxieuse pendant les exercices. Elle se sent très vulnérable et a plusieurs symptômes de panique : état d'alerte, palpitations, impression intense que l'événement va se reproduire. D'abord, utilisez la gestion du stress pour diminuer l'anxiété jusqu'à un niveau tolérable. Surtout, n'interrompez pas brutalement la séance mais favorisez plutôt un processus graduel d'habituation. Ensuite, il pourrait être très opportun de reconsidérer la hiérarchie d'exposition qui est trop difficile et de la reconstruire.

La victime ressent très peu d'anxiété durant l'exposition

Vous constatez que la victime ne fait que peu de progrès et démontre très peu d'anxiété durant les exercices. D'abord, vérifiez si la victime n'a pas recours à la neutralisation (se dit-elle des phrases rassurantes intérieurement ?). Est-elle capable de laisser monter l'anxiété et de la tolérer ou tente-t-elle plutôt de la bloquer et de l'éliminer ? Tente-t-elle de se distraire pour ne pas être en contact avec son anxiété ? Se répète-t-elle des phrases irréalistement positives ? Si c'est le cas, reprenez avec elle la psychoéducation de l'anxiété. Sinon, la hiérarchie d'exposition est peut-être trop facile : songez à la reconstruire.

La victime ne ressent pas le processus d'habituation

La victime semble ressentir un niveau d'anxiété moyen et tolérable, mais durant toute la durée de l'exercice, elle ne sent pas que sa détresse diminue. Elle a l'impression qu'elle reste toujours aussi élevée et ne ressent pas d'habituation. Pourquoi? En premier lieu, il est important de vérifier la présence de dialogue interne qui maintiendrait l'anxiété: se répète-t-elle des phrases intérieurement, qui contribuent à maintenir son impression de vulnérabilité (ex.: *«Je sens que je vais me faire agresser»*, *«Lui, il a l'air bizarre»*, *«J'ai hâte que ça se termine pour que je puisse rentrer chez nous»*, *«J'aime pas du tout faire ça, c'est dangereux»*, etc.). Dans un deuxième temps, tentez d'évaluer si la victime est très tendue physiquement. Si c'est le cas, cette tension peut l'empêcher de se détendre et de ressentir le processus d'habituation. Tente-t-elle de combattre l'anxiété en se crispant davantage? Ce faisant, la victime bloque le processus d'habituation. Elle doit au contraire s'abandonner, se laisser aller à la montée d'anxiété afin de lui permettre ensuite de redescendre. Afin de l'aider, travaillez avec elle sa crainte de l'anxiété. Si nécessaire, refaites avec elle certains exercices de relaxation. Sinon, tentez de prolonger l'exercice et de le répéter fréquemment.

La victime est en état de dissociation pendant l'exposition

Il peut arriver, dans des cas complexes et réfractaires de TSPT, que la victime utilise des mécanismes plus primaires et absolus pour gérer son anxiété et qu'elle se dissocie pendant l'exposition. Dans ces cas-là, il est souvent utile de présenter les fonctions de la dissociation à la victime (mécanisme de protection automatique exagéré, coupure avec les émotions, retour à un état moins douloureux de détachement) (voir le chapitre 8 sur les émotions). Ensuite, tentez d'identifier avec elle quelles pourraient être les émotions sous-jacentes à cette dissociation. Est-ce une impression de terreur, de peur intense, d'horreur? A-t-elle déjà utilisé ce mécanisme lors d'événements traumatiques antérieurs? A-t-elle certaines craintes face à ses émotions? A-t-elle peur des exercices d'exposition? Il va être très important d'effectuer ce travail dans le respect de la victime, et de légitimer ses émotions sous-jacentes.

Tentez de travailler en équipe et demandez à la victime de vous avertir lorsqu'elle sentira une montée d'émotion précédant la dissociation. Conservez le contact visuel avec elle et demandez-lui de vous dire ce qui est difficile et ce qu'elle croit être à la source de ce mécanisme de dissociation. Si vous la sentez prête, reprenez très doucement et très graduellement l'exposition en dosant mieux la hiérarchie tout en aidant la victime à garder le contact avec vous et avec la réalité. Si vous sentez la victime trop fragile, abandonnez l'exposition.

11.9 Quelques conseils thérapeutiques

Prenez le temps de bien conceptualiser les associations conditionnées de la victime. Pour bien traiter, il faut d'abord bien évaluer. Chaque victime est unique et pour bien mener une stratégie d'exposition, il faut bien connaître les éléments qui sont conditionnés dans la structure de peur spécifique de la victime.

Préparez bien la victime aux exercices. Cela peut vouloir dire d'attendre que la relation thérapeutique soit suffisamment forte. Cela peut aussi exiger d'expliciter les fondements de cette stratégie afin que la victime comprenne bien pourquoi vous lui proposez l'exposition à ce moment-ci de la thérapie. Précisez-lui les modalités de l'exposition afin qu'elle sache comment se passeront les exercices, et qu'elle comprenne votre rôle et ses mécanismes de « sécurité » si elle se sent trop anxieuse.

Assurez-vous que l'exposition soit très progressive : 1) chacune des situations doit être assez difficile pour que la victime apprenne quelque chose, assez facile pour que la victime soit capable de la supporter sans fuir ; 2) chacun des exercices doit être effectué facilement avant de poursuivre l'exposition à une situation plus anxiogène.

Graduez la hiérarchie de situations selon divers critères propres à la victime. Par exemple, l'heure de la journée, le fait d'être seul ou accompagné, le nombre de personnes autour d'elle, la similitude avec l'événement traumatique, les conditions climatiques, etc.

Assistez à *au moins* une séance d'exposition. C'est souvent la seule façon d'être assuré que la victime effectue adéquatement ses exercices. C'est plus exigeant, mais cela vaut souvent la peine de briser notre routine habituelle et de sortir de notre bureau avec la victime pour l'accompagner durant ses exercices : en voiture, dans les banques, les centres commerciaux, la rue, le métro. L'accompagner vous permettra entre autres de peaufiner votre évaluation clinique, de vérifier sa façon de tolérer l'anxiété, de prendre conscience de certaines de ses craintes, de corriger dès le début des habitudes non productives et de l'encourager dans son évolution.

Précisez votre mandat clairement. Accompagner la victime à l'extérieur doit être fait dans un esprit thérapeutique très clair : vous êtes là pour l'aider à gérer son anxiété, favoriser la digestion de l'événement traumatique, renforcer son estime de soi et développer son autonomie. Précisez votre mandat thérapeutique afin qu'il soit *limpide* pour votre client. Faites attention aux conflits de rôles potentiels : cela n'est pas une « sortie avec mon thérapeute » : il s'agit d'une *séance thérapeutique d'exercice* et du travail d'équipe d'un professionnel et de son client. Assurez-vous que votre client *et* son entourage comprennent bien ces nuances importantes.

Prévoyez des exercices d'exposition suffisamment longs. Prévoyez des rencontres plus longues que les 50 minutes habituelles : des séances d'une heure trente ou de deux heures conviennent mieux. Elles vous permettent de faire de l'exposition pendant 45-55 minutes, en préparant bien la victime et en faisant un retour au calme et un bilan à la fin de la rencontre sans vous sentir trop pressés.

Prévoyez des exercices suffisamment rapprochés dans le temps et faits régulièrement. Pour que l'exposition fonctionne, il est important que la victime s'expose de façon régulière : recommandez-lui de faire au moins 4 ou 5 fois par semaine le même exercice afin de noter une amélioration et une habituation. De plus, prévoyez des exercices rapprochés (5 fois en 5 semaines est un horaire beaucoup moins efficace que 5 fois par semaine).

CHAPITRE 12

Favoriser la digestion émotionnelle du trauma

« Je suis incapable de parler de l'événement sans me sentir submergée par l'émotion », « J'ai toujours des images spontanées de l'agression à des moments imprévisibles », « Je rêve encore de l'incendie et c'est horrible », « Il y a plusieurs moments de l'événement dont j'ai profondément honte et dont je n'ai jamais parlé à personne », « J'entends quelquefois dans ma tête les paroles du voleur », « Dès que je pense à mon accident de voiture, je me mets à pleurer », « Il me semble qu'il reste plusieurs choses taboues et honteuses dans mon viol, que je cache à tout le monde ; c'est tellement lourd ».

Plusieurs victimes présentent encore des symptômes importants de reviviscences plusieurs mois sinon plusieurs années après l'expérience traumatique. Elles vivent régulièrement des *flashsback* visuels ou auditifs, des cauchemars, une impression d'être submergées par l'émotion quand l'événement est mentionné ou remémoré. Elles évitent d'y penser, elles tentent de se distraire quand il revient à leur mémoire, mais les images se maintiennent. Le souvenir même de l'événement est douloureux et entraîne de la détresse.

Travailler les pensées associées à la détresse ou favoriser l'exposition *in vivo* entraîne quelquefois peu de diminution de ces symptômes. Les reviviscences sont particulièrement cristallisées chez certaines victimes et se maintiennent dans le temps. Pour d'autres, l'expérience traumatique comporte des détails particulièrement difficiles, dont elles hésitent à parler et qui sont associés à beaucoup de honte.

12.1 Pourquoi a-t-on des reviviscences à la suite d'un traumatisme ?

Comment expliquer que des images de l'événement reviennent constamment à la mémoire des victimes et ce, sans qu'elles le désirent ? Les modèles de Foa et d'Horowitz (voir le chapitre 3) peuvent nous permettre de mieux comprendre les causes des reviviscences. Ces causes peuvent être de trois ordres : Le souvenir du trauma revient en mémoire...

...parce que la structure de peur est réactivée

À la suite d'un traumatisme, la victime va se créer cognitivement une structure de peur, c'est-à-dire un réseau d'interconnexions (imaginons une toile d'araignée) entre les éléments physiques du trauma (les objets, lieux, situations, etc.) et une signification qu'elle va leur donner (*« dangereux », « honteux », « incompétent »*, etc.). Comme nous l'avons vu au chapitre 3, une structure de peur associée aux symptômes post-traumatiques est souvent généralisée (elle contient beaucoup d'éléments associés à une signification de danger) et dévalorisante (beaucoup d'éléments sont associés à une signification d'incompétence). Les reviviscences découlent de l'activation d'une telle structure. Une structure de peur post-traumatique peut s'activer de deux façons : 1) la victime entre en contact avec un élément similaire à celui enregistré dans cette structure. Prenons par exemple le cas d'une victime qui voit un chandail noir. Or, ce chandail ressemble à celui que portait son agresseur. Ce détail active sa structure de peur et fait donc revenir tous les souvenirs et sensations associés au trauma : souvenir de l'agression sexuelle, images, sensations physiques, peur, sentiment intense de vulnérabilité ; 2) la victime tente de comprendre les causes ou les circonstances de l'événement traumatique. Elle tente de lui donner un sens. Or, pour ce faire, elle reconsidère les significations qu'elle a accordées à des éléments insérés dans sa structure de peur : *« Était-ce vraiment approprié ? Suis-je vraiment incompétente ? Aurais-je pu faire mieux ? Cet élément est-il vraiment dangereux ? »* Or, penser à ce qui s'est produit réactive la structure de peur. Et ce faisant, cela entraîne de la détresse et un retour bouleversant des images et du souvenir de l'événement. Ce sont les reviviscences.

...parce que l'événement n'a pas été digéré émotivement

Le modèle d'Horowitz postule que toutes les images du traumatisme reviennent à la conscience tant qu'elles ne sont pas «digérées émotivement». En fait, les reviviscences sont vues comme des éléments cognitifs qui n'ont pas été assimilés et qui reviennent à la conscience afin d'être intégrés émotivement. Les cauchemars ou les pensées intrusives sont ainsi des indices qu'une partie de l'expérience traumatique est encore problématique et qu'elle entraîne des émotions extrêmement intenses. L'évitement cognitif empêche ce processus de digestion. Les images et les sensations liées au trauma sont bloquées à un niveau inconscient et font des retours vers la conscience sous forme de *flashs-back*, de cauchemars ou d'images intrusives, dans une tentative d'être assimilées. Pour Horowitz, tant que l'événement n'a pas été verbalisé, nommé, tant qu'il n'y aura pas «perlaboration» émotionnelle du souvenir du trauma, les reviviscences se maintiendront.

En fait, on peut prendre l'exemple de l'ordinateur pour illustrer cette vision des choses. L'événement traumatique ressemble à un énorme nouveau fichier que l'on tente d'insérer dans notre disque dur informatique. Or, ce fichier est tellement imposant et bouleversant qu'on ne sait pas où le placer. Comment définir ce fichier? Comment l'analyser? Comment le comprendre pour bien le classer? Sous quelle rubrique l'insérer? Quel nom lui donner? Impossible de faire tout ce travail cognitif immédiatement. Le résultat est que le fichier (sensations, images, souvenir du trauma) erre depuis dans l'espace informatique de notre ordinateur sans être classé, organisé, compris. De temps en temps, il «gravite» sous nos yeux, se rappelant à notre conscience parce qu'il n'est pas assimilé: ce sont les flashs-back, *les cauchemars ou les pensées intrusives liées au trauma.*

...parce que les reviviscences sont évitées

Les reviviscences post-tramatiques sont très douloureuses et la victime va éviter ces images et ces pensées pour se protéger émotivement.

En fait, nous avons vu que, à la suite d'un traumatisme, la victime va éviter tous les endroits, objets et éléments physiques associés au trauma qui vont induire chez elle un sentiment intense de détresse et de peur. Il faut cependant ajouter que le *souvenir* en soi de l'événement est lui aussi fortement associé à une détresse intense : il s'agit du pire événement de sa vie… La victime va donc ainsi faire de *l'évitement cognitif* : c'est-à-dire tenter de chasser le souvenir de sa mémoire, se distraire lorsque des images intrusives reviennent à sa conscience, tenter de « mettre cela de côté », éviter d'y penser, faire des efforts pour bloquer certains souvenirs ou pour refouler des images trop désagréables qui entraînent de la peur chez elle. Mais la victime ne va pas qu'éviter des souvenirs associés à de la détresse, de la terreur ou de l'horreur. Elle va aussi éviter des souvenirs traumatiques qui sont associés à de la honte, à de la culpabilité, à des actes dégradants, ou à des comportements jugés inadéquats (*« Je ne peux croire que j'ai fui », « que je n'ai pas crié », « que j'ai accepté son invitation »*, etc.). Plusieurs victimes sont ainsi incapables de se souvenir de certains moments du trauma, de parler de cet événement ou de regarder des objets associés à celui-ci sans se sentir profondément bouleversées et submergées par la détresse.

L'évitement leur permet de se sentir plus fonctionnelles… à court terme. Or, éviter à tout prix le souvenir de l'événement se traduit souvent par une recrudescence ou un maintien des reviviscences : plus la victime évite de penser à ces éléments, plus la relation entre ceux-ci et une signification de danger ou de honte se renforce. On assiste au même phénomène que celui à la base de l'évitement comportemental : la victime évite de penser à l'événement, ce qui maintient ou renforce la détresse associée au souvenir traumatique. Le cercle vicieux est très efficace : cet évitement cognitif empêche la digestion émotionnelle du trauma, ce qui maintient les reviviscences, qui par la suite entretiendront de nouveau l'évitement émotionnel et cognitif.

La victime va osciller ainsi entre des moments où le souvenir et les images de l'événement prennent toute la place, et des moments où elle évitera ces images pour se ménager émotivement.

12.2 Comment fonctionne l'exposition au souvenir du trauma ?

L'exposition au souvenir du trauma permet une habituation aux éléments anxiogènes associés au traumatisme. Elle favorise, en quelque sorte, un deuil émotionnel de ce qui s'est passé. Pour plusieurs spécialistes, la diminution des reviviscences passe par une modification de la structure de peur. Or, pour qu'elle soit modifiée, il faut que la structure de peur soit activée et qu'une information correctrice soit présentée et remplace la précédente. L'exposition au souvenir du trauma permet cette modification en proposant à la victime de prendre doucement contact avec le souvenir du trauma, de le décrire, de partager son expérience, de nommer ce qui s'est passé et d'exprimer ses émotions. Cette stratégie systématique permet de doser très graduellement le niveau d'exposition afin de favoriser l'habituation aux souvenirs traumatiques et permettre la digestion émotionnelle. Cette stratégie empêche l'évitement cognitif et donc le renforcement négatif des reviviscences. De plus, elle permet à la victime de reconsidérer l'événement sous un aspect moins honteux et de ressentir pleinement l'acceptation thérapeutique.

12.3 Objectifs de l'exposition au souvenir du trauma

On utilise l'exposition au souvenir du trauma spécifiquement afin de réduire les symptômes de reviviscences post-traumatiques. On vise ici à diminuer les cauchemars, les *flashs-back*, les images intrusives et la détresse associée à la mémoire du traumatisme. Cette stratégie ne fera jamais en sorte que le trauma devienne un souvenir heureux... et cela n'a jamais été l'objectif. Le trauma restera toujours le pire événement de leur vie. Mais cette stratégie pourrait permettre à la victime de se sentir plus calme quand elle se souviendra de certains acpects de l'événement, de pouvoir le raconter avec un peu plus d'apaisement, ou de se sentir plus sereine quand elle reconsidérera les circonstances de ce moment.

Cette stratégie vise à favoriser la *spécificité* face à l'événement traumatique, c'est-à-dire que la victime réalise que l'événement comportait des caractéristiques toutes particulières qui ne peuvent être généralisées à toutes les situations(*« Raconter le viol me fait réaliser que tous les hommes ne sont pas ainsi »*).

Elle vise aussi à favoriser une *indulgence* chez la victime en permettant une remise en question de ces interprétations d'incompétence. En effet, partager leur expérience traumatique avec un thérapeute est souvent, pour les victimes, une expérience profondément réparatrice. Décrire en détail l'événement dans une procédure systématique leur permet de remettre en question certaines de leurs interprétations de honte, de blâme ou de culpabilité, de reconsidérer l'événement sous un autre jour, dans un état émotionnel plus calme, en goûtant pleinement l'acceptation inconditionnelle et le support de son thérapeute. L'accueil thérapeutique leur permet de parler de scènes difficiles en se sentant accompagnées, respectées, épaulées, ce qui en diminue le côté « tabou ». Elles revoient ces moments avec d'autres yeux, bien soutenues et mieux outillées, ce qui contribue fortement à faciliter la digestion émotionnelle du trauma.

L'exposition au souvenir du trauma permet ainsi une *habituation* à des éléments en mémoire qui avaient le pouvoir de bouleverser intensément la victime. Celle-ci réalise que l'anxiété ou la détresse qui sont présentes lorsqu'elle raconte le trauma pour la première fois, diminuent par la suite alors qu'elle répète cette description et ce, même s'il n'y a pas d'évitement cognitif ou d'auto-distraction. Elle est plus sereine face à ce souvenir, peut davantage en parler ou le considérer et se sent moins honteuse face à lui.

12.4 Pourquoi l'exposition au souvenir du trauma fonctionne-t-elle ?

L'exposition au souvenir du trauma fonctionne car elle favorise une habituation au souvenir de l'événement

L'exposition en imagination au souvenir de l'événement favorise une habituation à des éléments cognitifs qui causaient de l'anxiété. Les images de l'événement, les détails, les éléments enregistrés en mémoire perdent doucement de leur capacité à bouleverser la victime. Évidemment, ils ne seront jamais synonymes de plaisir ou de joie, mais ils n'entraîneront plus autant de détresse envahissante.

Ce souvenir ressemblera à ceux associés à un deuil. Dans les premiers mois ou les premières années, le seul souvenir de l'être cher décédé peut bouleverser la personne. Avec le temps, ces souvenirs deviennent moins aigus, moins prenants, moins envahissants. Ils restent toujours empreints de tristesse et du manque de l'être décédé, mais ils n'empêchent pas la personne de fonctionner. Ils ne sont pas évités à tout prix sous prétexte qu'ils entraîneraient trop de tristesse. L'endeuillé peut, au contraire, se remémorer des souvenirs, relater des anecdotes reliées au disparu avec tendresse ou nostalgie, sans que cela occasionne de détresse envahissante.

L'exposition en imagination vise à favoriser une telle digestion du souvenir de l'événement traumatique afin que celui-ci perde de son pouvoir à envahir et incapaciter gravement la qualité de vie de la victime. Qu'il trouve sa place dans la structure psychologique de la victime sans la hanter. Qu'il puisse être associé à moins de détresse, qu'on ne doive plus éviter à tout prix.

L'exposition au souvenir du trauma fonctionne car elle empêche le renforcement de l'évitement

Cette habituation à l'anxiété liée au souvenir de l'événement traumatique empêche le renforcement de l'évitement. La victime réalise qu'elle peut se remémorer le pire souvenir de sa vie sans avoir besoin de l'éviter, sans fuir ou détourner son attention. Elle ressentira de l'anxiété, de la peur, de l'horreur en se souvenant de cet événement mais expérimentera que ces émotions peuvent être tolérées, comprises, nommées. L'évitement renforçait la signification de danger associée à ce souvenir. Par la suite, le seul rappel d'images liées à l'événement entraînait beaucoup d'anxiété. L'exposition au souvenir du trauma rend inutiles les comportements d'évitement cognitif et, ce faisant, elle permet l'intégration émotionnelle du traumatisme. Elle empêche le renforcement des comportements d'évitement.

Les études sur les processus psychologiques qui maintiennent les obsessions du trouble obsessionnel-compulsif ont montré le rôle aggravant de l'évitement cognitif: plus la personne évite ses obsessions, plus elle leur accorde une grande importance, plus celles-ci reviennent à sa conscience avec force et fréquence. L'exposition au souvenir de l'événement traumatique rejoint cette ligne de pensée et vise le même objectif: diminuer l'évitement cognitif associé à un souvenir difficile afin de permettre une diminution des reviviscences.

L'exposition au souvenir du trauma fonctionne car elle favorise de nouvelles associations cognitives

L'exposition en imagination fonctionne car elle favorise une remise en question des significations incluses dans la structure de peur et la création de nouvelles significations entre des éléments cognitifs (souvenir, images, détails) et un autre état émotionnel (calme plutôt que détresse).

Cette stratégie fonctionne car elle favorise la *spécificité* du traumatisme. Elle permet de prendre conscience que le trauma est un événement spécifique et non un prototype du monde dans son ensemble. Elle favorise aussi le retour d'un sentiment de *compétence* chez la victime. Elle permet de prendre conscience que les comportements manifestés lors du traumatisme ne sont pas des signes d'inefficacité, de lâcheté ou de faiblesse. Les significations de honte, de culpabilité, de dévalorisation, les interprétations généralisantes sont modifiées par cette verbalisation et cette exposition au souvenir de l'événement.

En remettant en question ces significations et en les remplaçant par d'autres moins absolues et moins dévalorisantes, la victime diminue la valeur négative associée à la structure de peur. Elle a moins tendance à reconsidérer celle-ci et la réactive donc moins, ce qui entraîne par conséquent moins de reviviscences.

L'exposition au souvenir du trauma fonctionne car elle favorise une verbalisation du trauma

Cette mise en mots du souvenir de l'événement permet une perlaboration cognitive qui rend nul le besoin pour ces éléments de se manifester à la conscience sous forme de reviviscences. De plus, partager cette expérience avec quelqu'un, s'entendre le dire, permet de diminuer les sentiments et interprétations de honte et de culpabilité. Cela permet de réaliser que l'aspect cauchemardesque de ce souvenir peut être remis en question et qu'il prend pied dans le réel. Qu'il peut être entendu par quelqu'un sans que cette personne manifeste de la désapprobation ou du rejet. L'exposition en imagination fonctionne car elle favorise une acceptation de ce qui s'est produit. Non pas dans le sens où l'événement est maintenant plus acceptable, mais dans celui où l'on peut maintenant davantage accepter qu'il puisse avoir été.

12.5 Recommandations au thérapeute

Lors des séances d'exposition au souvenir du trauma, tout l'art thérapeutique consiste : 1) à effectuer une bonne évaluation clinique de la pertinence de cette stratégie pour une victime spécifique ; 2) à bien doser l'exposition, de façon qu'elle entraîne le moins de détresse possible tout en permettant la meilleure habituation possible.

Vous trouverez au chapitre 15 une description des contre-indications aux stratégies d'exposition, mais voyons ici en détail les plus importantes. Considérons tout de suite votre inexpérience des stratégies d'exposition en imagination comme une contre-indication importante. Avant de débuter une telle stratégie avec une victime souffrant de TSPT, il est important que le thérapeute connaisse et ait déjà mené à bien des stratégies d'exposition avec des personnes atteintes d'autres types de troubles anxieux.

De plus, il est essentiel qu'il possède une bonne connaissance des processus psychologiques sous-jacents. En ce sens, il est souvent recommandé que les stratégies d'exposition en imagination soient menées par un spécialiste de la santé mentale. Enfin, votre capacité d'empathie, votre habileté à suivre le rythme de la victime, la qualité de la relation thérapeutique seront aussi des facteurs importants à prendre en considération avant de juger de la pertinence de débuter cette stratégie.

La présence de troubles psychologiques sévères chez la victime, surtout si elle a des tendances psychotiques, un trouble de personnalité limite ou des tendances dissociatives importantes constituent une contre-indication à cette stratégie. Le processus d'exposition exige que la victime possède une certaine capacité à tolérer l'anxiété au niveau de la structure de sa personnalité. Si celle-ci est trop fragile, si vous la sentez trop à fleur de peau, bouleversée par l'anxiété, capable d'impulsivité, ou si elle a tendance à ne pas se sentir émotivement et qu'elle utilise alors des mécanismes de protection primaires, comme la dissociation ou l'automutilation, le processus d'exposition est contre-indiqué. Il est préférable alors de se focaliser sur la stabilisation de son fonctionnement quotidien : favoriser des stratégies de gestion du stress, de résolution de problème afin de l'aider à mieux gérer son quotidien. Il est fortement recommandé de privilégier des stratégies qui renforceront son sentiment de contrôle et de maîtrise de sa vie plutôt que d'entreprendre des stratégies qui favoriseront plutôt une montée d'anxiété et une désorganisation potentielle. Dans ce cas, on veillera à privilégier un mode orienté vers l'action plutôt qu'une attitude de tolérance de l'anxiété, qui est plus passive et qui peut entraîner des symptômes de régression.

Dans le cas d'une victime polytraumatisée ou qui a vécu de graves traumatismes sexuels dans l'enfance, il peut y avoir contre-indication à l'exposition à cause du caractère multiple des traumatismes. Certaines de ces victimes ont développé de grandes tendances dissociatives au fil des années afin de tenter de s'adapter émotivement à l'horreur de leurs multiples traumas. Par conséquent, ces victimes ont de la difficulté à tolérer l'anxiété inhérente au processus d'exposition et pourraient facilement régresser au cours de ce processus.

L'art thérapeutique implique aussi que l'on se serve de son intuition et de son expertise clinique pour interrompre toute stratégie qui semble inadéquate à une victime particulière. Soyez alerte aux signes graves de détérioration chez une victime qui a débuté avec vous l'exposition en imagination. En particulier, notez une régression grave, une recrudescence des symptômes dépressifs, la manifestation de traits de personnalité plus immatures et dépendants, une perte importante de fonctionnalité, l'apparition de comportements autodestructeurs ou impulsifs, des idéations morbides ou suicidaires, un repli social important ou l'apparition de honte intense. Dans ces cas, il importe d'interrompre l'exposition, de travailler avec la victime ce qui se passe, de nommer les mécanismes et les causes sous-jacentes, de rétablir l'alliance thérapeutique et d'avoir à l'œil les symptômes dépressifs et régressifs.

12.6 Niveau 1 : étapes des premières séances d'exposition au souvenir du trauma

La procédure décrite ici est structurée en étapes et permet à la victime d'être doucement en contact avec le souvenir de l'événement. Les étapes sont graduées selon leur niveau de difficulté et permettent une habituation graduelle ainsi qu'une évaluation constante de la réponse de la victime à cette procédure. Le niveau 1 permet ainsi à la victime de verbaliser et de décrire l'événement à son rythme ; le deuxième niveau lui permet de s'exposer davantage aux images de l'événement, alors que le niveau 3 lui permet d'activer toute la structure de peur en nommant les éléments sensoriels présents lors de l'événement. Nous verrons ici les diverses étapes spécifiques à l'exposition en imagination de niveau 1.

1) Décrivez le rationnel à la victime

Il est très important de bien expliquer à la victime comment nous nous expliquons la présence de ses symptômes de reviviscences et pourquoi nous croyons que l'exposition en imagination pourra l'aider. Ainsi, les notions propres à l'impact de l'évitement sur l'anxiété devront être bien expliquées. Il est important de donner des exemples de la structure de peur spécifique de la victime et de préciser les notions de conditionnement, de processus d'évitement et d'habituation. Revenez sur les modèles de Foa et d'Horowitz et personnalisez-les à la lumière des particularités de la victime.

Pour ce faire, vous pouvez utiliser l'image suivante avec les victimes : *« Le traumatisme que vous avez vécu agit exactement comme un film d'horreur qui vous a fait très peur. Il revient à votre conscience et vous le trouvez tellement dégoûtant et horrible que vous détournez votre attention et cherchez à en oublier les images. Le problème, c'est que ces images font partie de vous et qu'elles cherchent à être assimilées. Tant que vous tenterez de les éviter, elles reviendront à votre conscience et chercheront à vous forcer à les classer dans le grand fichier de votre "système". Pour le moment, elles errent sans savoir où aller et sans être classées. Vous êtes donc aux prises avec un processus oscillatoire : vous tentez de comprendre ce qui vous est arrivé, de donner un sens à ce que vous avez vu, de classer ce souvenir dans votre fichier mémoire, mais juste cela provoque des symptômes d'anxiété tellement douloureux que vous avez tendance à tout mettre de côté et à éviter la situation. Or, l'évitement maintient les symptômes et vous restez avec vos reviviscences. Nous allons utiliser une stratégie qui va vous permettre de digérer ces images et de vous habituer à ce souvenir de l'événement de façon plus systématique. Cette stratégie ne fera jamais en sorte que le souvenir de l'événement devienne un souvenir heureux, mais elle vous permettra d'en parler avec moins de douleur et sans vous sentir submergé par l'émotion. Elle vous permettra aussi de mettre des mots sur des moments innommables, de dire des choses qui vous semblent honteuses et de sentir que quelqu'un les entend et comprend avec indulgence et compassion ce que vous avez vécu. Ce que vous faites actuellement avec votre film d'horreur, c'est le regarder en tremblant entre vos doigts de votre main tendue devant vos yeux. Nous allons tenter de revoir ce film ensemble. Vous vous doutez bien que revoir un film d'horreur entraîne de la peur et du stress ; par contre, que pensez-vous qu'il se produit lorsqu'il est écouté cinq fois de suite ? Dix fois ? Vingt-cinq fois ? Cinquante fois ? Il est raisonnable de penser qu'à chaque fois le film perd de son pouvoir de nous effrayer et que doucement il devient plus prévisible. On peut s'attendre à ce que l'on puisse s'y habituer doucement même s'il ne deviendra jamais notre film préféré ou un film agréable. En fait, l'objectif ici consiste à faire en sorte que ce souvenir qui fait déjà partie de vous puisse être nommé et digéré. Il restera toujours le pire événement de votre vie, mais vous serez capable d'y penser sans perdre tous vos moyens. Vous pourrez en parler si cela vous tente et vous aurez moins peur de ces images. »*

2) Soyez attentif à l'anxiété de la victime

Évidemment, aucune victime ne trouvera la perspective de l'exposition en imagination intéressante : en fait vous lui demandez de faire exactement l'inverse de ce qu'elle a tendance à faire habituellement et de revenir sur le souvenir du pire événement de sa vie.... Cette perspective peut être très anxiogène, et il importe d'être à l'écoute de cette anxiété et de la respecter. En même temps, il sera nécessaire de démystifier l'impact de cette anxiété : être anxieux n'est pas dangereux en soi, cela ne signifie pas qu'il y ait un danger et cela ne veut pas dire non plus que l'anxiété va monter jusqu'à un seuil intolérable et entraîner des états extrêmes (perte de connaissance, crise cardiaque, dépression grave et incontrôlable, accès de folie etc.).

Il est aussi important de mentionner à la victime que décrire l'événement traumatique sera toujours moins anxiogène que de l'avoir vécu (en ce sens elle a déjà vécu le pire) et qu'il existe plusieurs différences entre cela et l'expérience traumatique comme telle. D'abord, vous êtes là et vous accompagnez la victime. Celle-ci va donc « retourner en enfer », mais, cette fois, elle sera *accompagnée* et non pas toute seule comme la première fois. Ensuite, elle va raconter ce qu'elle a vécu dans un *état cognitif très différent* de celui de la première fois : elle *sait* maintenant comment cela s'est terminé. Elle peut donc revoir le traumatisme avec d'autres yeux, à la lumière de ce qu'elle a appris depuis et en fonction de ce qu'elle est maintenant, à la suite des séances de thérapie déjà effectuées. Enfin, elle racontera le trauma dans un *état émotionnel très différent* de ce qu'elle a déjà vécu : elle est objectivement en sécurité dans votre bureau, elle a effectivement survécu à ce qui s'est passé, vous êtes présent et empathique à ce qu'elle vit et elle ne sera pas laissée à elle-même. Elle sait comment s'autoapaiser et elle sait que l'anxiété n'est pas dangereuse en soi et n'est pas signe que le trauma va se répéter une seconde fois.

3) Demandez-lui de vous décrire l'événement à son rythme

Si vous sentez la victime prête et qu'elle est d'accord pour tenter cette stratégie, demandez-lui d'avoir en tête le traumatisme, de façon la plus vive possible.

Pour ce faire, vous pouvez utiliser cette image : « *Vous avez dans votre tête le film d'horreur de votre traumatisme. Il vous fait peur, il vous hante. Malgré tous vos efforts en ce sens, vous ne pouvez pas le mettre de côté ou l'oublier. Nous allons tenter de l'écouter ensemble afin de vous permettre de mieux le classer dans votre système, de mieux le digérer, de vous habituer doucement à ce qui vous est arrivé. Pour ce faire, nous allons avoir besoin que vous décriviez en détail ce qui vous est arrivé. C'est comme si vous vouliez me décrire un film que vous avez vu mais que je ne connais pas : tentez de me donner une description la plus précise possible du déroulement, des gens, des objets, des couleurs, de l'atmosphère des scènes, etc., pour que l'image que j'ai en tête se rapproche le plus possible de ce que vous avez comme souvenir.* »

4) Demandez les NAS à la victime de façon régulière

Pendant la narration de l'événement, vous devez avoir une idée du niveau d'anxiété *actuel* de la victime afin de doser l'exposition et de prévenir les tendances dissociatives. Avertissez la victime avant le début de la narration que vous allez lui demander son niveau d'anxiété subjectif actuel (NAS) (et non son niveau d'anxiété présent lors de l'événement traumatique) sur une échelle de 0 (très calme) à 100 (extrêmement anxieux). À divers moments pendant la narration, demandez à la victime *de conserver son image mentale* et d'évaluer la façon dont elle se sent *actuellement* selon cette échelle. Pendant ce temps, prenez une feuille de papier quadrillée et tracez la courbe d'anxiété de la victime. Pour ce faire, inscrivez quelques repères des moments où vous sondez la victime sur l'échelle horizontale et son niveau d'anxiété (plus le niveau est élevé, plus le point sera haut) sur l'échelle verticale. Cette courbe vous permettra de mieux identifier les moments les plus difficiles pour la victime et de vérifier son niveau de détresse. Est-elle en train de se dissocier ? Quels sont les moments les plus horribles ou les plus difficiles à décrire pour elle ? Quelles sont les images mentales les plus douloureuses ? À partir de quel moment commence-t-elle à se sentir mieux ? Etc.

5) Utilisez les techniques de respiration ou de relaxation lorsque nécessaire

Il peut arriver que le niveau d'anxiété ou de détresse (pleurs, honte) soit très élevé pendant la narration. Pour aider la victime à poursuivre l'exercice, vous pouvez lui demander de conserver son image mentale et en même temps de faire des respirations diaphragmatiques avec vous. L'objectif est de faire en sorte que l'exposition soit supportable sans néanmoins utiliser la relaxation comme moyen de neutralisation ou de distraction. Vous pouvez aussi faire quelques pauses en l'encourageant, en mettant en évidence son courage et l'aspect exigeant de l'exercice, puis continuer. Laissez-la décrire l'événement à son rythme sans demander davantage de détails ou de précisions.

6) Après la description, prenez le temps de faire un retour sur l'exercice

Une fois la narration terminée, prenez quelques minutes pour faire un bilan de l'exercice avec la victime. Comment cela s'est-il passé pour elle ? Comment se sent-elle actuellement ? Comment a-t-elle trouvé cet exercice par rapport à ce qu'elle avait anticipé? Vous pouvez lui montrer le graphique d'exposition que vous avez construit pendant la narration et qui reflète ses scores d'anxiété ainsi que les moments correspondants. Demandez-lui ce qu'elle en pense. Comment s'explique-t-elle ces courbes? Enfin, veillez à apaiser la victime si nécessaire, par quelques stratégies de relaxation ou des respirations diaphragmatiques, pour favoriser un retour au calme.

7) Recommencez la description de l'événement autant de fois que possible

Il est recommandé de demander à la victime de reprendre la narration de l'événement avant la fin de la séance. L'avantage de refaire une narration, c'est que la victime trouve souvent la deuxième description beaucoup moins difficile que la première. La victime ressort ainsi plus soulagée et anticipe moins la séance suivante. Assurez-vous cependant que vous avez chaque fois le temps de faire un retour sur l'exercice et un retour au calme avant que la victime quitte votre bureau.

8) Terminez la séance en douceur

Avertissez la victime qu'elle pourrait vivre davantage de symptômes d'anxiété et d'hyperactivation durant la semaine à venir, et davantage de symptômes de reviviscences (cauchemars, *flashsback*), mais que ces manifestations sont *normales*. Ces reviviscences ne signifient pas une rechute ou un retour en arrière; elles permettent souvent, au contraire, de réaliser que le travail thérapeutique cible des éléments importants et significatifs de la symptomatologie de la victime. En fait, ces reviviscences témoignent que l'événement traumatique est travaillé. Conseillez à la victime d'avoir recours à ses stratégies de relaxation si l'anxiété reste élevée. Soyez aussi très disponible pour lui parler au téléphone ou pour la revoir durant la semaine si elle le désire.

12.7 Niveau 2: étapes des séances suivantes

Dans les séances qui suivent, vous pourrez choisir, si cela s'est bien passé et que vous sentez la victime relativement à l'aise, de poursuivre l'exposition au souvenir du trauma à un niveau plus difficile. Sinon, reprenez la même procédure que précédemment, c'est-à-dire demandez à la victime de vous narrer le déroulement de l'événement à son rythme.

Si vous trouvez la procédure vraiment trop difficile pour la victime, que vous l'avez sentie très fragile ou que vous observez l'apparition de symptômes inquiétants (recrudescence des symptômes dépressifs, personnalité plus immature et dépendante, perte importante de fonctionnalité, apparition de comportements autodestructeurs ou impulsifs, idéations morbides ou suicidaires, repli social important, apparition de honte intense), songez à abandonner cette stratégie.

Si vous sentez la victime assez à l'aise, vous pouvez entamer le niveau 2. Pour ce faire, vous lui demanderez de reprendre la narration de l'événement en fermant les yeux, et en décrivant l'événement au temps présent. Pendant ce temps, vous enregistrerez la description sur cassette audio.

1) Expliquez le rôle de l'enregistrement audio

Expliquez à la victime que vous lui proposez d'enregistrer la description qu'elle fait de l'événement sur une cassette audio qu'elle écoutera par la suite. L'enregistrement audio sert à maximiser l'activation de la structure de peur et à favoriser le retour des images de l'événement chez la victime. Il vise aussi à favoriser une habituation encore plus profonde chez la victime. Très souvent les victimes affirment que de s'écouter décrire l'événement traumatique est très puissant. Écouter leur voix sur une cassette permet souvent d'être plus à l'écoute de leurs mots, de leurs images, de reconstruire l'événement et de digérer doucement ce qui leur est arrivé. Plusieurs mentionnent être touchées par leur ton de voix, et réalisent leur dureté envers elles-mêmes ou leur amertume. Habituellement, elles trouvent aussi la stratégie moins pénible qu'elles ne l'avaient imaginée.

2) Demandez à la victime de fermer les yeux

Si elle est d'accord, demandez à la victime de fermer les yeux pendant la description de l'événement. Fermer les yeux permet souvent de s'immerger davantage dans ce qui s'est passé et d'avoir des images plus vives du trauma. Cela permet d'activer encore plus la structure de peur. Soyez attentif par contre à certains malaises possibles : 1) si vous êtes de sexe opposé, il est possible que la victime ne se sente pas à l'aise, surtout si vous êtes un homme et qu'il s'agit d'une victime d'agression ; 2) si la victime a tendance à se dissocier ou à se déconnecter, cette stratégie peut favoriser la dissociation. Dans ce cas, il peut être plus prudent de commencer la description en lui demandant de garder les yeux ouverts afin de maximiser le contact avec la réalité.

3) Demandez-lui de décrire l'événement au temps présent

Demandez à la victime d'utiliser le temps présent lorsqu'elle décrit l'événement. Cette stratégie permet de maximiser l'exposition et l'activation de la structure de peur. Elle reprend aussi le même « encodage » que la mémoire traumatique.

4) Pendant le déroulement de la description, demandez-lui ses NAS

À divers moments de la narration, demandez à la victime *de conserver son image mentale* et d'évaluer comment elle se sent *actuellement* d'après l'échelle. Pendant ce temps, tracez la courbe d'anxiété de la victime sur une feuille de papier quadrillée.

5) Utilisez des stratégies de relaxation si nécessaire

Pour aider la victime à poursuivre l'exercice, vous pouvez lui demander de conserver son image mentale tout en faisant des respirations diaphragmatiques avec vous.

6) Faites un retour sur l'exercice

Une fois la narration terminée, prenez quelques minutes pour faire un bilan de l'exercice avec la victime. Comment cela s'est-il passé pour elle ? Comment se sent-elle actuellement ? Comment a-t-elle trouvé cet exercice par rapport à ce qu'elle avait imaginé ? Par rapport aux étapes du niveau 1 ?

7) Écoutez la cassette audio avec la victime

Si vous le pouvez, écoutez la cassette *avec* la victime avant qu'elle parte pour la semaine. La victime trouve souvent que d'écouter la cassette avec nous est moins difficile qu'elle ne l'avait imaginé. C'est aussi très puissant : elle s'entend raconter ce qui s'est passé de façon plus détaillée et au temps présent. Cela maximise l'habituation au souvenir de l'événement. La victime peut percevoir son émotion, peut s'entendre se juger. Cela lui permet aussi souvent de reconsidérer sa vision de l'événement.

S'il vous reste du temps, écoutez la cassette aussi souvent que possible au cours de la rencontre. Toutefois, veillez à avoir assez de temps pour écouter l'enregistrement *et* effectuer un retour sur cette écoute et un retour au calme avant la fin de la séance.

8) Prévoyez les exercices pour la semaine

Si vous avez réussi à écouter la cassette ensemble *au moins deux fois*, si l'anxiété était de modérée à légère, et si vous sentez la victime prête, demandez-lui d'écouter l'enregistrement cette semaine chez elle. La victime doit écouter son enregistrement autant de fois que nécessaire pour remplir une heure d'écoute *entière* et ce, au moins 5 fois par semaine. Donc, si la narration dure 15 minutes, la victime l'écoutera 4 fois pendant 1 heure. Si la description dure 25 minutes, la victime écoutera son enregistrement 2 fois. Elle remplit sa grille d'auto-observation (voir fin du chapitre) et termine par quelques minutes de détente.

Si vous n'avez pas pu écouter la cassette ou que l'anxiété de la victime était trop importante, terminez doucement la séance. Il peut être opportun de la féliciter pour son courage et de lui préciser que l'anxiété est une réaction normale, qui s'amenuisera avec le temps. Terminez la séance en lui demandant de noter son anxiété et ses reviviscences durant la semaine mais *ne lui demandez pas d'écouter la cassette seule*. À la séance suivante, reprenez avec elle l'écoute de la narration sur cassette et tentez de l'écouter 2 ou 3 fois. Ponctuez l'écoute de moments de relaxation si nécessaire, en mettant la cassette à « pause » et en encourageant la victime à maintenir l'image évoquée.

12.8 Niveau 3 : étapes des séances suivantes

Si la victime a pu écouter la cassette chez elle et qu'elle sent qu'elle s'habitue doucement à la description de l'événement traumatique, vous pouvez passer à un autre niveau de difficulté et ainsi permettre une assimilation encore plus grande du souvenir de l'événement. Cette stratégie est souvent très puissante et permet une digestion plus forte de l'événement ainsi qu'une diminution des sentiments de honte et de culpabilité.

1) Augmentez son contact avec les éléments sensoriels de l'événement

Débutez l'enregistrement de la cassette audio après le premier scénario (cela fera par la suite deux scénarios à écouter pour la victime). Demandez-lui ensuite de décrire à nouveau l'événement en fermant les yeux et en utilisant le temps présent. Pendant la narration et de façon ***empathique*** et ***graduelle***, posez-lui des questions afin de préciser les stimuli sensoriels (bruits, odeurs, images, pensées) impliqués dans le souvenir de l'événement. Cette stratégie précise l'image de l'événement et favorise une meilleure activation de la structure de peur et une habituation plus profonde aux souvenirs traumatiques. Pour ce faire, voici quelques exemples de questions que vous pouvez poser : *« Si on arrête à ce moment précis, qu'est-ce que vous avez vu ? Décrivez-moi la position des gens à ce moment-là. Qu'est-ce que vous entendiez à cet instant ? Décrivez-moi l'odeur qui était présente. Comment l'agresseur était-il habillé ? De quelle couleur était sa chemise ? De quoi avait l'air le cadavre que vous avez dû déterrer ? Décrivez-moi son visage, son corps. Qu'est-ce que vous avez entendu quand la voiture a traversé l'intersection ? Qu'est-ce que ça sentait dans l'usine ? Qu'avez-vous pensé à ce moment ? Comment avez-vous réagi ? Vous souvenez-vous de ce que vous avez ressenti au moment de l'impact ? Comment vous sentiez-vous à ce moment précis ? À quoi pensiez-vous spécifiquement ? »*

En fait, il s'agit ici de maximiser le rappel du souvenir de l'événement. Il s'agit d'amener la victime à verbaliser des détails qui sont déjà en mémoire et qui contribuent à sa détresse : ce chandail rouge est associé depuis à de la peur. Cette odeur provoque depuis une répulsion précise. Ces paroles la hantent toujours. Ces détails la font frémir. En un très court laps de temps, le cerveau enregistre une masse d'informations énorme lors d'un événement traumatique : tous ces éléments pourront maintenir les symptômes post-traumatiques, entretenir l'évitement, provoquer de la peur. Demandez donc à la victime « d'arrêter le déroulement de son film et de s'arrêter sur une diapositive précise ». Ensuite, demandez-lui de vous décrire plus en détail cette image qui est de toute façon enregistrée dans sa mémoire. Ce travail favorisera une habituation puissante au souvenir de l'événement.

2) Poursuivez le récit en posant des questions

Poursuivez le récit de l'événement en demandant à la victime de vous donner des détails sensoriels. Demandez-lui ses NAS de temps en temps et faites des pauses de détente si nécessaire.

3) Écoutez la dernière version de l'enregistrement

Écoutez cette dernière narration avec la victime le plus souvent possible durant la séance (description de l'événement, incluant vos questions et les réponses de la victime).

4) Prévoyez des exercices pour la semaine si c'est approprié

Si la victime se sent assez bien, demandez-lui d'écouter la cassette audio entre les séances et ce, autant de semaines que nécessaire jusqu'à ce que cette écoute devienne facile. Sinon, demandez-lui simplement de noter ses moments d'anxiété et de reviviscences pendant la semaine et reprenez l'écoute de la cassette avec elle à la prochaine rencontre.

5) Évaluez les progrès de la victime de façon régulière

Soyez attentif à toute régression ou augmentation anormale des symptômes post-traumatiques, dépressifs ou automutilatoires. En général, si tout va bien, vous devriez observer une diminution des reviviscences dans le quotidien de la victime. Elle a moins de *flashs-back*, rêve moins au traumatisme. Elle peut écouter la description avec de moins en moins de détresse : elle peut aussi en parler sans se sentir submergée émotivement.

12.9 Que faire avec les victimes qui ne désirent pas parler de l'événement ?

Certaines victimes ne désirent pas vous parler de l'événement. Elles évitent d'en discuter avec leur entourage, se refusent à vous le décrire, déclinent l'exposition en imagination. Que faire dans ce cas ?

Respectez son rythme

Avant tout, respectez son rythme et soyez à l'écoute de ses besoins. Ne forcez pas la description de l'événement.

Explorez ses craintes de parler de l'événement traumatique

Si une victime semble très résistante au fait de vous en parler, surtout n'insistez pas. Explorez plutôt quelles sont ses craintes. Se sent-elle inconfortable avec vous ? A-t-elle honte de ce qui s'est passé ? Se sent-elle coupable de ce qu'elle n'a pas fait ou des gestes qu'elle a faits lors de l'événement ? A-t-elle peur d'être submergée par la détresse si elle vous en parle ? Par la tristesse ? Par la colère ? Voit-elle le fait de parler de l'événement comme un signe de faiblesse ? Comme une façon de se plaindre inutilement ? Ou de se complaire dans la douleur ? Se refuse-t-elle à « ressasser les cendres du passé » ? A-t-elle peur que vous la jugiez ? Que vous la trouviez dégoûtante ? A-t-elle l'impression que si elle ouvre cette boîte de Pandore elle va sombrer dans un gouffre dépressif sans fond dont elle ne pourra pas sortir ? Explorez et nommez avec elle ses craintes mais ne tentez pas de la persuader contre son gré de vous décrire l'événement. Si vous sentez une résistance, respectez cela.

Expliquez-lui pourquoi il est courant qu'on ne veuille pas parler de l'événement

Parler d'un événement traumatique est souvent très difficile : beaucoup d'émotions peuvent remonter à la surface, et ces émotions sont douloureuses : peur, vulnérabilité, tristesse, amertume, révolte, colère. Elles peuvent être difficiles à supporter pour la victime. Précisez-lui qu'elle a le droit de respecter son rythme et de ne pas vouloir partager cet événement. Il peut être utile aussi de positionner cette difficulté selon une perspective post-traumatique : il est tout à fait normal de ne pas avoir envie de parler du pire événement de sa vie. L'évitement fait partie du TSPT et en ce sens, ne pas parler de l'événement est un symptôme d'évitement. De plus, il importe de réaliser que l'exposition va tout à fait à l'encontre de la tendance actuelle, au « *think positive* » qui abonde actuellement en psycho-pop. En effet, le message social recommande de « mettre cela derrière soi et d'avancer », « de ne pas regarder en arrière », « d'oublier ce qui nous blesse et de repartir à zéro ». L'exposition va tout à fait à l'encontre de cette nouvelle mode. Par contre, elle vise un travail plus profond et moins superficiel que ces exhortations massives à la pensée positive.

Il peut être important de mentionner à la victime qu'elle ne se sentira jamais tout à fait calme d'en parler : il s'agit du pire événement de sa vie et il est normal qu'il soit associé à de la peur, de l'horreur ou de la détresse. Parler de cet événement provoque souvent des émotions douloureuses, surtout si on a peu l'occasion de le faire.

Ne poussez pas la victime à ce qu'elle vous en parle mais assurez-la de votre disponibilité et de votre soutien lorsqu'elle sentira le désir de vous raconter l'événement ou de vous faire part de ses craintes à propos d'une telle communication.

Expliquez-lui ce que cela pourrait lui faire si elle décidait d'en parler

Mentionnez à la victime que de parler de ce qui lui est arrivé peut avoir certains avantages : cela peut permettre une certaine digestion de l'événement traumatique. Cela peut aussi servir à mieux reconstituer l'événement, et donc à tenter d'en reprendre un certain contrôle psychologiquement, de façon à mieux se l'expliquer, à mieux le comprendre. Cela lui permettrait de partager ce qui lui est arrivé en se sentant écoutée, comprise, entendue, ce qui est très important.

S'entendre raconter ce qui a été horrible permet aussi de « décauchemardiser » le souvenir de l'événement, de faire en sorte qu'il prenne pied dans le réel en étant nommé et entendu par une autre personne. Partager le souvenir de l'événement permet souvent aux victimes de se sentir moins seules, de se sentir moins impuissantes et de donner un sens à un événement souvent dévastateur, imprévisible et incontrôlable. Cela permet aussi de défaire les dimensions «secrètes», taboues ou humiliantes de l'événement et donc de diminuer la honte face à ce qui s'est produit. Par conséquent, le souvenir de l'événement perd de son potentiel traumatique, anxiogène, cauchemardesque.

Il est aussi important de lui mentionner que de décrire l'événement peut avoir des effets négatifs : la victime va souvent ressentir un malaise, de la détresse à la suite de cette description. Plusieurs remarquent que les reviviscences sont plus présentes dans les semaines qui suivent. Ces symptômes sont souvent temporaires mais néanmoins inconfortables.

12.10 Difficultés thérapeutiques potentielles

La victime se sent déconnectée lorsqu'elle raconte l'événement

Certaines victimes vont se sentir déconnectées émotivement pendant la description de l'événement. Sont-elles dissociées ? Sont-elle gênées ? Est-ce plutôt une tendance habituelle chez elles à l'alexithymie ? Se sentent-elles ridicules d'exprimer de l'émotion en thérapie ? Certaines cognitions bloquent-elles le processus émotionnel ? Il faudra d'abord identifier la cause de cette absence émotionnelle, puis la travailler à la lumière du chapitre 5.

Si vous sentez que la victime se dissocie pendant la description de l'événement, demandez-lui de faire la description de l'événement les yeux ouverts, et gardez un contact visuel avec elle afin d'éviter le processus de dissociation. Vous pouvez aussi lui demander de faire la description de l'événement au temps passé afin de permettre une plus grande distanciation avec ce dernier. Afin de vous aider à mieux doser son exposition au souvenir de l'événement, demandez-lui de vous avertir quand elle sent que c'est trop difficile pour elle, quand elle sent qu'elle se coupe émotivement d'elle-même. Si vous la sentez trop fragile, trop imprévisible émotivement, ne demandez surtout pas à la victime de s'exposer au souvenir de l'événement en votre absence. Faites les exercices dans votre bureau et soyez très attentif à toute dissociation ou régression. Si la tendance dissociative persiste ou si vous constatez une détérioration importante et soutenue chez la victime, abandonnez cette stratégie.

L'anxiété et la détresse de la victime sont très élevées pendant l'exposition

La description de l'événement traumatique entraîne naturellement une montée émotionnelle. La victime peut pleurer abondamment, se connecter à de la révolte, à de la peur. Cela est généralement très sain. Les victimes vont souvent nous dire par la suite que cela faisait longtemps qu'elles n'avaient pu exprimer de telles émotions, qu'elles les avaient réprimées et qu'elles se sentent libérées. Pour certaines victimes, ces séances d'exposition en imagination sont extrêmement puissantes et apportent un grand soulagement.

Pour d'autres, cette montée intense d'émotion est bouleversante. Elles se sentent épuisées et quittent le bureau vidées. Elles craignent la prochaine séance et songent à abandonner leur démarche thérapeutique. Tentez de doser la description de l'événement lorsque cela se produit pour que celle-ci soit plus tolérable. Rassurez aussi beaucoup la victime et encouragez-la. Permettez-lui d'adopter un rythme plus lent et plus graduel pour que l'exposition soit moins intense.

La victime trouve difficile de vous décrire l'événement directement

Dans certains cas, la victime trouve difficile de décrire l'événement verbalement, sans support visuel. Vous pouvez alors lui demander d'écrire la description de l'événement (faites cependant attention aux émotions que cela peut provoquer si elle est seule chez elle à ce moment). Ensuite, si cela lui convient, elle peut la lire silencieusement, puis à voix haute, en votre présence.

La victime est distraite par votre demande d'évaluation de ses NAS

Pour certaines victimes, devoir interrompre la description de l'événement pour vous dire comment elles se sentent constitue une distraction ou, pire, une neutralisation : cet arrêt bloque la montée émotionnelle et empêche le processus d'habituation. Il importe de rester attentif à cette possibilité et d'adapter l'exposition à cette réalité. Pour ce faire, il est possible de ne plus demander à la victime d'évaluer son niveau d'anxiété pendant la narration et de vous dire à posteriori comment elle se sentait. Si l'exposition est trop difficile, elle peut lever un doigt, ce qui vous indiquera qu'elle trouve ce moment plus difficile. Aidez-la à s'apaiser tout en restant en contact avec l'image, et continuez.

La description de l'événement traumatique est ponctuée de détails non pertinents

Certaines victimes ont un discours très tangentiel pendant l'exposition ou donnent beaucoup d'explications superficielles et inutiles, par exemple : *« Et là, je me suis précipité vers Josée. Josée, c'est la directrice des ressources humaines. Il y a quelques années, elle avait pris le dossier syndical en main et avait bien mené les négociations. C'était un moment terrible, je me souviens, et cela avait entraîné de grosses coupures budgétaires et... », « Le feu s'est rapidement étendu, je me suis couché par terre. Il n'y avait personne d'autre que nous. Je n'en reviens pas... Et dire qu'il n'était que 17 heures ! J'ai toujours trouvé que tout le monde partait si vite du bureau ! D'ailleurs, j'en avais déjà parlé à Claude, qui était d'accord avec moi et qui avait dit qu'il allait porter plainte... »*

Quand vous faites de l'exposition en imagination, vous devez vous assurer que la victime décrit en détail ce qui s'est produit *à ce moment-là*. Il faut à tout prix éviter les détails inutiles, les apartés tangentiels qui repoussent la montée émotionnelle et ne sont pas liés à la structure de peur. Pendant la description de l'événement, la victime doit décrire ce qui s'est passé, le déroulement des faits, ses sentiments, ses pensées, les détails, les sons, les images, les actions. Il est important d'éviter les explications et les anecdotes et de rester collé aux faits, à tout ce qui est enregistré à ce moment-là dans la mémoire. Si la victime sent qu'elle doit vous donner des éléments d'explication pour bien vous faire saisir le contexte, faites-le avant l'exposition puis débutez l'exposition en vous concentrant sur la description de ce moment-là.

12.11 « Entendre le récit de l'événement traumatique me bouleverse »

Écouter une victime décrire précisément les détails morbides d'un acte de violence ou d'horreur peut être très difficile. Cela peut vous dégoûter, vous horrifier, vous bouleverser. Les scènes décrites deviennent ensuite vos images, elles font partie de votre imaginaire et elles peuvent par la suite constituer des reviviscences. C'est ce que l'on appelle un traumatisme vicariant.

Pour aider une victime, nous devons nous-mêmes être en forme physiquement et psychologiquement. La victime ne doit pas sentir qu'elle doit ménager certains détails si elle désire nous en parler et elle a besoin de quelqu'un qui peut l'entendre et l'accueillir dans toutes les dimensions de l'expérience traumatique. Ce travail exigeant nécessite que nous prenions soin de nous. Si vous vous sentez fragile, vulnérable, sensible, n'oubliez pas les conseils formulés au chapitre 5.

Je me souviens fort bien de mes premières expériences d'écoute d'expériences traumatiques. C'était pendant mon doctorat, auprès de victimes de viol récent, et je devais rencontrer chacune d'elles à deux reprises. Même si le protocole n'exigeait pas que les victimes me décrivent précisément leur agression sexuelle, certaines tenaient à le faire. Ces descriptions étaient souvent horribles et m'ont quelquefois bouleversée. J'ai alors beaucoup apprécié de pouvoir parler de ce que j'avais entendu à des collègues du labo. Malgré cela, j'avais remarqué que je devenais plus vigilante dans des lieux publics la nuit, plus prudente dans mes déplacements. Je me souviens aussi d'avoir beaucoup apprécié alors d'entretenir des relations positives avec les hommes de ma vie, car je sentais que sans cela, ces récits auraient pu influencer négativement ma vision des hommes. Cette expérience m'a permis de réaliser intimement que d'écouter de telles expériences peut avoir un impact profond sur nos conceptions de la vie et des gens.

Par la suite, je me suis spécialisée dans la thérapie auprès de victimes de traumatisme. Ce travail de clinicienne m'a amenée à faire plusieurs constatations relatives à l'impact de l'exposition au souvenir du trauma chez le thérapeute. D'abord, entendre le récit détaillé de l'événement traumatique en thérapie est assez différent de l'entendre lors d'une évaluation ponctuelle. Les évaluateurs (qui ne voient les victimes qu'une seule fois) sont souvent plus bouleversés par la description de l'événement que les thérapeutes qui s'occupent de la victime. Cela s'explique par le fait que les évaluateurs ne sont en contact avec la description de l'événement qu'une seule fois, et ce, au moment où la victime est particulièrement en détresse. Le thérapeute, pour sa part, doit écouter de façon répétée l'événement, ce qui constitue une sorte d'habituation (pour lui aussi) et lui permet de constater l'évolution de la victime, ce qui renforce son sentiment d'efficacité.

L'expérience aidant, cette exposition à l'horreur devient plus facile à tolérer. Cela ne la banalise pas, mais c'est comme si on était davantage capable de déceler, derrière l'horreur, les forces de la victime et la note de dignité et d'humanité qui parvient à faire mieux tolérer l'intolérable. Mon admiration pour ce que les victimes ont fait lors du trauma ou ce qu'elles sont en train de faire en thérapie m'aide aussi beaucoup à les accompagner dans ce qu'elles ont vécu de pire dans leur vie. Le fait d'avoir suivi plusieurs victimes en thérapie contribue à faciliter ce contact avec le récit détaillé du trauma. Nous savons mieux combien cela peut aider la victime et entraîner de meilleurs lendemains, combien cela peut la soulager, et cela rend notre écoute du trauma plus facile puisque *cela n'est pas vain*.

Il reste qu'une journée de travail auprès des victimes peut être particulièrement exigeante et remplie de descriptions horribles. Cela peut facilement être épuisant et bouleversant. Lorsqu'une description nous touche particulièrement, est-il opportun de le manifester à la victime ? Il arrive de toute façon que cacher notre trouble soit impossible. On ne peut, quelquefois, réprimer un frisson... Exprimer à la victime que nous sommes touchés, émus peut souvent être un grand signe d'empathie. Cela lui reflète que nous trouvons aussi la chose horrible, dégoûtante. Que nous croyons aussi que cela ne devrait pas être possible. Que nous sommes révoltés que cela se soit passé. Cela peut lui envoyer le message que nous comprenons intimement ce qu'elle a vécu. Il reste cependant important que la victime ne sente pas qu'elle nous a ébranlés au point où elle doit nous ménager ou chercher moins de soutien chez nous. Nous ne devons pas lui envoyer le message qu'elle doit prendre soin de nous...

Songez à l'extérieur du travail à vous entourer de gens positifs, à regarder des films légers ou à lire des romans qui ont le don de vous réconcilier avec la vie et la nature humaine. Permettez-vous de partager ce que ce travail vous fait vivre avec des collègues ou des amis. N'oublions pas que nous sommes en contact dans nos bureaux avec la violence et l'horreur et que ces aspects de la nature humaine ne la caractérisent pas entièrement (Dieu merci!). Il est important à l'extérieur de notre travail *et* au sein de celui-ci d'être à l'écoute de ce que l'humain a fait de beau, de génial et de généreux.

12.12 Principales objections soulevées par les thérapeutes

Les thérapeutes non familiers avec l'approche cognitivo-comportementale ne peuvent souvent réprimer un frisson quand ils entendent la description des procédures d'exposition en imagination. Deux principales objections sont habituellement soulevées: 1) *«Cette stratégie est sadique»*; 2) *«Elle est dangereuse et risque d'entraîner une régression grave»*.

«C'est sadique...»

Il faut se rappeler ici que nous ne demandons pas à la victime de s'exposer à quelque chose qui ne lui est pas familier ou d'imaginer des scènes horribles gratuites qu'elle ne connaît pas. Les victimes de trauma ont *de toute façon* des images de l'événement traumatique de façon constante et régulière et cela les bouleverse déjà. Malheureusement, la plupart du temps, elles évitent à tout prix ces images et ces pensées et les repoussent de toutes leurs forces. Comme nous l'avons vu, cette tendance ne fait que renforcer les reviviscences et la honte de ce qui s'est passé. Les victimes peuvent passer des années à effectuer le même manège sans ressentir de digestion émotionnelle de ce qui s'est passé, sans ressentir d'habituation à ces images qui les hantent, sans pouvoir parler ou penser à l'événement sans se sentir submergées par l'émotion. Vivre des reviviscences de l'événement traumatique, c'est avoir des *flashs-back* ou des cauchemars du pire événement de sa vie, et ce, sans répit.

Alors que faire pour favoriser cette digestion ? Que faire pour provoquer une habituation à ces images, à ces pensées qui les hantent afin que celles-ci perdent de leur capacité à les bouleverser ? Comment favoriser une intégration émotionnelle chez une victime qui évite de penser au pire événement de sa vie mais qui fait, malgré tout, des cauchemars répétitifs de celui-ci et qui est dérangée par des *flashs-back* à des moments inattendus ?

Pour certaines victimes, discuter en thérapie de façon non spécifique de ce qui s'est passé et de l'impact de cet événement est suffisant et efficace. Pour d'autres, c'est insuffisant. La détresse persiste, les reviviscences se maintiennent. L'exposition en imagination permet un processus plus systématique et plus efficace, qui favorise la digestion du trauma ainsi qu'une remise en question des sentiments de honte associés à l'événement.

Il est difficile comme thérapeute d'induire momentanément un malaise chez la victime. Mais l'exposition en imagination est souvent la seule façon de diminuer de façon importante les reviviscences, l'anxiété et la détresse à long terme alors que celles-ci sont chroniques et résistent à un traitement thérapeutique usuel. Cela peut malheureusement entraîner un malaise à court terme... Par contre, le bien-être ressenti par la majorité des victimes à la suite de cette stratégie compense largement l'inconfort ressenti lors des expositions. En fait, comment exprimer le soulagement de plusieurs d'entres elles lorsqu'elles peuvent (enfin !) dormir sans être bouleversées par des cauchemars, qu'elles peuvent parler de l'événement sans se sentir très anxieuses, qu'elles peuvent vaquer à leurs occupations sans être submergées par la détresse causée par des *flashs-back* de l'événement ?

« C'est dangereux, cela risque de provoquer une régression grave »

C'est vrai, il faut faire attention à la façon dont nous appliquons cette stratégie... et aussi nous assurer que l'exposition est appropriée aux caractéristiques de la victime. L'évaluation du risque régressif chez une victime est primordiale et devrait être effectuée en tout temps de façon *préalable* à l'exposition. En fait, plus la victime a tendance à se dissocier en situation de stress, plus elle a vécu d'événements traumatiques dans sa vie (tout particulièrement dans son enfance) et plus ceux-ci ont été sexuels, plus ils importe d'être vigilant. Dans la même veine, l'exposition est souvent délicate sinon inappropriée dans le cas de structures de personnalité fragile (de type *borderline*). Vous trouverez au début de ce chapitre ou au chapitre 15 les cas contre-indiqués pour une telle procédure.

Lorsque nous débutons cette stratégie avec une victime et que nous sentons que son malaise est plus grave qu'un simple inconfort, c'est-à-dire qu'elle régresse gravement (recrudescence des symptômes dépressifs, personnalité plus immature et dépendante, perte importante de fonctionnalité, apparition de comportements autodestructeurs ou impulsifs, idéations morbides ou suicidaires, repli social important, apparition de honte intense), il importe d'interrompre l'exposition, de travailler avec la victime sur ce qui se passe, de nommer les mécanismes et les causes sous-jacents, de rétablir l'alliance thérapeutique et de garder les symptômes dépressifs à l'œil. Si la victime est prête à tenter de nouveau un essai d'exposition, adaptez la stratégie ; sinon, abandonnez-la et expliquez-lui pourquoi vous ne pensez pas que cette stratégie est appropriée dans son cas.

L'exposition au souvenir du trauma est une stratégie puissante et très efficace... mais pas avec n'importe quel type de victime, pas à n'importe quel moment et pas n'importe comment...

Les victimes de trauma non interpersonnel (accident de voiture ou au travail, désastre naturel) ou qui possèdent une structure de personnalité plus saine profitent habituellement énormément de cette stratégie. Celle-ci est plus délicate avec des victimes de traumas sexuels (surtout dans l'enfance) qui possèdent une structure de personnalité plus fragile, plus régressive, plus impulsive. Mais en même temps, considérer l'exposition comme une stratégie dangereuse en tout temps ne lui rend pas justice et surtout empêche de profiter des bénéfices qu'elle procure lorsqu'elle est appropriée et bien appliquée.

Grille d'auto-observation de l'exposition au souvenir du trauma

Consignes: Nous allons vous demander d'effectuer 5 séances d'exposition au souvenir du trauma pendant au moins 45 minutes chaque fois, cette semaine. Après chaque écoute de la description de l'événement («essai»), inscrivez ici votre niveau d'anxiété sur une échelle de 0 (pas d'anxiété du tout) à 10 (anxiété très élevée et insupportable). Emportez cette grille lors de votre prochaine rencontre avec votre thérapeute.

Jour: ______		Jour: ______		Jour: ______		Jour: ______		Jour: ______	
Essai	**Anxiété**	**Essai**	**Anxiété**	**Essai**	**Anxiété**	**Essai**	**Anxiété**	**Essai**	**Anxiété**
1		1		1		1		1	
2		2		2		2		2	
3		3		3		3		3	
4		4		4		4		4	
5		5		5		5		5	
6		6		6		6		6	
7		7		7		7		7	
8		8		8		8		8	
9		9		9		9		9	
10		10		10		10		10	
11		11		11		11		11	
12		12		12		12		12	
13		13		13		13		13	
14		14		14		14		14	
15		15		15		15		15	
Commentaires:		**Commentaires:**		**Commentaires:**		**Commentaires:**		**Commentaires:**	

CHAPITRE 13

Conclure la démarche thérapeutique

«Je me sens beaucoup mieux», «Il me semble que je songe moins souvent au trauma», «Je retrouve mon enthousiasme d'avant», «Mon entourage m'a dit qu'il commençait à me reconnaître», «J'ai repris mon travail et cela va bien», «Je me sens moins amère et moins en colère face à la vie», «Je me sens plus calme, plus détendu», «J'ai recommencé à aller à la banque alors que je croyais cela impossible il y a quelques mois», «Je me surprends à rire».

À la suite du traitement psychologique, l'état de votre client s'est amélioré. Tout d'abord, les symptômes ont significativement diminué et ne correspondent plus à un diagnostic de TSPT. La victime a retrouvé un fonctionnement adéquat et qui la satisfait. Elle ne présente plus de comportements d'évitement majeurs et incapacitants. Elle se sent plus calme, est davantage capable de s'abandonner, et dort mieux. Son humeur est bonne, son énergie intacte, son intérêt pour des projets ou des activités est revenu. Elle présente des façons plus souples de voir les choses et ses cognitions n'affectent plus négativement son humeur ou son mode de vie. De plus, la victime peut maintenant penser ou parler de l'événement traumatique sans se sentir submergée par la détresse ou l'émotion. Elle a l'impression que cet événement fait maintenant partie de son passé et elle se sent apte à poursuivre sa vie.

Lorsqu'une victime a atteint ce stade de fonctionnement, il est adéquat d'envisager doucement la fin du traitement psychologique. Que faire pour bien préparer la victime à cette dernière partie de la thérapie?

13.1 Faire un bilan de l'impact du traumatisme sur la vie de la victime

La dernière partie de la thérapie est habituellement très propice à un retour sur l'impact de l'événement sur la vie de la victime. Voyez avec la victime ce que cet événement a pu lui apporter en termes de séquelles, mais aussi en termes de développement de soi : *« Est-il possible que cet événement ait pu, en partie, être une occasion ? », « Comment puis-je, malgré tout, en sortir gagnant ? », « Qu'est-ce que je retire de cette expérience en termes de difficultés mais aussi en termes de développement personnel ? », « Puis-je malgré tout faire ressortir des points positifs de cette expérience ? », « Ai-je appris quelque chose de ce qui m'est arrivé ? »*

En fait, cette partie de la thérapie est très fertile en reconsidération du rôle du trauma. Évidemment, de telles questions auraient été impensables au début de la thérapie, mais à la toute fin, il convient de se demander en quoi cet événement a changé notre vie... pour le mieux ou pour le pire ? Il est courant ici d'entendre des victimes dire qu'elles ont découvert par cette expérience des forces qu'elles ne se connaissaient pas, des comportements qu'elles n'auraient jamais pensé pouvoir avoir, des réalisations thérapeutiques qui vont les aider toute leur vie, ou des remises en question de leur mode de vie passé qui les aident à se repositionner face à ce qu'elles veulent maintenant, à reconsidérer leur système de valeurs ou leur échelle de priorités.

Ce retour sur l'impact négatif mais aussi positif du trauma leur permet de réaliser que cette expérience n'a pas été *entièrement* négative. Qu'en bout de ligne, elles peuvent faire ressortir des éléments qui les ont aussi renforcées. Ce travail thérapeutique peut les amener à préciser de nouveaux objectifs de vie (*« Maintenant que je sais que la vie est si fragile, je vais oser retourner aux études pour travailler dans ce que j'aime depuis toujours »*), des priorités de vie différentes (*« Mes amis et ma famille seront plus importants dorénavant ; autrefois j'étais beaucoup trop centré sur l'argent et la performance »*), le désir de revenir à l'essentiel (*« J'ai envie d'un autre mode de vie, moins stressé, plus axé sur le bien-être », « J'ai envie de voir davantage mes enfants et de prendre le temps de vivre »*), ou des remises en question de leur personnalité (*« J'ai envie d'être moins dur avec moi et avec les autres »*,

« Je réalise que je n'osais pas montrer mes émotions et à la suite de la thérapie j'ai envie d'oser davantage me montrer comme je suis », « Je réalise que la performance et la compétition ne mènent pas à grand-chose et j'ai envie d'un mode relationnel plus axé sur la collaboration »).

Accompagner une victime dans cette partie de la thérapie est très émouvant pour un thérapeute : c'est l'aboutissement de beaucoup de travail thérapeutique et c'est aussi assister à l'éclosion d'une nouvelle façon de vivre chez quelqu'un qui a vécu un événement extrêmement dur. C'est pouvoir permettre à quelqu'un de considérer le trauma autrement : non plus comme un événement qui l'a abattu, mais comme un événement qui peut, aussi, représenter une ***occasion***. L'occasion de grandir, de remettre en question des choses de sa vie, ses valeurs, sa spiritualité, ses priorités, ses relations, ses modes de fonctionnement. L'occasion de prendre un temps d'arrêt pour déterminer comment on désire mener le reste de sa vie...

C'est voir quelqu'un se sortir plus grand de l'adversité... et c'est beau. La citation suivante est tellement appropriée pour cette phase : « Ce qui ne nous tue pas, nous renforce. » Parvenir à être bien ou rechercher le bonheur est la plus grande victoire sur le traumatisme, sur la vie et sur les agresseurs.

13.2 Dresser un bilan des progrès thérapeutiques réalisés

Vous pouvez ensuite prendre du temps pour faire un bilan, avec votre client, de ses progrès thérapeutique. Pour illustrer ce propos, vous pouvez lui demander de remplir les mêmes questionnaires que ceux que vous lui aviez demandé de remplir en tout début de thérapie. Cela vous permettra d'avoir des points de comparaison sur son amélioration thérapeutique de façon plus spécifique.

À ce stade, il peut être intéressant de mettre en évidence ce qu'elle est beaucoup plus capable de faire actuellement, ses progrès, et de faire un bilan de son cheminement. Pour ce faire, quelques questions peuvent aider la victime à réaliser davantage ses forces et habiletés acquises : *« Qu'est-ce qui a le plus changé depuis que vous êtes en thérapie ? », « Comment voyez-vous votre évolution jusqu'à maintenant ? », « Comment avez-vous affronté vos difficultés depuis le trauma?», «Qu'est-ce qui a été le plus utile dans le processus thérapeutique?», «Selon vous, comment avez-vous réussi à passer au travers?»*

13.3 Prévenir la rechute et préparer le maintien des acquis

L'objectif de cette étape est de préparer la victime à une rechute potentielle et de mettre en place des balises favorisant le maintien de ces gains thérapeutiques. Pour ce faire, il est utile de préciser avec la victime ce qui l'a le plus aidée dans sa démarche, et d'envisager avec elle quelles seraient les causes de rechute probables. Envisage-t-elle des embûches? Craint-elle certains événements? Les dates anniversaires de l'événement sont habituellement sources d'anxiété et de détresse et peuvent entraîner certaines reviviscences normales et temporaires. Déterminez avec elle comment elle pourrait se préparer à de telles éventualités et comment elle pourrait y faire face.

Il s'agit de mettre en garde la victime contre un retour de l'évitement comportemental ou cognitif ou des comportements d'abus d'alcool. De plus, des situations agressives ou menaçantes peuvent faire remonter certains symptômes et favoriser un retour du sentiment de vulnérabilité. Certaines «bonnes habitudes» peuvent contribuer à diminuer le risque de rechute potentielle et aider la victime: ainsi, encouragez-la à entretenir de saines et nombreuses relations sociales autour d'elle, à entretenir un mode de vie sain, à s'impliquer dans des activités ou des loisirs ressourçants, à relire certains textes thérapeutiques ou à poursuivre ses exercices dans le quotidien.

Il aussi important de bien expliquer à la victime que des moments d'anxiété désagréables ou intenses sont plus que probables dans le futur et que ces moments sont tout à fait normaux et font partie de la vie. Cette anxiété, si elle est temporaire et se résorbe, n'a pas à être perçue comme une rechute ou comme un événement pathologique. Par contre, si elle persiste et s'aggrave, il peut être stratégique de prévoir d'avance ce qu'il convient de faire et comment les outils thérapeutiques peuvent être réappliqués. À ce sujet, vous pouvez demander à la victime de dresser une liste des habiletés qu'elle a acquises durant le processus thérapeutique et qu'elle considère comme de bons outils pour affronter les difficultés éventuelles.

Afin de faciliter le maintien des acquis thérapeutiques, il est recommandé d'espacer les dernières séances aux deux ou trois semaines et de vérifier comment se sent la victime durant ces périodes. Vous aurez ainsi l'occasion de travailler les difficultés qui ont posé problème pendant ce laps de temps et de consolider son autonomie. Il est aussi utile de lui demander de préciser ses objectifs à long terme et les moyens de les atteindre.

13.4 Terminer la démarche

Accompagner une victime de trauma en thérapie est une expérience significative, pour elle et pour vous. La fin de la démarche peut aussi être l'occasion de lui exprimer comment vous avez trouvé son cheminement, son évolution thérapeutique, ou comment vous jugez ses forces et ses ressources.

Si cela vous convient, vous pouvez mentionner à la victime qu'elle peut vous joindre en tout temps si elle en sent le besoin. Il peut être important de lui préciser qu'il est préférable qu'elle n'attende pas trop si elle ne se sent pas bien afin d'éviter une cristallisation des symptômes : en effet, il serait mieux que la victime vous rencontre rapidement pour une seule séance si elle en sent le besoin plutôt que de vous contacter après plusieurs mois de détresse et qu'alors le travail thérapeutique soit profond et intense. Dans cette veine, précisez-lui que de venir vous voir ponctuellement est possible et que cela ne serait pas signe d'échec ou de rechute. Ce ne serait pas non plus signe d'un « retour à la case départ » ou que la thérapie n'a rien donné. Une ou deux séances d'aide sont tout à fait normales.

Par contre, vous pouvez conseiller à la victime d'attendre quelques mois avant de songer à un retour en thérapie. Il est important en effet qu'elle puisse se donner le temps de digérer la fin de la thérapie et de reprendre un mode de vie plus autonome. En ce sens, précisez-lui que quelques symptômes d'anxiété ou des sentiments d'insécurité sont normaux après toute thérapie et s'espacent habituellement d'eux-mêmes après quelques jours.

CHAPITRE 14

« Au secours ! Comment sortir de l'impasse thérapeutique ? »

« L'état de mon client souffrant de TSPT ne s'améliore pas... Pourquoi ? Que faire ? » Le traitement des séquelles post-traumatiques confronte souvent de façon toute particulière le thérapeute. Le TSPT constitue l'un des troubles anxieux les plus difficiles et les plus complexes à traiter. La démarche est souvent émotive, longue et difficile pour la victime et peut provoquer des réactions d'impuissance et de découragement chez le thérapeute. De plus, le TSPT se présente rarement seul et des troubles comorbides ou une polytraumatisation viennent souvent complexifier le traitement thérapeutique.

En raison de ces caractéristiques, le traitement d'une victime souffrant de TSPT peut représenter un défi de taille pour le clinicien. *Comment comprendre que l'état de l'un de nos clients ne s'améliore pas ? Quelles peuvent être les causes potentielles ? Que tenter pour sortir de cette impasse* ? Évidemment, il n'y a pas de recettes miracles à ces interrogations, mais vous trouverez peut-être ici quelques suggestions thérapeutiques utiles.

14.1 Mon client continue à se trouver dans une situation dangereuse

J'ai régulièrement des demandes de supervision de cliniciens qui cherchent à savoir quoi faire avec certaines victimes sous leurs soins, qui continuent d'être dans une situation objectivement dangereuse pour elles. Voici un exemple :

– *Pascale, qu'est-ce que vous me conseillez pour soulager ma cliente qui souffre de stress post-traumatique ?*
– *Parlez-moi de votre cliente, dis-je.*
– *Eh bien, elle a été agressée gravement par son conjoint il y a un mois et demi. Elle a dû aller à l'hôpital et a eu des points de suture. Depuis, elle fait des cauchemars et a peur de lui ; je pense qu'elle a plusieurs symptômes post-traumatiques.*
– *Où habite votre cliente actuellement ?*
– *Elle vit toujours avec lui...*

Il est important de réaliser que le travail post-traumatique ne peut s'effectuer ***que lorsque la personne est en situation POST-traumatique***, c'est-à-dire que le trauma est *derrière* elle. On ne peut *pas* travailler de façon thérapeutique sur le plan post-traumatique si la victime est toujours dans une situation traumatisante. Aucune stratégie visant à favoriser la digestion du trauma ne pourra être appropriée puisque la victime continue à être objectivement vulnérable.

Par conséquent, il est nécessaire d'envisager d'abord de mettre la victime en sécurité. Bien sûr, il est impossible d'assurer à 100 % la sécurité de quelqu'un, mais il est essentiel, avant tout travail thérapeutique, de commencer par faire tout ce qui peut être fait pour mettre la victime en sécurité. Si nous reprenons le cas présenté plus haut, des stratégies comme l'intervention de crise, l'intervention au niveau du couple, la résolution de problème, la maximisation de ses capacités adaptatives, le retour au calme devront être mises en place *préalablement* à tout plan de traitement post-traumatique.

Comme mentionné plus tôt, il est impossible de s'assurer que la victime est en situation de sécurité absolue. Par contre, il est important que tout ce qu'il est possible de faire soit fait. Le reste ne peut être contrôlé. Il lui faudra accepter que certains éléments restent hors de son contrôle à ce sujet. Ainsi, pensons à des femmes qui savent que leur ex-conjoint violent vient de sortir de prison ou des victimes des guerres de motards qui savent être sur la liste des prochains règlements de comptes. Le risque d'une agression ou de représailles peut être réel. Peut-on travailler les symptômes post-traumatiques découlant d'agressions antérieures dans ces cas-là ? Oui, mais seulement si un travail visant à maximiser la sécurité de la victime est d'abord effectué.

14.2 Mon client souffre de dépression comorbide au TSPT

Les données épidémiologiques sont éloquentes : près de 50 % des victimes souffrant de TSPT souffrent aussi de dépression majeure. Et cela représente bien ce que nous voyons en clinique. Certaines victimes de trauma sont particulièrement tristes, apathiques, elles remettent leur vie en question, sentent un profond bouleversement de leurs valeurs. Or, les symptômes dépressifs affectent négativement l'état de la victime et le processus thérapeutique et empêchent la résorption des symptômes post-traumatiques. La tristesse, la difficulté de concentration, l'apathie, le manque d'intérêt concomitants aux symptômes dépressifs compromettent souvent la démarche thérapeutique. De plus, les symptômes dépressifs et l'isolement agissent négativement sur la relation de la victime avec son réseau social, ce qui peut aggraver le TSPT.

Lorsqu'une dépression majeure est comorbide au TSPT, il importe de se *concentrer d'abord sur le traitement de la dépression*. Si cela n'est pas fait, de toute façon, la victime risque de ne pas pouvoir profiter de la thérapie post-traumatique et sera à risque important de suicide.

Identifiez, nommez et travaillez intensément les cognitions associées à la dépression. Les stratégies cognitives de traitement de la dépression sont de puissants outils, qui peuvent contribuer de façon significative à la réduction des symptômes dépressifs (Beck *et al.*, 1979).

Contrez l'isolement et la spirale descendante à l'aide d'une grille d'activités quotidiennes. Il s'agit de la partie comportementale du traitement de la dépression. L'objectif ici consiste à tenter de contrer le cercle vicieux qui maintient la dépression : tristesse et manque d'intérêt qui provoquent l'isolement, isolement entraînant à son tour un manque de stimuli et un retrait du réseau social, absence de stimulation et de valorisation renforçant à son tour les symptômes dépressifs. Vous pouvez utiliser pour ce faire une grille d'activités quotidiennes afin de favoriser une reprise de certaines activités autrefois plaisantes ; des sorties hors de la maison, des contacts avec des membres de l'entourage, etc.

Favorisez un bon soutien social. Parallèlement à ces stratégies, tentez de pousser la victime à améliorer le soutien social. Pour ce faire, encouragez des lectures décrivant les symptômes dépressifs et post-traumatiques. Elle pourra en discuter avec son entourage afin que celui-ci comprenne mieux sa réalité. Il est aussi possible d'inviter les membres de la famille à une séance de thérapie pour effectuer une amorce de psychoéducation sur les réactions normales à la suite d'un trauma, les symptômes de dépression, les taux de comorbidité avec le TSPT, le travail thérapeutique, les modes sains de communication, etc. L'objectif ici est de diminuer les stresseurs susceptibles d'aggraver l'état de la victime (critiques, pression, blâme, isolement, etc.), de donner du courage à son entourage et de l'impliquer positivement dans le rétablissement de la victime.

Envisagez sérieusement la prise d'antidépresseurs. Dans certains cas de dépression majeure, la pharmacothérapie doit être envisagée. Les ISRS sont actuellement les médicaments de choix pour une comorbidité avec TSPT (Brillon et Savard, 2002). Il va sans dire qu'une évaluation du meilleur antidépresseur doit être effectuée par un médecin spécialiste pour chaque victime. Les avantages d'une médication sont nombreux (pour plus de détails, voir le chapitre 15), mais surtout, les antidépresseurs aident souvent à diminuer les symptômes physiques de la dépression : la victime se sent aussi moins épuisée, moins apathique, elle dort mieux, elle présente moins d'idées morbides.

14.3 Mon client présente de graves symptômes de dépendance

La dépendance à l'alcool touche près de 52 % des hommes et 28 % des femmes souffrant de TSPT. De plus, 35 % des hommes et 27 % des femmes souffrant de TSPT montrent aussi une dépendance aux substances (Kessler *et al.*, 1995). Cette comorbidité affecte négativement la digestion émotionnelle de l'événement traumatique. En effet, l'alcool ou la drogue sont utilisés pour diminuer les symptômes d'anxiété, pour se déconnecter de la réalité, pour oublier des souvenirs douloureux ou pour atteindre un état de bien-être. Cela renforce la structure de peur, maintient de façon puissante l'évitement par renforcement négatif et cristallise les symptômes post-traumatiques. Cela entretient de plus la dépendance car aucune autre alternative n'est entreprise pour gérer l'anxiété. Cette dépendance peut entraîner des stress supplémentaires, qui renforcent la détresse de la victime : problèmes financiers importants, relations interpersonnelles gravement hypothéquées, isolement social, absentéisme au travail, etc.

Traitez le problème de dépendance d'abord. Le processus thérapeutique d'intégration émotionnelle de l'événement ne peut s'effectuer si des comportements de dépendance et d'abus d'alcool ou de drogue sont présents. En effet, l'évitement de l'anxiété et des émotions associées au traumatisme va à l'inverse de la démarche thérapeutique. Dans de tels cas, nous devons prendre une décision comme thérapeute : 1) si le problème semble mineur et ne s'est développé que depuis le trauma, nous pouvons envisager de travailler cette dépendance avec la victime ; 2) si le problème semble plus chronique et correspond à un mode général de gérer les difficultés antérieures au trauma, nous devrons envisager que la victime entreprenne une cure fermée dans un centre spécialisé.

Effectuez de la psychoéducation pour les processus d'évitement et de renforcement négatif liés au TSPT. Vivre un événement traumatique, c'est souvent vivre de fortes reviviscences et des sensations anxieuses et dérangeantes par la suite. Ces symptômes n'ont rien d'agréable et les victimes tenteront d'éviter d'être en contact avec cette anxiété, cette impression de vulnérabilité et cette détresse, ainsi qu'avec les images de l'événement. La consommation abusive d'alcool ou de drogue est souvent utilisée par la victime pour éviter de faire face à son anxiété ou à sa détresse. Cette consommation sera ainsi maintenue dans le temps par mécanisme de renforcement négatif parce qu'elle est efficace (à court terme) pour diminuer l'anxiété. Or, cet évitement va garder intacte la structure de peur post-traumatique et par conséquent le TSPT. Pour tenter de contrer ce processus, il est important d'expliquer à la victime la fonction sous-jacente de sa consommation et les mécanismes qui la renforcent.

Favorisez une expression émotionnelle saine. À la suite de cette psychoéducation, tentez de favoriser une saine expression émotionnelle chez la victime. L'alcool ou la drogue sont utilisés pour contrer la sensation désagréable liée à une émotion douloureuse qui n'est pas identifiée, nommée, acceptée ni exprimée. Pour ce faire, il peut être essentiel d'identifier et de restructurer les cognitions qui bloquent ce processus. Plusieurs victimes entretiennent des cognitions qui contribuent à leur crainte de prendre conscience de leur détresse ou de la partager (*« Si j'exprime ce que je vis, je vais avoir l'air ridicule, faible, vulnérable et on va profiter de moi », « Être en contact avec mes émotions est dangereux, je risque de perdre le contrôle à jamais », « Personne ne peut me comprendre », « Je ne devrais pas me sentir ainsi, c'est ridicule, c'est signe de faiblesse »*, etc). Après avoir identifié et restructuré ces cognitions, il s'agira de permettre doucement à la victime d'exprimer par des mots ou de l'affect son anxiété et sa détresse.

Améliorez la tolérance à l'inconfort physique. Plusieurs victimes utilisent l'alcool ou la drogue pour ne pas être en contact avec leurs sensations physiques d'anxiété. Elles craignent ces sensations et utilisent l'alcool ou la drogue pour les engourdir (*« Je suis en train de devenir fou », « Si je continue à être aussi anxieux, je vais perdre le contrôle ou faire une crise cardiaque », « L'anxiété est tellement forte que, si je ne l'arrête pas, elle va continuer à monter jusqu'à un seuil mortel », « Je cherche à me geler », « Je n'ai pas envie de me sentir ou de penser »*, etc.). Il importe de bien expliquer à la victime que l'anxiété est peut-être une expérience inconfortable, douloureuse, désagréable, mais qu'elle n'est en aucun cas dangereuse. De plus, cette anxiété vise le bien-être de l'individu en tentant de le préparer à mieux répondre à un danger perçu. Parallèlement à ces stratégies de psychoéducation, des stratégies de gestion du stress (relaxation musculaire progressive, respiration diaphragmatique) peuvent faciliter la tolérance aux symptômes d'anxiété et permettre à la victime de mieux les tolérer sans chercher à les engourdir par des comportements de consommation d'alcool ou de drogue.

Envisagez une cure de désintoxication. Certains comportements de dépendance et d'abus sont quelquefois tellement sévères, et ce, depuis tellement longtemps qu'un traitement réaliste pour contrer ces habitudes ne peut s'effectuer que dans un cadre rigoureux et spécialisé. C'est là qu'on peut faire appel aux centres de désintoxication, qui proposent des séjours de trois à cinq semaines. Durant ce temps, la victime est prise en charge par une équipe multidisciplinaire spécialisée, qui supervise son évolution physique face au sevrage et son évolution psychologique face à l'acceptation et à la compréhension de ses comportements de dépendance. Après ce séjour, la victime continuera, la plupart du temps, à être suivie à intervalles réguliers par la maison de cure afin de consolider les acquis du traitement. À ce moment, elle sera probablement prête à poursuivre un traitement axé spécifiquement sur ses symptômes post-traumatiques avec vous.

14.4 La colère de mon client est omniprésente dans le processus thérapeutique

Certaines victimes vivent énormément de colère, de rage, de révolte face à ce qui leur est arrivé ou face aux conséquences de l'événement (séparation conjugale, perte de salaire, critiques de la part du milieu de travail, etc.). Si cette colère a souvent des fonctions légitimes, elle a aussi parfois des conséquences négatives sur les symptômes et le processus thérapeutique : elle encourage généralement des reviviscences de l'événement, elle affecte négativement les relations sociales et elle isole gravement la victime de son entourage. De plus, elle crée un inconfort, une détresse intense et la victime semble se consumer intérieurement de colère et de révolte insatisfaites. Enfin, elle peut affecter la démarche thérapeutique puisque les séances deviennent des exutoires à cette colère insatiable et que le client et le thérapeute se sentent impuissants à canaliser ou à apaiser cette rage.

Devant ces émotions, le thérapeute peut aider la victime à mieux gérer cette colère. Notons bien ici que l'objectif *n'est pas* d'écraser la colère mais de faire en sorte qu'elle soit moins submergeante, moins incapacitante pour la victime et son entourage, mieux exprimée. Pour ce faire, certaines stratégies sont très utiles (vous trouverez une description plus détaillée du travail thérapeutique dans ces cas au chapitre 8).

Tentez de bien comprendre les causes et les fonctions de cette colère. La colère, la rage, le désir de vengeance, la haine et la révolte sont souvent des tentatives de reprendre le contrôle et d'améliorer son estime de soi. Un travail d'introspection s'avère nécessaire pour bien saisir les fonctions de ces émotions pour une victime en particulier. Est-ce une tentative de reprendre le contrôle? Cela lui sert-il à se sentir puissante parce que le sentiment d'impuissance est trop insupportable? Cela sert-il à lui redonner un sentiment de force devant un sentiment intense d'humiliation vis-à-vis d'elle-même ou à l'égard de son thérapeute? Est-ce pour contrecarrer une grave blessure narcissique liée à un trouble de personnalité?

Facilitez la reconnaissance de la montée de colère. Cette prochaine étape consiste à aider la victime à mieux reconnaître et à mieux évaluer la montée de sa colère. Plusieurs victimes ont l'impression qu'elles passent sans avertissement d'un état de calme à un état de rage absolue. Or, pour mieux gérer les émotions de colère, la victime devra être davantage en contact avec les niveaux *intermédiaires* de ces émotions.

Améliorez ses capacités à désamorcer la colère et à s'apaiser. Il peut être très utile de définir avec la victime quelles pourraient être les stratégies qui lui permettraient de diminuer son niveau d'irritation, de tension, de frustration ou de colère. Des stratégies de respiration, des changements sur le plan des autoverbalisations qui encouragent la montée de colère, des manœuvres de retrait temporaires, des stratégies d'expression émotionnelle sont à prévoir pour tenter de désamorcer la colère et de la ramener à des stades d'intensité inférieurs.

Identifiez les blessures et humiliations antérieures qui contribuent à la montée de colère. Une colère submergeante et incapacitante est souvent liée à des expériences antérieures douloureuses d'humiliation qui remontent à la surface parce qu'elles sont associées à l'événement traumatique ou aux conséquences de celui-ci. Le travail thérapeutique exige alors d'identifier ces expériences douloureuses et de faciliter leur assimilation afin de permettre l'intégration émotionnelle de la colère actuelle.

Développez des habiletés d'affirmation saines. La victime doit bien saisir que ressentir, exprimer, partager sa colère est sain et profitable. Par contre, il doit être très clair qu'« agir » sa colère (frapper quelqu'un, casser des objets) ne l'est pas et ne peut en aucun cas être acceptable.

Faites une liste des coûts-bénéfices de la colère. Cette liste aide quelquefois la victime à observer que même si la colère peut lui donner un sentiment temporaire positif de puissance ou de contrôle, elle lui nuit profondément à long terme. Une liste des inconvénients personnels à cette colère est souvent très utile pour en aider la gestion. Cela peut contribuer à mettre en évidence l'inutilité de cette colère et le besoin de lâcher prise par rapport à certaines attentes (légitimes mais quelquefois irréalistes) face à la vie (*« C'est injuste, ça ne devrait pas se passer ainsi », « J'ai droit à une réparation »*, etc.).

14.5 Mon client souffre d'un grave trouble de personnalité

La présence de troubles de personnalité chez une victime constitue un défi majeur pour le thérapeute. Jumelés à un TSPT, ils peuvent saboter le processus thérapeutique, complexifier la démarche et ils sont souvent la cause d'une impasse thérapeutique. La littérature scientifique commence tout juste à se pencher sur l'influence des troubles de personnalité sur le profil symptomatique des victimes, sur leur rôle précipitant ou aggravant dans le développement du TSPT et sur les stratégies particulières qu'il convient d'adopter dans ces cas-là. Nous possédons donc actuellement très peu d'information à ce sujet.

L'association entre le trouble de personnalité *borderline* et le TSPT est depuis longtemps sujet à contreverse. Plusieurs théoriciens ont considéré ce trouble comme la manifestation adulte d'un TSPT complexe développé à un jeune âge consécutivement à des traumatismes sexuels. Pour d'autres, il s'agit d'un trouble de personnalité indépendant caractérisé par des comportements impulsifs, des tendances dissociatives, des difficultés sur le plan de l'identité et une grande instabilité émotionnelle. Certaines études nous indiquent que les victimes présentant un trouble de personnalité *borderline* souffrent de symptômes post-traumatiques plus sévères (Shea, Zlotnick, Warshaw, Phillips, Brown et Keller, 2000). D'autres études montrent qu'un diagnostic de personnalité *borderline* est associé à davantage d'expériences traumatiques, particulièrement des traumas sexuels dans l'enfance (Heffernan et Cloitre, 2000; Yen *et al.*, 2002). Les victimes souffrant de TSPT et de personnalité *borderline* présentent aussi davantage de colère, de dissociation, d'anxiété et de problèmes interpersonnels, et répondent beaucoup moins bien au traitement que les victimes sans ce trouble de personnalité (Feeney, Zoellner et Foa 2002; Heffernan et Cloitre, 2000). Une étude montre même qu'en thérapie interpersonnelle de groupe, les victimes d'abus sexuel dans l'enfance souffrant aussi de trouble de personnalité *borderline* non seulement ne présentent pas d'amélioration significative à la suite du traitement, mais ressentent même une augmentation de colère qui est contagieuse et néfaste au sein du groupe (Cloitre et Kœnen, 2001).

Les thérapeutes traitant des victimes souffrant de trouble de personnalité *borderline* vont souvent choisir de traiter d'abord ce trouble (c'est-à-dire favoriser un meilleur fonctionnement quotidien, maximiser une stabilité émotionnelle et travailler en résolution de problème, voir Linehan, 1993). Si la victime réagit bien, il est alors possible d'envisager un début de traitement post-traumatique. Il convient cependant de noter que le Consensus d'experts sur le TSPT conseille de ne pas utiliser de stratégies d'exposition avec ce genre de victimes et de travailler davantage à l'aide des stratégies cognitives ou de résolution de problèmes (*Expert Consensus Guidelines Series: Treatment of PTSD*, 1999).

D'autres études se sont penchées sur la comorbidité entre le TSPT et le trouble de personnalité narcissique. Les auteurs en arrivent à la conclusion que ce trouble de personnalité peut exacerber le TSPT et augmenter la vulnérabilité au trauma (Johnson, 1995). Il est certain qu'une telle structure de personnalité aura tendance à réagir très fortement à toute perception de blessure narcissique au sein du trauma. Cette blessure (et la rage narcissique qui l'accompagne dans bien des cas) complexifie le traitement et entraîne une impasse thérapeutique si elle n'est pas directement prise en considération. Ces victimes ont tendance à se sentir personnellement visées par le traumatisme, le destin ou la fatalité.

Elles perçoivent l'événement comme une insulte personnelle, qui mérite punition et réparation. La colère, un sentiment intense d'humiliation, des fantasmes de vengeance, des ruminations amères, de l'évitement pour protéger un soi grandiose sont constamment présents et peuvent être confondus avec des symptômes post-traumatiques. Il est très important alors de tenter de distinguer les symptômes narcissiques qui font suite à un trauma des symptômes post-traumatiques comme tels (à ce propos, voir Simon, 2002). En effet, les stratégies thérapeutiques appropriées seront complètement différentes selon cette évaluation (travail de la blessure narcissique ou plutôt des symptômes post-traumatiques).

14.6 Mon client a vécu de multiples traumatismes dans sa vie... Comment travailler les symptômes post-traumatiques ?

Le maintien des symptômes post-traumatiques peut aussi s'expliquer par une polytraumatisation chez la victime. Il est possible que le dernier événement traumatique ait réactivé un trauma plus ancien et plus important. Dans le cas de traumas de type II, soit des événements répétitifs (abus sexuels dans l'enfance, vols de banque répétés pour une employée, expérience de combat prolongée, être témoin régulièrement de scènes d'horreur pour un agent de police ou un coopérant international, par exemple), il peut être difficile de déterminer l'événement ou la séquence d'événements qui fera l'objet du travail thérapeutique.

Si le dernier événement fait remonter à la surface un trauma plus ancien et plus important, il peut être plus approprié de travailler ce traumatisme antérieur en étant très prudent, surtout s'il s'agit d'un trauma sexuel dans l'enfance. Dans les cas de séquences d'événements, vous pouvez travailler le trauma le plus léger pour ensuite travailler ceux qui sont plus difficiles. En fait, travailler le dernier événement n'est pas toujours ce qui est le plus profitable, surtout si celui-ci n'est qu'un déclencheur d'un trauma antérieur qui n'a jamais été intégré.

Le traumatisme peut aussi avoir provoqué d'autres stress qui contribuent à maintenir les symptômes et à fragiliser la victime, tels qu'une séparation conjugale, des séquelles physiques graves (perte d'un membre, brûlures, cicatrices apparentes), des poursuites juridiques, des tensions interpersonnelles sévères avec l'entourage, un processus de deuil (perte de la conjointe dans l'incendie, perte d'un enfant dans l'accident, par exemple) ou un stress financier majeur insécurisant. Si le dernier événement a provoqué d'autres stress, il convient alors de d'abord tenter de diminuer les stresseurs et de maximiser les capacités d'adaptation de la victime. Les stratégies post-traumatiques ne sont pas appropriées à ce moment, et il convient davantage de favoriser l'intervention de crise, la résolution de problème ou l'inoculation au stress afin d'aider la victime à s'adapter aux facteurs de stress. *Il est souvent beaucoup plus pertinent et efficace de travailler le stress post-traumatique comme tel lorsque la victime est dans un état relatif de calme et de stabilité.*

14.7 Mon client est très réticent à faire les exercices proposés

Votre client annule ou manque souvent ses rendez-vous avec vous, ne lit pas les textes que vous lui proposez et effectue peu les exercices conseillés, ou vous avez l'impression qu'il les « sabote ». En entrevue, il s'oppose à votre compréhension de ses symptômes et au travail thérapeutique. Vous constatez une stagnation des symptômes post-traumatiques et vous ne comprenez pas pourquoi... Quelles pourraient être les raisons potentielles sous-jacentes à cette réticence ?

Cette résistance peut découler des symptômes post-traumatiques. On oublie souvent que ***l'évitement fait partie*** du TSPT. Sans évitement, pas de TSPT, ce qui revient à dire que si la victime n'évitait pas, elle ne consulterait pas. Il est donc tout à fait *normal* qu'elle évite pendant le processus thérapeutique et il est important de le concevoir d'abord sous cet aspect : il s'agit de symptômes post-traumatiques. N'oublions pas que ce que nous demandons à la victime est très difficile pour elle et est lié au *pire* événement de sa vie... Elle va naturellement tout faire pour s'éloigner des choses qui vont lui rappeler cet événement. Lire à propos du TSPT, noter ses pensées, faire des exercices d'exposition, écrire le déroulement de l'événement sont des stratégies que nous savons efficaces mais qui peuvent sembler insurmontables à la victime à certains moments du processus thérapeutique. Il serait opportun de concevoir sa résistance selon cette optique afin de trouver les mots, les stratégies et le rythme qui lui conviennent.

La victime ne comprend pas vraiment les raisons sous-jacentes de ce que vous lui proposez. Elle peut ne pas comprendre pourquoi vous lui demandez de lire ou de travailler tel aspect de sa symptomatologie. N'oublions pas qu'elle est souvent bombardée de conseils qui peuvent être contradictoires avec ce que nous lui proposons... Ainsi, son entourage peut lui suggérer fortement de ne plus penser à l'événement, de « laisser ça dans le passé », de « penser de façon positive », et cela peut semer la confusion chez elle. N'oublions pas non plus que nous sommes très familiers avec un environnement/conception/langage psychologique et que ce monde n'est pas toujours très accessible à tous. Assurez-vous que ce que vous tenez pour acquis (par exemple, la relation entre les pensées, les émotions et les comportements, le rôle des émotions, l'influence des expériences passées sur le fonctionnement actuel, les caractéristiques des traits de personnalité) sont bien compris par la victime et qu'elle partage votre vision des choses. Dans le doute, il est approprié de reprendre le rationnel avec elle et de vérifier si elle partage votre opinion à ce sujet.

La victime peut avoir peur des conséquences de ce que vous lui proposez comme exercice. Certaines victimes peuvent craindre l'impact des exercices que vous leur proposez : *« Mon thérapeute me propose des exercices qui me semblent dangereux », « Je crains de redevenir dépressive et de ne jamais pouvoir m'en remettre par la suite », « Et si je perdais le contrôle totalement et que je devenais fou ? », « Qu'est-ce qui me garantit que je ne vais pas empirer mon état comme ça ? Maintenant, je sais comment je suis, je n'ai aucune garantie de la façon dont je me sentirai après ce qu'il me propose ».* N'oublions pas que la victime a le droit de connaître les risques et inconvénients potentiels attachés à un exercice, qu'elle peut vous demander légitimement les études et les données qui appuient vos suggestions. Le thérapeute ne doit pas hésiter à lui communiquer les éléments qui lui font penser que telle stratégie pourrait être bonne pour elle et à lui faire part des inconvénients potentiels et des alternatives à ce qui est proposé. Enfin, si cela vous semble opportun, reprenez la psychoéducation avec elle et explorez ses craintes et ses conceptions face à l'anxiété, la dépression, la dissociation, la folie et le manque de contrôle.

L'entourage de la victime influence négativement son implication thérapeutique. L'attitude de l'entourage de la victime peut diminuer sa motivation envers le traitement et sa compréhension des stratégies que vous lui proposez. Dans une telle situation, nous nous devons d'explorer les résistances et les préjugés de l'entourage. Il est souvent utile de comprendre les croyances religieuses (par exemple : *« Dieu nous ordonne de pardonner à nos agresseurs, je ne veux plus me sentir en colère », « Il faut oublier le passé et les choses négatives qui arrivent »*) ou les conceptions ésotériques (*« Son esprit risque de me poursuivre si je continue à penser à lui », « Je suis maudit, un sort me hantera jusqu'à ma mort », « Je dois payer pour une faute commise par mes ancêtres et il n'y a rien que je puisse faire »*) qui peuvent influencer la victime et compromettre son implication thérapeutique. Certaines croyances ne peuvent qu'être profondément respectées et les stratégies devront être modifiées ou complètement mises de côté si elles entrent en contradiction de façon importante avec celles-ci. Sinon, il conviendrait de donner un texte à la victime expliquant ses symptômes ou le rationnel thérapeutique, texte qu'elle pourrait faire lire à son entourage pour diminuer ses craintes. Ou alors, on peut prévoir une séance conjointe en présence de la famille ou du conjoint dans le but de connaître leurs résistances, leurs conceptions et d'adapter le traitement en conséquence.

14.8 Que faire quand la victime semble profiter de gains secondaires de son état post-traumatique ?

Cette hypothèse doit être la dernière à être envisagée. Malheureusement, elle est souvent la première considérée par les thérapeutes qui constatent que leur client ne s'améliore pas. Or, comme nous l'avons vu depuis le début de ce chapitre, plusieurs autres raisons peuvent être invoquées afin d'expliquer une stagnation des symptômes post-traumatiques. Si, après une analyse honnête et la plus complète possible, vous concluez qu'effectivement la victime profite secondairement de son état actuel et que ce gain l'empêche de travailler à diminuer ses symptômes actuels, vous devrez surmonter cette difficulté car elle contrecarrera vos efforts thérapeutiques. Une minorité de victimes peuvent trouver « avantageux » (consciemment ou non) de ne pas travailler, de recevoir de bonnes compensations financières d'organismes payeurs, d'avoir un rôle de « victime » dans la famille, d'être dépendantes au quotidien, d'être prises en charge par leur conjoint, etc. Or, elles ne réalisent souvent pas combien ce « gain » leur coûte cher en termes d'autonomie, de qualité de vie, de développement personnel et d'actualisation professionnelle. Continuer à profiter de ce gain signifie continuer à souffrir de symptômes post-traumatiques, d'évitement, de dépendance, et cela entraîne nécessairement aussi de la détresse, de la souffrance et surtout une stagnation personnelle.

Pour le bien même de la victime et non seulement pour le succès thérapeutique, nous nous devons de tenter de contrecarrer cette tendance autodestructrice et de l'amener à s'en rendre compte. Pour y parvenir, il peut être utile d'abord de nommer cette stagnation des symptômes dans le processus thérapeutique. Ensuite la victime peut être incitée à préciser quels sont les facteurs qui, selon elle, pourraient expliquer cette stagnation et à échanger à ce sujet avec vous. Veillez à nommer surtout des facteurs ***externes*** comme potentiellement responsables. En effet, évoquer des facteurs internes du genre « manque de motivation », « besoin de rester ainsi car cela vous profite financièrement », « paresse », etc., provoque généralement une levée majeure des défenses de la victime et détruit l'alliance thérapeutique. Seules de rares victimes parviennent à identifier et à admettre des facteurs internes (*« J'ai trop peur », « Je n'ai pas envie de retourner à mon mode de fonctionnement antérieur », « Enfin, j'ai l'impression que j'ai mon dû, j'ai beaucoup pris soin des autres dans ma vie, maintenant c'est à eux de prendre soin de moi », « De toute façon je ne crois pas que je peux m'améliorer, je suis foutu »*), qui peuvent être source de travail thérapeutique. La majorité (surtout les victimes qui reçoivent des compensations financières) n'effectueront pas ce travail et accuseront l'inefficacité de la thérapie, considéreront leurs symptômes comme trop importants pour être modifiés ou envisageront des séquelles permanentes chroniques. Mettre en doute leur courage, leur motivation ou leur persévérance et supposer qu'elles puissent retirer des gains de leur état est souvent très nuisible à la relation thérapeutique. Cela renforce (sinon aggrave) les symptômes post-traumatiques et donc l'impasse thérapeutique.

On se doit donc d'envisager surtout des facteurs ***externes*** comme potentiellement responsables. Les facteurs externes permettent de maintenir la relation intacte et de vous positionner ***avec la victime contre un ennemi externe commun***. Envisagez la présence d'une «spirale descendante», d'un «cercle vicieux post-traumatique» ou d'un «facteur de maintien grave» qui est en train de s'installer, dont il faut se méfier et contre lequel il faut même se défendre. Il est beaucoup plus stratégique de les désigner comme des facteurs de maintien que comme des gains secondaires, de la mauvaise volonté ou des résistances qui impliquent que «dans le fond, la victime ne veut pas s'améliorer». Ce mode de fonctionnement ou de résistance est souvent une façon instinctive de réagir à la souffrance, mais une façon inadéquate, autodestructrice, qui contribue au maintien des symptômes et de la détresse à long terme. Il est beaucoup plus bénéfique de mettre en évidence ce que vous considérez comme un « ennemi commun», soit l'installation d'une spirale descendante vers un mode de vie dépendant, non valorisant, une chronicisation des comportements d'évitement, ou une apathie liée aux symptômes post-traumatiques. Ces «ennemis» sont des éléments parasitaires qui se greffent aux symptômes post-traumatiques, qui empêchent le processus de récupération et minent la bonne volonté du client.

Vous pouvez utiliser l'image des bactéries qui se rajoutent à un état de vulnérabilité et qui empêchent un patient souffrant d'une maladie de reprendre le cours *normal* de sa récupération physique. Ces bactéries le gardent dans un état de fatigue, d'apathie et de vulnérabilité supplémentaire. Il importe donc d'empêcher ces bactéries de nuire au traitement pour que la convalescence se poursuive.

Il peut être aussi utile d'identifier avec la victime les ennemis communs qui constituent de «faux amis», c'est-à-dire ceux qui procurent un soulagement à *court terme* plutôt qu'une récupération à long terme (évitement, apathie, alcool, drogue, dépendance, sarcasme, etc.). En fait, toute votre intervention doit viser à mobiliser le client *avec vous* et non contre vous : le mobiliser avec vous contre ses «faux amis». Ces stratégies permettent souvent de lui faire réaliser que ces «faux amis» ne l'aident pas et que vous avez des visées beaucoup plus positives et saines pour lui.

Il peut être ensuite opportun de mettre en évidence les conséquences négatives personnelles de ces ennemis (ils maintiennent les symptômes, ils minent la qualité de vie, ils entraînent l'isolement, ils maintiennent un état de dépendance confortable mais insatisfaisant à long terme, ils nuisent à une saine actualisation personnelle, ils détruisent l'atmosphère familiale ou conjugale, etc.). L'objectif consiste ici à souligner que vous croyez dans le potentiel sain de la victime, qui désire s'actualiser et se développer et qui est actuellement sous tutelle de cette autre force stagnante, pessimiste, autodestructrice à long terme. Assurez-la que vous pouvez avec son aide contrer cette force et que vous êtes prêt à adapter le traitement en ce sens, toujours dans un objectif d'amélioration thérapeutique.

Si, malgré vos efforts, vous sentez que cela ne suffit pas à mobiliser la victime vers son rétablissement, il ne vous reste plus beaucoup de choix thérapeutiques... En fait, avant de vous démobiliser vous-même, essayez d'adopter une position thérapeutique « basse », c'est-à-dire une position thérapeutique où vous nommez les difficultés, la stagnation de la victime avec résignation et abandonnez (en apparence) vos comportements actifs de prise en charge et de mobilisation. Cette stratégie très spécialisée et avancée exige beaucoup de maitrise de la part du thérapeute : elle exige que nous fassions part à la victime de la puissance de ces ennemis incompatibles avec l'amélioration thérapeutique, que nous lui transmettions notre impression que peut-être il n'y a plus grand-chose à faire et que nous ne pouvons que constater son état actuel, qui peut-être ne s'améliorera pas, et en être affligés. Cette stratégie vise à envoyer le message à la victime que vous ne pouvez seul assumer le traitement, que vous ne pouvez l'aider que si elle le *décide* intimement, profondément. Cette position ne vous liguera pas l'un contre l'autre et permettra peut-être à la victime de sentir qu'elle ne peut déserter le bateau alors que quelqu'un à l'intérieur tente de sauver son voyage et est prêt à travailler avec elle pour l'aider à se rétablir. Cette position est très difficile et délicate à établir. Ou bien elle ne change rien... ou bien elle constitue une confrontation majeure pour la victime et celle-ci peut soudainement réaliser que son thérapeute ne peut plus continuer à travailler pour deux pour son propre bien. On assiste quelquefois à des mobilisations majeures après avoir adopté cette position qui est particulièrement appropriée aux personnalités passives-agressives ou narcissiques.

14.9 Quand le retour au travail est difficile à organiser et à concevoir...

Plusieurs thérapeutes se demandent s'ils doivent favoriser un retour au même travail pour la victime ou si celle-ci devrait plutôt faire le deuil de son ancien travail et commencer un type d'emploi complètement nouveau. D'autres se demandent quelles sont les modalités qui permettent de faciliter et de maximiser la réussite du retour au travail.

La question du retour au même travail ou à un autre n'est pas facile à trancher avec des victimes de traumatisme, surtout si le trauma s'est produit sur les lieux du travail. Les encourager à reprendre le même emploi est-il trop difficile ? Est-ce de la complaisance envers l'évitement que de les orienter vers un autre ? À mon avis, il est plus profitable pour la victime que le traitement soit d'abord orienté vers un retour au *même travail* qu'auparavant. À cause de ses symptômes post-traumatiques, la victime a automatiquement tendance à éviter le retour à un même emploi. Ses symptômes post-traumatiques sont tellement puissants qu'ils interfèrent avec son désir, son goût, son intérêt pour cet emploi, et ce, surtout si le trauma est lié à son travail. Il peut être plus profitable de lui mentionner que vous allez d'abord travailler à diminuer les symptômes post-traumatiques et qu'ensuite vous tenterez un retour au *même* emploi : si la victime veut quitter son emploi, elle le pourra ***après*** avoir tenté de le reprendre. Ainsi, même si elle le quitte par la suite, elle saura qu'elle ***peut*** le faire mais qu'elle ne ***veut*** plus le faire. Cela sera alors une question de ***choix*** et non pas ***d'incapacité***. La nuance quant à l'estime de soi et quant au sentiment d'efficacité est de taille et mérite qu'on favorise un tel retour, même si celui-ci est temporaire. Éviter à tout prix que la victime reprenne le même emploi favorise souvent par la suite le doute sur ses capacités (*« Aurais-je pu retourner ? », « Serais-je encore capable ? », « J'aimais tellement ce travail, l'ai-je laissé par peur ou par véritable désintérêt ? »*) et le maintien de la peur et de l'évitement.

Cela dit, il peut arriver que certaines circonstances imposent automatiquement un changement d'emploi. Pensons, par exemple, à ces caissières de banque qui en sont à leur douzième vol à main armée et dont la sécurité au travail n'est toujours pas acquise ou à ces militaires ou policiers dont le travail implique nécessairement un contact avec de la violence. Dans ces cas où le milieu de travail ne peut assurer la sécurité des employés, il est au contraire *thérapeutique* de ne pas rendre possible une autre traumatisation chez la victime et de la réaffecter automatiquement à un autre poste. Dans la même veine, il peut arriver que la victime démontre une sensibilité extrême au stress et que cette sensibilité constitue un danger pour elle ou pour les autres. Pensons, par exemple, à une victime qui reste très nerveuse à la suite de la traumatisation et qui ne peut plus tolérer une situation de stress au travail ou occuper un poste de direction ou de supervision qui exige une maitrise de soi ou de lourdes responsabilités.

Déterminer le moment du retour au travail est un aspect délicat du processus thérapeutique. Il est souvent essentiel de ne *pas le prévoir trop tôt*, ce qui provoquerait une rechute et une aggravation des symptômes, mais *pas trop tard* non plus, ce qui pourrait entraîner une complaisance dans l'évitement. C'est un des moments où la collaboration entre le thérapeute et le médecin traitant est cruciale et particulièrement utile à la victime.

Dans tous les cas de retour, que ce soit dans le même emploi ou dans un autre, certaines modalités s'appliquent. Il est souvent plus facile de prévoir un retour au travail progressif, d'abord à 2 jours par semaine (jours non consécutifs) pendant 2-3 semaines, puis, *si tout va bien*, à 3 jours non consécutifs pendant 2-3 semaines, ensuite à 4 jours (lundi-mardi et jeudi-vendredi) pendant 2-3 semaines avant de recommencer de façon complète, à 5 jours. Le retour au travail est souvent difficile pour la victime dans les premières semaines, et il est d'autant plus important de bien le répartir. Il est plus profitable et rentable à long terme ***de le répartir de façon graduelle*** (quitte à allonger certaines étapes de retour, par exemple maintenir ou allonger l'étape de 3 jours-semaine) que de le précipiter et ainsi provoquer une rechute. Évidemment, si le trauma est lié au travail, il aura été nécessaire que des stratégies d'exposition aux lieux du travail aient été effectuées ***avant*** tout retour systématique. Il faut s'attendre à ce que les premières semaines soient plus difficiles pour la victime et l'on doit observer une habituation à ces conditions de retour et une diminution de la fatigue et du stress avant de passer à une augmentation des heures de travail.

14.10 « Cette impasse pourrait-elle être due à des facteurs qui m'appartiennent ? »

Vous avez tenté de comprendre le maintien des symptômes post-traumatiques en identifiant les causes potentielles liées à la victime. Avez-vous aussi envisagé que *vous* pourriez peut-être contribuer, sans le vouloir, à ce maintien ?

Le thérapeute ne possède pas assez d'expérience

Travailler avec des victimes de traumatisme souffrant de TSPT est un défi professionnel important : le TSPT et le TOC sont parmi les troubles anxieux les plus difficiles et complexes à traiter et peuvent mener à des régressions psychologiques et des détériorations symptomatiques importantes chez les clients. Il est important que le thérapeute connaisse et ait déjà mené à bien des stratégies d'exposition avec des personnes souffrant d'autres types de troubles anxieux *avant* de débuter une telle stratégie avec une victime souffrant de TSPT. De plus, il est essentiel qu'il soit un professionnel de la santé mentale (psychologue, travailleur social ou psychiatre) : mener une stratégie d'exposition demande une bonne connaissance des processus psychologiques sous-jacents et ne peut être pris à la légère. *Un thérapeute qui n'est pas un professionnel de la santé mentale et qui ne possède pas assez d'expérience du traitement du TSPT peut nuire à l'état de son client et l'aggraver.*

Le danger du traitement cognitivo-comportemental, c'est qu'il a l'air simple, facile, à la portée de tous, sous prétexte qu'il est plus systématisé et plus défini. Or, rien n'est plus faux. Trop souvent, nous observons des personnes qui ont suivi un « séminaire » de 3 heures en thérapie cognitivo-comportementale et qui se désignent comme des spécialistes capables de traiter toutes les problématiques psychologiques, dont le TSPT... Il s'agit là d'une attitude qui peut être dangereuse.

Parce qu'il s'agit d'une approche « *d'intervention* de court terme », certains cliniciens croient que la thérapie cognitivo-comportementale peut aussi être « maîtrisée à court terme »... Les interventions administrées par de telles personnes peuvent induire *plus de mal que si elles n'avaient rien fait du tout.*

« Accompagner » une victime de traumatisme ou « prendre en charge une victime afin de l'aider à diminuer ses symptômes post-traumatiques » sont deux réalités qui exigent des habiletés thérapeutiques et un niveau de compétence bien différents. Prendre en charge une victime de trauma souffrant de TSPT ne consiste pas seulement à « diminuer l'évitement comportemental » à l'aide de « techniques » rapides, cela signifie aussi nécessairement prendre en considération les troubles de la personnalité sous-jacents, la fragilité de la victime, ses traumas antérieurs, ses conceptions de la vie et des autres, ses tendances régressives et dissociatives. Cela exige des habiletés qui ne s'apprennent pas en 3 heures... Ces habiletés doivent s'implanter dans un champ de connaissance spécialisé pré-existant de la psychologie. Cela exige donc une spécialisation en santé mentale et une rigueur professionnelle.

La relation thérapeutique est pauvre

La qualité de la relation thérapeutique est non seulement importante, mais elle est *essentielle* au travail avec des victimes souffrant de TSPT. En effet, les victimes sont déjà ébranlées face aux autres et au monde, et ce, plus particulièrement si elles ont vécu un traumatisme interpersonnel (agression physique ou sexuelle, vol à main armée, etc). Elle se présentent souvent incertaines ou honteuses face à la démarche thérapeutique, méfiantes à l'égard du contact et de la relation thérapeutique. Elles sont en état d'hypervigilance et donc en état d'alerte, peu enclines à l'abandon et à la confiance. Gagner cette confiance est non seulement essentiel à la poursuite de la démarche et à son succès, mais thérapeutique en soi puisque cela constitue un élément réparateur d'une conception très négative de la nature humaine. C'est reconstruire dans la douceur un bris de confiance en les autres et dans la vie. C'est permettre à la victime de ressentir qu'elle est pleinement acceptée et accueillie dans son expérience. Une relation thérapeutique solide et de confiance est d'autant plus importante dans une démarche où l'on exige beaucoup de la part de la victime (comme lors des exercices d'exposition, par exemple). Celle-ci doit sentir qu'elle peut vous faire confiance et que vous comprenez l'effort que cela lui demande.

Il est important de réaliser que certaines stratégies thérapeutiques exigent beaucoup de la part de la victime. À maintes reprises, un élément crucial de motivation pour elle constitue la perception de notre implication thérapeutique, la perception que nous croyons intimement que la démarche pourra l'aider et qu'elle pourra ainsi retrouver son autonomie et sa qualité de vie. La façon dont nous manifestons cette conviction, la manière dont nous expliquons les raisons qui nous portent à croire que ce processus est approprié pour elle seront déterminants dans son implication thérapeutique et dans notre motivation. Par conséquent, il est important que notre relation thérapeutique soit solide et que la victime ait confiance en notre jugement et en notre compétence.

Le thérapeute a de la difficulté avec les émotions

Le TSPT est souvent le plus émotif des troubles anxieux. La victime est parfois très expressive et en détresse profonde et/ou elle peut être détachée, méfiante, sur ses gardes, vous percevoir comme intrusif. La relation du thérapeute avec les émotions de la victime ***et*** les siennes est essentielle.

Avec la victime, il est important de favoriser un bon climat thérapeutique et surtout de laisser place à l'expression des émotions. Pour ce faire, nous pouvons utiliser beaucoup de reflets d'émotions et posséder un vocabulaire nuancé pour bien nommer les diverses émotions et favoriser leur spécificité. Il importe d'accompagner la victime sur le plan émotif et non seulement sur le plan cognitif ou analytique.

Et surtout, par rapport à vous-même, demandez-vous si vous êtes à l'aise avec l'expression des émotions. Êtes-vous bien capable de les identifier et de les nommer ? Êtes-vous à l'aise lorsque la victime pleure abondamment en thérapie ? Comment réagissez-vous au contact de quelqu'un qui est révolté ou amer ? Vous sentez-vous bouleversé, dérangé, dégoûté par le trauma de la victime ? Êtes-vous en « fatigue de compassion » ?

Travailler avec des victimes est exigeant : ménagez-vous dans le quotidien, ménagez votre *caseload* pour qu'il ne soit pas trop chargé, et prévoyez des mécanismes de ventilation des émotions avec des collègues ou des amis pour exprimer et partager ce que ce travail vous fait vivre. Demandez-vous aussi s'il s'agit d'une clientèle avec laquelle vous aimez travailler ou d'une clientèle qui exige trop de vous. N'oubliez pas que nous ne pouvons pas être efficaces et à l'aise avec tous les types de pathologies et que certaines nous bousculent trop psychologiquement pour que nous continuions de les soigner. C'est normal et c'est légitime. Tentez de mieux connaître vos limites et de les respecter. Êtes-vous plus à l'aise dans un mode plus cognitif ? Plus analytique ? Plus concret ? Trouvez-vous ce côté émotif dérangeant ? Écouter des descriptions de traumatismes vous bouleverse-t-il ? Avez-vous tendance à devenir plus distant dans ces cas-là ? N'hésitez pas à vous respecter et à refuser des références qui sont incompatibles avec ce que vous êtes.

Le thérapeute a un mauvais ajustement de rythme

La victime se sent bousculée, elle a l'impression qu'elle doit elle-même mettre les freins pour se protéger, elle démontre de la résistance. Vous avez l'impression qu'elle n'avance pas, vous êtes insatisfait de l'évolution de la thérapie, vous remettez en question votre « efficacité ». Une tension est présente entre vous et empêche les acquis thérapeutiques.

Vous trouvez-vous trop lent ? Vous obligez-vous à suivre un échéancier ou un plan de traitement préétabli ? Vous sentez-vous inefficace ? Trouvez-vous cette victime dérangeante ? Tous ces éléments peuvent faire en sorte que nous ayons « besoin » que la victime se sente mieux pour avoir un sentiment d'efficacité ou de compétence. Cela est un danger. Ces éléments font en sorte que nous sommes davantage préoccupés par le résultat (« *Il faut qu'elle soit guérie rapidement* ») que par le processus thérapeutique. Méfiez-vous de vos exigences : les victimes souffrant de TSPT présentent souvent beaucoup de détresse et des symptômes incapacitants qui peuvent être réfractaires au processus thérapeutique ou qui, à tout le moins, peuvent prendre plusieurs mois à se résorber. Attendre des résultats significatifs et rapides peut être frustrant et entraîner des différences de rythme entre le thérapeute et la victime.

Demandez à la victime comment elle se sent dans le processus thérapeutique. A-t-elle l'impression d'avancer ? Se sent-elle écoutée ? Peut-elle elle-même donner un rythme au processus ou se sent-elle démunie et à la merci du vôtre ? Tentez de comprendre sa vision des choses et de vous assurer que vous êtes sur la même longueur d'onde.

Section IV

Le traitement du TSPT est-il efficace ?

CHAPITRE 15

Que penser de l'efficacité des stratégies thérapeutiques pour le TSPT ?

Les stratégies présentées dans cet ouvrage sont utilisées par plusieurs cliniciens et chercheurs spécialisés dans le traitement du TSPT. Dans leur pratique quotidienne ainsi que dans la mienne, elles semblent particulièrement efficaces pour aider la victime à mieux s'adapter à l'événement traumatique et à diminuer sa détresse et ses symptômes post-traumatiques. Cependant, cette perception est-elle juste ? Sommes-nous biaisés dans notre évaluation de l'efficacité de ces stratégies ?

15.1 Ce que la recherche nous dit...

C'est là que la recherche intervient et constitue une source de référence et de réponses pour le clinicien. Depuis quelques années, le milieu scientifique a exigé des études de plus en plus rigoureuses afin d'évaluer l'efficacité des traitements psychologiques du TSPT. Pour ce faire, on a exigé que ces études incluent sept critères de validité et de rigueur, les fameux *gold standards* de la recherche empirique. Ceux-ci sont : 1) des symptômes à mesurer clairement définis ; 2) des mesures fidèles et valides ; 3) des évaluateurs indépendants et aveugles aux hypothèses de la recherche ; 4) des évaluateurs entraînés et expérimentés ; 5) des traitements spécifiques, opérationnalisables décrits dans un manuel et donc réapplicables ;

6) une assignation des victimes au hasard dans les diverses conditions de traitement; 7) une mesure de l'adhésion au traitement (Foa et Meadows, 1997). Plusieurs études mesurant l'efficacité des stratégies décrites dans cet ouvrage incluent ces critères de choix de validité de recherche. Certaines ont même reçu l'approbation de «traitements empiriquement validés» par l'American Psychological Association Division 12 Task Force, identifiés par Diane Chambless et ses collègues (Chambless *et al.*, 1998).

Que nous disent ces recherches? D'abord, elles mettent en évidence l'efficacité des stratégies d'exposition et de restructuration cognitive par rapport à un groupe liste-d'attente. En effet, les résultats de la littérature démontrent que les victimes qui ont reçu un traitement incluant des stratégies de restructuration cognitive ou d'exposition démontrent significativement moins de symptômes post-traumatiques que les victimes n'en ayant pas reçu (Frank *et al.*, 1988; Keane, Fairbank, Caddell et Zimmering, 1989; Keane et Barlow, 2002; Marks, Lovell, Noshirvani, Livanou et Thrasher, 1998; Resick et Schnicke, 1992; Richards, Lovell et Marks, 1994; Rothbaum, Meadows, Resick et Foy, 2000; Stephenson, Marchand et Brillon, 1997; Tarrier, Pilgrim, Sommerfield, Faragher, Reynolds, Graham et Barrowclough, 1999).

Par exemple, l'étude de Marks *et al.* (1998) mesure l'efficacité de 10 séances de 90 minutes utilisant l'exposition *in vivo* (5 séances) et l'exposition en imagination (5 séances). Les résultats indiquent que 75 % des victimes qui souffraient de TSPT avant le traitement ne rencontrent plus les critères diagnostiques à la fin du traitement. L'étude de Richards *et al.* (1994) conclut que les stratégies d'exposition produisent une amélioration considérable sur les symptômes post-traumatiques (de l'ordre de 75 % à 80 %) et sur les symptômes dépressifs, de santé générale, de peur et d'ajustement social (de l'ordre de 65 % à 75 %). Ces améliorations ont non seulement été maintenues mais elles ont augmenté avec le temps, entre le post-traitement et une mesure à 12 mois à la suite du traitement.

Quant à l'efficacité des stratégies cognitives, l'étude de Resick et Schnicke (1992) utilise ces stratégies au sein d'une thérapie de 12 séances de 90 minutes, durant lesquelles les pensées et croyances reliées au viol sont identifiées et travaillées. À la suite du traitement, la démarche thérapeutique a entraîné des diminutions significatives des symptômes post-traumatiques, dépressifs et d'ajustement social. Toutes les victimes ayant suivi cette stratégie ne répondent plus aux critères de TSPT 6 mois après le traitement.

Les résultats des thérapies utilisant les stratégies d'exposition ou de restructuration cognitive sont donc très satisfaisants : à la mesure post-traitement, les victimes démontrent une diminution significative de leur symptomatologie. De plus, les effets positifs de ces psychothérapies continuent à agir à long terme. En effet, en grande majorité, les acquis thérapeutiques des victimes se maintiennent dans le temps et plusieurs démontrent une diminution constante de leur détresse même plusieurs mois à la suite de leur thérapie (Dugas, Randomsky et Brillon, 2003).

Dans les études empiriques, les traitements testés s'étendent habituellement sur 8 à 14 séances d'une ou de deux heures chacune. Ce chiffre peut sembler extrêmement minime par rapport au nombre de rencontres qui sont souvent nécessaires pour nos cas cliniques. Comment expliquer cette différence ? Sommes-nous particulièrement mauvais et inefficaces par rapport à ces chercheurs ? En fait, la réponse se trouve sûrement dans la sélection des victimes incluses dans ces études. Les chercheurs exigent des critères d'inclusion et d'exclusion rigoureux, qui contribuent à rendre leur échantillon uniforme mais moins représentatif de ce que nous voyons généralement en clinique. Ainsi, l'absence d'autre trouble sur l'axe I ou sur l'axe II est souvent un critère de recherche alors que dans notre pratique ces éléments sont souvent chose commune... Par conséquent, ces études nous permettent de savoir qu'avec des cas plus purs et sans comorbidité, les stratégies thérapeutiques vues ici sont particulièrement efficaces. Nous verrons plus loin les limites de ces stratégies et les contre-indications pour les cas plus fragiles et plus complexes.

Nous savons donc que les stratégies de restructuration cognitive et d'exposition sont efficaces pour diminuer les symptômes post-traumatiques chez des victimes par rapport à celles n'ayant reçu aucun traitement. Par contre, comment ces stratégies se positionnent-elles par rapport à d'autres types de traitement ? En grande majorité, les études comparatives indiquent que ces stratégies sont beaucoup plus efficaces que les stratégies de *councelling* (Cooper et Clum, 1989 ; Boudewins et Hyer, 1990 ; Foa *et al.*, 1991 ; Foa *et al.*, 1999). De plus, les études démontrent qu'elles sont aussi plus efficaces que les stratégies de relaxation seules (Echeburia *et al.*, 1997 ; Marks *et al.*, 1998) ou que des stratégies d'entraînement aux habiletés (Cloitre *et al.*, 2002).

Cependant, les stratégies d'exposition et de restructuration cognitive montrent une efficacité équivalente lorsque comparées entre elles (Tarrier *et al.*, 1999). Par exemple, l'étude de Marks *et al.* (1998) compare les stratégies cognitives seules, d'exposition seules, de relaxation seules et une combinaison cognitive-exposition chez 87 victimes souffrant de TSPT chronique. Les résultats montrent que les stratégies cognitives ou d'exposition, seules ou combinées, sont aussi efficaces pour diminuer les symptômes. Par contre, elles sont toutes plus efficaces que les stratégies de relaxation.

Les études ayant mesuré l'efficacité de traitements combinés (thérapies incluant des stratégies de restructuration cognitive et d'exposition, par exemple, ou stratégies d'exposition et stratégies de gestion du stress) montrent que le traitement combiné n'est pas plus efficace que le traitement simple (Keane et Barlow, 2002 ; Foa *et al.*, 1999 ; Marks *et al.*, 1998 ; Tarrier *et al.*, 1999). Ces résultats peuvent peut-être s'expliquer par le fait que les traitements combinés incluent le même nombre de rencontres que le traitement simple, laissant ainsi la moitié du temps pour travailler chacune des stratégies en profondeur. De plus, il est possible que ces stratégies touchent les mêmes processus psychologiques sous-jacents même si la forme semble différente. Ainsi, les stratégies de restructuration cognitive diminuent les interprétations de danger et le sentiment de vulnérabilité, permettant ainsi à la victime de s'exposer d'elle-même à des éléments associés au traumatisme. Par ailleurs, les stratégies d'exposition seules permettent d'affronter de façon plus calme des situations associées au trauma, ce qui peut induire naturellement une remise en question des interprétations de danger et de vulnérabilité dans les situations anxiogènes.

15.2 Que penser de l'utilisation des stratégies d'exposition pour les cas fragiles ?

Les stratégies d'exposition *in vivo* ou au souvenir du trauma sont vraiment efficaces : plusieurs études ont démontré leur impact très positif sur les symptômes post-traumatiques ainsi que leur rapidité d'action. À ce sujet, un guide consensus regroupant l'opinion de plusieurs experts sur le TSPT (*Expert Consensus Guidelines Series : Treatment of PTSD*, 1999) met en évidence la force et la puissance des stratégies d'exposition. Elles sont considérées par ces experts comme des stratégies efficaces et qui agissent rapidement. Par contre, elles ne sont *pas* considérées comme des stratégies sécuritaires et pouvant être utilisées pour n'importe quel type de traumatisme. *Ce qui revient à dire que les stratégies d'exposition sont des stratégies puissantes et efficaces, mais pas si elles sont effectuées par n'importe qui pour tous les genres de victimes.*

En fait, nous savons que dans des mains inexpérimentées et avec des victimes particulièrement fragiles, ces stratégies peuvent même être néfastes. Un thérapeute inexpérimenté peut faire de nombreuses erreurs lors de stratégies d'exposition : hiérarchie trop rapide, cible de traitement irréaliste, mauvaise évaluation des facteurs d'évitement, méconnaissance des processus de distraction ou de neutralisation de la victime. Malgré de bonnes intentions louables, entreprendre un traitement avec peu d'expérience et avec certains genres de patients *peut nuire* plus qu'aider et peut rendre le traitement psychologique ultérieur plus long et plus difficile.

Avant d'entreprendre de telles stratégies avec une victime, il s'avère nécessaire d'évaluer les possibilités de contre-indications. Il est important de mentionner que le danger d'utiliser l'exposition avec une victime qui ne possède pas une structure de personnalité assez solide pour la tolérer réside dans des régressions graves pouvant aller jusqu'aux symptômes psychotiques ou des gestes sévères suicidaires, d'automutilation ou d'agression (voir les chapitres 11, 12 et 14 à ce sujet).

De plus, si vous ne pouvez consacrer au traitement un *minimum* de 20 rencontres d'au moins 50 minutes à raison d'une rencontre par semaine, il est préférable de ne pas débuter un traitement avec la victime et de l'envoyer plutôt à un thérapeute qui pourra vraiment la prendre en charge.

Comme nous l'avons vu précédemment, les stratégies d'exposition sont considérées comme des stratégies très puissantes par les cliniciens et chercheurs experts du TSPT. Cependant, tous s'entendent pour dire qu'elles ne sont pas appropriées à toutes les victimes et ne doivent pas être menées de n'importe quelle façon. La présence de troubles comorbides à l'axe I ou à l'axe II, en plus de la présence de TSPT, complexifie le traitement thérapeutique. Ces troubles fragilisent la victime, incapacitent souvent la relation thérapeutique et peuvent empêcher et même constituer une contre-indication aux stratégies d'exposition. Il est nécessaire de prendre en considération la comorbidité existante dans le plan de traitement post-traumatique. Ainsi, si la présence d'un autre trouble anxieux a habituellement peu d'impact sur le traitement, d'autres troubles comorbides peuvent complètement modifier notre façon de prévoir la démarche thérapeutique. À ce sujet, le guide consensus propose certaines balises pouvant orienter la modification du traitement (*Expert Consensus Guidelines Series : Treatment of PTSD*, 1999). Ce guide indique ainsi que lorsque le trouble comorbide est une dépression majeure ou un trouble bipolaire, les stratégies de restructuration cognitive sont les plus indiquées afin de diminuer d'abord la symptomatologie dépressive. Par contre, lorsqu'il y a présence d'abus et de dépendance à l'alcool, les stratégies de gestion de l'anxiété sont les plus adaptées et les plus recommandées. Enfin, dans les cas de troubles de la personnalité sévère (plus particulièrement du *cluster B*, comme les cas de personnalité *borderline*), les stratégies cognitives sont les plus appropriées et il est même recommandé de laisser de côté les stratégies d'exposition et de ne travailler qu'à améliorer le fonctionnement général quotidien de la victime.

Certaines contre-indications plus particulières sont à évaluer avant d'entreprendre des stratégies d'exposition

Troubles psychologiques sévères chez la victime (symptômes de dépression grave, tendances psychotiques, trouble de personnalité sévère du cluster B, trouble bipolaire non contrôlé, tendances dissociatives importantes). Effectuer un processus d'exposition nécessite une certaine capacité à tolérer l'anxiété sur le plan de la structure de personnalité de la victime. Si celle-ci est trop fragile, si vous la sentez trop à fleur de peau, bouleversée par son anxiété, capable d'impulsivité, ou si elle a tendance à ne pas se sentir émotivement et qu'elle utilise alors des mécanismes de protection primaires comme la dissociation ou l'automutilation pour se protéger, les processus d'exposition sont contre-indiqués. Il est alors préférable de se concentrer sur la stabilisation de son fonctionnement quotidien : favoriser des stratégies de gestion du stress, de résolution de problème, afin de l'aider à mieux gérer son quotidien. Travailler le traumatisme passe alors après une stabilisation de son fonctionnement. Il peut être préférable de privilégier des stratégies qui la renforceront dans son sentiment de contrôle et de maîtrise de sa vie plutôt que d'entreprendre des stratégies qui favoriseront plutôt une montée d'anxiété. En ce sens, il peut être souhaitable de privilégier des stratégies qui iront dans le sens de l'action plutôt que des stratégies favorisant une attitude de tolérance à l'anxiété qui est plus passive et qui peut entraîner des symptômes plus régressifs.

La victime a vécu de multiples traumatisations ou de graves traumatismes sexuels dans l'enfance. Une victime polytraumatisée peut constituer une contre-indication à l'exposition à cause du caractère multiple des traumatismes. Il peut alors être difficile de déterminer quel est le traumatisme sur lequel l'exposition se ciblera. De plus, certaines de ces victimes ont développé de grandes tendances dissociatives au fil des ans afin de tenter de s'adapter émotivement à l'horreur de ces multiples traumas. Par conséquent, ces victimes ont de la difficulté à tolérer l'anxiété inhérente au processus d'exposition et peuvent facilement régresser au cours de ce processus. Enfin, il est possible qu'une exposition à un des traumas fasse remonter à la surface des images appartenant à un autre trauma, rendant difficile le processus d'habituation.

Histoire d'abus de substances chez la victime. De telles victimes utilisent souvent l'alcool ou la drogue afin de ne pas être en contact avec les sensations désagréables d'anxiété. Elles ont beaucoup de difficulté à tolérer l'inconfort physique et ont tendance à éviter de ressentir de la vulnérabilité. Ces tendances peuvent entrer en contradiction avec le processus d'habituation et même le saboter. En effet, les processus d'exposition sont tout à fait incompatibles et contraires aux habitudes de consommation au sein desquelles on évite à tout prix de se sentir, où on se «gèle» émotivement ou on fuit dans une autre réalité... alors que dans le processus d'exposition, il est plutôt question de provoquer un contact avec des éléments anxiogènes et de tolérer ses sensations jusqu'à ce qu'elles disparaissent d'elles-mêmes...

Fragilité temporaire de la victime (état de crise, rupture conjugale, procédures juridiques, etc.). Entreprendre une stratégie d'exposition avec une victime demande temps et énergie de sa part. Il est important de s'assurer qu'elle est dans une période de stabilité relative. Le processus d'exposition va en soi provoquer une remontée temporaire de certains symptômes post-traumatiques et anxieux, et il est donc important ; 1) de s'assurer qu'ils ne s'ajoutent pas à un état anxieux et fragile, ce qui compromettrait leur efficacité ; et 2) d'évaluer de près l'impact des stratégies sur l'état de la victime. Si celle-ci vit déjà des difficultés importantes, vous ne pourrez déterminer si les fluctuations de son état découlent de l'exposition ou non. Dans de tels cas, il est important de mettre de coté les stratégies d'exposition et de plutôt veiller à aider la victime à traverser le mieux possible ses difficultés et à maximiser ses ressources adaptatives.

Certaines variables cognitives entraînent trop de détresse. Chez certaines victimes, les croyances et les interprétations de danger sont tellement ancrées qu'elles peuvent saboter le processus thérapeutique et constituer une contre-indication temporaire. Il est plus stratégique alors de cibler ces cognitions et de revenir sur des stratégies de restructuration cognitive afin d'assouplir certaines visions rigides et stéréotypées des choses, qui entraînent beaucoup de détresse et maintiennent les symptômes post-traumatiques.

Quelles sont alors les stratégies alternatives à privilégier ?

Si les stratégies d'exposition ne semblent pas pertinentes, que faire ? De façon unanime, les stratégies de travail des émotions, de restructuration cognitive, de gestion du stress et de résolution de problème sont considérées comme moins puissantes mais beaucoup plus sécuritaires. Elles sont considérées aussi comme appropriées pour un plus grand nombre de victimes, indépendamment du type de trauma vécu et de la comorbidité existante.

15.3 Quels sont les facteurs associés à de meilleurs résultats thérapeutiques ?

Les résultats des études montrent que des facteurs inhérents à la victime influencent positivement sa réponse à la thérapie : mentionnons, entre autres, sa perception que le traitement est crédible, sa motivation, la qualité de sa participation et son investissement en thérapie (Taylor, Fedoroff et Koch, 2001). Des facteurs externes sont aussi mentionnés ; pensons par exemple à l'absence de stresseurs comorbides provenant de l'entourage ou de son quotidien (Foa, 2000). La chronicité de la symptomatologie, un fonctionnement dysfonctionnel antérieur au trauma et une comorbidité importante constituent naturellement des facteurs associés à de moins bons pronostics.

Nous savons aussi qu'environ 30 % des victimes qui participent à des thérapies axées *uniquement* sur l'exposition abandonnent en cours de route : comme nous l'avons vu, ces stratégies puissantes sont exigeantes et certaines victimes se découragent, abandonnent les exercices et ne peuvent donc pas s'améliorer (Marks *et al.*, 1998 ; VanEtten et Taylor, 1998). Il est donc essentiel de bien doser ces stratégies, d'adapter le traitement et d'envisager des moyens de conserver la motivation et l'implication de certaines victimes en thérapie. Le thérapeute se doit ainsi de démontrer de la flexibilité face à son plan de traitement, d'investir dans la relation thérapeutique, de laisser une grande place à l'expérience émotionnelle et de bien effectuer la psychoéducation sur le rationnel du traitement.

15.4 Que penser de la médication dans le traitement du TSPT ?

Nous savons que la moitié des victimes souffrent aussi de dépression majeure à la suite du traumatisme. Dans ces cas, une médication est souvent essentielle. Une dépression majeure est un état grave qui peut entraîner le suicide (surtout chez les patients masculins) et qui contrecarre tout processus thérapeutique post-traumatique. La médication permet ainsi à la victime de se sentir moins abattue, de retrouver un fonctionnement minimal, de se sentir plus énergique, de mieux dormir et d'être plus réceptive à la thérapie. Nous devons revoir nos préjugés, s'il nous en reste, contre la médication, surtout dans les cas de dépression grave comorbide au TSPT. Comme nous l'avons vu dans le chapitre 2, les risques de suicide sont importants chez les victimes et il convient de ne prendre aucun risque en ce sens. De plus, une victime dépressive ne pourra pas profiter de la thérapie et toutes les stratégies post-traumatiques que vous lui proposerez seront contrecarrées par cet énorme affect pessimiste, dévalorisant et apathique que constitue l'état dépressif majeur.

Indépendamment de la présence de dépression majeure, la médication peut aussi être appropriée dans les cas de TSPT seul, lorsque les symptômes sont très graves, chroniques et qu'ils affectent gravement le quotidien de la personne. Il est cependant important de noter que ***la médication seule ne guérit pas*** le TSPT. Le traitement psychopharmacologique n'en est actuellement qu'à ses débuts et plusieurs questions restent encore sans réponse quant au potentiel curatif de la médication pour les victimes de traumatisme (Friedman, Davidson, Mellman et Southwick, 2000).

La littérature médicale considère actuellement les ISRS (Inhibiteurs Sélectifs de la Recapture de la Sérotonine) comme le traitement pharmacologique de choix pour le TSPT. D'ailleurs, les deux médicaments actuellement approuvés par la Food and Drug Administration américaine pour traiter le TSPT sont des ISRS, soit la sertraline (Zoloft), et la paroxétine (Paxil). Plusieurs études ont démontré leur efficacité pour diminuer les symptômes post-traumatiques chez certaines victimes, comparativement à un placebo (Ballenger *et al.*, 2000; Davidson, Rothbaum, van der Kolk, Sikes et Farfel, 2001; Londborg *et al.*, 2001; Marshall *et al.*, 1998; Marshall, Beebe, Oldham et Zaninelli, 2001; Brady, Pearlstein, Asnis, Baker, Rothbaum et Sikes, 2000). Les ISRS sont aussi très appréciés en raison de leur capacité à diminuer les symptômes comorbides (dépression et anxiété) au TSPT.

Pour leur part, les benzodiazépines (du genre Rivotril ou Ativan) ne sont pas recommandées dans le traitement du TSPT. Plusieurs psychiatres hésitent à les utiliser à cause de leur effet rapide et de la possibilité qu'ils créent une dépendance physique et psychologique importante chez des victimes qui sont déjà à risque de dépendance aux substances. Les études ayant mesuré leur impact auprès des victimes démontrent de toute façon qu'elles parviennent à diminuer les symptômes anxieux, l'irritabilité et l'insomnie mais qu'elles n'ont aucun impact majeur sur les symptômes post-traumatiques (Brillon et Savard, 2002; Friedman *et al.*, 2000).

Certains types d'anxiolytiques ou d'hypnotiques (genre Zopiclone) peuvent aussi être utilisés de façon prudente pour soulager les symptômes anxieux graves, l'hyperactivation, les difficultés de concentration ou l'insomnie (Bergeron, 2003; Brillon et Savard, 2002).

Enfin, il est possible que certaines victimes très fragiles démontrent des symptômes psychotiques à un certain moment du traitement (délires, hallucinations, paranoïa reliée au trauma) et il peut alors être nécessaire de traiter ces symptômes à l'aide d'un antipsychotique atypique. Ces médicaments peuvent aussi être utilisés pour les comportements agressifs, les symptômes dissociatifs, les reviviscences graves ou dans les cas réfractaires (Bergeron, 2003; Friedman, 2000).

Dans les cas ou une médication semble appropriée, le travail thérapeutique conjoint avec un psychiatre est très bénéfique pour la victime. Celui-ci évaluera le type de médication appropriée à une victime spécifique selon ses caractéristiques symptomatiques, physiques et personnelles particulières.

Plusieurs questions restent cependant sans réponse pour le moment au sujet de la médication. Ainsi, les résultats à long terme et l'effet de l'arrêt de la médication sont encore à documenter. Nous avons encore peu de données sur l'effet de la combinaison thérapie-médication. Nous possédons encore moins de données sur les meilleurs choix de molécules en fonction du type de trauma particulier et des caractéristiques ethniques ou personnelles de la victime.

15.5 Que penser de l'efficacité du *Debriefing*?

Le *Debriefing* a été considéré comme la panacée de la prévention du TSPT pendant de longues années. Il a longtemps été appliqué automatiquement dans des établissements organisationnels sous format de groupe. Les séances de *Debriefing* visaient l'expression des émotions chez les participants, un échange sur les versions du traumatisme, et cherchaient à donner de l'information sur les réactions normales et les symptômes post-traumatiques aux victimes. Il pouvait être effectué par des thérapeutes qualifiés mais aussi par des pairs qui avaient vécu un traumatisme semblable et qui désiraient ainsi soutenir leurs collègues.

L'objectif premier du *Debriefing* visait à empêcher le développement ultérieur du TSPT en favorisant une meilleure connaissance des symptômes et un début de digestion émotionnelle du trauma. Des études récentes remettent cependant sérieusement en doute cet objectif et cet impact thérapeutique. En effet, les résultats indiquent que le *Debriefing* ne parvient pas à diminuer la prévalence de TSPT : les participants qui ont participé à un *Debriefing* et ceux qui ne l'ont pas reçu démontrent des taux égaux de TSPT par la suite (pour des revues de littérature à ce sujet, voir Marchand, Iucci, Brillon, Martin et Martin, 2003 ; Van Emmerik, Kamphuis, Hulsbosch et Emmelkamp, 2002 ; Everly, Boyle et Lating, 1999). En fait, il semble que les victimes qui devaient souffrir de TSPT à la suite d'un événement traumatique souffriront de TSPT *qu'ils aient ou non* bénéficié d'une séance de *Debriefing*. Une méta-analyse montre que le *Debriefing* a autant d'impact sur les symptômes que des stratégies de psychoéducation seules ou qu'aucune intervention (Van Emmerik, Kamphuis, Hulsbosch et Emmelkamp, 2002). Certaines études semblent même démontrer que le Debriefing *peut nuire* et même aggraver les séquelles post-traumatiques (Rose, Wessely et Bisson, 2001).

Comment expliquer ces résultats ? En fait, il aurait été plutôt étonnant qu'il en soit autrement : comment penser qu'une intervention de 2-3 heures puisse avoir un impact aussi important au sens psychologique, c'est-à-dire contrer le développement d'un trouble aussi grave que celui du TSPT ? C'était donner beaucoup de crédit à une seule intervention...

D'autres facteurs peuvent expliquer les résultats négatifs obtenus par le *Debriefing*. Ainsi, les auteurs remettent en question les qualifications et l'expertise psychologique quelquefois insuffisantes des intervenants impliqués, la composition des groupes (mélange de personnes directement impliquées avec d'autres, plus distantes du traumatisme), les stratégies thérapeutiques trop confrontantes, et une mauvaise adaptation de rythme aux besoins des victimes (obligation d'exprimer leurs émotions ou de parler du trauma chez des victimes qui ne veulent pas en entendre parler sur le moment et qui ont besoin de temps pour digérer seules le tout). On mentionne aussi que le *Debriefing* peut interférer avec le processus naturel de digestion émotionnelle du trauma et qu'il peut transmettre le message aux participants que toutes les réactions post-traumatiques sont pathologiques, ce qui pourrait ainsi aggraver leur détresse et leur honte. Enfin, on mentionne que les stratégies d'exposition au souvenir du trauma effectuées lors d'un *Debriefing* (lorsque l'on demande aux participants de raconter l'événement en détail, par exemple) sont souvent insuffisantes et trop courtes pour provoquer une réelle habituation. Par conséquent, on provoquerait ainsi une retraumatisation et un renforcement du conditionnement anxiogène et donc un maintien sinon une aggravation des symptômes post-traumatiques.

À la lumière de ces résultats, vaut-il toujours la peine de faire des séances de *Debriefing* avec les victimes de traumatisme ?

Oui. Parce que même si nous savons que le *Debriefing* n'empêche pas le développement de TSPT, nous savons aussi qu'il a d'autres types d'impacts positifs et avantageux. Ainsi, les résultats indiquent que les participants aiment recevoir et participer à des séances de *Debriefing* (Bisson, Jenkins, et Bannister, 1997 ; Lee, Slade et Lygo, 1996). Ils se sentent reconnus, légitimés et pris en considération par l'organisation qui les embauche ou par le système social. Ils évaluent souvent de façon très positive les séances et disent avoir aimé ce qui s'y est passé. Le *Debriefing* permet un échange entre les participants qui est très apprécié et qui crée une cohésion sociale et un partage favorisant l'acceptation de leurs symptômes. Cela contribue à diminuer les sentiments d'incompréhension, de stigmatisation, de honte et de culpabilité devant leurs réactions. Cela permet aussi de donner de l'information sur les symptômes plus critiques et plus inquiétants. Les participants peuvent ainsi noter plus facilement la présence de ces symptômes chez eux et songer à aller consulter avant que ceux-ci s'aggravent et deviennent chroniques. Enfin, les séances de *Debriefing* permettent aux thérapeutes de voir les victimes, d'évaluer leur état et de diriger au besoin vers un professionnel les victimes les plus bouleversées. Ces effets positifs du *Debriefing* sont loin d'être négligeables et justifient donc la poursuite de telles stratégies.

Par contre, certaines questions restent en suspens à la lumière des derniers résultats et la recherche doit encore fournir plusieurs réponses aux cliniciens. Comment maximiser l'impact positif du *Debriefing* et minimiser ses impacts négatifs ? Qui doit prodiguer cette intervention ? Sous quel format ? Quel laps de temps doit-il s'écouler à la suite du trauma ? Comment composer les groupes de participants ? Quelles sont les interventions à privilégier et quelles sont celles qu'il convient de mettre de côté ?

Nous verrons sûrement apparaître sous peu des modifications aux modalités de base du *Debriefing* afin de conserver ses effets positifs et de minimiser les possibilités d'impact négatif chez les participants. Ainsi, il est de plus en plus recommandé que les intervenants n'obligent pas les participants à faire partie des groupes et respectent le rythme de chacun, en ne les obligeant pas à intervenir ou à échanger lors des séances. De plus, il est recommandé que seuls des professionnels qualifiés et expérimentés organisent les groupes. Enfin, au sein des séances, il semble probable que les stratégies de psychoéducation soient conservées. Par contre, les stratégies d'échange émotionnel ou de partage sur le trauma risquent davantage d'être déconseillées étant donné qu'elles peuvent provoquer chez certains participants des symptômes post-traumatiques supplémentaires.

15.6 Et l'EMDR dans tout cela ?

Ces dernières années on a vu apparaître un nouveau traitement dans le monde de la thérapie du TSPT : l'EMDR. Le *Eye Movement Desensitization and Reprocessing* a été inventé par la D[re] Shapiro (Shapiro, 1989 ; 1995). Ce traitement a d'abord été présenté comme la panacée miraculeuse pour traiter le TSPT, et les premières données cliniques disponibles indiquaient des améliorations spectaculaires chez les victimes après seulement 2 ou 3 séances. Ces données «miraculeuses», le type peu orthodoxe du format thérapeutique (demander à la victime de générer des images du trauma tout en effectuant des mouvements saccadés des yeux afin de suivre le doigt du thérapeute qui bouge devant elle) et l'aspect très mercantile des formations offertes par la D^re^ Shapiro pour utiliser sa méthode ont créé une véritable commotion dans le milieu scientifique du trauma.

Les études plus rigoureuses cherchant à mesurer plus objectivement l'efficacité de cette méthode sont encore rares (voir Chemtob, Tolin, van der Kolk et Pitman, 2000 pour une revue). Elles démontrent néanmoins que l'EMDR conduit à une amélioration symptomatique des victimes en comparaison avec l'absence de traitement (Rothbaum, 1997; Wilson, Becker et Tinker, 1995). Certaines études ont même démontré une meilleure efficacité de l'EMDR par rapport à des stratégies de relaxation (Carlson *et al.*, 1998).

Par contre, ces séances ont-elles un impact parce qu'elles ne sont en fait que des séances d'exposition, stratégie qui a déjà démontré à de multiples reprises son efficacité thérapeutique dans la littérature? En bref, la question est: quel est le principe actif de L'EMDR? Le mouvement saccadé des yeux est-il vraiment un élément essentiel à la thérapie? L'EMDR est-il plus efficace que l'exposition ou la restructuration cognitive? Non, selon Devilly et Spence (1999). Peut-être, selon Vaughan *et al.* (1994), qui montrent que l'EMDR est aussi efficace que la relaxation et l'exposition en imagination. Sheck, Schaeffer et Gillette (1998) concluent pour leur part que l'EMDR serait plus efficace que la thérapie d'écoute active de Rogers pour diminuer les symptômes post-traumatiques.

Certaines études ont tenté de comparer l'EMDR avec des stratégies identiques sans mouvements des yeux afin de tester leur aspect essentiel (Devilly, Spence et Rappe, 1998; Pitman *et al.*, 1996; Renfrey et Spates, 1994). Toutes ces études montrent que faire un mouvement saccadé des yeux, fixer une lampe ou faire des mouvements rythmés avec le doigt produit des résultats identiques. Lohr, Tolin et Lilienfeld (1998) considèrent donc que le mouvement des yeux n'est pas un ingrédient actif de la thérapie et que les résultats obtenus reposeraient plutôt sur d'autres éléments.

D'autres études doivent donc être menées afin de déternimer avec exactitude si l'EMDR ajoute vraiment quelque chose à notre connaissance du traitement du TSPT. Des expositions répétées, brèves et interrompues à la structure de peur post-traumatique serait-elles plus efficaces qu'une exposition prolongée, telle que préconisée actuellement ? Comment s'expliquer les résultats thérapeutiques à la lumière des processus sous-jacents ? Le mouvement des yeux ajoute-t-il quelque chose d'essentiel à la thérapie ? Vient-il toucher un élément au niveau neurobiologique ? Permettrait-il une neutralisation « contrôlée » qui, présente lors du processus d'exposition, en augmenterait l'efficacité ? Certains types de victimes seraient-ils plus à l'aise avec ce genre de thérapie ? Voilà autant de questions qui demeurent, pour le moment, sans réponses.

Références bibliographiques

ABRAMSON, L. Y., SELIGMAN, M. E. P. et TEASDALE, J. D. (1978). Learned helplessness in humans: Critique and reformulation. *Journal of Abnormal Psychology, 87*, 49-94.

ABRAMSON, L. Y., METALSKY, G. I. et ALLOY, L. B. (1989). Hopelessness depression: A theory based subtype of depression. *Psychological review, 96*, 358-372.

ALLGULANDER, C. (1994). Suicide and mortality patterns in anxiety neurosis and depressive neurosis. *Archives of General Psychiatry, 51*, 708-712.

AMERICAN PSYCHIATRIC ASSOCIATION. (1987). *Diagnostic and statistical manual of mental disorders-3rd edition-revised*. Washington, D. C: American Psychiatric Association.

AMERICAN PSYCHIATRIC ASSOCIATION. (1994). *Diagnostic and statistical manual of mental disorders (4th edition)*. Washington, DC: American Psychiatric Association.

AMERICAN PSYCHIATRIC ASSOCIATION. (1980). *Diagnostic and statistical manual of mental disorders-3rd edition*. Washington, D. C: American Psychiatric Association.

ANDREWS, B. (1995). Bodily shame as a mediator between abusive experiences and depression. *Journal of Abnormal Psychology, 104(2)*, 277-285.

BALLENGER, J. C. *et al.* (2000). Consensus statement on Posttraumatic stress disorder from the international consensus group on depression and anxiety. *Journal of Clinical Psychiatry, 61*, 60-66.

BARLOW, D. H. (1988). *Anxiety and its disorders : The nature and treatment of anxiety and panic*. New York : Guilford.

BECK, A. T. et EMERY, G. (1985). *Anxiety disorders and phobias : A cognitive perspective*. New York : Basic Books.

BECK, A. T. (1978). *Beck Inventory*. Philadelphia, PA : Center for Cognitive Therapy.

BECK, A. T. (1997). *Beck Depression Inventory-II*. Psychological Corporation. Harcourt Canada Assessment Company.

BECK, A. T., EPSTEIN, N., BROWN, G. et STEER, R. A. (1988). An inventory for measuring clinical anxiety : Psychometric properties. *Journal of Consulting and Clinical Psychology, 56*, 893-897.

BECK, A. T., RUSH, A. J., SHAW, B. F. et EMERY, G. (1979). *Cognitive therapy for depression*. New York : Guilford Press.

BECK, A. T., WARD, C., MENDOLSOHN, M., MOCK, J. et ERBAUGH, J. (1961). An inventory for measuring depression. *Archives of General Psychiatry, 4*, 53-63.

BECKER, J. V., SKINNER, L. J., ABEL, G. G., AXELROD, R. et CICHON, J. (1984). Sexual problems of sexual assault survivors. *Women and Health, 9*, 5-20.

BERGER, D. M. (1977). The survivor syndrome : a problem of nosology and treatment. *American Journal of Psychotherapy, 31(2)*, 238-251.

BERGERON, N. (2003). Réaction de stress aigu après un trauma chez l'adulte. *Médecin Actuel FMC, 15 (mars)*, 15-26.

BERNAT, J. A ; RONFELDT, H. M., CALHOUN, K. S. et ARIAS, I. (1998). Prevalence of traumatic events and peritraumatic predictors of post-traumatic stress symptoms in a nonclinical sample of college students. *Journal of Traumatic Stress, 11(4)*, 645-664.

BERNSTEIN, D. A. et BORKOVEC, T. D. (1973). *Progressive Relaxation Training : A manual for the helping professions*. Champaign, IL : Research Press Editions.

BIRMES, P., SZTULMAN, H. et SCHMITT, L. (2002). Dissociation péritraumatique et état de stress post-traumatique : étude prospective de six mois. *Revue Francophone du Stress et du Trauma, 2(1)*, 45-52.

BIRMES, P., BRUNET, A., BENOIT, M., DEFER, S., HATTON, L., SZTULMAN, H. et SCHMITT, L. (sous presse). Validation of the peritraumatic dissociative experiences questionnaire self-report version in Two samples of French-speaking individuals exposed to trauma. *Journal of Nervous and Mental Disease*.

BISSON, J. I., JENKINS, P. L., ALEXANDER, J. et BANNISTER, C. (1997). Randomized controlled trial of psychological debriefing for victims of acute burn trauma. *British Journal of Psychiatry, 171*, 78-81.

BLAKE, D. D., WEATHERS, F. W., NAGY, L. M., KALOUPEK, D. G., CHARNEY, D. S. et KEANE, T. M. (1998). *Clinical-Administered PTSD Scale for DSM-IV*. National Center for Posttraumatic Stress Disorder. Behavioral Science Division, Boston VA Medical Center. Neurosciences Division, West Haven VA Medical Center.

BLAKE, D. D., WEATHERS, F. W., NAGY, L. N., KALOUPEK, D. G., KLAUMINSER, G., CHARNEY, D. S. et KEANE, T. M. (1995). The development of a clinician-administered PTSD Scale. *Journal of Traumatic Stress, 8*, 75-90.

BLAKE, D. D., WEATHERS, F. W., NAGY, L. M., KALOUPEK, D. G., KLAUMINZER, G., CHARNEY, D. S. et KEANE, T. M. (1990). A clinician rating scale for assessing current and lifetime PTSD : The CAPS-1. *The Behavior Therapist, 13*, 187-188.

BORKOVEC, T. D. et COSTELLO, J. (1993). Efficacy of applied relaxation and cognitive behavioral therapy in the treatment of generalized anxiety disorder. *Journal of Consulting and Clinical Psychology, 61*, 611-619.

BOUDEWYNS, P. A. et HYER, L. (1990). Physiological response to combat memories and preliminary treatment outcome in Vietnam veterans : PTSD patients treated with direct therapeutic exposure. *Behavior Therapy, 21*, 63-87.

BRADY, K. T., PEARLSTEIN, T., ASNIS, G. M., BACKER, D., ROTHBAUM, B. et SIKES, C. R. (2000). Double-blind placebo-controlled study of the efficacy and safety of sertraline treatment of posttraumatic stress disorder. *Journal of the American Medical Association, 56*, 502-505.

BRANSCOMBE, L. B. (1991). Dissociation in combat-related posttraumatic stress disorder. *Dissociation, 4*, 13-20.

BRESLAU, N. *et al.*, (1998). Trauma and posttraumatic stress disorder in the community. *Archives of General Psychiatry, 55*, 626-632.

BRESLAU, N. et DAVIS, G. C. (1992). Posttraumatic stress disorder in an urban population of young adults : Risk factors for chronicity. *American Journal of Psychiatry, 149*, 671-675.

BRESLAU, N., DAVIS, G. C., PETERSON, E. L. et SCHULTZ, L. (1997). Psychiatric sequelae of posttraumatic disorder in women. *Archives of General Psychiatry, 4*, 53-63.

BREWIN, C. R., ANDREWS, B. et VALENTINE, J. D. (2000). Meta-analysis of risk factors for posttraumatic stress disorder in trauma-exposed adults. *Journal of Consulting and Clinical Psychology, 68*, 748-766.

BREWIN, C. R., MACCARTHY, B. et FURNHAM, A. (1989). Social support in the face of adversity: The role of cognitive appraisal. *Journal of Research in Personality, 23*, 354-372.

BRICKMAN, J. et BRIÈRE, J. (1984). Incidence of rape and sexual assault in an urban canadian population. *International Journal of Women Studies, 7(3)*, 195-206.

BRILLON, P. (1998). *Contenus cognitifs de femmes ayant subi une agression sexuelle: Identification et relation avec la symptomatologie post-traumatique*. Thèse de doctorat. Département de psychologie, Université du Québec à Montréal. Montréal, Québec.

BRILLON, P. et MARCHAND, A. (1997). Survivre à une agression sexuelle: Symptomatologie post-traumatique et dépressive. *Revue Québécoise de Psychologie, 18*(3), 125-146.

BRILLON, P. et MARTIN, M. (2002). Bibliographie française sur l'expérience post-traumatique. *Revue Québécoise de Psychologie, 23(3)*, 271-279.

BRILLON, P. et SAVARD, P. (2002). Aider une victime de traumatisme: Qu'est-ce que l'omnipraticien peut faire? *Le Clinicien, 17*(1), 75-90.

BRILLON, P., MARCHAND, A. et STEPHENSON, R. (1996). Conceptualisations étiologiques du Trouble de Stress Post-Traumatique: Description et analyse critique. *Revue Francophone de Clinique Comportementale et Cognitive, 1(1)*, 1-13.

BRILLON, P., MARCHAND, A. et STEPHENSON, R. (1999). Influence of cognitive factors on sexual assault recovery: Descriptive review and methodological concerns. *Scandinavian Journal of Behaviour Therapy, 28(1)*, 1-19.

BRIOLE, G., LEBIGOT, F., LAFONT, B., FAVRE, J. -D. et VALLET, D. (1994). *Le traumatisme psychique: rencontre et devenir*. Paris: Masson.

BRUNET (1993). French-canadian adaptation of the Impact of Event Scale. Dans A. Brunet (1997). *Épidémiologie des événements traumatiques et effets des expositions multiples chez des chauffeurs de bus urbain*. Thèse de doctorat. Département de psychologie, Université de Montréal, Montréal, Québec.

BRUNET, A., WEISS, D. S., METZLER, T., BEST, S., NEYLAN, T. C., ROGERS, C., FAGAN, J. et MARMAR, C. R. (2001). The Peritraumatic Distress

Inventory : A proposed measure of criterion A2. *American Journal of Psychiatry, 158*, 1480-1485.

BRUNET, A., ST-HILAIRE, A., JEHEL, L. et KING, S. (2003). Validation of a French version of the Impact of Events Scale-Revised. *Canadian Journal of Psychiatry, 48*, 56-61.

BRYANT, R. A. et HARVEY, A. G. (2003). Gender differences in the relationship between acute stress disorder and posttraumatic stress disorder following motor vehicle accidents. *Australian and New Zealand Journal of Psychiatry, 37(2)*, 226-229.

BURGESS, A. W. et HOLMSTROM, L. L. (1974). Rape trauma syndrome. *American Journal of Psychiatry, 131*, 981-986.

CARLSON, E. B. et ROSSER-HOGAN, R. (1991). Trauma experiences, posttraumatic stress, dissociation, and depression in Cambodgian refugees. *American Journal of Psychiatry, 148*, 1548-1551.

CARLSON, J. G., CHEMTOB, C. M., RUSNACK, K., HEDLUND, N. L. et MURAOKA, M. Y. (1998). Eye movement desensitization and reprocessing for combat-related posttraumatic stress disorder. *Journal of Traumatic Stress, 11*, 3-24.

CASSIDAY, K. L., MCNALLY, R. J. et ZEITLIN, S. B. (1992). Cognitive processing of trauma cues in rape victims with PTSD. *Cognitive Therapy and Research, 16(3)*, 283-295.

CHALOULT, L. (2000). *La psychothérapie cognitivo-comportementale : Théorie et pratique*. Les Presses de l'Hôpital du Sacré-Cœur de Montréal.

CHAMBLESS, D. L., BAKER, M. J., BAUCOM, D. H., BEUTLER, L. E., CALHOUN, K. S., CRITS-CHRISTOPH, P. *et al.* (1998). Update on empirically validated therapies, II. *The Clinical Psychologist, 51*, 3-15.

CHEMTOB, C. M., TOLIN, D. F., VAN DER KOLK, B. A. et PITMAN, R. K. (2000). Eye movement desensitization and reprocessing. Dans E. B. Foa, T. Keane et M. Friedman (Eds.), *Effective treatments for PTSD : Practice guidelines from the International Society for Traumatic Stress Studies* (p. 139-154). New York : Guilford Press.

CHU, J. A. et DILL, D. L. (1990). Dissociative symptoms in relation to childhood physical and sexual abuse. *American Journal of Psychiatry, 147*, 887-892.

CLOITRE, M. et KOENEN, K. C. (2001). The impact of borderline personality disorder on process group outcome among women with posttraumatic stress disorder related to childhood abuse. *International Journal of Group Psychotherapy, 51(3)*, 379-398.

CLOITRE, M., KOENEN, K. C., COHEN, L. R. et HAN, H. (2002). Skills training in affective and interpersonal regulation followed by exposure : A phase-based treatment for PTSD related to childhood abuse. *Journal of Consulting and Clinical Psychology, 70*, 1067-1074.

COOPER, N. A. et CLUM, G. A. (1989). Imaginal flooding as a supplementary treatment for PTSD in combat veterans : A controlled study. *Behavior Therapy, 3*, 381-391.

CUM (2000). *Bilan annuel 2000*. Communauté urbaine de Montréal.

DANCU, C. V., RIGGS, D. S., HEARST-IKEDA, D., SHOYER, B. G. et FOA, E. B. (1996). Dissociative experiences and posttraumatic stress disorder among female victims of criminal assault and rape. *Journal of Traumatic Stress, 9*, 253-267.

DAVIDSON, J. R. T., ROTHBAUM, B. O., VAN DER KOLK, B. A., SIKES, C. et FARFEL, G. M. (2001). Multicenter, double-bind comparison of sertraline and placebo in the treatment of Posttraumatic stress disorder. *Archives of General Psychiatry, 58*, 485-492.

DEVILLY, G. J. et SPENCE, S. H. (1999). The relative efficacy and treatment distress of EMDR and a cognitive-behavior trauma protocol in the amelioration of posttraumatic stress disorder. *Journal of Anxiety Disorders, 13*, 131-157.

DUGAS, M. J., RADOMSKY, A. S. et BRILLON, P. (sous presse). Tertiary Intervention for Anxiety and Prevention of Relapse. Dans D. J. A. Dozois and K. S. Dobson (Eds.), *The prevention of anxiety and depression : Theory, research, and practice*. Washington, DC : American Psychological Association.

ECHEBURUA, E., DE CORRAL, P., ZUBIZARRETA, I. et SARASUA, B. (1997). Psychosocial treatment of chronic posttraumatic stress disorder in victims of sexual aggression. *Behavior Modification, 21*, 433-456.

EHLERS, A. et CLARK, D. M. (2000). A cognitive model of posttraumatic stress disorder. *Behavior Research and Therapy, 38*, 319-345.

EITINGER, L. (1965). Concentration camp survivors in Norway and Israel. *Israel Journal of Medical Sciences, 1(5)*, 883-895.

ELLIS, A. (1962). *Reason and emotion in psychotherapy*. New York : Lyle Stuart.

ELLIS, A. (1973). *Humanistic Psychotherapy : The Rational-Emotive approach*. New York : Julian Press.

EPSTEIN, S. (1990). Beliefs and symptoms in maladaptive resolutions of the traumatic neurosis. Dans D. Ozer, J. M. Healy et A. J. Stewart

(Eds.), *Perspectives on personality*, vol. 3. D. Ozer, J. M. Healy, Jr. et A. J. Stewart. London : Jessica Kingsley.

EVERLY, G. S., BOYLE, S. H. et LATING, J. M. (1999). The effectiveness of psychological debriefing with vicarious trauma : A meta-analysis. *Stress Medecine, 15*, 229-233.

EXPERT CONSENSUS GUIDELINES SERIES : TREATMENT OF PTSD (1999). *Journal of Clinical Psychiatry, 60(16)*, 1-76.

FALSETTI, S. A., RESNICK, H. S., RESICK, P. A. et KILPATRICK, D. G. (1992). Post-Traumatic Stress Disorder : the assessment of frequency and severity of symptoms in clinical and nonclinial samples. Conférence présentée au 26e Congrès annuel de l'Association for Advancement of Behaviour Therapy, Boston.

FALSETTI, S. A., RESNICK, H. S., RESICK, P. A. et KILPATRICK, D. G. (1993). The Modified PTSD Symptom Scale : a brief self-report measure of PTSD. *Behaviour Therapist, 16*, 161-162.

FARBEROW, N. L. (1985). Mental health aspects of disaster in smaller communities. *The American Journal of Social Psychiatry, 4*, 43-55.

FEENEY, N. C., ZOELLNER, L. A. et FOA, E. B. (2002). Treatment outcome for chronic PTSD among female assault victims with borderline personality characteristics : a preliminary examination. *Journal of Personality Disorders, 16(1)*, 30-40.

FIGLEY, C. R. (2002). Compassion fatigue : Psychotherapists' chronic lack of self care. *Journal of Clinical Psychology, 58(11)*, 1433-1441.

FIGLEY, C. R. (1995). Compassion fatigue as secondary traumatic stress disorder : An overview. Dans C. R. Figley (Ed.), *Compassion fatigue : Coping with secondary traumatic stress disorder in those who treat the traumatized* (p. 1-20), New York : Brunner-Mazel.

FLANNERY, R. B. (1990). Social support and psychological trauma : A methodological review. *Journal of Traumatic Stress, 3*, 593-612.

FOA, E. B. (1995). *Posttraumatic Stress Diagnostic Scale*. National Computer Systems Inc. Minneapolis Mn.

FOA, E. B. (2000). Psychosocial treatment of posttraumatic stress disorder. *Journal of Clinical Psychiatry, 61(5)*, 43-48.

FOA, E. B. et MEADOWS, E. A. (1997). Psychosocial treatment for posttraumatic stress disorder : A critical review. *Annual Review of Psychology, 48*, 449-480.

FOA, E. B. et RIGGS, D. S. (1995). Posttraumatic stress disorder following assault : Theoretical considerations and empirical findings. *Current Directions, 4*, 61-65.

FOA, E. B., CASHMAN, L., JAYCOX, L. et PERRY, K. (1997). The validation of a self-report measure of posttraumatic stress disorder : The Posttraumatic Diagnostic Scale. *Psychological Assessment, 9*, 445-451.

FOA, E. B., DANCU, C. V., HEMBREE, E. A., JAYCOX, L. H., MEADOWS, E. A. et STREET, G. P. (1999). The efficacy of exposure therapy, stress inoculation training and their combination in ameliorating PTSD for female victims of assault. *Journal of Consulting and Clinical Psychology, 67*, 194-200.

FOA, E. B. et ROTHBAUM, B. (1998). *Treating the trauma of rape : Cognitive-behavioral therapy for PTSD*. New York : Guilford Press.

FOA, E. B., FESKE, U., MURDOCK, T. B., KOZAK, M. J. et MCCARTHY, P. R. (1991). Processing of threat-related information in rape victims. *Journal of Abnormal Psychology, 100*, 156-162.

FOA, E. B., RIGGS, D. S., DANCU, C. V. et ROTHBAUM, B. O. (1991). Reliability and validity of a brief instrument for the assessment of post-traumatic stress disorder. Unpublished manuscript.

FOA, E. B., RIGGS, D. S., DANCU, C. V. et ROTHBAUM, B. O. (1993). Reliability of a brief instrument for assessing post-traumatic stress disorder. *Journal of Traumatic Stress, 6*, 459-473.

FOA, E. B., ROTHBAUM, B. O., RIGGS, D. et MURDOCK, T. (1991). Treatment of post-traumatic stress disorder in rape victims : A comparison between cognitive-behavioral procedures and counseling. *Journal of Consulting and Clinical Psychology, 59*, 715-723.

FOA, E. B., STEKETEE, G. et ROTHBAUM, B. O. (1989). Behavioral-cognitive conceptualizations of posttraumatic stress disorder. *Behavior Therapy, 20*, 155-176.

FOA, E. B., ZINGARG, R. et OLASOV-ROTHBAUM, B. O. (1992). Uncontrollability and unpredicability in post-traumatic stress disorder : An animal model. *Psychological Bulletin, 112*, 218-238.

FRANK, E., ANDERSON, B., STEWART, B. D., DANCU, C., HUGHES, C. et BEST, D. (1988). Efficacy of cognitive behavior therapy and systematic desensitization in the treatment of rape trauma. *Behavior Therapy, 19*, 403-420.

FRAZIER, P. et SCHAUBEN, L. (1994). Causal attributions and recovery from rape and other stressful life events. *Journal of Social and Clinical Psychology, 13*, 1-14.

FRAZIER, P. A. (1990). Victim attributions and post-rape trauma. *Journal of Personality and Social Psychology, 59*(2), 298-304.

FREEMAN, T. et MOORE, W. (2000). A comparison of chronic combat-related PTSD patients with and without a history of suicide attempt. *Journal of Nervous and Mental Disease, 188*, 460-463.

FREESTON, M. H., LADOUCEUR, R., THIBODEAU, N., GAGNON, F. et RHÉAUME, J. (1994). L'Inventaire d'anxiété de Beck : Propriétés psychométriques d'une traduction française. *L'Encéphale, 20*, 47-55.

FRIEDMAN, M. J., DAVIDSON, J. R. T., MELLMAN, T. A. et SOUTHWICK, S. M. (2000). Pharmacotherapy. Dans E. B. Foa, T. Keane et M. Friedman (Eds), *Effective treatments for PTSD : Practice guidelines from the International Society for Traumatic Stress Studies* (p. 84-105). New York : Guilford Press.

GARBARINO, J. (1993). Challenges we face in understanding children and war : A personal essay. *Child Abuse and Neglect, 17(6)*, 787-793.

GIDYCZ, C. A. et KOSS, M. P. (1991). Predictors of long-term sexual assault trauma among a national sample of victimized college women. *Violence and Victims, 6(3)*, 175-190.

GLOVER, H. (1984). Survival guilt and the Vietnam veteran. *Journal of Nervous and Mental Disease, 172*, 393-397.

GOLD, E. R. (1986). Long-term effects of sexual victimization in childhood : An attributional approach. *Journal of Consulting and Clinical Psychology, 54(4)*, 471-475.

GREEN, B. L. (1994). Psychosocial research in traumatic stress : An update. *Journal of Traumatic Stress, 7(3)*, 341-362.

GREENBERG L. S. et PAIVIO, S. C. (1997). *Working with emotions in psychotherapy*. New York : Guilford Press.

GRINKER, R. R. et SPIEGEL, J. P. (1945). *War neurosis*. Philadelphia : Blakiston.

GRINKER, R. R. et SPIELGEL, J. P. (1943). *War neurosis in North Africa, the tunisian campaign, january to may 1943*. New York : Josiah Macy Foundation.

GUAY, S., MARCHAND, A., IUCCI, S. et MARTIN, A. (2002). Validation de la version québécoise de l'Échelle modifiée des symptômes du trouble de stress post-traumatique auprès d'un échantillon clinique. *Revue Québécoise de Psychologie, 23(3)*, 257-269.

HANSON, R. K. (1990). The psychological impact of sexual assault on women and children : A review. *Annals of Sex Research, 3*, 187-232.

HEFFERNAN, K. et CLOITRE, M. (2000). A comparison of posttraumatic stress disorder with and without borderline personality disorder among women with a history of childhood sexual abuse : Etiological and clinical characteristics. *Journal of Nervous and Mental Disease, 188(9)*, 589-595.

HELZER, J. E., ROBINS, L. N. et MCEVOY, L. (1987). Post-traumatic stress disorder in the general population. *New England Journal of Medicine, 317*, 1630-1634.

HEMBREE, E. A. et FOA, E. B. (2003). Interventions for trauma-related emotional disturbances in adult victims of crime. *Journal of Traumatic Stress, 16(2)*, 187-199.

HENDIN, H. et HAAS, A. P. (1991). Suicide and guilt as manifestations of PTSD in Vietnam combat veterans. *American Journal of Psychiatry, 148*, 586-591.

HENDIN, H. et HAAS, A. P. (1992). Suicide and guilt as manifestations of PTSD in Vietnam combat veterans : Comment. *American journal of Psychiatry, 149*, 142-143.

HENNING, K. R. et FRUEH, B. C. (1997). Combat guilt and its relationship to PTSD symptoms. *Journal of Clinical Psychology, 53(8)*, 801-808.

HERMAN, J. L. (1992). *Trauma and recovery*. Basic Books/Harper Collins.

HOROWITZ, M. J. (1986). *Stress response syndromes. (2nd ed.)* New York : Jason Aronson.

HOROWITZ, M., WILNER, N. et ALVAREZ, W. (1979). Impact of event scale : A measure of subjective stress. *Psychosomatic Medicine, 41*(3), 209-218.

JACOBSON, E. (1980). *Savoir relaxer pour combattre le stress*. Éditions de l'Homme, Montréal.

JANOFF-BULMAN, R. (1979). Characterological versus behavioral self-blame : Inquiries into depression and rape. *Journal of Personality and Social Psychology, 37*, 1798-1809.

JANOFF-BULMAN, R. (1985). The aftermath of victimization : Rebuilding shattered assumptions. Dans C. R. Figley (ed.), *Trauma and its wake, vol. 1 : The study and treatment of post-traumatic stress disorder*. New York : Brunner/Mazel.

JANOFF-BULMAN, R. (1989a). Assumptive worlds and the stress of traumatic events : Applications of the schema construct. *Social Cognition, 7(2)*, 113-136.

JANOFF-BULMAN, R. (1989b). The benefits of illusions, the threat of disillusionment and the limitations of inaccuracy. *Journal of Social and Clinical psychology, 8*, 158-175.

JANOFF-BULMAN, R. (1992). *Shattered assumptions : Towards a new psychology of trauma*. New York : The Free Press.

JANOFF-BULMAN, R. et FRIEZE, I. H. (1983). A theoretical perspective for understanding reactions to victimization, *Journal of Social Issues, 39*, 1-17.

JANOFF-BULMAN, R. et WORTMAN, C. B. (1977). Attributions of blame and coping in the « real world » : Severe accident victims react to their lot. *Journal of Personality and Social Psychology, 35*, 351-353.

JAYCOX, L. H., MARSHALL, G. N. et ORLANDO, M. (2003). Predictors of acute distress among young adults injured by community violence. *Journal of Traumatic Stress, 16(3)*, 237-245.

JEHEL, L., BRUNET, A., PATERNITI, S. et GUELFI, J. D. (sous presse). Validation de la version française de l'Inventaire de détresse péritraumatique. *Journal Canadien de Psychiatrie*.

JENSEN, I. W. et GUTEK, B. A. (1982). Attributions and assigments of responsability in sexual harassment. *Journal of Social Issues, 38*, 121-136.

JOHNSON, W. B. (1995). Narcissistic personality as a mediating variable in manifestations of post-traumatic stress disorder. *Military Medicine, 160(1)*, 40-41.

JOSEPH, S. A., BREWIN, C. R., YULE, W. et WILLIAMS, R. (1993). Causal attributions and psychiatric symptoms in adolescents survivors of disaster. *Journal of Child Psychology and Psychiatry, 34(2)*, 247-253.

JOSEPH, S. A., YULE, W. et WILLIAMS, R. (1993). Post-traumatic stress : Attributional aspects. *Journal of Traumatic Stress, 6*(4), 501-513.

JOSEPH, S. A., WILLIAMS, R. et YULE, W. (1995). Psychosocial perspectives on post-traumatic stress. *Clinical Psychology Review, 15(6)*, 515-544.

KEANE, T. M., FAIRBANK, J. A., CADDELL, J. M. et ZIMMERING, R. T. (1989). Implosive (flooding) therapy reduces symptoms of PTSD in Vietnam combat veterans. *Behavior Therapy, 20*, 245-260.

KEANE, T. M., FAIRBANK, J. A., CADDELL, J. M., ZIMMERING, R. T. et BENDER, M. E. (1985). A behavioral approach to assessing and treating posttraumatic stress disorder in Vietnam veterans. Dans C. R. Figley (Ed.), *Trauma and its wake : The study and treatment of posttraumatic stress disorder*. New York : Brunner\Mazel.

KEANE, T. M., ZIMMERING, R. T. et CADDELL, J. M. (1985). A behavioral formulation of posttraumatic stress disorder in Vietnam veterans. *The Behavior Therapist, 8*, 9-12.

KEANE, T. M. et BARLOW, D. H. (2002). Post-traumatic stress disorder. Dans D. H. Barlow. *Anxiety and its disorders. The nature and treatment of anxiety and panic. 2nd edition*. Guilford press. New York.

KEANE, T. M., CADDELL, J. M. et TAYLOR, K. L. (1988). Mississipi scale for combat-related PTSD : Three studies in reliability and validity. *Journal of Consulting and Clinical Psychology, 56*, 85-90.

KEANE, T. M., WEATHERS, F. W. et FOA, E. B. (2000). Diagnosis and assessment. Dans E. B. Foa, T. M. Keane et M. J. Friedman (Eds). *Effective treatments for PTSD. Practice Guidelines from the International Society for Traumatic Stress Studies*, (p. 18-36). New York : Guilford Press.

KEANEY, J. C. et FARLEY, M. (1996). Dissociation in outpatient sample of women reporting childhood abuse. *Psychological Reports, 78*, 59-65.

KESSLER, R. C., SONNEGA, A., BROMET, E., HUGHES, M. et NELSON, C. B. (1995). Post-traumatic stress disorder in the National Comorbidity Survey. *Archives of General Psychiatry, 52*, 1048-1060.

KILPATRICK *et al.* (1988). Can self-report inventories discriminate cases of crime-related post-traumatic stress disorder ? Conference présentée au 22e Congrès annuel de l'Association for Advancement of behavior Therapy, New York.

KILPATRICK, D. G., SAUNDERS, B., AMICK-MCMULLAN, A. E., BEST, C. L., VERONEN, L. J. et RESNICK, H. (1989). Victim and crime factors associated with the development of posttraumatic stress disorder. *Behavior Therapy, 20*, 199-214.

KILPATRICK, D. G., VERONEN, L. J. et BEST, C. L. (1985). Factors predicting psychological distress among rape victims. Dans C. R. Figley (Ed.), *Trauma and its wake : The study and treatment of posttraumatic stress disorder*. New York : Brunner\Mazel.

KILPATRICK, D. G. (1988). Rape Aftermath Symptom Test. Dans M. Hersen et A. S. Bellack (Eds.), *Dictionary of behavioral assessment techniques*. Oxford : Pergamon Press.

KILPATRICK, D. G., RESICK, P. et VERONEN, L. J. (1981). Effects of a rape experience : A longitudinal study. *Journal of Social Issues, 37*, 105-122.

KOTLER, M., IANCU, I., EFRONI, R. et AMIR, M. (2001). Anger, impulsivity, social support and suicide risk in patients with PTSD. *Journal of Nervous and mental Disease, 189*, 162-167.

KRAUSE, E., ROTH, S. et DEROSA, R. R. (2001). Gender, trauma themes and posttraumatic stress : Narratives of male and female survivors. Dans *Gender issues in PTSD treatment* : Focus on cognitive processing. Symposium donné au 17e Congrès de l'International Society for Traumatic Stress Studies, New Orleans, USA, du 6-9 décembre.

KUBANY, E. S. et MANKE, F. P. (1995). Cognitive therapy for trauma-related guilt : Conceptual bases and treatment outlines. *Cognitive and Behavioral Practice, 2*, 27-61.

KUSHNER, M. G., RIGGS, D. S., FOA, E. B. et MILLER, S. M. (1992). Perceived controllability and the development of posttraumatic stress disorder (PTSD) in crime victims. *Behavioral Research Therapy, 31*(1), 105-110.

LAFLEUR, J. (1999). *Relaxer : des stratégies pour apprivoiser notre stress.* Éditions Logiques, Montréal.

LEE, C., SLADE, P. et LYGO, V. (1996). The influence of psychological debriefing on emotional adaptation in women following early miscarriage : A preliminary study. *British Journal of Psychology, 69*, 47-58.

LIBOW, J. A. et DOTY, D. W. (1979). An exploratory approach to self-blame and self-derogation by rape victims. *American Journal of Orthopsychiatry, 49(4)*, 670-679.

LINDEMANN, E. (1944). Symptomatology and management of acute grief. *American Journal of Psychiatry, 101(9)*, 141-148.

LINEHAN, M. (1993). *Cognitive-behavioral treatment of borderline personality disorder*. New York : Guilford Press.

LIPSCHITZ, D. S., KAPLAN, M. L., SORKENN, J., CHORNEY, P. et ASNIS, G. M. (1996). Childhood abuse, adult assault, and dissociation. *Comprehensive Psychiatry, 37*, 261-266.

LOHR, J. M., TOLIN, D. F. et LILIENFELD, S. O. (1998). Efficacy of eye movement desensitization and reprocessing : Implications for behavior therapy. *Behavior Therapy, 29*, 123-156.

LONDBORG *et al.*, (2001). Sertraline treatment of posttraumatic stress disorder : Results of 24 weeks of open-label continuation treatment. *Journal of Clinical Psychiatry, 62(5)*, 325-331.

MARCHAND, A. IUCCI, S., BRILLON, P., MARTIN, M. et MARTIN, A. (2003). Intervention de crise et *Debriefing* : Controverses et défis. *Revue Francophone du Stress et du Trauma, 3*, 141-153.

MARKS, I., LOVELL, K., NOSHIRVANI, H., LIVANOU, M. et THRASHER, S. (1998). Treatment of PTSD by exposure and/or cognitive restructuring : A controlled study. *Archives of General Psychiatry, 55*, 317-325.

MARMAR, C. R., WEISS, D. S. et METZLER, T. J. (1997). The Peritraumatic Dissociative Experiences Questionnaire. Dans J. P. Wilson and T. M. Keane (Eds.), *Assessing psychological trauma and PTSD* (p. 412-428). New York : Guilford Press.

MARMAR, C. R., WEISS, D. S., SCHLENGER, W. E., FAIRBANK, J. A., JORDAN, B. K., KULKA, R. A. et HOUGH, R. L. (1994). Peritraumatic dissociation and posttraumatic stress in male Vietnam theater veterans. *American Journal of Psychiatry, 151(6)*, 902-907.

MARMAR, C. R., WEISS, D. S. et METZLER, T. (1998). Peritraumatic dissociation and posttraumatic stress disorder. Dans J. D. Bremmer et C. R. Marmar (Eds.) *Trauma Memory and Dissociation*. (p. 229-252). Washington, DC : American Psychiatric Press, 229-252.

MARMAR, C. R., WEISS, D. S., METZLER, T. J., DELUCCHI, K. L., BEST, S. R. et WENTWORTH, K. A. (1999). Longitudinal course and predictors of continuing distress following critical incident exposure in emergency services personnel. *Journal of Nervous and Mental Disease, 187(1)*, 15-22.

MARSHALL, R. D., BEBEE, K. L., OLDHAM, M. et ZANINELLI, R. (2001). Efficacy and safety of paroxetine treatment for chronic PTSD : A fixed-dose, placebo-controlled study. *American Journal of Psychiatry, 158(12)*, 1982-1988.

MARSHALL, R. D., SCHNEIER, F. R., FALLON, B. A., KNIGHT, C. B., ABBATE, L. A., GOETZ, D. *et al.*, (1998). An open trial of Paroxetine in patients with non combat-related, chronic posttraumatic stress disorder. *Journal of Clinical Psychopharmacology, 18*, 10-18.

MARTIN, A. (2002). *Prédiction des symptômes de stress post-traumatiques à partir des variables péritraumatiques*. Thèse de doctorat, Département de psychologie. Université du Québec à Montréal, Montréal, Québec.

MASSON (1996). *Mini DSM-IV : Critères diagnostiques*. Traduction française par J. -D. Quelfi *et al.* du DSM-IV (American Psychiatric Association, Washington, DC, 1994).

MCCANN, I. L. et PEARLMAN, L. A. (1990). Constructivist Self development Theory. Dans *Psychological trauma and the adult survivor : theory, therapy and transformation*, (p. 10-33). New York : Brunner\ Mazel.

McCormick, R. A., Taber, J. et Kruedelbach, N. (1989). The relationship between attributional style and post-traumatic stress disorder in addicted patients. *Journal of Traumatic Stress, 2*, 477-487.

Meichenbaum, D. (1985). *Stress inoculation training*. New York : Pergamon Press.

Meichenbaum, D. (1994). *A Clinical Handbook/Pratical Therapist Manual : For Assessing and Treating Adults with Post-Traumatic Stress Disorder (PTSD)*. Waterloo : Institute Press.

Meyer, C. B. et Taylor, S. E. (1986). Adjustment to rape. *Journal of Personality and Social Psychology, 50*(6), 1226-1234.

Mikulincer, M. et Solomon, Z. (1988). Attributional style and combat-related posttraumatic stress disorder. *Journal of Abnormal Psychology, 97*(3), 308-313.

Mikulincer, M. et Solomon, Z. (1989). Causal attribution, coping strategies, and combat-related post-traumatic stress disorder. *European Journal of Personality, 3(4)*, 269-284.

Mott, F. W. (1919). *War neuroses and shell shock*. London : Oxford University Press.

Mowrer, O. H. (1960). *Learning theory and Behavior*. New York : Wiley.

Murray, J., Ehlers, A. et Mayou, R. A. (2002). Dissociation and post-traumatic stress disorder : two prospective studies of road traffic accident survivors. *British Journal of Psychiatry, 180(4)*, 363-368.

Myers, C. S. (1940). *Shell-shock in France : 1914-1918*. Cambridge : Cambridge University Press.

Nadelson, C., Notman, M., Zackson, H. et Gornick, J. (1982). A follow-up study of rape victims. *American Journal of Psychiatry, 139*, 1266-1270.

Norris, F. H. (1992). Epidemiology of trauma : Frequency and impact of different potentially traumatic events on different demographic groups. *Journal of Consulting and Clinical Psychology, 60*(3), 409-418.

Organisation Mondiale de la Santé. (1992). *CIM-10 Classification internationale des maladies*, chapitre V(F) : Troubles mentaux et Troubles du comportement. Paris : Masson.

Öst, L. -G. (1988). Applied relaxation vs progressive relaxation in the treatment of panic disorder. *Behavior Research and Therapy, 26*, 13-22.

ÖST, L. -G. (1987). Applied relaxation : Description of a coping technique and review of controlled studies. *Behaviour Research and Therapy, 25*, 397-409.

OZER, E. J., BEST, S. R., LIPSEY, T. L. et WEISS, D. S. (2003). Predictors of posttraumatic stress disorder and symptoms in adults : A meta-analysis. *Psychological Bulletin, 129(1)*, 52-73.

PEARLMAN, L. A. (1995). Self-care for trauma therapist : Ameliorating vicarious traumatization. Dans B. H. Stamm (Ed.). *Secondary traumatic stress : Self-care issues for clinicians, researchers and educators* (p. 51-64). Lutherville, MD : Sidran Press.

PERLOFF, L. S. (1983). Perceptions of vulnerability to victimisation. *Journal of Social Issues, 39(2)*, 41-61.

PITMAN, R., ALTMAN, B. et MACKLIN, M. (1989). Prevalence of posttraumatic stress disorder in wounded Vietnam veterans. *American Journal of Psychiatry, 146*, 667-669.

PITMAN, R. K., ORR, S. P., ALTMAN, B., LONGPRE, R. E., POIRE, R. E. et MACKLIN, M. L. (1996). Emotional processing during eye movement desensitization and reprocessing therapy of Vietnam veterans with chronic posttraumatic stress disorder. *Comprehensive Psychiatry, 37*, 419-429.

RADO, S. (1942). Pathodynamics and treatment of traumatic war neurosis (traumatophobia). *Psychosomatic medicine, 42*, 363-368.

RENFRY, G. et SPATES, C. G. (1994). Eye movement desensitization : A partial dismantling study. *Journal of Behavior Therapy and Experimental Psychiatry, 25*, 269-275.

RESICK, P. A. et SCHNICKE, M. K. (1992). Cognitive processing therapy for sexual assault victims. *Journal of Consulting and Clinical Psychology, 60*, 748-756.

RESICK, P. A. et SCHNICKE, M. K. (1993). *Cognitive processing therapy for rape victims : A treatment manual.* Newbury Park, CA : Sage.

RESNICK, H. S., KILPATRICK, D. G., DANSKY, B. S., SAUNDERS, B. E. et BEST, C. L. (1993). Prevalence of civilian trauma and posttraumatic stress disorder in a representative national sample of women. *Journal of Consulting and Clinical Psychology, 61*(6), 984-991.

RESNICK, H. S. (1997). Acute panic reactions among rape victims : implications for prevention of post-rape psychopathology. *National Center for PTSD Clinical Quarterly, 7(3)*, 41, 43-45.

RICHARDS, D. A., LOVELL, K. et MARKS, I. (1994). Post-traumatic stress disorder : Evaluation of a behavioral treatment program. *Journal of Traumatic Stress, 60*, 669-680.

ROSE, S., WESSELY, S. et BISSON, J. (2001). Brief psychological interventions (Debriefing) for trauma-related symptoms and prevention of PTSD. Dans *Cochrane Library, 2*. Oxford : Update Software.

ROTH, S. H. et NEWMAN, E. (1992). The role of helplessness in the recovery process for sexual trauma survivors. *Canadian Journal of Behavioural Science. 24(2)*, 220-232.

ROTHBAUM, B. O. (1997). A controlled study of eye movement desensitization and reprocessing in the treatment of posttraumatic stress disorder. *Comprehensive Psychiatry, 37*, 419-429.

ROTHBAUM, B. O., FOA, E. B., RIGGS, D. S., MURDOCK, T. et WALSH, W. (1992). A prospective examination of post-traumatic stress disorder in rape victims. *Journal of Traumatic Stress, 5*, 455-475.

ROTHBAUM, B. O., MEADOWS, E. A., RESICK, P. et FOY, D. W. (2000). Cognitive-behavioral therapy, p. 60-83. Dans E. B. Foa, T. M. Keane et M. J. Friedman. *Effective treatments for PTSD. Practice Guidelines from the International Society for Traumatic Stress Studies*. New York. Guilford Press.

RUCH, L. O., CHANDLER, S. M. et HARTER, R. A. (1980). Life change and rape impact. *Journal of Health and Social Behavior, 21*, 248-260.

SAAQ (2000). *Bilan routier 2000*. Société de l'Assurance Automobile du Québec, 2001.

SAUNDERS, B. E., ARATA, C. M. et KILPATRICK, D. G. (1990). Development of a crime-related post-traumatic stress disorder scale for women within the Symptom checklist-90-revised. *Journal of Traumatic Stress, 3*, 439-448.

SAXE, G. N., VAN DER KOLK, B. A., BERKOWITHZ, R., CHINMAN, G., HALL, K., LIEBERG, G. et SCHWARTZ, J. (1993). Dissociative disorders in psychiatric inpatients. *American Journal of Psychiatry, 150*, 1037-1042.

SCHECK, M. M, SCHAEFFER, J. A. et GILLETTE, C. (1998). Brief psychological intervention with traumatized young women : the efficacy of eye movement desensitization and reprocessing. *Journal of Traumatic Stress. 11(1)*, 25-44.

SCHEPPELE, K. L. et BART, P. B. (1983). Through women's eyes : Defining danger in the wake of sexual assault. *Journal of Social Issues, 39(2)*, 63-81.

SCHWARZWALD, J., SOLOMON, Z., WEISENBERG M. et MIKULINCER M. (1987). Validation of the impact of event scale for psychological sequelas of combat. *Journal of Consulting and Clinical Psychology, 55*, 251-256.

SEXTON, L. (1999). Vicarious traumatisation of counsellors and effects on their workplaces. *British Journal of Guidance and Counselling, 27*, 393-403.

SHALEV, A. Y., BONNE, O. et SPENCER, E. (1996). Treatment of posttraumatic stress disorder : A review. *Psychosomatic Medicine, 58*, 165-182.

SHAPIRO, F. (1989). Efficacy of the eye movement desensitization and reprocessing in the treatment of traumatic memories. *Journal of Trauamtic Stress, 2*, 199-223.

SHAPIRO, F. (1995). *Eye movement desensitization and reprocessing : Basic principles, protocols and procedures*. New York : Guilford Press.

SHEA, M. T., ZLOTNICK, C., DOLAN, R., WARSHAW, M. G., PHILLIPS, K. A., BROWN, P. J. et KELLER, M. B. (2000). Personality disorders, history of trauma, and posttraumatic stress disorder in subjects with anxiety disorders. *Comprehensive Psychiatry, 41(5)*, 315-325.

SIMON, R. I. (2002). Distinguishing trauma-associated narcissistic symptoms from posttraumatic stress disorder : A diagnostic challenge. *Harvard Review Psychiatry, 10*, 28-36.

SKINNER, B. S. (1938). *The behaviour organism*. New York : Appleton.

SLOAN (1998). Post-traumatic stress in survivors of an airplane crash-landing : A clinical and exploratory research intervention. *Journal of Traumatic Stress, 1(2)*, 211-229.

SOLOMON, S. D., KEANE, T. M., NEWMAN, E. et KALOUPEK, D. G. (1996). Choosing self-report measures and structures interviews. Dans E. B. Carlson (Ed.). *Trauma research methodology*, (p. 56-81). Lutherville, MA : Sydran Press.

SOLOMON, Z., MIKULINCER, M. et AVITZUR, E. (1988). Coping, locus of control, social support and combat related posttraumatic stress disorder : A prospective study. *Journal of Personality and Social Psychology, 55(2)*, 279-285.

SOUTHARD, E. E. (1919). *Shell shock and neuropsychiatric problems*. Boston : Leonard.

STATISTIQUE CANADA (1993). *L'Enquête sur la violence envers les femmes. Résumé des principaux résultats de l'enquête*. Le Quotidien, numéro de catalogue : 11-001F, Ottawa, Canada : ministère de l'Industrie, des Sciences et de la Technologie.

STEPHENSON, R., MARCHAND, A., MARCHAND L. et DIBLASIO, L. (2000). Examination of the psychometrics properties of a brief PTSD measure on a French-Canadian undergraduate population. *Scandinavian Journal of Behaviour Therapy, 29* (1), 1-9.

STEPHENSON, R., BRILLON, P., MARCHAND, A. et DIBLASIO (1995). Traduction de *Modified PTSD Symptom Scale*. Laboratoire d'étude du trauma, UQÀM.

STEPHENSON, R., MARCHAND, A. et BRILLON, P. (1997). Examen critique des études d'efficacité du traitement du trouble de stress post-traumatique. *Science et Comportement, 25(2)*, 149-182.

SZADOCZKY, E., VITRAI, J., RIHMER, Z. et FUEREDI, J. (2000). Suicide attempts in the Hungarian adult population : Their relation with DIS/DSM-III-R affective and anxiety disorders. *European Psychiatry, 15(6)*, 343-347.

TARRIER, N., PILGRIM, SOMMERFIELD, C., FARAGHER, B., REYNOLDS, M., GRAHAM, E. et BARROWCLOUGH, C. (1999). A randomized trial of cognitive therapy and imaginal exposure in the treatment of chronic posttraumatic stress disorder. *Journal of Consulting and Clinical Psychology, 67*, 13-18.

TAYLOR, S., FEDOROFF, I. C. et KOCH, W. J. (2001). Posttraumatic stress disorder due to motor vehicle accidents : Patterns and predictors of response to cognitive-behaviour therapy. Dans E. B. Blanchard et E. J. Hickling (Eds), *Road accidents and the mind : An in depth study of psychological symptoms after road accidents* (p. 353-374). Amsterdam : Elsevier.

TAYLOR, S. E. (1983). Adjustment to threatening events : A theory of cognitive adaptation. *American Psychologist, 38*, 1161-1173.

THOMPSON *et al.*, (1999). Partner abuse and PTSD as risk factor for suicide attempts in a sample of low-income, inner-city women. *Journal of Traumatic Stress, 12*, 59-72.

TUCKER, P. M, DICKSON, W. L, PFEFFERBAUM, B., MCDONALD, N. B. et ALLEN, G. (1997). Traumatic reactions as predictors of posttraumatic stress six months after the Oklahoma City bombing. *Psychiatric Services, 48(9)*, 1191-1994.

TURNQUIST, D. C., HARVEY, J. H. et ANDERSON, B. L. (1988). Attributions and adjustment to life threatening illness. *British Journal of Clinical Psychology, 27*, 55-65.

VAN EMMERIK, A. P., KAMPHUIS, J. H., HULSBOSCH, A. M. et EMMELKAMP, P. M. G. (2002). Single session debriefing after psychological trauma : A meta-analysis. *The Lancet, 360*, 766-771.

VANETTEN, M. L. et TAYLOR, S. (1998). Comparative efficacy of treatments for posttraumatic stress disorder : A meta-analysis. *Clinical Psychology and Psychotherapy, 5*, 125-144.

VAUGHAN, K., ARMSTRONG, M. S., GOLD, R., O'CONNOR, N., JENNEKE, W. et TARRIER, N. (1994). A trial of eye movement desensitization compared to image habituation training and applied muscle relaxation in posttraumatic stress disorder. *Journal of Behavior Therapy and Experimental Psychiatry, 25*, 283-291.

WAGNER, A. et LINEHAN, M. (1998). Dissociative Behavior. Dans *Cognitive-Behavioral Therapies for Trauma* (p. 191-225). New York (London) : Guilford Press.

WEATHERS, F. W., RUSCIO, A. et KEANE, T. M. (1990). Psychometrics properties of nine scoring rules for the Clinician-Administered PTSD Scale (CAPS). *Psychological Assessment, 11*, 124-133.

WEAVER, T. L. et CLUM, G. A. (1995). Psychological distress associated with interpersonal violence : A meta-analysis. *Clinical Psychological Review, 15*(2), 115-140.

WEINER, B. (1985). An attributional theory of achievement motivation and emotion. *Psychological Review, 92(4)*, 548-573.

WEINER, B. (1986). *An attributional theory of motivation and emotion*. New York : Springer Verlag.

WEINSTEIN, N. D. (1980). Unrealistic optimism about future life events. *Journal of Personality and Social Psychology, 39*, 806-820.

WEINSTEIN, N. D. et LACHENDRO, E. (1982). Egocentrism as a source of unrealistic optimism. *Personality and Social Psychology Bulletin, 8*, 195-200.

WEISS, D. S. et MARMAR, C. R. (1997). The Impact of Event Scale-Revised. Dans J. P. Wilson et T. M. Keane (Eds.), *Assessing Psychological Trauma and PTSD : A Practitioner's Handbook*, (p. 399-411). New York : Guilford Press.

WILSON, S. A., BECKER, L. E. et TINKER, R. H. (1995). Eye movement desensitization and reprocessing (EMDR) treatment for psychologically traumatized individuals. *Journal of Consulting and Clinical Psychology, 63*, 928-937.

WONG, P. T. P. et WEINER, B. (1981). When people ask "why" questions and the heuristics of attributional research. *Journal of Personality and Social Psychology, 40(4)*, 650 663.

YEN, S., SHEA, M. T., BATTLE, C. L., JOHNSON, D. M., ZLOTNICK, C., DOLAN-SEWELL, R., SKODOL, A. E., GRILO, C. M., GUNDERSON, J. G., SANISLOW, C. A., ZANARINI, M. C., BENDER, D. S., RETTEW, J. B. et MCGLASHAN, T. H. (2002). Traumatic exposure and posttraumatic stress disorder in borderline, schizotypal, avoidant, and obsessive-compulsive personality disorders : Findings from the Collaborative Longitudinal Personality Disorders Study. *Journal of Nervous and Mental Disease, 190(8)*, 510-518.

ZILBERG, N., WEISS D. et HOROWITZ M. J. (1982). Impact of Event Scale : A cross validation study and some empirical evidence supporting a conceptual model of stress response syndrome. *Journal of Consulting and Clinical Psychology, 50*, 407-414.